Sportgroßveranstaltungen

Jürgen Schwark

Sportgroß-
veranstaltungen

Kritik der neoliberal geprägten Stadt

 Springer VS

Jürgen Schwark
Westfälische Hochschule
Bocholt, Deutschland

Gefördert durch:

Bundesinstitut
für Sportwissenschaft

aufgrund eines Beschlusses
des Deutschen Bundestages

ISBN 978-3-658-28302-5   ISBN 978-3-658-28303-2   (eBook)
https://doi.org/10.1007/978-3-658-28303-2

Die Deutsche Nationalbibliothek verzeichnet diese Publikation in der Deutschen Nationalbiblio-
grafie; detaillierte bibliografische Daten sind im Internet über http://dnb.d-nb.de abrufbar.

Springer VS ist ein Imprint der eingetragenen Gesellschaft Springer Fachmedien Wiesbaden
GmbH und ist ein Teil von Springer Nature.
Die Anschrift der Gesellschaft ist: Abraham-Lincoln-Str. 46, 65189 Wiesbaden, Germany

gewidmet
Dieter H. Jütting
und
Hans-Jürgen Schulke

Einleitung

Die großen Veranstaltungen des Sports präsentieren in zeitlich verdichteter Form die Ausnahmefähigkeit und die Kunstfertigkeiten von SpitzensportlerInnen. Sie gestalten vor allem im Breitensport eine gemeinsame Festkultur für Aktive und ZuschauerInnen, die zu einem bereichernden Leben in der Stadt beiträgt.[1]

Zunehmende finanzielle Disparitäten der Städte erzeugen jedoch Konsequenzen für die Ausgestaltung von großen Festen und Feiern des Sports. Seitdem sich Städte als „Unternehmen" oder „Konzern" begreifen (sollen), verschieben sich die Koordinaten. Nicht mehr der Sport und seine Aktiven sowie die BürgerInnen der Stadt stehen im Vordergrund. Als so genannter „weicher Standortfaktor" werden Sportgroßveranstaltungen für potenzielle Unternehmen und „High Potentials" funktionalisiert und bisweilen auch für Gentrifizierungsprozesse in der Stadt missbraucht. Für hoch verschuldete Städte entsteht zudem im Verdrängungswettbewerb die Konsequenz, mit begrenzten „Bordmitteln" lediglich lokal-regionale Veranstaltungen unterstützen zu können.

Städte sind jedoch kulturelle Gemeinwesen und damit mehr als bloße „Verdichtungsagglomerationen" oder sich andienende Standortfaktoren. Daraus begründen sich bereits zwei Kritik- und Konfliktpunkte. Einerseits ist zu diskutieren, ob ein Teil der Städte mit der deutlichen Reduzierung des sportkulturellen Angebotes an Großveranstaltungen dem Gestaltungsauftrag im Rahmen freiwilliger Daseinsvorsorge noch nachkommt? Andererseits hat eine Auseinandersetzung darüber zu erfolgen, wie transparent und begründet

---

[1]Der Text wurde in genderneutraler Schreibweise verfasst, wo Personen direkt gemeint und angesprochen sind (SportlerIn, BürgerIn), nicht aber dort, wo ein institutioneller bzw. organisationsspezifischer Kontext intendiert ist (bspw. Veranstalter, Eigenkapitalgeber etc.).

Ausgaben schuldenfreier, bzw. prosperierender Städte für internationale Sportgroßveranstaltungen sind, zumal wenn sich daraus hohe finanzielle Defizite
ergeben?

Mehrheitlich ablehnende Voten städtischer Bevölkerung zur Ausrichtung von
Olympischen Sommer- wie Winterspielen richten sich nicht gegen den Sport,
sondern gegen die Instrumentalisierung für sportfremde Zwecke und zeigen
damit ganz offensichtlich, dass die Zeiten einer fraglos-naiven Zustimmung vor-
bei sind. Inzwischen entsteht auch innerhalb der Kommunalpolitik Unmut bspw.
über Verträge, die nachträglich einseitige Änderungen zulasten des kommunalen
Vertragspartners ermöglichen.

Die hier vorgetragene Kritik gegenüber einer neoliberalen, marktfundamentalen
Ausrichtung kommunaler und übergreifender Politik begründet sich aus der
Position eines soziologischen Verständnisses von Sportkultur und einer sozial
verfassten Ökonomie und Wirtschaftspolitik, die einem kooperativen und solidari-
schen Gemeinwohl verpflichtet ist. Aus dieser Perspektive werden über einen ite-
rativen Prozess Verwerfungen und Begründungen diskutiert, die für konzeptionelle
Orientierungen zur Akquise und Ausrichtung von Sportgroßveranstaltungen in der
Stadt hilfreich sind. Insofern ist mit einer interdisziplinären Herangehensweise der
Blick auf die Felder der Verwaltung und des Verwaltungsrechts, der Ökonomie und
Politik sowie auf den Sport als Kultur gerichtet.

Das erste Kapitel befasst sich mit der Frage, was an Sportförderung im
Rahmen freiwilliger Daseinsvorsorge möglich ist. Deutlich werden an dieser
Stelle bereits unterschiedliche Auffassungen über die Reichweite politisch-administrativer Tätigkeiten, die aus neoliberaler Perspektive u. a. durch das Übertragen von Leistungen auf privatwirtschaftliche Unternehmen offensichtlich
werden. Gleichzeitig sind Kriterien für einen verantwortungsvollen Umgang mit
Steuergeldern zu diskutieren. Insbesondere ist zu klären, in welcher Höhe Ausgaben für Sportgroßveranstaltungen vertretbar sind. Aus einem verwaltungs-
juristischen Kontext ergeben sich dazu Begründungen, die auch die Problematik
von hochverschuldeten Städten einbeziehen. Zusätzlich zu den rechtlichen Fragen wird aus kultureller Perspektive danach gefragt, mit welchen Begründungen
und mit welcher Charakteristik Feste und Feiern des Sports selbstverständ-
licher Bestandteil des städtischen Lebens sind. Kritik wird bereits in diesem
Zusammenhang an der Umgestaltung zu unternehmensorientierten Events geübt.

Das zweite Kapitel geht auf grundlegende wirtschaftspolitische Veränderungen ein und orientiert sich am Konzept der vier gesellschaftlichen Systeme Staat, Markt, Non-Profit-Organisationen und private Haushalte. Mit
dem Übergang von einer keynesianischen zu einer neoliberal ausgerichteten,

marktfundamentalen Wirtschaftspolitik, ist eine zunehmende Landnahme des Marktes in die übrigen Systeme verbunden.

Die Ergebnisse der Markthegemonie werden im Kontext eines verschärften Standortwettbewerbs im dritten Kapitel diskutiert. Mit dem Selbstverständnis als „Unternehmen" versuchen Städte innerhalb der Verdrängungskonkurrenz über so genannte weiche Standortfaktoren externe Zielgruppen anzusprechen. Offen zutage treten jedoch die Widersprüche und Fehlleistungen neoliberaler Wirtschaftsstrategien, die sich mit ihren überhöhten und falschen Erwartungen für die Mehrzahl der Städte als Chimäre erweisen.

Daraus ergeben sich im vierten Kapitel Fragestellungen nach parteipolitischen und kommunalen konzeptionellen Entwürfen zur Akquise und Ausrichtung von Sportgroßveranstaltungen. Verbunden mit einer funktionalisierenden Ausrichtung von Sportgroßveranstaltungen werden interne und externe Zielgruppen zunehmend nach ihrer Kaufkraftrelevanz in Betracht gezogen. Zu diskutieren sind anhand ausgewählter Beispiele Kriterien zur sportartspezifischen Struktur, Größe, Anzahl, Aufwand und Kosten.

Ökonomischen Effekte und Defekte sind Bestandteil des fünften Kapitels. Die Elemente einer Wertschöpfungsberechnung werden methodenkritisch auf mögliche Versäumnisse und „Interpretationsvarianzen" untersucht. Im Rahmen der Finanzierung von Sportgroßveranstaltungen ist auf sportfördernde und sportbeschädigende Formen des Sponsorings einzugehen. Darüber hinaus werden die Beratungsleistungen der Verwaltung, Hochschulen und Consultingbranche in den Fokus genommen, sowie die damit verbundenen Aspekte der Kostenstruktur, Zeitbudget, Image und Unabhängigkeit.

Kapitel sechs dient als Exkurs, in dem die geäußerte Methodenkritik zum Grand Départ der Tour de France in Düsseldorf anhand der publizierten Gutachten konkret angewendet wird. Die Veranstaltung war in Düsseldorf durch politische Alleingänge, hohe Defizite und des unter Verschluss gehaltenen Vertrags mit dem Veranstalter umstritten. Insofern kommen zu verschiedenen sportpolitischen Themen interviewte Sportausschussmitglieder zu Wort. Eingegangen wird ferner auf die gelungene Kombination, eine Großveranstaltung des Spitzensports mit breitensportlichen, musealen, literarischen, fotografischen, musikalischen, stadtplanerischen und wissenschaftlichen Themen zu verbinden.

Die von den Befragten allenthalben geäußerte Zustimmung zum Fußballsport führt im siebten Kapitel zu einem zweiten Exkurs. Der Bereich des kommerziellen Fußballsports offenbart inzwischen auf zweifache Weise die folgenschweren Ergebnisse eines neoliberal erzeugten Verdrängungswettbewerbs. Sie betreffen sowohl die Instabilität und ökonomische Spreizung nach innen, als auch den

Entzug an Aufmerksamkeit und Sponsoren gegenüber den meisten anderen Sportarten nach außen. Im Rahmen der Vertragsgestaltung um die Austragung von
Spielen zur UEFA Europameisterschaft 2024 äußerten einige Städte Kritik und
zogen ihre Bewerbung zurück.

Die Durchführung von Großveranstaltungen bedarf inzwischen einer weitaus
umfassenderen und intensiveren Begründung und vor allem diskursiven Legitimation. Insofern werden im achten und abschließenden Kapitel Kriterien, konzeptionelle Orientierungen sowie sport- und wirtschaftspolitische Strategien für eine
gelingende Daseinsvorsorge und eine begründete Perspektive für Sportgroßveranstaltungen aufgezeigt.

Krefeld   Jürgen Schwark
im Herbst 2019

Inhaltsverzeichnis

Abbildungsverzeichnis

Tabellenverzeichnis

Kommunale Daseinsvorsorge und Sportgroßveranstaltungen

1.1 Zustimmung und Ablehnung zu Sportgroßveranstaltungen

Das Verhältnis von kommunaler Daseinsvorsorge zu Sportgroßveranstaltungen wird allzu vorschnell unter der Prämisse disponibler Mittel diskutiert. Wer über Geld verfügt, kann und darf sich etwas leisten, wer Schulden hat, soll und muss sich mit dem Nötigsten begnügen. Eine derartige Logik ist dem alltagsökonomischen Verständnis eines privaten Haushalts entlehnt. Sie ist für öffentliche Haushalte nicht nur verfehlt, sondern in ihrem metaphorischen Gehalt der „schwäbischen Hausfrau" dazu noch unterkomplex. Ausgaben (und Einnahmen) der öffentlichen Hand sind zentrales und unverzichtbares wirtschaftliches Steuerungselement. Um im Bild zu bleiben, mutiert die vormals propere schwäbische Hausfrau durch die Sozialisierung privater Verluste, Steuerverzicht und Austeritätspolitik zur abgemagerten Kaltmamsell. So ist zwischen 1995 und 2019 die Staatsquote (Verhältnis von Staatsausgaben zum Bruttoinlandsprodukt) in Deutschland von vormals 54,7 % auf inzwischen 43,9 % gesunken. Zum Vergleich: In Frankreich liegt die Staatsquote bei derzeit 55,7 % und in Dänemark bei 51,9 % (www.bundesfinanzministerium.de).

Die Sicht auf die Bundesländer und auf die kommunale Ebene offenbart dabei ein differenziertes Bild. Durch intrasektorale Verschiebungen von Produktionstätigkeiten zu Dienstleistungen und verspätet einsetzende wirtschaftspolitische Steuerungsmaßnahmen sind Wanderungsbewegungen in Gang gesetzt worden, die zu erheblichen disparaten Entwicklungen geführt haben. 1) Die Verschiebungen betreffen im groben Maßstab verlustreiche ländliche Regionen und zugewinnende Städte. 2) Städte im Westen, insbesondere im deindustrialisierten Ruhrgebiet

© Springer Fachmedien Wiesbaden GmbH, ein Teil von Springer Nature 2020
J. Schwark, *Sportgroßveranstaltungen*,
https://doi.org/10.1007/978-3-658-28303-2_1

schrumpfen zugunsten von prosperierenden Städten, u. a. in Baden-Württemberg und Bayern. 3) Die bislang erfolgten Wanderungsbewegungen aus den „Neuen Bundesländern" in die vormals alte Bundesrepublik scheinen erst nach knapp drei Jahrzehnten inzwischen gestoppt zu sein (siehe auch www.bib.bund.de). Insgesamt ergibt sich hinsichtlich der Städte ein Bild, dass wenige prosperierende „Schwarmstädte" und zahlreiche große Kommunen in prekärer Situation ausweist, die sich zudem noch unter der besonderen kommunalen Finanzaufsicht des Haushaltssicherungssystems befinden, sodass die finanzpolitische Entscheidungsfreiheit beschränkt ist. (In Kap. 3 wird auf die Konsequenzen dieser Entwicklung detaillierter eingegangen).

Anhand von vier ausgewählten Beispielen kann die Problematik zum Umgang mit Sportgroßveranstaltungen verdeutlicht werden. Zudem wird zwischen einer Fußball Europameisterschaft und einer internationalen Ruderregatta bereits die Spannweite deutlich was ohne weiteres und gerade noch als „Groß" zu gelten hat.[1]

Münster – gering verschuldet

Der Rat der Stadt Münster stimmte gegen die Ausrichtung des Grand Départ der Tour de France 2017, da die zuvor bekannt gewordenen Defizite des vormaligen Ausrichters als zu hoch erschienen.

Düsseldorf – gering verschuldet

Der Rat der Stadt Düsseldorf stimmte in einer zuvor kontrovers geführten Debatte mit einer Stimme Mehrheit für die Ausrichtung des Grand Départ der Tour de France 2017. Gleichzeitig war die Stadt im selben Jahr Ausrichter der Tischtennis WM, deren mediale Wirkung vom Grand Départ überlagert wurde.

Dortmund – hoch verschuldet/im Haushaltssicherungssystem

Anlässlich der Bewerbung um die Austragung von vier Fußball-Europameisterschaftsspielen 2024 wurde der Oberbürgermeister der Stadt Dortmund Sierau aufgrund des hohen finanziellen Risikos bei der Bezirksregierung Arnsberg vorstellig, die mit der Kommunalaufsicht für die Stadt beauftragt ist. Gleichzeitig kritisiert der OB die im „bid book" der UEFA und des DFB

---

[1]Zur Annäherung an den relationalen Begriff Sport „groß" veranstaltung sowie zu Volumen und Struktur wird in Kap. 4 detaillierter eingegangen.

den Ausrichtern auferlegten Pflichten.[2] Erst nach eingehender Diskussion mit dem DFB und einem angedrohten Verzicht konnten Zusagen erreicht werden, sodass sich der Rat der Stadt Dortmund mit großer Mehrheit für eine Bewerbung entschied.

Duisburg – hoch verschuldet/im Haushaltssicherungssystem

Die Stadt sagte 2017 die Ausrichtung einer renommierten Internationalen Ruderregatta für 2018 ab.[3] Als Begründung wurde angeführt, dass die Zusatzkosten für eine auf Sicht eines Jahres um zwei bis drei Wochen vorgezogene Entfernung eines alten Betonfundamentes nicht finanziert werden könne (siehe Retzlaff/WAZ 2017).

Interessant an diesen vier Beispielen ist die Überwindung der kausalen Begründung, die Ausrichtung von Sportgroßveranstaltungen nicht allein vom Verschuldungsgrad der Stadt abhängig zu machen. Selbst in finanziell komfortabler Situation findet bei ausrichtenden Städten (zunehmend) ein Abwägungsprozess statt, der Image und Aufmerksamkeit einer Veranstaltung in ein Verhältnis zum Aufwand sowie erwarteten Nutzen bringt und schließlich zur Ablehnung führen kann. Umgekehrt dürften die stärksten politischen Kontroversen entstehen, wenn eine hoch verschuldete Stadt Sportgroßveranstaltungen auszurichten beabsichtigt, die mit hohen finanziellen Risiken und/oder Kosten verbunden sind. Diese Kontroversen, das wird u. a. zum Exkurs zum Grand Départ der Tour de France 2017

---

[2]„Wenn das Geschäftsmodell von DFB und Uefa ist, wir bezahlen und sie kassieren, dann ist das etwas einseitig … Wenn wir Ja sagen, kaufen wir die Katze im Sack." (www.spiegel.de/sport/fussball/dortmund-prueft-rueckzug-des-stadions-aus-der-em-2024-a-1149100.html, 24.05.2017). Bereits zuvor hatten die potenziellen Bewerberstädte Kaiserslautern, Freiburg und Dresden wegen der aus ihrer Sicht zu hohen finanziellen Anforderungen/Risiken ihre Kandidatur zurückgezogen.

[3]Bereits im Dezember 2008 stimmte die „Ausrichterstadt" Duisburg ohne Diskussion (!) mit deutlichem Ratsbeschluss gegen die zugesagte Durchführung der World Games 2013. Für die Absage stimmten damals CDU, SPD, GRÜNE, DIE LINKE, BL/AMP, BU Duisburg; SGU u. Ratsfrau Lenzen. Dagegen stimmten die beiden Ratsmitglieder der FDP, bei Stimmenhaltung des damaligen OB Sauerland. Offiziell wurden die Personal- und Sachkosten in Höhe von sieben Millionen Euro als Grund für die Absage angeführt. Kurz danach zog auch die „Partnerstadt" Düsseldorf ihre (finanzielle) Beteiligung zurück. Inoffiziell wurde jedoch der überraschende Tod des damaligen Düsseldorfer Oberbürgermeisters Erwin im gleichen Jahr angeführt, der als Hauptprotagonist für die World Games galt.

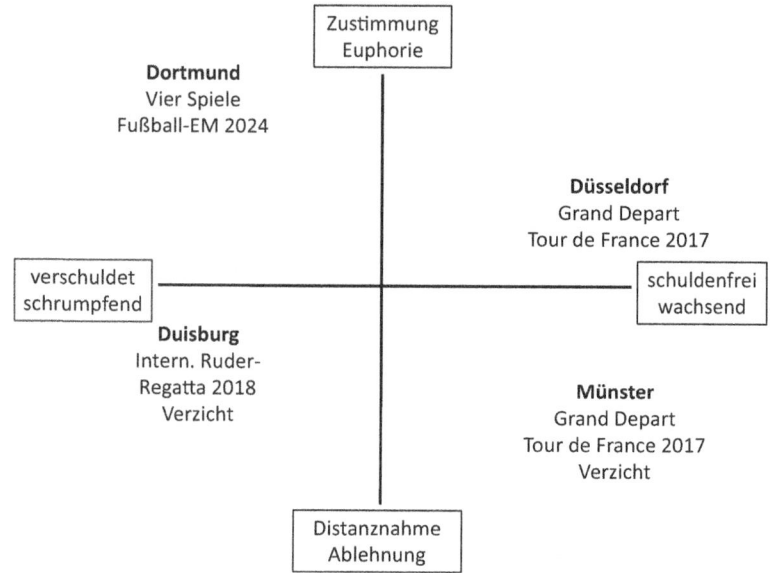

Abb. 1.1 Zustimmung/Ablehnung verschuldeter und schuldenfreier Städte zu Sportgroßveranstaltungen. (Quelle: eigene Darstellung)

noch zu zeigen sein, verlaufen quer durch alle politischen Parteien und erzeugen
je nach Zusammensetzung von Koalition-Opposition auch widersprüchliche Haltungen zwischen Zustimmung und Ablehnung (Abb. 1.1).

Anlässlich des Grand Départ der Tour de France 2017 können exemplarisch
die Zustimmung und Ablehnung verschiedener städtischer Akteursgruppen und
Personen aufgezeigt werden. Welche ungewöhnlichen politischen Konstellationen anlässlich konfliktbehafteter Sportgroßveranstaltungen entstehen, zeigt das
gemeinsame Abstimmungsverhalten von CDU, FDP und Linke (Abb. 1.2).

Bezogen auf die hier weiter zu diskutierende Themenstellung ergeben sich
vorab einige begriffliche Fragestellungen. Bislang ist unklar geblieben, was unter
einer „Stadt" zu verstehen ist. Ebenfalls einer Klärung zuzuführen ist der etwas
sperrige Begriff der „Daseinsvorsorge". Darüber hinaus ist darauf einzugehen,
was eine Sportgroßveranstaltung in Abgrenzung zu Sportevents und jenseits der
wöchentlichen Ligaspiele ausmacht.

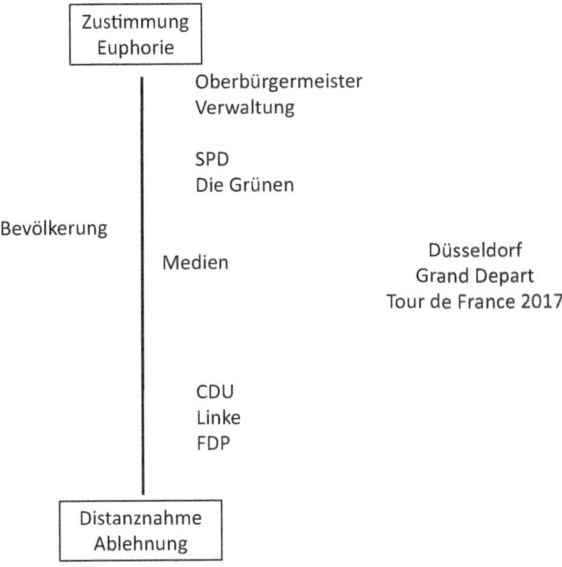

Abb. 1.2 Durchschnittliche (eingeschätzte) Zustimmung/Ablehnung städtischer Akteure zum Grand Départ der Tour de France 2017. (Quelle: eigene Darstellung)

1.2 „Die" Großstadt

Wer sich mit Stadtentwicklung beschäftigt, wird feststellen, dass der Begriff der „Stadt" eindeutig nicht zu fassen ist. Im Rahmen der kommunalen Neugliederungen wurden bspw. die vormaligen selbstständigen Städte Barmen und Elberfeld 1929 zur Stadt Wuppertal zusammengefügt (Doppelstadt-Charakter). Beide Stadtkerne existieren jedoch nach wie vor. Ähnlich ist auf Sterkrade und Oberhausen zu verweisen. Eigenständige kleinere Städte wurden 1975 größeren Städten „zugeschlagen" wie bspw. Hohenlimburg zu Hagen oder Rheinhausen sowie Homberg zu Duisburg. Die Flächen „stadt" Salzgitter besteht aus sieben Ortschaften mit insgesamt 31 Stadtteilen. Die formal als „Großstadt" einzustufende Stadt Hamm mit ihren ca. 178.000 EinwohnerInnen konzentriert sich auf den Kernbereich Mitte mit 35.000 EinwohnerInnen. Demgegenüber verzeichnen die geografisch weit verstreut liegenden Orte Uentrop, Rhynern, Pelkum, Herringen, Bockum-Hövel und Heessen insgesamt 143.000 EinwohnerInnen.

Des weiteren existieren Agglomerationen, denen suburbanes Umland aus siedlungstechnischen Gründen zuzuordnen ist, obwohl sie außerhalb administrativer Grenzen liegen, wie dies bspw. bei den Stadtstaaten Berlin, Bremen und Hamburg und bei manchen Ruhrgebietsstädten der Fall ist. Derartig enge Beziehungen, die sich eher als Orientierung kleiner bis mittlerer Kommunen an die benachbarte Großstadt darstellen, werden bspw. für Düsseldorf durch die Städte Neuss sowie Ratingen und Erkrath deutlich.[4]

Und schließlich führen u. a. geografische, historisch-kulturelle und verkehrs-infrastrukturelle Rahmenbedingungen zu unterschiedlichem Mobilitätsverhalten innerhalb der Wohnbevölkerung. Damit dürfte in einem groben Aufriss der relationale Charakter von Städten verdeutlicht sein.[5] Das Bundesamt für Bauwesen und Raumordnung unterteilt Städte ab 100.000 bis 500.000 EinwohnerInnen als kleinere Großstadt sowie oberhalb von 500.000 EinwohnerInnen als größere Großstadt. Gemessen an der EinwohnerInnenzahl verfügen lediglich Berlin, Hamburg, München und Köln über mehr als 1 Mio. BürgerInnen. Hinsichtlich des kommunalen Bruttoinlandsprodukts, dem städtischen Haushaltsvolumen und dem Schuldenniveau können Frankfurt/M., Stuttgart und Düsseldorf als weitere Kommunen gelten, die finanziell für die Akquise von international bedeutenden Sportgroßveranstaltungen infrage kommen (Tab. 1.1).

Weiterhin ist zwischen „Stadt" als geografische und kulturelle Agglomeration samt ihrer Wohnbevölkerung zu unterscheiden und „Stadt" in politisch-administrativer Hinsicht. Die kreisfreien Städte, hier synonym auch als Kommunen bezeichnet, bilden zwar die unterste und damit politisch schwächste Ebene im Kontext der drei öffentlichen Trägerschaften, ihnen ist jedoch durch das Grundgesetz Artikel 28, Absatz 2 die „kommunale Selbstverwaltung" zugesichert. „Den Gemeinden muß das Recht gewährleistet sein, alle Angelegenheiten der örtlichen Gemeinschaft im Rahmen der Gesetze in eigener Verantwortung zu regeln."

---

[4]Die Regionalagentur Düsseldorf-Mettmann (http://www.regionalagentur-d-me.de) bezieht aus wirtschaftspolitischen Gründen alle weiteren Städte des Kreises Mettmann mit ein. Alltagspraktisch dürften sich jedoch bspw. EinwohnerInnen aus Velbert eher an Essen orientieren.

[5]Detailliertere Ausführungen zur Ausprägung und Entwicklung von Städten siehe Heineberg, Heinz: Stadtgeographie, Paderborn 2017 (5. Auflage).

Tab. 1.1 Kreisfreie Städte in Deutschland nach EinwohnerInnenzahl

	1–18	Einwohner-Innen	19–36		Einwohner-Innen	37–54		Einwoh-nerInnen
1	**Berlin**	**3.574.830**	19	Bonn	322.125	37	Ober-hausen	211.382
2	**Hamburg**	**1.810.438**	20	Münster	311.846	38	Erfurt	211.113
3	**München**	**1.464.301**	21	Karlsruhe	309.999	39	Rostock	207.513
4	**Köln**	**1.075.935**	22	Mannheim	304.781	40	Kassel	199.062
5	**Frank-furt/M.**	**736.414**	23	Augsburg	289.584	41	Hagen	188.266
6	**Stuttgart**	**628.032**	24	Wiesbaden	277.619	42	Saar-brücken	179.709
7	**Düsseldorf**	**613.230**	25	Gelsen-kirchen	262.528	43	Hamm	179.571
8	Dortmund	585.813	26	Mönchen-gladbach	260.925	44	Potsdam	171.810
9	Essen	583.084	27	Braun-schweig	248.667	45	Mülheim a. d. Ruhr	170.936
10	Leipzig	571.088	28	Kiel	247.441	46	Ludwigs-hafen	166.621
11	Bremen	565.719	29	Chemnitz	246.353	47	Oldenburg	165.711
12	Dresden	547.172	30	Aachen	244.951	48	Osnabrück	164.070
13	Hannover	532.864	31	Magdeburg	238.136	49	Leverkusen	163.113
14	Nürnberg	511.628	32	Halle (Saale)	238.005	50	Heidelberg	159.914
15	Duisburg	499.845	33	Freiburg i. B.	227.590	51	Solingen	158.908
16	Bochum	364.920	34	Krefeld	226.812	52	Darmstadt	157.437
17	Wuppertal	352.390	35	Lübeck	216.712	53	Herne	156.774
18	Bielefeld	333.451	36	Mainz	213.528	54	Neuss	152.882

Quelle: www.haushaltssteuerung.de; eigene Zusammenstellung

1.3   Kommunale Aufgaben und Leistungen

Was im Grundgesetz noch unter „Angelegenheiten" bezeichnet wird, konkretisiert sich im Zusammenwirken der öffentlichen Trägerschaften in Aufgaben eines von Bund und überwiegend den Ländern übertragenen Wirkungskreis von Pflichtaufgaben nach Weisung zzgl. Auftragsangelegenheiten und einen eigenen Wirkungskreis pflichtiger und freiwilliger Selbstverwaltungsaufgaben (Tab. 1.2).

Explizit werden unter den freiwilligen Selbstverwaltungsaufgaben Mittel für den Sportbereich ausgewiesen. Im Rahmen der Umstellung von der Kameralistik auf die aus der betrieblichen Unternehmenspraxis entlehnten Doppik sowie der Einführung des so genannten Neuen Kommunalen Finanzmanagements wird der kulturelle Teilbereich Sport unter dem zwar tragfähigen Begriff „Sportförderung", jedoch unter dem fragwürdigen ökonomischen Begriff „Produktbereich" aufgeführt. In Kap. 3 wird die Tragweite der unternehmerischen Ausrichtung der Städte weiter diskutiert (Tab. 1.3).

Im Auftrag des Hessischen Ministeriums der Finanzen hat die Wirtschaftsprüfungsgesellschaft PricewaterhouseCoopers AG (pwc) ein „Gutachten zur Prüfung der vertikalen Bedarfsermittlung des neuen Kommunalen Finanzausgleichs 2016 in Hessen" erstellt und dazu die Anteile an freiwilligen und pflichtigen Leistungen den jeweiligen Produktbereichen (versucht) zuzuordnen (pwc; https://finanzen.hessen.de 2014). Für die fünf kreisfreien Städte in Hessen (Darmstadt, Frankfurt/M., Kassel, Offenbach und Wiesbaden) sowie alle weiteren Kommunen, Kreise und Gemeinden beträgt der Anteil freiwilliger Leistungen im Bereich Sportförderung 100 %. Dem Bereich Kultur und Wissenschaft werden

Tab. 1.2 Beispiele kommunaler Aufgaben und Leistungen in NRW. (Nach Art. 28 Abs. 2 Satz 1 GG sowie Art. 78 VerfNRW)

Freiwillige Selbstver-waltungsaufgaben	Pflichtige Selbstver-waltungsaufgaben	Pflichtaufgaben nach Weisung
Theater, Museen, Grünanlagen, Bürgerhäuser Mittel für Vereine im Jugend- und Sportbereich Städtepartnerschaften Wirtschaftsförderung	Schulverwaltung Kindergärten Abwasser- und Abfallbeseitigung Sozial- und Jugendhilfe Gleichstellung	Melderecht Zivilschutz Ordnungsrecht Bauaufsicht

Quelle: www.mik.nrw.de (15.06.2017)

Tab. 1.3 Produktbereiche im Neuen Kommunalen Finanzmanagement – Produktrahmen

Produktbereiche im NKF-Produktrahmen

01 Innere Verwaltung	07 Gesundheitsdienste	13 Natur- und
02 Sicherheit und Ordnung	08 Sportförderung	Landschaftspflege
03 Schulträgeraufgaben	09 Räumliche Planung und Ent-	14 Umweltschutz
04 Kultur und Wissenschaft	wicklung, Geoinformationen	15 Wirtschaft und
05 Soziale Leistungen	10 Bauen und Wohnen	Tourismus
06 Kinder-, Jugend- und	11 Ver- und Entsorgung	16 Allgemeine
Familienhilfe	12 Verkehrsflächen und – anlagen,	Finanzwirtschaft
	ÖPNV	17 Stiftungen

Quelle: Neues Kommunales Finanzmanagement – Handreichung für Kommunen, S. 826

demgegenüber zumindest 20 % und dem Bereich Umweltschutz 70 % pflichtige Leistungen zugebilligt.[6]

In völligem Widerspruch dazu steht eine Aussage des derzeitigen Innenministers Beuth des Landes Hessen. In einem als Meinungsaustausch deklarierten Gesprächs mit dem Landessportbund (LSB) Hessen wurde die Thematik der verschuldeten Kommunen und die vom LSB geäußerte Sorge der massiven Sportkürzung unter dem Vorwand der freiwilligen Leistung thematisiert. Verwiesen wurde von Beuth darauf, dass Sport seit 2002 als Staatsziel in der Hessischen Landesverfassung verankert ist und weiterhin ein Erlass aus dem Jahr 2007 gilt.[7]

---

[6]Einen methodisch bemerkenswerten Hinweis liefert die Studie von pwc hinsichtlich der geringen Grundgesamtheit: „Die ermittelten Quoten freiwilliger Aufwendungen an den Gesamtaufwendungen je Produktbereich wurden darüber hinaus um besonders auffällige „Ausreißer" korrigiert. Aussagegemäß handelte es sich hierbei insbesondere um Körperschaften, die einen überproportionalen Anteil freiwilliger Aufwendungen auswiesen. Seitens der Regierungspräsidien ging man davon aus, dass eine vollständige Berücksichtigung aufgrund der geringen Grundgesamtheit zu unvertretbaren Verzerrungen der Gesamtauswertung führen würde." (S. 24). Das ist in der Tat eine verblüffende Aussage! Da die Grundgesamtheit ohnehin schon gering ist, wird sie weiter gekürzt, um treffendere Aussagen zu bekommen. Nun ist der Mittelwert zwar ein „wackerer Geselle", gleichwohl hätte sich pwc, bevor sie Realitäten eliminieren, wenigstens um Median und Varianz bemühen können.

[7]Aus dem gleichen Ministerium gemeinsam mit dem Präsidenten des Hessischen Rechnungshofs erhält der Maßnahmenkatalog der überörtlichen Prüfung kommunaler Körperschaften 2012 zur finanziellen Unterstützung wiederum „detaillierte Vorschläge zu Lohn- und Personalkürzungen, Kürzungen im Bildungsbereich, Kürzungen im Sozialbereich, Erhöhungen von Gebühren, Privatisierungen, Leistungskürzungen" (Eicker-Wolf 2015, S. 12).

„Dieser Erlass besagt, dass Ausgaben defizitärer Kommunen zur Förderung des Sports nicht als freiwillige Leistung anzusehen sind. Diese Aufwendungen sollen von der Kommunalaufsicht nicht beanstandet werden, soweit sie nicht 1,5 Prozent der Ausgaben des Verwaltungshaushaltes übersteigen." (www.landessportbund-hessen.de 25.04.2014).

Welche Schwerpunktsetzung unter Sportförderung erfolgt, in welchem Umfang und mit welcher Zielstellung ist den Kommunen überlassen. Allerdings ist Sport, soweit der Schulsport betroffen ist, eine pflichtige Selbstverwaltungsaufgabe. Insofern dürfte keine Kommune die Aufrechterhaltung der dafür notwendigen Sportinfrastruktur inkl. Lehrschwimmbecken vernachlässigen. Damit wäre jedoch lediglich die verwaltungsrechtlich unterste Grenze pflichtiger Aufgaben im Sport bestimmt. Darüber hinaus ist vor allem zu klären, ob ein Mindestmaß an freiwilligen Selbstverwaltungsaufgaben zu bestimmen ist und zwar auch für Kommunen die hoch verschuldet sind und sich im Haushaltssicherungssystem befinden. Diese Frage ist aus den unterschiedlichen Perspektiven der Verwaltung, des Rechts, der Politik, der Ökonomie und kultursoziologisch zu diskutieren.

Damit ist nicht auf bloße fachwissenschaftliche Diskurse verwiesen. Was unter dem unbestimmten Rechtsbegriff/Konzept „kommunale Daseinsvorsorge" zu verstehen sein soll und was davon tatsächlich umgesetzt und ausgestaltet wird, basiert auf einer konfligierenden Auseinandersetzung unterschiedlich mächtiger und mediale Aufmerksamkeit erzeugender gesellschaftlicher Akteursgruppen.[8] Ebenso wenig wie ein in der nordrhein-westfälischen Landesverfassung formuliertes „Recht auf Arbeit" Arbeitslosigkeit verhindert oder „vergleichbare Lebensverhältnisse in Deutschland" durch die Niederschrift in der Raumordnung entstehen, sind freiwillige Leistungen innerhalb der Daseinsvorsorge abhängig von jeweiligen wirtschaftspolitischen Positionen und Auseinandersetzungen.

Die derzeit vorherrschende Diskussion über die auszugestaltende bzw. minimalistische Daseinsvorsorge reicht vom Sozialstaat keynesianischer Prägung über ordoliberale bis zu neoliberal-marktfundamentalen Positionen. In den Zeiten einer stark prosperierenden Wirtschaft bis in die 1970er Jahre konnten Verteilungsspielräume im Ergebnis der politischen Auseinandersetzung in den Ausbau öffentlicher Daseinsvorsorge einfließen. Spätestens seit Ende der 1970er, Anfang der 1980er Jahre war die Debatte um Ausmaß und Struktur öffentlicher Daseinsvorsorge von neoliberalen Positionen geprägt. In Folge nicht bloß zyklischer, sondern struktureller Krisenerscheinungen und geringer werdender Verteilungsspielräume

---

[8]Gleiches gilt für die Konzepte „öffentliches Interesse", „Gemeinwohl" und „gleichwertige Lebensverhältnisse".

Tab. 1.4 Derzeitige Verhältnisse gesellschaftlicher Akteure zur kommunalen Daseinsvorsorge

Verhältnisse gesellschaftlicher Akteure	Staat/Öffentliche Hand	Markt/Kapital	Non-Profit-Organisationen
Staat/Öffentliche Hand	• Diskussion um die Ausgestaltung kommunaler Daseinsvorsorge	• Übertragung von Aufgaben an den Markt • Private Public Partnerships	• Übertragung von Aufgaben an NPOs • Kooperationen
Markt/Kapital	• Übernahme von Aufgaben des Staates • Private Public Partnerships • Konkurrenz	• Neoliberalismus • Oligopolisierung • Marktausdehnung, Kommodifizierung	• Konkurrenz
Non-Profit-Organisationen	• Übernahme von Aufgaben des Staates • Kooperationen	• Konkurrenz	• Ökonomisierung • Interne Konkurrenz

Quelle: eigene Darstellung

kam es zu Übertragungen von Aufgaben der Daseinsvorsorge – vorwiegend im Sozialbereich – durch die Öffentliche Hand auf Non-Profit-Organisationen. Für die Übertragung auf den Markt galt dies zuerst im Rahmen von Private Public Partnerships und später auch in der selbstständigen Übernahme von Aufgabenbereichen wie bspw. Müllabfuhr, Straßenreinigung, Straßenbau, Wasserwirtschaft. Gleichzeitig traten einzelne Branchen als Konkurrenten gegenüber der Öffentlichen Hand und den Non-Profit-Organisationen auf. Die Markterweiterung bezog sich u. a. auf die Felder Bildung, Pflege, Gesundheit, Soziales (siehe auch Rügemer 2008, 2012; Matecki und Schulten 2013). In dieser erweiterten Konkurrenzsituation haben sich die Non-Profit-Organisationen nicht nur professionalisiert, sondern zunehmend ökonomisiert und treten inzwischen untereinander vermehr als Konkurrenten auf, bspw. im Weiterbildungsmarkt und in der Pflege (Tab. 1.4).[9]

Begleitet wird der Anspruch nach (weiterer) Privatisierung vormals öffentlicher Aufgabenerfüllung mit dem vorgeblichen Argument der Effizienzvorteile

---

[9]Ähnlich wie in der Privatwirtschaft werden die Kosten eines ruinösen Bieterwettbewerbs jedoch häufig durch organisationsübergreifende Absprachen der Wohlfahrtsverbände umgangen.

privatwirtschaftlicher Tätigkeit. Unterstellt wird dabei, dass Verwaltung und Politik zu langsam, überfordert und ineffizient agieren würden. Die idealtypische und neoliberale Position eines zunehmend weiteren Rückzugs staatlicher Aufgabenleistung wird in dem hierarchisch formulierten Politik-Slogan „Privat vor Staat" deutlich.

„Privat vor Staat. Wir wollen, dass sich der Staat als Unternehmer aus der Wirtschaft zurückzieht. Privatisierungen müssen beherzt angegangen werden. Die wirtschaftliche Betätigung der Kommunen und des Landes müssen wieder reduziert werden." (www.fdp.nrw).

Angesichts der jahrzehntelang andauernden Absenkung der Staatsquote gleicht der Einschub des Adverbs „wieder" einem Anachronismus. Inzwischen ist, wenn auch zögerlich, eher eine Gegenbewegung zur Re-Kommunalisierung zu verzeichnen, da die verlautbarten Effizienzvorteile privatwirtschaftlicher Tätigkeit zumindest für die Kommunen nicht eingetreten sind. Der parteipolitische Slogan „Privat vor Staat" beinhaltet jedoch nicht ausschließlich die Intention des Rückzugs der Öffentlichen Hand hin zu einem „schlanken Staat". Gleichzeitig bedeutet die privatwirtschaftliche Vorrangstellung konsequenterweise, das sowohl für Aufwand und Ertrag, sowie für Gewinn und Verlust einzustehen ist und eine Sozialisierung privater Verluste (und Aufwände) durch die Öffentliche Hand ausgeschlossen ist.

Mit dieser Logik hätten zahlreiche, von der Insolvenz bedrohte kommerzielle (!) Fußballvereine (bspw. Alemannia Aachen, 1. FC Kaiserslautern) nicht von „ihren" Kommunen gerettet oder doch zumindest massiv unterstützt werden dürfen. Ob das als Begründung ins Feld geführte „öffentliche Interesse" in Abwägung zu den Opportunitätskosten und Alternativen tatsächlich mit einer Gemeinwohlorientierung übereinzubringen ist, erscheint in vielen Fällen mindestens fragwürdig. Als ähnlich fragwürdig einzuschätzen sind Ausfallbürgschaften der Kommunen für Profisportvereine, die von politisch befürwortender Seite mit dem (nicht näher zu beziffernden) Werbewert und der Unterstützung der Jugendarbeit begründet werden. Insofern aber Unternehmen der Unterhaltungsbranche (Profisport) Steuergelder zufließen, müsste mit derselben Logik auch Unternehmen anderer Branchen eine derartige Unterstützung zuteilwerden. Vorausgesetzt sie sind mit ihren Produkten überregional bekannt und beschäftigen Auszubildende. Selbst an den Produktionsstätten müsste sich die Öffentliche Hand beteiligen, da ein Hallenneubau vergleichbar ist mit einem ausschließlich für kommerzielle Veranstaltungen genutzten Stadion. Inkonsequenterweise stimmen bisweilen genau jene Parteien, die eine deutliche Affinität zur „freien"

Marktwirtschaft aufweisen, aus politischem Kalkül und gegen ihre Überzeugung für ein Eingreifen der Öffentlichen Hand.[10]

Selbst die für kommerzielle Fußballspiele stattfindenden Polizeieinsätze stehen inzwischen in der Diskussion. In Abwägung eines öffentlichen Interesses fand jüngst eine juristische Auseinandersetzung um sogenannte Hochsicherheitsspiele statt, da sie über das „normale" Maß an Daseinsvorsorge (hier als staatliches Gewaltmonopol) hinausgehen. Der Auszug aus dem Urteil des Bundesverwaltungsgerichtes vom 29. März 2019 (BVerwG 9 C 4.18) zur Rechtmäßigkeit einer Polizeigebühr für Hochrisiko-Veranstaltungen verweist deutlich auf den Zusammenhang von „Mehraufwand" der Öffentlichen Hand und „wirtschaftlicher Nutznießung":

> „Bei der Einführung einer Gebühr muss der Gesetzgeber stets berücksichtigen, dass der Gebührenpflichtige zugleich auch Steuerzahler ist. Eine Gebühr bedarf deshalb einer besonderen Rechtfertigung. Diese liegt hier darin, dass die Polizei einen erheblichen Mehraufwand gerade aus Anlass einer kommerziellen Hochrisiko-Veranstaltung betreiben muss. Dieser zusätzliche Aufwand darf dem Veranstalter zugerechnet werden. Denn dieser ist für den reibungslosen Ablauf der Veranstaltung auf die zusätzliche Polizeipräsenz angewiesen. Der Veranstalter wird nicht etwa als Veranlasser einer Störung der öffentlichen Sicherheit in Anspruch genommen, sondern vielmehr als Nutznießer einer besonders aufwendigen polizeilichen Sicherheitsvorsorge. … Die Gebühr ist auch nicht unverhältnismäßig, obwohl sie eine beträchtliche Höhe erreichen kann. Der Gesetzgeber knüpft ausschließlich an gewinnorientierte Veranstaltungen an. Damit steht die Gebühr regelmäßig in einer angemessenen Relation zu dem wirtschaftlichen Ergebnis, das der Veranstalter – auch dank des verstärkten Polizeieinsatzes – erzielen kann." (Bundesverwaltungsgericht Pressemitteilung Nr. 26/2019 vom 29.03.2019)

Greifen wir die Argumentation des Bundesverwaltungsgerichtes auf und führen sie konsequent in einer neoliberalen Logik weiter. Demzufolge müssten nach dem Verursacherprinzip unverhältnismäßig hohe externe Kosten, die unmittelbar mit einer privatwirtschaftlichen, kommerzialisierten Sportgroßveranstaltung in Verbindung stehen, auch vom Veranstalter getragen werden.

Sind Veranstalter und Ausrichter nicht identisch, insbesondere dann, wenn die Ausrichtung unter Beteiligung der Öffentlichen Hand erfolgt, so wäre dem „bid book" des Veranstalters auf gleicher Augenhöhe ein „supply book" der ausrichtenden Stadt entgegenzustellen. Gegenüber den Vereinen vertritt der Deutsche

---

[10]Vergleiche dazu auch das Fallbeispiel des Gießener Basketball-Bundesligisten Gießen 46er in: www.giessener-allgemeine.de. Eine intensive Diskussion zur ökonomischen Tragweite des kommerzialisierten Sports am Beispiel des Fußballs wird in Kap. 7 geführt.

Städte- und Gemeindebund übrigens eine Position, die die Förderung des Sports nicht ausschließlich als kulturelle Praxis vorsieht, sondern in betont funktionaler Weise an Ziele der Stadt bindet. „Die Sportförderung sollte nicht bedingungslos erfolgen, sondern unter der Prämisse, was der Sport zum Erreichen der Stadtziele beitragen kann." Quelle: Landsberg/Deutscher Städte- und Gemeindebund (2017, S. 2).

Notwendig wird eine derartige Verhandlungsreaktion gegenüber Veranstaltern, die den Großteil der entstehenden Kosten auf die Ausrichter zu verlagern beabsichtigen und die Struktur der (kommerziellen) Veranstaltung einen zumeist längeren Zeitraum erfordert sowie die Beanspruchung großer Flächen des öffentlichen Raums. Der Teil der Diskussionen und Verhandlungen, der bislang hinter verschlossenen Türen stattfindet und mit Verschwiegenheitsklauseln aufgrund vorgeblicher „Betriebsgeheimnisse" ummäntelt wird, wie das im Vorfeld des Grand Départ der Tour de France 2017 der Fall war, ist mit einem „supply book" zurück in die Öffentlichkeit zu bringen[11] (siehe dazu Kap. 6; Tab. 1.5).

Allerdings befinden sich die ausrichtenden Städte in einer diffizilen Situation. Auf der einen Seite besteht, aus unterschiedlichen Beweggründen, die positive Absicht eine Sportgroßveranstaltung auszurichten. Auf der anderen Seite widerspricht die durch privatwirtschaftliche Tätigkeiten erzeugte Übernahme externer Kosten dem verantwortungsvollen Umgang mit Steuergeldern.

Eine zweite Problematik gesellt sich im Abwägungsprozess noch hinzu. Formal sind zahlreiche Veranstalter von Sportgroßveranstaltungen eingetragene Vereine (Verbände) und gelten somit als Non Profit Organisationen und nicht als kommerzielle Unternehmen. Maßgeblich für die städtische Argumentation für oder gegen eine Ausrichtung mit entsprechendem finanziellen Engagement ist jedoch, neben allen anderen Motiven, die Gewinnerzielungsmöglichkeit des Verbandes für die jeweilige Veranstaltung und die Lastenverteilung. Damit ist nicht die respektable Triathlonveranstaltung des örtlichen Schwimmvereins mit einigen hundert TeilnehmerInnen und ZuschauerInnen gemeint, die mit erheblichem ehrenamtlichem Engagement letztlich 40.000 EUR an „Gewinn" verbucht und in Folge als Quersubventionierung die Jugendabteilung unterstützt. Vielmehr richtet sich das Augenmerk auf Verbände wie das IOC, FIFA, UEFA sowie in Abstufung weitere internationale Verbände, die vor allem in Verbindung mit kommerziellen

---

[11]In extremer und undemokratischer Form wurde im Kontext von Verträgen zu Private Public Partnerships der juristische Passus der „Forfaitierung mit Einredeverzicht" zu Lasten der beteiligten Kommune eingefügt. Zur Machart und den damit verbundenen Konsequenzen siehe Rügemer/www.freitag.de (2007).

Tab. 1.5 Finanzielle Konsequenzen einer neoliberalen Maxime „Privat vor Staat" bei privatwirtschaftlichen Sportgroßveranstaltungen

Kosten für	Einzelaspekte
Öffentlicher Raum	Bereitstellung und Benutzung des öffentlichen Raums bei gleichzeitiger Nutzungseinschränkung nichtbeteiligter BürgerInnen
Sicherheit	Private Sicherheitsdienste, Schutzmaßnahmen inkl. baulicher Aufbringungen
Sicherheit	Hoheitliche Aufgaben der Polizei, die nicht von Sicherheitsdiensten erbracht werden können
Verkehrslenkung Absperrungen	Personelle und sachbezogene Maßnahmen zur Verkehrslenkung, Umleitungen und Absperrungen
Reinigung	Reinigung des öffentlichen Raums, Ersatzzahlungen für entstandene Schäden
Hilfsdienste	Sanitätsdienste, Notärztliche Dienste, Krankentransporte
Helferdienste	HelferInnen, OrdnerInnen, FahrerInnen etc.
Medien	Einführung einer Medienpauschale für Information und Berichterstattung in kommunalen Medien (Internet, Lokalfunk etc.)
Steuern	Einführung einer Pauschale für entgangene kommunale Steuern durch Verdrängungseffekte der Veranstaltung
Externalitäten Umwelt	Einführung einer Emissionspauschale durch Anreise mit privaten PKWs
Externalitäten Soziales	Kostenerstattung für räumliche Einschränkungen und zeitliche Verluste von BürgerInnen
Externalitäten Wirtschaft	Kostenerstattung für Einschränkungen und Verluste von Bring- und Pflegediensten sowie von negativ betroffenen Gaststätten und Hotels etc.

Quelle: eigene Darstellung
(Angesichts der Finanz- und Wirtschaftskrise und der nachfolgenden rettenden Unterstützung des Staates kommentierte Jürgen Rüttgers 2010 als damals noch amtierender Ministerpräsident des Landes NRW den Slogan „Privat vor Staat" kritisch: „die Finanz- und Wirtschaftskrise zwingt jetzt alle zu einem anderen Blick auf den Staat. Ein rasch handelnder, flexibler Staat hat sich in der Krise als rettender Anker erwiesen. Shareholder-Value-Ideologie und Marktradikalismus sind gescheitert. Es gab zu viele Marktradikale und zu wenige, die das Ganze im Blick hatten." http://www.faz.net/aktuell/politik/wahl-in-nrw/im-gespraech-juergen-ruettgers-wir-kriegen-die-schwarz-gelbe-mehrheit-1967299.html?printPagedArticle=true#pageIndex_0 18.04.2010)

Sponsoren Pflichtenhefte („bid books") auflegen, die mit dem etwas saloppen Begriff des „Knebelvertrages" etikettiert werden können. Beispielhaft anzuführen ist der juristisch fragwürdige Eingriff in die Gewerbefreiheit von lokalen Unternehmen, die sich innerhalb der so genannten, willkürlich festgelegten „Bannmeile" befinden. Insofern bestehen strukturell kaum Unterschiede zwischen einem Champions League Endspiel der Union of European Football Associations e. V. (UEFA) und einem Grand Départ der Tour de France der Amaury Sport Organisation (A.S.O.), einem Tochterunternehmen der Pressegruppe Philippe Amaury.

Eine weitere Variante der problematischen Beziehung zwischen Veranstalter und kommunalem Ausrichter ist auf die deutlich erhöhten Sicherheitsbestimmungen der Länder zurückzuführen. Demzufolge wird die Ausrichtung von Sportgroßveranstaltungen nicht nur erschwert, sondern inzwischen auch verhindert. Der Bund Deutscher Radfahrer (BDR) ist zum derzeitigen Stand nicht in der Lage einen Ausrichter für die Deutschen Meisterschaften im Zeitfahren und Straßenrennen 2019 zu finden, da alleine die Sicherheitsbestimmungen im Pflichtenheft über 200 Seiten umfassen und die Kosten für die neu geforderten Vollabsperrungen von den vormals interessierten Städten finanziell als nicht mehr vertretbar angesehen werden. Selbst ein Verzicht des BDR auf die bislang geforderte Ausrichtergebühr in Höhe von 30.000 EUR konnte keine Besserung erwirken (siehe auch Joisten/www.fr.de 13.05.2019).

1.4   Zur Höhe freiwilliger Leistungen kommunaler Daseinsvorsorge

Ungeklärt geblieben ist bis zu dieser Stelle die Frage, in welcher Höhe die Kommunen freiwillige Leistungen in eigener Verantwortung erbringen dürfen bzw. können. Für Kommunen, die sich nicht im Haushaltssicherungssystem befinden, stellt sich die Frage im Rahmen der zur Verfügung stehenden Mittel innerhalb eines ausgeglichenen Haushaltes und der damit verbundenen öffentlichen („vor der Bühne") und nicht-öffentlichen („hinter der Bühne") Diskussionen bzw. Auseinandersetzungen. Hoch verschuldete Städte, und das ist vielleicht überraschend für all jene, die nicht im Verwaltungsrecht bewandert sind, dürfen ausdrücklich Mittel für die freiwillige Daseinsvorsorge ausgeben. Einem potenziellen Verbot seitens der Aufsichtsbehörde, steht das grundgesetzlich verbriefte Recht der kommunalen Eigengestaltung entgegen. Dazu äußerte sich der Staatsgerichtshof Niedersachsen bereits im Jahr 1997 wie folgt:

„Der Gesetzgeber darf die kommunale Finanzausstattung aber nicht in einer Weise beeinträchtigen, die den Anspruch auf eine finanzielle Mindestausstattung verletzt und dadurch das Recht auf Selbstverwaltung aushöhlt. Die danach gebotene Mindestausstattung ist jedenfalls dann unterschritten, wenn die Wahrnehmung freiwilliger Selbstverwaltungsangelegenheiten infolge einer unzureichenden Finanzausstattung unmöglich wird." (http://kommunalwiki.boell.de)

Dem Staatsgerichtshof Niedersachsen ist mit seiner Formulierung zwar zuzustimmen, gleichwohl entsteht unmittelbar die weitergehende Frage, ob der vage Begriff „unmöglich" nicht doch hätte etwas näher spezifiziert werden können. Das blieb fünf Jahre später dem Oberverwaltungsgericht Lüneburg in seinem Urteil vom 03.09.2002 (10 LB 3714/01) vorbehalten, das sich zumindest in der Lage sah, einen konkreten Prozentsatz auszuführen.[12]

„Von einer finanziellen Mindestausstattung könne selbstverständlich nur dann gesprochen werden, wenn die Gemeinde in der Lage sei, die freiwilligen Leistungen aus sonstigen Einnahmen und nicht wie in ihrem Fall gezwungenermaßen aus Krediten zu finanzieren. Zudem hätten ihre freiwilligen Leistungen lediglich noch einen Anteil am Volumen des Verwaltungshaushalts in Höhe von 1,92 % ausgemacht. Die Grenze für die finanzielle Mindestausstattung sei aber bei wenigstens 5 % des Volumens des Verwaltungshaushalts für freiwillige Leistungen anzusiedeln. Entscheidend sei unter Berücksichtigung aller Einnahmen und Ausgaben, ob der Gemeinde noch Mittel verblieben, die sie in die Lage versetzten, im freiwilligen Aufgabenbereich eigene Schwerpunkte zu setzen." (www.rechtsprechung.niedersachsen.juris.de)

Das OVG Lüneburg hat in seinem Urteil mit 5 % lediglich die unterste Grenze für freiwillige Leistungen formuliert. Weitergehend argumentiert inzwischen die Präsidentin des Niedersächsischen Landesrechnungshofs (LRH) in der von ihr 2017 herausgegebenen „Praxishilfe – Pflichtaufgabe oder freiwillige Leistung?", in dem auf die in der einschlägigen juristischen Fachliteratur ausgewiesene Spanne von „mindestens fünf bis zehn Prozent der ihnen insgesamt zur Verfügung stehenden Finanzmittel für freiwillige Selbstverwaltungsaufgaben" verwiesen wird (S. 11).

Allerdings sieht die aktuelle Rechtsprechung auch „geringere Anteile als gewährleistet an." Insbesondere für „konsolidierungsbedürftige" Kommunen wird ein „Drei-Prozent-Rahmen" als angemessen angesehen (S. 11). Für die kreisfreien Städte (in Niedersachsen) ergibt sich für einen Zeitraum zwischen 2011

---

[12]Im damaligen Tatbestand klagte eine große selbstständige Stadt gegen die Höhe der zu entrichtenden Kreisumlage.

Tab. 1.6 Anteile an freiwilligen Leistungen der Kommunen am Gesamtetat

Anteile an freiwilligen Leistungen	In %	Quellen
Spitzenwert	20	Eigene Schätzung
Durchschnittswert	15	LRH Niedersachsen
Mindestwert für Kommunen	5–10	Juristische Fachliteratur
Unterster Wert	5	OVG Lüneburg
Unterster Wert, für hochverschuldete Kommunen	3	Haushaltssicherungskonzepte

Quelle: eigene Zusammenstellung

und 2013 ein durchschnittlicher Wert von 15 % für freiwillige Aufgaben (S. 12).
Insofern schwanken die Werte für kreisfreie Städte zwischen 3 % und maximal
20 % in der Spitze für freiwillige Leistungen (Tab. 1.6).

Damit wäre ein erster Rahmen aufgezogen, innerhalb dessen sich die Leistungen für Sport und Sportgroßveranstaltungen bewegen. Inwieweit dieser Rahmen auch für Kommunen gilt, die sich im Haushaltssicherungssystem befinden
und demzufolge unter Kommunalaufsicht stehen, beantwortet eine Anfrage an die
Bezirksregierung Arnsberg.[13]

„… Solche Kommunen, die eine genehmigungspflichtige Entnahme aus
der allgemeine Rücklage zum Ausgleich eines Haushaltsdefizits planen, ein
genehmigungspflichtiges Haushaltssicherungskonzept aufstellen müssen oder am
Stärkungspakt Stadtfinanzen pflichtig oder freiwillig teilnehmen, müssen im Rahmen ihrer Haushaltsplanung und -bewirtschaftung sicherstellen, dass die Ziele der
Haushaltssicherungskonzepte und Haushaltssanierungspläne zum Erreichen des
Haushaltsausgleichs und zur Rückkehr zu einer rechtmäßigen Haushaltswirtschaft
erreicht werden. Das bedeutet u. a., dass neue freiwillige Leistungen grundsätzlich
nur übernommen werden dürfen, wenn dafür an anderer Stelle auf freiwillige Leistungen verzichtet wird oder eine Kompensation der zusätzlichen Aufwendungen
auf andere Weise, z. B. durch weitere Ertragssteigerungen, sichergestellt ist. Neue
freiwillige Leistungen, wie z. B. die Bewerbung um und ggf. Ausrichtung von
Sportgroßveranstaltungen rechtfertigen kein Abrücken von den zwingenden gesetz-
lichen Vorgaben der GO (Gemeindeordnung, J.S.) NRW zur Haushaltswirtschaft."
(Auszug des Antwortschreibens der Bezirksregierung Arnsberg, Dezernat 31 –
Kommunalaufsicht vom 14.05.2018 auf eine Anfrage zu neuen freiwilligen Leistungen von Kommunen im Haushaltssicherungssystem).

---

[13]In Nordrhein-Westfalen fungieren die fünf Bezirksregierungen aufgrund der hohen
Bevölkerungszahl als sogenannte Zwischenbehörden.

Wenn, wie aus dem Antwortschreiben hervorgeht, für Bewerbungen um Sportgroßveranstaltungen Verzicht eine (theoretische) Möglichkeit darstellt, dann ist
naheliegend, dass dieser Verzicht zuerst innerhalb desselben Produktbereichs
stattfindet. Das würde bedeuten, dass andere Sport(groß)veranstaltungen reduziert oder nicht gefördert werden können. Auch wenn aus politisch-taktischer
Sicht der Öffentlichkeit ein direkter Zusammenhang in aller Regel verborgen
bleiben soll, dürfte das Risiko öffentlich-medialen Protestes ein derartiges Vorgehen verhindern. Zuschüsse für die lokal-regionalen, maximal mittelgroßen
Sport„groß"veranstaltungen der örtlichen Vereine zu streichen, um eine Großveranstaltung zu alimentieren, fällt als realistische haushaltspolitische Option
aus dem Rahmen. Da sich aber nahezu alle hochverschuldeten Kommunen,
die sich im Haushaltsssicherungssystem befinden, ihre Einsparpotenziale und
Ertragsmöglichkeiten (z. B. Hebesätze) in den letzten Jahrzehnten nahezu vollständig ausgeschöpft haben, verbliebe allenfalls die Möglichkeit, rentierliche
Veranstaltungen zu akquirieren und durchzuführen. Die entsprechenden kommunalen Sach-, Personal- und Finanzleistungen sowie eventuelle Verpflichtungsermächtigungen und Ausfallbürgschaften würden als „Kompensation an anderer
Stelle" über Umwegrentabilitäten spätere zusätzliche Steuereinnahmen erbringen,
sodass die Sportgroßveranstaltung als Investition eingestuft werden kann. Damit
reduziert sich jedoch die Anzahl der infrage kommenden Veranstaltungen drastisch, bei einem nach wie vor bestehenden Restrisiko (Unwägbarkeiten durch
Besucherausfälle, Witterungsbedingungen, Parallelveranstaltungen etc.). In
Kap. 4 wird auf die ungleiche Veranstaltungsentwicklung hinsichtlich des Volumens und der Struktur in den Städten eingegangen.

1.5   Zur Höhe freiwilliger Leistungen für Sport und Sportgroßveranstaltungen

Grundsätzlich besteht also die Frage, in welchem Rahmen bislang Kommunen
Sportgroßveranstaltungen bezuschusst haben. Nicht von Belang ist an dieser
Stelle die Unterscheidung, ob Kommunen als (Mit-)Ausrichter auftreten oder
ausrichtende Vereine lediglich subventionieren. Thöni und Barth (2012) gehen
in ihren „Pros und Cons" zur öffentlichen Förderung von Sportgroßveranstaltungen darauf ein, dass auch bei einer (kompletten) privaten Finanzierung, was
Private Haushalte (bspw. Kauf von Eintrittskarten, Merchandisingprodukten)
miteinschließt, eine Begleitförderung „gefordert" ist (S. 201). Die Autoren
beziehen sich hier auf eine Aussage von Wewer (2009, S. 121) „Selbst wenn der

eigentliche Wettbewerb, also der Spielbetrieb oder das Turnier, rein privat finanziert werden kann, was nicht so häufig vorkommt, dann ist die öffentliche Hand zumindest in den Rahmenbedingungen und Begleitmaßnahmen gefordert …" (zit. in Thöni: Barth 2012, S. 187). Eine weitergehende Begründung erfolgt jedoch weder bei Wewer noch bei Thöni und Barth.

Die Gesamtausgaben der Öffentlichen Hand belaufen sich für Sport auf derzeit 5,8 Mrd. EUR, was 0,5 % der Gesamtausgaben entspricht. Davon entfallen 17,6 % auf den Posten Sportförderung. Dies wiederum entspricht 0,088 % der Gesamtausgaben der Öffentlichen Hand (Tab. 1.7).

Von den kommunalen Gebietskörperschaften werden knapp 80 % der gesamten Sportförderung geleistet. Die restlichen gut 20 % teilen sich die Länder und der Bund. Ältere Daten, die ausschließlich die Mittelverteilung der Kommunen betrachten, kommen zu einer Gewichtung 21 % Sportförderung des Sports gegenüber den übrigen Positionen (Statistisches Bundesamt 2010 mit Daten für 2007). Für die Städte und Gemeinden in Baden-Württemberg hat Burger (2018, S. 41 ff.) eine detaillierte Berechnung angestellt. Von den insgesamt 751 Mio. EUR Ausgaben für den Sport, entfielen 97 Mio. EUR für die Position Sportförderung, was 12,9 % entspricht.

Schätzungsweise ein Drittel der Ausgaben für Sportförderung, bzw. 0,03 % des jeweiligen Gesamtetats können durchschnittlich für die Förderung von Sportgroßveranstaltungen als plausibel angenommen werden. Als Beleg ist der Haushaltsetat von Hamburg für 2018 heranzuziehen. Von den 15,2 Mrd. EUR Haushaltsetat 2018 werden 5 Mio. EUR zur Förderung von Sportgroßveranstaltungen bereitgestellt, was einem Prozentsatz von 0,033 entspricht. Hamburg und Berlin sehen sich als Stadtstaaten, bevölkerungsreichste Kommunen und selbsternannte „Sportstädte" in einer Vorreiterrolle hinsichtlich der Akquise und Ausrichtung von Sportgroßveranstaltungen. Als untere Grenze zur Förderung von

Tab. 1.7 Ausgaben der Öffentlichen Hand für Sport

Gesamtausgaben Sport davon:	5.800.000.000 EUR	100,0 %	Anteil Gesamtausgaben Bund, Länder, Kommunen 0,5000 %
Sportstätten	2.500.000.000 EUR	42,5 %	0,2100 %
Park- und Gartenanlagen	1.700.000.000 EUR	30,0 %	0,1500 %
Sportförderung	1.000.000.000 EUR	17,6 %	0,0880 %
Öffentliche Schwimmbäder	482.000.000 EUR	8,3 %	0,0415 %

Quelle: Statistisches Bundesamt (2016)

Sportgroßveranstaltungen kann der Anteil für hoch verschuldete Kommunen von ca. einem Drittel des Durchschnittswertes (siehe OVG Lüneburg) angesehen werden, was 0,01 % vom Gesamthaushalt entspricht. Zahlen zu einer oberen Grenze können lediglich geschätzt werden und dürften durchschnittlich pro Jahr bei 0,05 % liegen. Da keine Gleichverteilung pro Jahr vorliegt, kommt es regelmäßig zu Schwankungen der Anteile. Berlin hat bspw. im Jahr 2017 das Deutsche Turnfest mit 22 Mio. EUR unterstützt (0,08 %) zuzüglich weiterer Sportgroßveranstaltungen, sodass realistisch ein Anteil von (0,1 %) angenommen werden kann. Im Jahr 2018 wurde die Leichtathletik Europameisterschaft mit 12 Mio. EUR unterstützt.[14] Weitergehende Ausgaben der Kommunen wären im Fall von ökonomisch lukrativen Sportgroßveranstaltungen durch die durch Umwegrentabilitäten erzeugten Steuereinnahmen zumindest ökonomisch legitimiert (Abb. 1.3).

Für eine Akquise von Sportgroßveranstaltungen wirken darüber hinaus rechtzeitig abgestimmte Verpflichtungsermächtigungen unterstützend, da sie sich vorteilhaft auf die Planungssicherheit und Verhandlungsfähigkeit auswirken.

„Für die Herstellung der Planungssicherheit im Rahmen laufender Akquisebemühungen, insbesondere bei Sportgroßveranstaltungen mit mehrjährigem Vorlauf, sind die VE entscheidende Voraussetzung zur haushaltsrechtlichen Absicherung von Förderungs-Inaussichtstellungen (Letter of Intent). Akquisebemühungen laufen bspw. gegenwärtig für die Handball-EM der Männer 2020 oder 2024, die Basketball-EM der Männer 2021 oder 2023 sowie für internationale Multisportevents. Darüber hinaus kommt es erfahrungsgemäß immer wieder auch zu Veranstaltungsanfragen mit sehr kurzen Entscheidungsfenstern, die ohne VE nicht angeworben werden könnten." (Senatsverwaltung für Inneres und Sport Berlin 2017, S. 44 f.)

Bislang wurde überwiegend auf einer verwaltungsrechtlichen und politisch-ökonomischen Ebene diskutiert, inwieweit die sachliche, personelle und finanzielle Förderung von Sportgroßveranstaltung durch die Kommunen gerechtfertigt sein

---

[14]Der Bund fördert den Sport, insbesondere im Bereich Spitzensport, mit jährlich 168 Mio. Euro (Zahl für 2016), dennoch sind in der Vergangenheit (bspw. die World Games 2005), entgegen der medialen Verlautbarungen immer wieder äußerst dürftige Mittel zur Unterstützung bereitgestellt worden. Für die Leichtathletik EM 2018 waren lediglich 100.000 bis 150.000 EUR (sic!) in Aussicht gestellt worden. Einen aus Bundessicht angemessenen Proporz bei der Unterstützung der verschiedenen Sportarten und ihrer Europa- und Weltmeisterschaften zu finden, wäre ein eigenes Thema. Für Österreich geben Thöni und Barth eine Übersicht zur Bundessportförderung von Sportgroßveranstaltungen von 1986 bis 2006 (2012, S. 195 ff.).

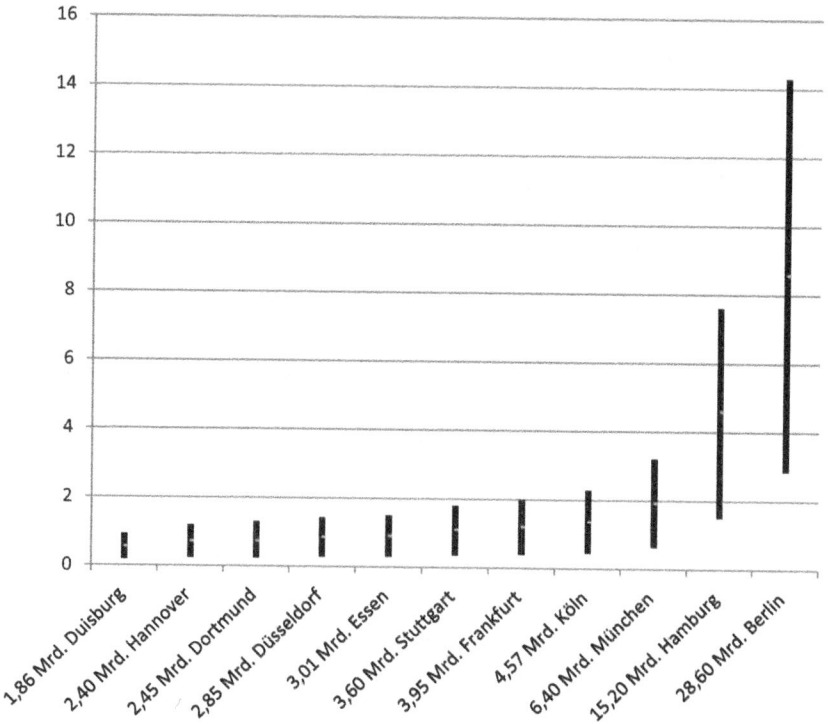

Abb. 1.3 Geschätzte Zuschüsse für Sportgroßveranstaltungen pro Jahr ausgewählter Städte in Mio. Euro (0,01 bis 0,05 % des Gesamthaushaltes). (Quelle: Haushaltspläne der Städte 2018, eigene Berechnungen)

kann und unter welchen Rahmenbedingungen (eher) nicht. Bislang außer Acht gelassen wurde jedoch eine kulturwissenschaftliche Argumentation, die sich auf die Begründungsebene des Festes und der Feier bezieht.

1.6   Sportgroßveranstaltungen als Fest und Feier der Stadt

Das Champions League Finale gilt als eine der bedeutendsten Sportgroßveranstaltungen in Europa. Wer sich als fußballinteressierter Europäer um eine Eintrittskarte bemüht, hat eine durchschnittliche Chance nach 200 Jahren (!)

dem Spiel als Zuschauer beizuwohnen.[15] Die Kartenkontingente für die beiden beteiligten Vereine, für die UEFA, den ausrichtenden nationalen Verband und seine „Familie" sowie für den ausrichtenden Verein überlassen nur noch wenige Karten dem freien Verkauf. Eine opulente Medienberichterstattung, bedeutungsschwangere Hymnen, theatralisch inszenierte Musik- und Showeffekte vor dem Spiel, samt individuell und gruppenspezifisch angefachter Emotionen steigern die Erwartungshaltung an dieses „Event" auf ein tatsächlich besonders ausgeprägtes Niveau. Und? Da es sich um ein taktisch geprägtes Fußballspiel handelt, in der eine Mannschaft der anderen auch noch überlegen ist, erreicht die fußballerische Auseinandersetzung gerade die Spielqualität einer durchschnittlichen Bundesligabegegnung. So geschehen am 26. Mai 2004 in der Arena in Gelsenkirchen-Buer im Spiel FC Porto 3:0 AS Monaco. Das ist nun jüngere Geschichte, ändert aber nichts an dem Umstand, dass die von (Sport-)EventmangerInnen beabsichtigten einzigartigen Erlebnisse zumindest bei Spielsportarten akribisch planbar, aber keineswegs immer zu realisieren und schon gar nicht zu erzwingen sind.

Feste und Feiern eröffnen auf ihre je unterschiedliche Weise für die Subjekte die Möglichkeit zur temporären Beglückung, dem Jeden-Tag sowohl zu entfliehen, sich seiner hernach zu vergewissern. Sie eröffnen einen bereichernden, inspirierenden oder auch nur ablenkenden, ja bisweilen auch vermeintlich unsinnigen und zumeist wiederkehrenden Beitrag zu einem gelingenden Leben. Feste und Feiern sind verschwistert mit Urlaub und Reisen, dem Spiel und dem verwandtschaftlich schwarzen Schaf des krank seins. Eine Stadt ohne Feste und Feiern wäre ebenso leb- und trostlos wie der individuelle und innerzirkuläre Rückzug ins Private.

Als Gedankenexperiment stellen wir uns vor, im Rahmen guter Nachbarschaft sei es gute Sitte, das jährlich stattfindende Nachbarschaftsfest auszurichten. Üblicherweise wird dazu ein Vorgarten und eine Garage benötigt. Die Anforderungen beziehen sich auf die Mithilfe beim Einkauf, Aufbau und Ausschmückung, den PKW um die Ecke zu parken, die Toiletten zu Verfügung zu stellen und am anderen Morgen die Abfallreste wegzuräumen. Stellen wir uns weiterhin vor, pro Jahr wäre ein Nettoeinkommen von 60.000 EUR vorhanden, was aufgrund vieler sozialer und sonstiger Verpflichtungen auch komplett verausgabt wird. Davon wäre das Nachbarschaftsfest mit 20 EUR zu bezuschussen

---

[15]Anlässlich der vom DFB und Schalke 04 in Auftrag gegebenen Wertschöpfungsberechnung zum Champions League Finale 2004 konnte die Projektgruppe (Autor und fünf Studierende) dem Spiel live beiwohnen. Siehe auch Schwark (2005, S. 9 ff.).

(0,03 %). Selbst bei einer (hohen) Verschuldung, käme ein Selbstausschluss samt Verzicht aus sozialen und kulturellen Erwägungen tatsächlich infrage?[16]

An diese rhetorische Frage anknüpfend, wäre legitimerweise nach dem Charakter von städtischen Festen und Feiern zu fragen und auch solchen, die eine Stadt lediglich unterstützt. Das betrifft die Frage sozialer Teilhabe, nach Zustimmung und Widerspruch, nach (zumeist kontrollierten) Exzessen und betrifft den Komplex der konzeptionellen und strategischen Passungen. Lucas (2005) kritisiert im Kontext des Stadt- und Regionalmarketings eine begrenzte Reichweite und Bindungsfähigkeit von Veranstaltungen. „Allzu häufig bleiben Events auf die Unterhaltungsfunktion beschränkt und finden um ihrer selbst willen statt." (S. 26). Eine vorschnelle Zustimmung verbietet sich insofern, weil ungeklärt bleibt, wann die negativ konnotierte, jedoch vage Angabe „allzu häufig" erreicht ist. Grundsätzlich ist festzuhalten, dass gegen bloße Unterhaltung nichts einzuwenden ist, weil sie Menschen sowohl im Alltag als auch zu besonderen Anlässen zur bereits erwähnten temporären Beglückung verhelfen kann. Und selbstverständlich finden Veranstaltungen zuallererst „um ihrer selbst willen statt", weil es im Kern um den kulturellen Eigenwert geht und nicht vorrangig, bzw. erst nachrangig um die funktionale Benutzung für andere Zwecke. Aber ebenso selbstverständlich finden Veranstaltungen nicht in einem hermetisch abgeschotteten Raum statt, in dem Alles und Jedes und damit auch Beliebiges und Kitschiges zu unterstützen wäre.

Der Auftakt zur Deutschen Tourenwagen Meisterschaft (DTM) auf der Königsallee in Düsseldorf wurde zwischen 2006 und 2009 einer staunenden Öffentlichkeit (insgesamt über 500.000 Zuschauer) als qualmendes Boliden-Spektakel auf einem 800 m Kurs (!) präsentiert. Seit 2002 wird die Fußball-Arena von Schalke 04, ohne Zuschüsse der Stadt Gelsenkirchen, jährlich einmal mit über 1300 Tannenbäumen bestückt und mit 3500 m^3 Kunstschnee für 45.000 Zuschauer präpariert, obwohl sich das Ruhrgebiet bislang nicht als nennenswerte Biathlonhochburg hervorgetan hat. Aus Sicht von PolitikerInnen, Wirtschaftsförderung und Stadtmarketing stehen sowohl kurzfristig-taktische, als auch strategisch-konzeptionelle Überlegungen im Vordergrund mit Festen, Feiern, Events und Spektakeln des Sports „ihre" Stadt zu beleben und zu inspirieren bzw. als so genannte „weiche" Standortfaktoren in eine ökonomisch motivierte Strategie einzubetten.

---

[16]Selbstverständlich „hinkt" auch dieses Beispiel, weil es zum Wesen des Beispiels gehört, Komplexität nicht vollends einbinden zu können. Hier geht es jedoch um die Frage der sozialen und kulturellen Bedeutung.

Bevor in Kap. 4 auf Einbindung, Funktionalisierung und Missbrauch von Sportgroßveranstaltungen Bezug genommen wird, sollen an dieser Stelle einige grundsätzliche Aussagen zu Festen und Feiern sowie Events folgen. Feste verfügen gegenüber dem Alltag in mehrfacher Hinsicht über einen herausgehobenen Charakter (siehe Deile 2004, S. 4 ff.; Gebhardt 2015, S. 415; Koller 2002, S. 91; Maurer 2004, S. 19). Der Wechsel zwischen Alltag und Fest lässt sich historisch anhand eines naturhaft-rhythmischen Zeitkonzeptes ableiten, insofern sich Frühlings-, Erntedank- und zahlreiche Kalenderfeste (Neujahrsfest, Sonnenwendfeste) begründen. Darüber hinaus sind im sozial-rhythmischen Zeitkonzept familiäre und individuell biografische Anlässe verankert wie bspw. Geburtstage, Hochzeiten, Geburten, damit zusammenhängende Gedenktage, aber auch im beruflichen Kontext hervorgebrachte individuelle und institutionell veranlasste Feste und Feiern (Abschlüsse etc.) (siehe dazu Jütting 1983, S. 31 f.; Koller 2002, S. 91 ff.). Damit wird an dieser Stelle bereits deutlich, dass Feste und Feiern einen unverzichtbaren Bestandteil gelingenden Lebens ausmachen. Im Kreis der Familie, Verwandtschaft, Nachbar- und Kollegenschaft haben diese Veranstaltungen noch einen informellen Charakter.

Nach Deile (2004, S. 10) haben Feste „lebensbejahenden Charakter". Sie können damit „Zustimmung zur Welt" und die Verbundenheit mit einer Gemeinschaft zum Ausdruck bringen. Gleichwohl kann das Fest auch „Widerspruch und Exzess" bedeuten und so den Ausbruch aus dem (über-)reglementierten Alltag eröffnen[17] (siehe Koller 2002, S. 91 ff.). Maurer (2004) argumentiert in eine vergleichbare Richtung, die sich stark auf die psychisch entlastende Funktion des Festes stützt: „als Durchbrechung der Begrenztheit des Individuums zur Gemeinschaft hin, als glückstiftendes Aufgehen in der Gemeinschaft, und als Befreiung aus dem Zwang der Gemeinschaft, im Durchbrechen der Regeln oder im Sich-Entziehen." (S. 43).

Feste fungieren nach Deile als Oberkategorie, unterhalb dessen Feiern lediglich als „eine Sonderform" zu fassen sind. „Der Feier wird so starker normativer Charakter zugesprochen. Das Verschwenderische am Fest gilt es hingegen zu unterbinden. Das Fest soll sublimiert und auf die Betonung der Bedeutungsebene beschränkt werden." (Deile 2004, S. 15). Feiern erweisen sich somit als kultiviert-gesittete, mit hoher Bedeutung aufgeladene Feste. Damit entfallen weitgehend spontane,

---

[17]Exzessive und/oder ironisierende Feste wurden bereits früh von der kirchlichen und weltlichen Macht als taktisch geduldeter Freiraum dazu benutzt, um potenziellen oder tatsächlichen Protest als reglementierte Anarchie zu kanalisieren (z. B. Karneval, Fasching, Fastnacht, Kirmes, aber auch bspw. das Ulmer Fischerstechen).

ungehemmte, ja exzessive Äußerungen, die die vorab geplante Rahmung außer Kraft setzen könnten (Wiener Opernball vs. Wacken). In der jüngsten Vergangenheit haben sich zudem die damit verbundenen Ausprägungen und Ausmaße physischer Kontrolle für institutionell durchgeführte Feiern (und Feste) drastisch erhöht.

Deile unterscheidet drei zentrale Bestandteile, die für die Bestimmung und den Charakter eines Festes ausschlaggebend sind: „Gemeinschaft, Bedeutungshaftigkeit des Anlasses und Besonderheit der äußeren Form", soweit sie die weiteren Kriterien des „Nicht-Alltags" und der „Zustimmung zur Welt" erfüllen (S. 9 f.). Kein Fest wird jedoch alle drei Komponenten gleichermaßen beinhalten, sondern einen Schwerpunkt in eine Richtung ausprägen (Abb. 1.4).

Eine exemplarische Übertragung auf den Sport würde bspw. das Champions League Finale als wichtigste Veranstaltung des europäischen Mannschaftsfußballs eher im Feld der Bereich der Bedeutung ansiedeln. Das Pokalfinale, die Meisterschaft, das besondere Turnier – sie alle können auch unter den Begriff des Sportfestes jenseits des Trainings- und Wettkampfalltags gefasst werden. Die Eröffnungsfeiern von Sportgroßveranstaltungen sind zwar eingebettet in die gesamte Veranstaltung, für sich genommen erfüllen sie in ihrer Formgebung und ihrem Zeremoniell überwiegend den Charakter der Feier. Auch einzelne Elemente wie die Medaillenvergabe haben eine ausgeprägte Nähe zur Feier, selbst wenn sie einen zeitlich geringen Anteil ausmachen. Das Deutsche Turnfest schließlich ist stark fokussiert auf Gemeinsamkeit und Zusammenkunft. Die Pasta-Party am Abend vor Marathon-Läufen, das Athletendorf oder das Partyzelt für Zuschauer, Staff und Aktive gehören ebenfalls in diesen Kontext. Im übrigen immer auch kulturell verbunden mit Musik und Tanz. In anderen Kontexten auch bereichert und begleitet durch Bühnenbild, Literatur, Architektur (Abb. 1.5).

Abb. 1.4 Festmodell nach Deile. (Quelle: Deile 2004, S. 10)

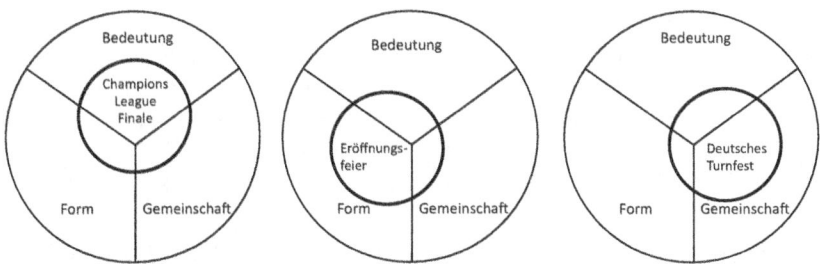

Abb. 1.5 Sportgroßveranstaltungen und ihre Festcharakteristik. (Quelle: eigene Darstellung, in Anlehnung an Deile 2004)

Gebhardt (2015) konstatiert mit den fünf Tendenzen der Deinstitutionalisierung, Entstrukturierung, Profanisierung, Multiplizierung sowie Ökonomisierung eine Entwicklung, die er mit zunehmender Eventisierung von Feiern und Festen in Verbindung bringt. Institutionelle Feste der Öffentlichen Hand verlieren „zunehmend an Akzeptanz und Legitimität" (S. 423), ohne sich jedoch in ihrer Anzahl nennenswert zu reduzieren. Gleichzeitig lösen sich formale Zugangsbeschränkungen auf, sodass die sozialen Strukturen der Teilnehmenden für „viele" Feste und Feiern „kaum noch eine Rolle spielen"[18] (S. 424). Die vormals intendierten Normen, Riten und Verbindlichkeiten erodieren zugunsten unverbindlicher, unterhaltsamer „schöner Erlebnisse". Und mit der Ablösung von „historisch begründeten Anlässen" vermehrt sich die durch gezieltes Marketing erzeugte Anzahl an Festen und Feiern, sodass „im Alltag" inzwischen „ein dauerhaftes und jederzeit abrufbares Angebot" vorhanden ist (S. 425).

Das was als „schöne Erlebnisse" bezeichnet wird, dürfte vielfach eher auf der darunterliegenden Ebene der „Impression" angesiedelt sein. Oberhalb von Erlebnissen müssten Events auch zur kognitiven Verarbeitung anregen können, um daraus als „Erfahrung" auch eine biografische und/oder alltagsrelevante Rückkopplung erzielen zu können. Weiterhin wäre zu fragen, wer überhaupt zur Gemeinschaft dazu gehört. Zweifel bezüglich einer umfassenden Einbindung sind

---

[18]Den von Gebhardt angeführten Tendenzen ist weitgehend zuzustimmen. Dennoch ist kritisch anzumerken, dass die mit der Sozialstruktur verbundene Kaufkraft und der langfristige Kundennutzen für die Veranstalter das entscheidende Kriterium in ihrer Zielgruppenanalyse sind. Personen außerhalb des Werbefokus haben selbstverständlich Zutritt, sofern sie zahlungsfähig sind und bereit sind, sich in den organisatorischen Ablauf des Festes einzufügen.

insofern angebracht, da mit der ökonomisch motivierten Funktionalisierung die Kaufkraftrelevanz darüber entscheidet, wer partizipiert und wer nicht.

Zur Ausweitung und zunehmenden Unverbindlichkeit gesellt sich nach Gebhardt in verstärktem Maße die Funktionalisierung von Festen (und Feiern) für fremde Zwecke.[19]

„Das Fest selbst wird zum Zweck. Dies beginnt schon bei kleinen Vereinsfesten, die von der Vereinsführung ganz gezielt dazu eingesetzt werden, um den Jahresetat des Vereins auszugleichen und deshalb auf „hinzugekaufte" Attraktionen setzen, die mit dem eigentlichen Vereinszweck nicht das Geringste zu tun haben."

Was Gebhardt kritisch für die basale Ebene im Non-Profit-Bereich anführt, gestaltet sich auf der Ebene des Marktes und auch im Bereich der Öffentlichen Hand in einer gänzlich anderen Dimension. Das inszenierte Event, ausgestattet mit den planerischen und reglementierenden Formen der Feier, bemächtigt sich des zuvor unreglementierten, spontanen Festes. Ekstase, Ausschweifungen und Grenzüberschreitungen haben keinen Platz in der kühlen Planung von Eventagenturen. Mit der Zähmung und bisweilen auch Zurichtung des Festes kann sich die (zahlende) Klientel nunmehr innerhalb eines bunt eingehegten Markengatters unter Regieanleitung in tolerablen Grenzen austoben. Insofern wandelt sich das Fest mehr und mehr zum unternehmensorientierten Event (Abb. 1.6).

Sportgroßveranstaltungen laufen ebenfalls Gefahr in eine unternehmerische Planung einbezogen zu werden, die den kulturellen Kern aufweicht oder doch in den Hintergrund treten lässt, die die Selbstbestimmung des Sports reduziert und eine Neubestimmung der Zielgruppe hinnehmen.[20]

Forderungen und Eingriffe in die Autonomie des Sports sowie seine scheinbar freiwillige Preisgabe erfolgen bspw. über Sponsoren durch die zeitliche Verlegung von Wettkämpfen (Olympische Spiele), räumliche Verlegung von Wettkämpfen (Supercoppa Italiana 2018/2019 in Riad, Saudi Arabien), territoriale Vorgaben

---

[19]Preuß (2012, S. 3) weist auf verschiedene Funktionalisierungen hin, mit denen die Olympischen Spiele vereinnahmt wurden. Kist (2006, S. 22) gibt anlässlich der gescheiterten Olympiabewerbung der Stadt Stuttgart eine Übersicht über nachvollziehbare und kritische „Gründe" für die Ausrichtung von Events seitens der Städte und Regionen (siehe auch Kap. 4).

[20]Exemplarisch kann auch auf die weitere Säkularisierung des Reformationsfeiertags und Allerheiligen hingewiesen werden. Insbesondere für die jüngere Generation hat Halloween, eingebettet in zahlreiche (karnevaleske) private wie kommerzielle Feste/Events eine ungleich höhere Bedeutung bekommen.

Abb. 1.6 Unternehmensorientiertes Fest- und Eventmodell. (Quelle: eigene Darstellung, in Anlehnung an Deile 2004)

(Eingriff in die Versammlungsfreiheit und Gewerbefreiheit), Vorgaben für Sport-bekleidung (Beach-Volleyball, Eisschnelllauf) und schließlich der zusätzlichen Akquise von Sponsoren (ca. 90 Flugstunden nach und in Asien bei acht Tagen Dauer sowie zwei Fußballspielen und div. Terminen von Borussia Dortmund).[21]

Golf wird bspw. von der jungen aufstrebenden Mittelschicht nicht primär wegen seiner sensomotorischen Attraktivität gespielt, sondern weil die Sport-art mit jährlich tausenden von Businessturnieren eine effiziente Konvertierbar-keit von sozialem in ökonomisches Kapital (sensu Bourdieu) offeriert (siehe Schwark 2006, S. 317 ff.). Dem Bankenkonzern J. P. Morgan kann unterstellt werden, vorwiegend um sein (beschädigtes) Image und allenfalls noch um die Arbeitsfähigkeit seiner MitarbeiterInnen bemüht zu sein, jedoch weniger um die Förderung des Laufsports.[22] Die Agentur B2Run richtet in 17 Großstädten die selbst ernannte Deutsche Firmenlaufmeisterschaft aus. Mit dem Slogan „Runter vom Bürostuhl, rein in die Laufschuhe" ist bereits angedeutet, dass Arbeiter und Arbeiterinnen nicht zur anvisierten Zielgruppe gehören. Auch der allgemeine

---

[21]Die Beispiele aus dem Fußballbereich sind etwas widersprüchlich, da kommerzielle „Ver-eine" selbst unternehmerisch Handeln und insofern in die Bedingungen des Marktes längst eingewilligt haben.

[22]Die in den Teilnahmebedingungen aufgeführte Zielgruppe bezieht sich nur auf min-destens seit drei Monaten fest angestellte mit mindestens 20 Wochenarbeitsstunden beschäftigte MitarbeiterInnen.

Abb. 1.7 Sportgroßveranstaltungen und ihre unternehmensorientierte Festcharakteristik. (Quelle: eigene Darstellung, in Anlehnung an Deile 2004)

Begriff „Firmenlaufmeisterschaft" mildert die Einschränkung nicht, da die Deutsche Angestellten Krankenkasse als Hauptsponsor fungiert (Abb. 1.7).

Aus kulturwissenschaftlicher Sicht besteht die Frage, ob Feste mit ihren beiden Ausprägungen nun (mindestens) eine Notwendigkeit für eine Stadt (sowie weiterer kommunaler Untergliederungen) sind.[23]

- Als erste Begründung ist darauf hinzuweisen, dass Feste und Feiern zum einen eine anthropologische Konstante in der Menschheitsgeschichte sind und zum anderen eine globale Erscheinung, unabhängig von ethnischen und späteren nationalstaatlich-kulturellen Ausprägungen.
- Große Veranstaltungen im privaten oder auch gruppenspezifischen Rahmen stoßen jedoch aus organisatorischen Gründen an Grenzen. Ihre Ausrichtung deswegen ausschließlich den Institutionen der Öffentlichen Hand oder kommerziellen Veranstaltern zu überantworten, wäre allerdings ein rein technisch-funktionales Argument.
- Die Ausrichtung innerhalb einer konflikthaften Gesellschaft, um ein ideologisch-diffuses Harmonisierungsgefühl zu erzeugen („Sitzen-in-einem-Boot") oder Macht abzusichern („Brot und Spiele") begründet sich auf politisch motivierte Instrumentalisierungen.
- Sektorale Verschiebungen und damit verbundenen Wanderungsbewegungen vom Land in die rasch anwachsenden Städte, (erkämpfte) Freizeit und Massenkaufkraft, technisch-architektonische Entwicklungen begünstigten das Aufkommen des Massenkonsums Anfang des 20. Jahrhunderts und eine damit

---

[23]Exzesse auf Feiern sind protokollarisch zumindest nicht vorgesehen.

wechselseitig verstärkende Kultur- und Vergnügungsindustrie.[24] Die im privat-wirtschaftlichen Kontext entstehenden Großveranstaltungen unterliegen also vorwiegend technisch-kommerziellen Begründungen.[25]

- Eine kulturell ausgerichtete Argumentation hätte sich am Konzept des „guten Lebens" bzw. einer lebenswerten Stadt auszurichten.[26] Da nicht alle BürgerInnen an allen Veranstaltungen teilnehmen können und wollen, ist sowohl eine auf Vielfalt als auch auf eine eventuelle Schwerpunktsetzung ausgerichtete Struktur zu orientieren, um Wahlmöglichkeiten zu eröffnen für eine (partiell) befriedigende Teilhabe und Einbindung, nicht jedoch Vereinnahmung. Vielfalt geht jedoch selten eine Liaison mit ökonomischen Effizienzkriterien ein. Und mit Schwerpunktsetzungen wäre darauf zu achten, nicht die Möglichkeit des „Sports für alle" aus dem Blickfeld zu verlieren.

Mit den bereits angeführten disparaten finanziellen Haushaltslagen der Städte, dem verwaltungsorganisatorischen Umbau und einer kommunalpolitischen Akzeptanz zunehmender Kommerzialisierung lassen sich die derzeit verschiedenen Positionen im Umgang der (verschuldeten) Kommunen mit Sport und damit auch Sportgroßveranstaltungen grob zusammenfassen:

- Akzeptanz der – wie ein Naturalismus entstandenen – prekären kommunalen Haushaltmittel, deren Verteilungsproblematik weder in der Steuerpolitik noch in der internen Mittelverteilung der Öffentlichen Hand ernsthaft angemahnt wird.[27] Unter dieser Voraussetzung der „problematischen Haushaltslage" argumentiert auch die derzeitige Sportentwicklungsplanung (siehe Hübner 2017, S. 49).
- Reduktion öffentlicher Haushaltspolitik von einem volkswirtschaftlichen auf einen privat/betriebswirtschaftlichen Wirkungskreis durch Austeritätspolitik. Auch in der Sportentwicklungsplanung wird diese verkürzte Sichtweise übernommen. „Ist die kommunale Sportpolitik in der Lage … auch gezielte Einschnitte vorzunehmen" (Hübner 2017, S. 49).

---

[24]Siehe zum Verhältnis von Stadt und Sport Klein 2008, insbesondere S. 14–18 und grundsätzlich zum Aufkommen der Massenkultur Maase (1997).

[25]Dincal (2008, S. 215 ff.) gibt aus dem Blickwinkel der Technikgeschichte eine der wenigen Einblicke in den Bereich der damals sich entwickelnden Stadien und Großsportanlagen zwischen 1900 und 1930.

[26]Im abschließenden Kap. 8 werden dazu Handlungsempfehlungen formuliert.

[27]Grundsätzlich ändern daran auch nicht die vom Bund und von den Ländern aufgelegten Sonderprogramme zur „Unterstützung" hoch verschuldeter Kommunen.

- Verlagerung von Aufgaben der Öffentlichen Daseinsvorsorge auf zivilgesellschaftliches Engagement (bspw. hat Gelsensport e. V. die Aufgaben der Sportverwaltung für die Stadt Gelsenkirchen übernommen, Bürger- und Sportvereine übernehmen in eigener Verantwortung vormals kommunale Bäder).
- Kommerzialisierung von Aufgaben der Öffentlichen Daseinsvorsorge sowie Verlagerung auf privatwirtschaftliche Anbieter (von der BürgerInnen- zur KundInnenenorientierung).

Die Veränderungen „des" Sports und „der" Städte sind neben ihren internen Faktoren nicht ohne die wirtschaftspolitischen Prozesse der letzten Jahrzehnte zu verstehen und zu erklären. Insofern werden im nächsten Kapitel zentrale Aspekte der Wirtschaftspolitik seit den 1960er Jahren aufgezeigt. Neben den disparaten kommunalen Entwicklungspfaden wird auch auf den Wandel und Einfluss von Ökonomen und ihrer Beratungsleistungen bzw. -eingriffe eingegangen. Mit dem redundanten Modell des Homo Oeconomicus und einem befürworteten Marktfundamentalismus (Ötsch 2018) wird einem „schlanken Staat" und reduzierter Daseinsvorsorge das Wort geredet, die sich gleichzeitig als Landnahme des Marktes erweist.[28]

---

[28]Der Begriff der „Landnahme" ist als Mehrwert realisierende Anpassungsmaßnahme des Gesamtkapitals durch Kommodifizierung und Erschließung „neuer" Märkte zu verstehen und geht ursprünglich auf Luxemburg (1912) zurück. Zur neueren Diskussion siehe Dörre (2011).

Zentrale Aspekte und Wandel der Wirtschaftspolitik

Sportaktivitäten durch kommerzielle Angebote zu kommodifizieren wird als „neuer" Markt parallel zur Herausbildung massenhafter Kaufkraft bereits mit Beginn des 20. Jahrhunderts entwickelt. Die Tour de France wurde als Mittel zur Aufmerksamkeit und damit verbundener Auflagensteigerung im Jahr 1903 von der französischen Sportzeitung „L'Auto" begründet. Zu diesem Zeitpunkt etablierten sich bereits, technische Machbarkeit vorausgesetzt, kommerzielle Sportanlagen u. a. in Form von Fitnessstudios. Etwa zur gleichen Zeit (1926) wurde bspw. in Wien eine Wintersporthalle errichtet: „Auf einem Areal von 4.000 m² wurden auf 20 m hohen Gerüsten mit Kokosmatten und künstlichem Schnee eine Rodelbahn, eine Skiwiese und eine Sprungschanze, auf der Sprünge bis zu 20 m möglich waren, geschaffen, die von 10 bis 22 Uhr benützt werden konnten." (Quelle: http://austria-forum.org).

Diese lediglich kursorische Aufzählung soll verdeutlichen, dass die verbreitete Kommodifizierung von Sportaktivitäten und Sportgroßveranstaltungen keine Erfindung der 1970er Jahre sind.

Seitdem jedoch erweitern und intensivieren sich, wie noch zu zeigen sein wird, Umfang, Ausdifferenzierung, Zielgruppenorientierung sowie Landnahmen von staatlichen und Non-Profit-Bereichen in das System des Marktes. Die verstärkte Dynamik ist vor allem mit einem Wandel der Wirtschaftspolitik verbunden gewesen, der sich als Ablöseprozess einer vormals keynesianisch inspirierten Wirtschaftspolitik bis maximal Ende der 1970er Jahre vollzog, hin zu einer

© Springer Fachmedien Wiesbaden GmbH, ein Teil von Springer Nature 2020
J. Schwark, *Sportgroßveranstaltungen*,
https://doi.org/10.1007/978-3-658-28303-2_2

Abb. 2.1 Vier
gesellschaftliche Systeme
innerhalb sozialer
Marktwirtschaft und
Keynesianismus. (Quelle: in
Anlehnung an Strob 1999,
S. 172; eigene Darstellung)

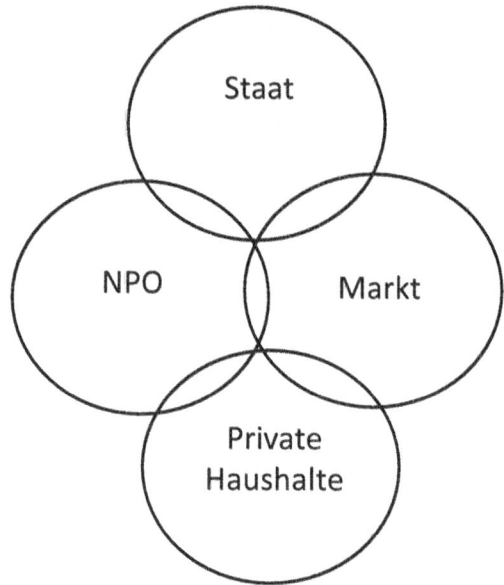

neoliberalen, marktfundamentalen Ausrichtung, die sich nahezu aller Lebens-
bereiche bemächtigte.[1]

In Anlehnung an die Dritte-Sektor-Forschung hat Strob (1999) das Konzept
der vier gesellschaftlichen Systeme Staat, Markt, Non-Profit-Organisationen
(NPO) und der Privaten Haushalte mit ihren je unterschiedlichen Einflusssphären
und Handlungslogiken weiterentwickelt.[2] Das Modell wird dazu benutzt, grafisch
leicht modifiziert, um die Veränderungen der Einflusssphären zu verdeutlichen
(Abb. 2.1).

---

[1]Insofern ist die Rede von der „Verbetriebswirtschaftlichung" privater Beziehungen nur
teilweise zutreffend, da sie lediglich unter Preisgabe des voraussetzungslosen Handelns auf
eine lediglich allgemeine Ökonomisierung verweist, nicht jedoch auf die Einteilung neoliberalen Denkens nach Verwertbarkeit von Menschen und ihrer damit verbundenen Hier-
archisierung. Das im Alltagshandeln am nächsten kommende neoliberale Konzept ist die
kommerziell betriebene Datenbank „Elite-Partner" als Ausdruck einer „modernisierten"
Ständegesellschaft.

[2]Unter Markt wird ein expansiv orientiertes Wirtschaftssystem kapitalistischer Prägung
verstanden, auf Privateigentum und Konkurrenzprinzip basierend.

Die Veränderungen der wirtschaftlichen Entwicklung und der eng damit verbundenen wirtschaftspolitischen Ausrichtung werden nachfolgend in drei Phasen eingeteilt.

Der erste zeitliche Abschnitt bezieht sich auf die Nachkriegsphase mit ausgeprägt ordoliberaler (soziale Marktwirtschaft) und nachfolgend keynesianisch geprägter Wirtschaftspolitik bis etwa Ende der 1970er Jahre. Wirtschaftlich bereits ab Mitte der 1970er Jahre und politisch ab 1982 ist der zweite Abschnitt bis Anfang 2000 als entwickelnder Neoliberalismus samt damit einhergehender Markteroberung zu kennzeichnen. In diese Phase fällt auch die grundlegende Vermarktlichung und erweiterte Konkurrenz der Städte. Ab 2003 kann anlässlich der sozialpolitischen Verabschiedung des „Vierten Gesetz für moderne Dienstleistungen am Arbeitsmarkt", bekannt unter dem Namen „Hartz IV", eine vorerst abschließende dritte Phase erfolgreicher Landnahme als nunmehr markthegemoniales Satellitenmodell markiert werden.

2.1 Ordoliberal geprägte soziale Marktwirtschaft und Keynesianismus

Hinsichtlich der politisch-ökonomischen Rahmenbedingungen der Nachkriegsphase sind einige bedeutende Aspekte anzuführen, die das damalige hohe Wirtschaftswachstum begünstigten. Auf der Basis internationaler politischer Anerkennung und Einbindung konnten auf der Grundlage einer mindestens auf Vorkriegsniveau befindlichen Industriekapazität hohe Wachstumsraten erzielt werden, die parallel dazu durch erhebliche Nachholeffekte begünstigt wurden.[3] Bereits im Jahr 1952 verzeichnete die volkswirtschaftliche Leistungsbilanz einen Exportüberschuss.[4] Innerhalb der wirtschaftspolitischen Rahmung des Ordoliberalismus, bzw. der so genannten „Sozialen Marktwirtschaft" ermöglichten die mit den Produktivitätssteigerungen verbundenen Verteilungsspielräume innerhalb

---

[3]Vgl. Osterland et al. (1973, S. 15).

[4]Siehe dazu auch die Zeitreihe des Statistischen Bundesamtes: Außenhandel zur Gesamtentwicklung des deutschen Außenhandels von 1950 bis 2018 (Statistisches Bundesamt 2019).

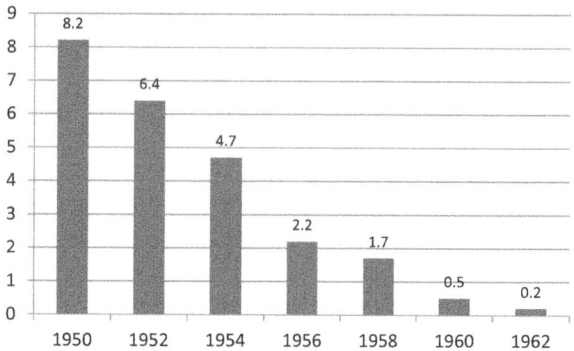

Abb. 2.2 Arbeitslosenquote von 1950–1962 in %. (Quelle: Bundesanstalt für Arbeitsvermittlung und Arbeitslosenversicherung, zit. in Erhardt 1964, S. 80; eigene Darstellung)

der Auseinandersetzung zwischen Kapital und Arbeit hohe Lohnsteigerungen, die wiederum zur Belebung der Binnennachfrage beitrugen.[5]

Als limitierender Faktor für die Kapitalverwertungsbedingungen zeichnete sich während der 1950er Jahre eine Vollbeschäftigungssituation auf dem Arbeitsmarkt ab. Die Arbeitslosenrate lag 1950 noch auf hohen 8,2 % und sank im Verlauf von etwas über einem Jahrzehnt auf 0,2 % (Abb. 2.2).

Gleichzeitig entwickelten sich die Kapitalverwertungsbedingungen nicht nur aufgrund der Anzahl der zur Verfügung stehenden Arbeitskräfte unzureichend. Kriegs- und nachkriegsbedingt schien aus Sicht der Unternehmen auch in gesundheitlicher Sicht eine potenziell limitierte Verwertung vorzuliegen. Die zu diesem Zeitpunkt überwiegend industrielle Verwertung der (überwiegend männlichen) Arbeitskraft, war aufgrund eines hohen Anteils physisch-muskulärer Arbeit, körperlichem Verschleiß und Verletzungen, von Invalidität und Frühverrentungen beeinträchtigt. Zur Verdeutlichung der Situation ist anzuführen, dass etwa zwei Drittel aller Beschäftigten vor Erreichen der Altersgrenze vorzeitig invalid wurden und von 1000 stationär behandelten Kranken 536 solche Krankheiten hatten, die durch Bewegungsmangel entscheidend beeinflusst wurden (vgl. Palm 1968, S. 19).

---

[5]Auf der Basis des Konzeptes: „Vorschläge für eine planvolle Beeinflussung der öffentlichen Meinung zugunsten der Verbesserung des sozialen Klimas im Rahmen freier Wirtschaft" wurden ein Jahr vor der Bundestagswahl 1953 mit finanzieller Unterstützung zahlreicher Unternehmer drei großangelegte Werbekampagnen zur ideellen Etablierung marktfundamentalen Wirtschaftens umgesetzt. Detaillierter dazu siehe Ötsch et al. (2018, S. 177 f.).

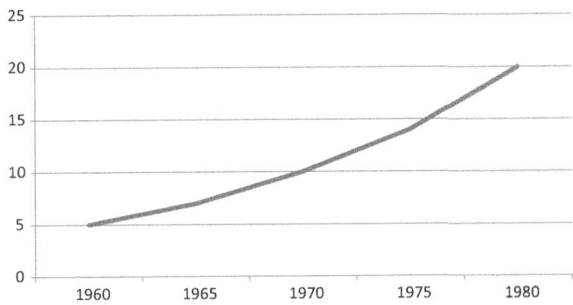

Abb. 2.3 Regelmäßig sporttreibende Erwachsene (mind. 1 × pro Woche) in %. (Quelle: Schwark 1994, S. 46)

Als Maßnahme zur Verbesserung der Kapitalverwertungsbedingungen wurde bereits Anfang der 1950er Jahre auf Drängen der Deutschen Arbeitgeberverbände das Abkommen zur Anwerbung und Vermittlung von italienischen Arbeitskräften 1955 verabschiedet und in Folge zwischen 1960 und 1968 mit acht weiteren Nationen abgeschlossen.[6] Das potenziell höhere Angebot an Arbeitskräften erhöhte nicht nur die Verfügbarkeit und Auswahlmöglichkeit, sondern konnte in der Auseinandersetzung zwischen Kapital und Arbeit durch die entstehende Konkurrenzsituation Kosten für variables Kapital (Lohnkosten) absenken.

Gleichzeitig wurde nach innen die prekäre gesundheitliche Situation der Bevölkerung sowohl von Kapital- als auch von politischer Seite als Handlungserfordernis eingestuft. Der Anteil der mindestens einmal pro Woche regelmäßig sporttreibenden Erwachsenen belief sich 1960 auf lediglich 5 % (Abb. 2.3).

Anhand der Bestandserhebungen des DSB lässt sich nachvollziehen, dass zwischen 1954 und 1959 zwar ein Zuwachs von 3,74 Mio. auf 5,13 Mio. Mitgliedschaften (inklusive Doppelmitgliedschaften) zu verzeichnen war, was 9,5 % der Bevölkerung entsprach (siehe Gieseler 1972, S. 72). Die Sozialstruktur wies jedoch überwiegend junge männliche Mitglieder aus den Mittelschichten aus. Der Anteil der weiblichen Mitglieder belief sich bspw. für 1959 auf lediglich 12,6 % (über 21. Jahre). (Bestandserhebungen des DSB) In dieser Phase konzentrierte sich die 1951 gegründete Deutsche Olympische Gesellschaft (DOG) nach der erstmals erfolgreichen Teilnahme einer bundesdeutschen Mannschaft bei

---

[6]Angesichts der zyklischen Krise 1973/1974 (so genannte „Ölkrise") wurde die Anwerbung 1973 eingestellt.

Olympischen Spielen auf ein weiteres Betätigungsfeld.[7] Unter dem später populär gewordenen Slogan „Goldener Plan" engagierte die DOG unter dem Vorsitz von Georg von Opel eine Kommission, um „Richtlinien für die Schaffung von Erholungs-, Spiel- und Sportanlagen in den Gemeinden" zu entwickeln (1956–1959) (vgl. Tiedemann 1976, S. 165). Gemeinsam mit dem DSB wandte sich die DOG an „Bundesregierung, Bundestag, Regierungen und Landtage der Bundesländer sowie Gemeinden (Gemeindeverbände) und ihre Parlamente" (S. 165) um der „biologischen Degeneration" entgegenzusteuern, die „auf die Dauer die Erfüllung aller zukünftigen sozialen, kulturellen und wirtschaftlichen Aufgaben infrage stellen muß" (S. 165). Zur Behebung dieser Situation wurde der Fehlbestand an Sport- und Spielplätzen aufgeführt und mit Kosten von 6,3 Mrd. DM beziffert.

Die Forderung nach einem Ausbau der Sportstätteninfrastruktur war zudem für alle gesellschaftlichen Akteure nachvollziehbar, da die Minderausstattung u. a. auch auf zahlreiche Kriegsbeschädigungen sowie Zweckentfremdungen für Lazarette beruhte. Die in der DOG vereinigten Unternehmer konnten zwar als sportaffin bezeichnet werden, gleichwohl war die Forderung der DOG nicht (nur) aus philanthropischen und sportkulturellen Erwägungen „der" Politik zur Umsetzung vorgelegt worden. Im Memorandum von 1960 heißt es dazu: „Es geht hier nicht um „den Sport", nicht um Meisterschaften, Rekorde und Medaillen. Es geht um das Spiel der Kinder, die Leibeserziehung in den Schulen und die Erholung der schaffenden Bevölkerung."

Die politische Argumentation resp. Einsicht, bezog sich in diesem Kontext auf die fiskalische Amortisation der geplanten Investitionen. Exemplarisch dazu die FDP: „Was im Sport heute versäumt wird, belastet den Sozialhaushalt morgen doppelt" (FDP 1959/1960, zit in: Binder 1972). Die Sachverständigenkommission zum Goldenen Plan führte 1978 rückblickend zu dieser Thematik aus: „Der Gesichtspunkt der Volksgesundheit war daher das entscheidende Argument für die im Goldenen Plan zusammengefassten Vorschläge." (S. 1).

Der DSB befand sich zu diesem Zeitpunkt in nahezu komplett ehrenamtlichen Strukturen und verfügte noch nicht über das hauptberufliche Personal für eine ausgeprägte Kampagnenpolitik.[8] Insofern wurden die Forderungen der DOG

---

[7]Tiedemann (1976, S. 152 ff.) hat sich in einem Beitrag mit der DOG, ihren Zielen, Maßnahmen, Mitgliederstrukturen und Finanzen zwischen der Gründung 1951 und 1975 befasst.

[8]Mit Jürgen Palm wurde 1960 der erste Breitensportreferent beim DSB eingestellt, der später Geschäftsführer Breitensport wurde und 1970 für die Kampagne „Trimm Dich durch Sport" verantwortlich zeichnete.

unterstützt und später federführend übernommen. Mit der Ausrichtung nach einem flächendeckenden Ausbau der Sport- und Spielinfrastruktur verbanden der DSB und seine Mitgliedsverbände nicht nur ein sportkulturelles, sondern auch ein organisationsspezifisches Interesse, da der DSB als „organisierter Sport" einen selbstauferlegten Alleinvertretungsanspruch für alle SportlerInnen formulierte. Ohne Zweifel hat der Goldene Plan, trotz aller funktionalen Begründungen, durch den gezielten materiellen Ausbau der Infrastruktur einen wesentlichen Beitrag zur Sportentwicklung in der frühen Bundesrepublik geleistet. In Verbindung mit der wirtschaftlich prosperierenden Entwicklung können insbesondere der Zeitraum zwischen 1960 und 1975 als (quantitativer) Höhepunkt des Sportstättenausbaus angesehen werden, der die infrastrukturelle Grundlage auch für die positive Entwicklung der Sportaktivität der bundesdeutschen Bevölkerung bedeutete (Abb. 2.4).

Das im Juni 1960 präsentierte 1. „Memorandum zum „Goldenen Plan" für Gesundheit, Spiel und Erholung" wurde auf keiner Ebene der öffentlichen

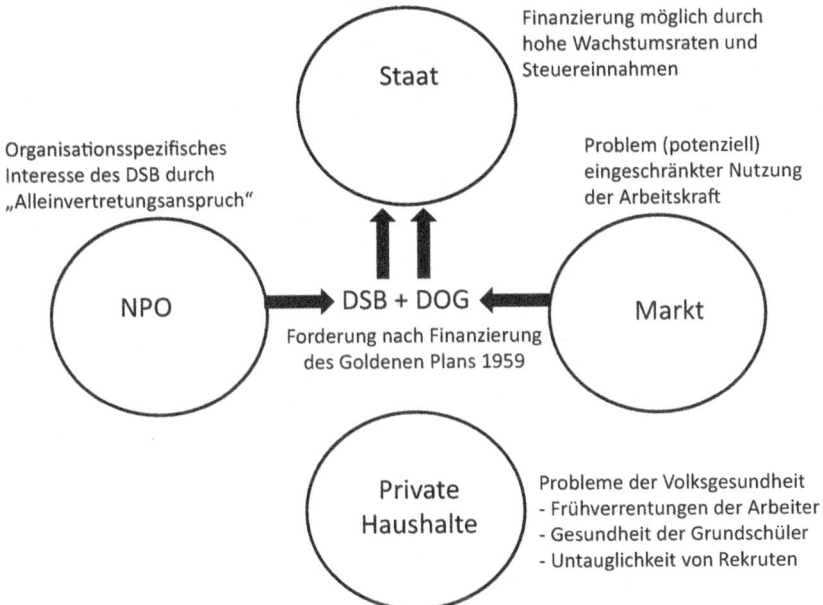

Abb. 2.4 Infrastrukturelle Sportförderung des Staates. (Quelle: eigene Darstellung)

Trägerschaften legislativ begründet. Insofern existierte auch keine unmittelbar juristisch einklagbare Verpflichtung zur Umsetzung. Umso bemerkenswerter ist die Tatsache, dass anstelle der 1960 ursprünglich anvisierten 6,3 Mrd. DM bis 1975 schließlich 17,4 Mrd. DM für den Sportstättenbau von der Öffentlichen Hand verausgabt wurden, was nur auf eine einhellig gleich lautende Position aller beteiligten politischen Akteure zurückzuführen ist. Den Großteil der Ausgaben schulterten allerdings die Kommunen mit 63 %. Zusätzlich stellten sie die dafür notwendigen Grundstücke zur Verfügung samt nachfolgender Unterhaltung.[9]

Werden die Ausgaben in Höhe von 17,4 Mrd. DM in Bezug zu den Ausgaben des öffentlichen Gesamthaushaltes gebracht, so ergibt sich über einen Zeitraum von 15 Jahren und einer gegenüber den Anfangsjahren (über 1 %) nachlassenden Dynamik mit durchschnittlich 0,65 % ein gegenüber dem aktuellen Wert (0,21 % im Jahr 2016) dreifachen Faktor.

Mit der Beseitigung weitgehender infrastruktureller Fehlkapazitäten und der Aktion „Trimm dich" (ab 1970) zur Entwicklung des Breitensports sowie der „Entdeckung" und Funktionalisierung des Sports durch Krankenkassen, Versicherungen bzw. das Gesundheitswesen konnte Sport als alltägliche kulturelle Praxis auf eine breitere sozialstrukturelle Basis gestellt werden.[10]

Die mit dem Narrativ „Wirtschaftswunder" etikettierte Phase nachholender wirtschaftlicher Produktion mit extrem hohen Wachstumsraten (siehe Abb. 2.6) geriet durch Expansion und Überakkumulation 1966/1967 in eine erste größere Krise. Ein stark entwickelter Welthandel (u. a. durch Japan), verschärfte Verdrängungskonkurrenz (Währungspolitik der USA) und sinkende Profitraten führten mit der Krise 1973/1974 (so genannte „Ölkrise") zu struktureller und nicht mehr nur zyklischer Überakkumulation sowie damit verbundenen Folgen wie bspw. eines Grundsockels an Massenarbeitslosigkeit. Die Beeinflussung, nicht jedoch Ablösung (!) marktwirtschaftlicher Prinzipien durch eine keynesianisch inspirierte Interventionspolitik der öffentlichen Hand in den USA, Großbritannien, Schweden und der Bundesrepublik Deutschland währte über den historisch

---

[9]Der Staat zog sich sukzessive aus der Breitensport- zugunsten der Spitzensportförderung zurück. Die Anteile an der Sportstätteninfrastruktur sanken jeweils nach den zyklischen Überakkumulationskrisen 1966/1967 sowie 1973/1974, was die Abhängigkeit von gesamtwirtschaftlichen Entwicklungen zeigt.

[10]Zur Entwicklung des Erwachsenensports bis in die Mitte der 1970er Jahre siehe insbesondere Jütting 1976 und Schulke 1977.

kurzen Zeitraums eines Jahrzehnts und konnte die dem Wirtschaftssystem inne-
wohnenden Krisenerscheinungen nicht adäquat einhegen.[11]
 Anhand eines exemplarischen Beispiels zur Bäderentwicklung in den Kommunen sind die unterschiedlichen Phasen des Sportstättenbaus zu verdeutlichen. Bis
zum Jahr 1975 stieg in Duisburg, das nach der im selben Jahr vorgenommenen
kommunalen Neugliederung kurzzeitig mehr als 600.000 EinwohnerInnen hatte,
die Anzahl der Hallen- und Freibäder (vereinseigene Bäder nicht eingerechnet)
auf 17 an. Sportpolitisches Ziel der Sozialdemokratie (...man mag einwerfen,
wer sonst zum damaligen Zeitpunkt im Ruhrgebiet? ...) war es damals, dass
jede/r BürgerIn mit öffentlichen Verkehrsmitteln oder dem Fahrrad innerhalb
von zehn Minuten ein Stadtteilbad erreichen sollte (siehe SPD-Duisburg 1975).
Danach ist der Bestand bis zum heutigen Zeitpunkt (2019) auf lediglich sechs
Bäder in der 498.000 EinwohnerInnen zählenden Stadt abgebaut worden.
 Die Ablösung der kurzen sozialdemokratisch-keynesianischen Phase setzte
bereits gegen Ende der 1970er ein, die in einen grundlegenden Wechsel neoliberaler
Politik und damit verbundener Markteroberung in alle anderen gesellschaftlichen
Systeme mündete.

2.2 Neoliberaler Wandel und Markteroberung

Den einsetzenden strukturellen Krisenerscheinungen und damit verbundenen ver-
schlechterten Kapitalverwertungsbedingungen wurde mit einem Wandel der Wirtschaftspolitik begegnet. Etwa seit Mitte der 1970er Jahre dominiert zunehmend
eine neoliberale, mit Ötsch et al. (2018) treffender formuliert, eine marktfundamentale Wirtschaftspolitik, die unter Reagan in den USA, gefolgt von Thatcher (und nachfolgend Blair) in Großbritannien sowie Kohl (und nachfolgend
Schröder) in Deutschland etabliert wurde[12] (siehe detaillierter auch Butterwegge

---

[11]Allenfalls für Schweden existierten keynesianische Elemente noch in ausgeprägter und
zeitlich überdauernder Variante, weswegen dieses „Modell" als dritter Weg zwischen
Kapitalismus und Sozialismus östlicher Prägung lange Zeit für Teile der bundesdeutschen
Linken und links-liberale Milieus große Anziehungskraft ausübte. Jedoch konnte der neoliberale Einfluss allenfalls verzögert werden, u. a. um die Preisgabe einer vormaligen
Offenheit, die einer zunehmenden Reglementierung und Überwachung gewichen ist (siehe
dazu auch Orfali 1993, S. 483 ff.).
[12]Zur Entwicklung und Kritik des Neoliberalismus siehe insbesondere Butterwegge;
Lösch; Ptak (2017), die die „Geburtsstunde" des Neoliberalismus bereits mit der Welt-
wirtschaftskrise 1929/1932 verorten. Zur neoliberalen Ökonomisierung des Alltags siehe
populärwissenschaftlich-lesbar und lesenswert Stark (2014), Schreiner (2015, 2017) und in
lexikalischer Ausrichtung Urban (Hrsg.) (2006).

et al. 2017; Bontrup 2006, S. 252 ff.). Was unter dem Begriff „neoliberal" zu verstehen ist, werden von Butterwegge et al. (2017) sowie Ötsch et al. (2018) ähnlich
formuliert. Auf die Unterschiede zwischen klassischem Wirtschaftsliberalismus,
Neoklassik und Neoliberalismus kann an dieser Stelle jedoch nicht weiter eingegangen werden.

    Butterwegge et al. gehen in ihrer Analyse auf weitreichende Überein-
stimmungen der verschiedenen Strömungen ein (2017, S. 25 ff.). Ötsch et al. greifen ebenfalls die Gemeinsamkeiten der verschiedenen Schulen auf und schlagen
die Formulierung eines „marktfundamentalen Denkkollektivs" vor (2018, S. 4).
„„Der Markt" wird in diesem Kollektiv sehr spezifisch verwendet. Er steht für
einen autonomen Bereich, in dem ein Prozess selbstständig abläuft, welcher wie
das Agieren eines handelnden „Subjekts" gedacht wird… „Der Markt" kann auch
als Grundbegriff einer Metatheorie der Wirtschaft verstanden werden, die unterschiedliche Paradigmen umspannt." (S. 13).

    Eine politisch-ökonomische Wertung gibt Butterwegge (2008):

> „Neoliberal heißt letztlich, unsozial und unsensibel für die wachsenden Existenz-
> probleme von Millionen Menschen – Arbeitnehmer(inne)n, Erwerbslosen und ihren
> Familien sowie Rentner(inne)n – zu sein. Indem planmäßig immer mehr Gesell-
> schaftsbereiche dem Prinzip der Profitmaximierung unterworfen werden, nehmen
> die Handlungsräume von Individuen, die zu „Kunden" und damit zu Objekten der
> Werbeindustrie herabgewürdigt werden, sowie die Entscheidungsautonomie demo-
> kratischer Institutionen zumindest tendenziell ab." (S. 3).

Das Konzept „des Marktes" ist, allen unterschiedlichen Ausprägungen des
Marktfundamentalismus zum Trotz, gleichwohl unverträglich gegenüber
keynesianisch-wirtschaftspolitischen Eingriffen, die rhetorisch als „Einmischung"
abgelehnt werden.[13] Ungeachtet dessen, greifen marktfundamentale Akteure
und Akteursgruppen permanent in die wirtschaftspolitische Gestaltung ein, da
Gesellschaft „von der Wirtschaft her definiert" wird (Ötsch et al. 2018, S. 14 ff.;
Abb. 2.5).

    Im Kontext zunehmenden globalen Wettbewerbs und einer damit einhergehenden
Verdrängungskonkurrenz reduzierten sich die Zuwächse des Bruttoinlandsproduktes (BIP) in Deutschland im Zeitraum 1950–1960 von durchschnittlich 8,2 %

---

[13]Das hat neoliberale Vertreter in Wirtschaft und Politik entgegen ihrer eigenen Logik
jedoch nicht daran gehindert, während und nach der Finanz- und Wirtschaftskrise seit 2007
staatliche Eingriffe einzufordern, um die Folgen des Marktversagens durch die Sozialisierung privater Verluste einzudämmen.

Abb. 2.5 Zweite Phase
ab Ende der 1970er
Neoliberalismus und
Markteroberung. (Quelle:
eigene Darstellung)

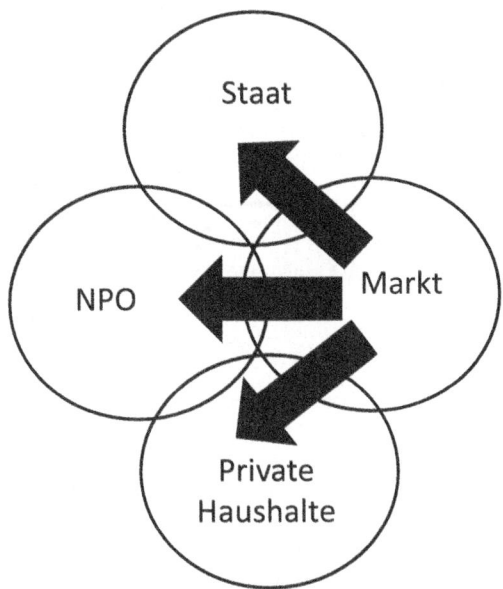

kontinuierlich auf lediglich ca. 1 % im Zeitraum 2001 bis 2016. Mit der tendenziellen Abnahme der jährlichen Steigerungsrate des BIPs erfolgte auch die Zäsur des Sozialstaates mit der Krise 1973/1974 (Abb. 2.6).

Um einen mit der Absenkung der Steigerungsrate des Bruttoinlandsproduktes weiter drohenden Fall der Profitraten zu verhindern, wurden seitens „des Marktes" (bzw. der jeweiligen Kapitalfraktionen) zahlreiche Maßnahmen zum Erhalt/ Ausbau der Profitrate „notwendig", die ab Anfang der 1980er Jahre auch eine entsprechende politische Unterstützung erfuhren.

In diesem Zusammenhang ist auf die negative Veränderung der bereinigten Lohnquote zu verweisen, die 1980 noch bei ca. 73 % lag und (mit Schwankungen) auf 69 % abgesunken ist (siehe Statistisches Bundesamt). Diese Umverteilung zugunsten von Kapital- und sonstigen Einkünften ist für nahezu alle westlichen Industrienationen zu verzeichnen. Zudem zeigt ein detaillierter Blick auf die Reallohnentwicklung, dass seit 1991 die Reallöhne für die unteren Einkommensklassen sinken. Über einen Zeitraum von 25 Jahren haben die untersten 20 % der abhängig Beschäftigten Reallohnverluste hinnehmen müssen. Etwa 70 % verzeichnen „Zuwächse" in kaum nennenswerten Ausmaß mit unter 1 % pro Jahr. Lediglich die obersten 10 % konnten eine Steigerung von 30 % realisieren (vgl. Grabka und Göbel 2018, S. 452). Mit dem Wegfall früher ungelernter

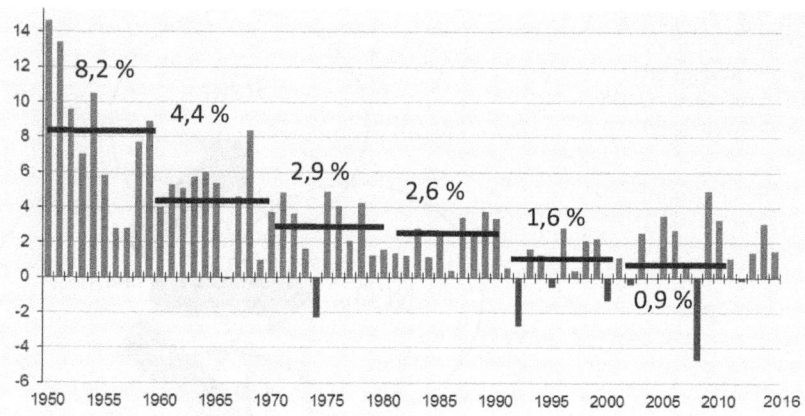

Abb. 2.6 Preisbereinigtes Bruttoinlandsprodukt 1950–2016 (Veränderung zum Vorjahr) in %. (Quelle: www.statistik.rlp.de/de/ueber-uns/70-jahre-rlp/vgr/ sowie eigene Darstellungen)

und angelernter Tätigkeitsbereiche durch Technisierung und/oder Rückbau in produzierenden Sektoren hat eine Verlagerung zu schlecht vergüteten und prekären Arbeitstätigkeiten im Dienstleistungssektor stattgefunden (u. a. Pflege, Logistik, Reinigung[14]). Die Zunahme an Arbeitsplätzen geht hauptsächlich auf eine Umverteilung der (von Erwerbstätigen) geleisteten Arbeitsstunden zurück. Deutlich wird dies an der Zunahme von befristet und geringfügig Beschäftigten, Teilzeitarbeit sowie an so genannten „Leiharbeitern", bei gleichzeitigem Rückgang der unbefristeten Normalarbeitszeitverhältnisse (siehe auch Keller et al. 2012). Insgesamt steigt damit auch der Anteil an prekären Arbeitsplätzen.[15]

Parallel zum sektoralen Wandel und dem Wegfall zahlreicher Industriearbeitsplätze, sowie politisch-medialer Auseinandersetzungen ging die Schwächung gewerkschaftlichen Einflusses einher. Der Organisationsgrad von über 40 % in den 1950er Jahren sank bis auf inzwischen unter 15 % (Stand 2019). Damit verbunden

---

[14]Dazu ausführlicher Bartmann (2016).

[15]Die Zahl der Arbeitsstunden belief sich im Jahr 1991 auf 59,7 Mio. und ist bis zum Jahr 2013 auf 57,64 Mio. gesunken! Für 2018 ist die Gesamtzahl wieder auf 61 Mio. angestiegen. Insgesamt ist jedoch die Anzahl der geleisteten Arbeitsstunden von 1991 pro Erwerbstätigen 1545 Std. pro Jahr auf 1362 Std. im Jahr 2018 durch die erhöhte Anzahl atypischer Beschäftigungsverhältnisse gefallen.

war (und ist) eine durchschnittliche Reduzierung der Mitbestimmung sowie eine Reduzierung der Tarifbindung, die sich auch negativ auf das Lohnniveau ausgewirkt hat. In Großbritannien hatte Thatcher mit zeitlichem Vorsprung vor anderen Nationalstaaten wesentlich daran gewirkt, den Anteil der Beschäftigten mit Tarifbindung zu reduzieren, der derzeit bei lediglich 26 % liegt. In Deutschland hat sich der Anteil auf 56 % reduziert.[16]

Zwei Jahre nach Thatchers Wahlerfolg im britischen Unterhaus, kündigte sich auch in der Bundesrepublik eine politisch-neoliberale Wende an. Bereits 1981, ein Jahr vor dem Koalitionsbruch, benutzte der damalige Parteivorsitzenden der FDP sowie Vizekanzler und Außenminister, Hans-Dietrich Genscher in einem offenen Brief an die Mitglieder der Führungsgremien und an die Mandatsträger der FDP, gleich mehrfach den vielsagenden Begriff der „Wende". Genscher sprach sich offen für Einschnitte von Sozialleistungen in den öffentlichen Haushalten zugunsten der Wirtschaftsförderung aus.

> „Unser Land steht an einem Scheideweg. Gesellschaftspolitisch stehen wir in einer Bewährungsprobe der Marktwirtschaft. Unsere Marktwirtschaft muß gerade in einer sich strukturell verändernden Weltwirtschaft – Ölpreis-Entwicklung und Prozeß weltweiter Arbeitsteilung sind nur zwei Aspekte – die erforderliche Flexibilität und Anpassungsfähigkeit unter Beweis stellen. Diese Bewährungsprobe kann nur mit marktwirtschaftlichen Mitteln bestanden werden. (S. 2) … Es gilt, eine Anspruchs-mentalität zu brechen, die nicht deshalb entstand, weil die heute lebende und arbeitende Generation weniger leistungsbereit wäre als ihre Vorgänger, sondern weil manches Gesetz geradezu zur „Inanspruchnahme" auffordert, um nicht zu sagen „verleitet". Eine Wende ist notwendig. (S. 4) … Ich bin überzeugt, die Bürger unseres Landes sind bereit, an einer großen Gemeinschaftsleitung der aktiven Zukunftssicherung mitzuwirken. Sie werden das umso überzeugter tun, je deutlicher unser Wille zu einer Wende wird." (Genscher 1981, S. 6)

Die Friedrich-Naumann-Stiftung bewertet dieses Schreiben „taktisch sehr geschickt", da sich Genscher offen hielt, „ob diese ‚Wende' gemeinsam mit dem bisherigen Koalitionspartner SPD … oder aber durch einen Koalitionswechsel der FDP erreicht werden sollte." (www.freiheit.org/20-august-1981-hans-dietrich-genschers-wendebrief). An dem bereits eingeleiteten Politik- und damit

---

[16]Während in den skandinavischen Ländern (Finnland 89 %, Schweden 90 %, Dänemark 84 %) ausgeprägtere sozialstaatliche Strukturen zu konstatieren sind, beginnt mit Macron in Frankreich (99 %) eine nachholende neoliberale Zuspitzung zwischen Kapital und Arbeit, die auch die derzeit in der sichtbaren Öffentlichkeit ausgetragenen Konflikte begründet.

verbundenen wirtschaftspolitischen Kurs änderte auch das von Kanzler Helmut Schmidt im September 1982 verabschiedete Haushaltssicherungsgesetz nicht mehr, das eine erhebliche Kürzung der Sozialleistungen mit sich brachte und (auch) als Zugeständnis an den Koalitionspartner verstanden werden konnte. Die Umsetzung neoliberaler Wirtschaftspolitik war in Deutschland schließlich eng mit der Aufkündigung der sozial-liberalen Koalition und dem damit verbundenen „Lambsdorff-Papier" des damaligen Wirtschaftsministers Otto Graf Lambsdorff verbunden.[17] In dem am 09.09.1982 vorgelegten Text wurden die dort formulierten marktfundamentalen Positionen als „historischer Neuanfang" (Helmut Kohl) und „ordnungspolitischer Aufbruch" (Stiftung Marktwirtschaft) charakterisiert (vgl. Ötsch et al. 2018, S. 230 f.). Bökenkamp und Frölich (2013) von der Friedrich-Naumann-Stiftung schreiben in dankenswerter Offenheit dazu:

> „Mit dem ‚Konzept für eine Politik zur Überwindung der Wachstumsschwäche und zur Bekämpfung der Arbeitslosigkeit' begann eine tiefgreifende und langanhaltende Wende in der deutschen Wirtschaftspolitik, in der nicht nur mit den seit den 1960er Jahren vorherrschenden keynesianischen Konzepten gebrochen wurde, sondern mit der auch ein neues; resp. aus liberaler Sicht altes Konzept zum Verhältnis zwischen Staat und Individuum (wieder) zum Durchbruch kam. Insofern kann man das Lambsdorff-Papier sowohl als ‚klassisch liberal' oder auch als ‚neoliberal' bezeichnen, ohne ihm Unrecht zu tun. Dieses Papier übte – zeitweise – nicht allein großen Einfluss auf die 1982 von FDP und Union beschlossene Koalition aus, sondern auch später auf die rot-grüne Regierung unter Gerhard Schröder, man denke nur an die ‚Agenda 2010' ... Wenn man nach 30 Jahren des ‚Lambsdorff-Papiers' immer noch gedenkt, dann tut man es aber wohl nicht wegen der unmittelbaren, sondern wegen der langfristigen Wirkung, die es hatte. Es ist bis heute die Blaupause für jedes echte Reformprojekt in Deutschland geblieben." (S. 12 f.)

2.3 Markthegemonie und Landnahme

Grundsätzlich wurde den veränderten makroökonomischen Rahmungen mit einer Reduzierung staatlicher Aufgaben und Einflussnahmen bei gleichzeitiger Privatisierung begegnet. Daraus vollzogen sich Prozesse, die insbesondere auf

---

[17]Das unter dem Titel: „Konzept für eine Politik zur Überwindung der Wachstumsschwäche und zur Bekämpfung der Arbeitslosigkeit" publizierte Memorandum wurde zu großen Teilen vom damaligen Leiter der Grundsatzabteilung des Wirtschaftsministeriums Hans Tietmeyer und vom Staatssekretär Otto Schlecht (vor)formuliert (siehe auch Ötsch et al. 2018, S. 230).

Abb. 2.7 Dritte Phase seit
2003 markthegemoniales
Satellitenmodell. (Quelle:
eigene Darstellung)

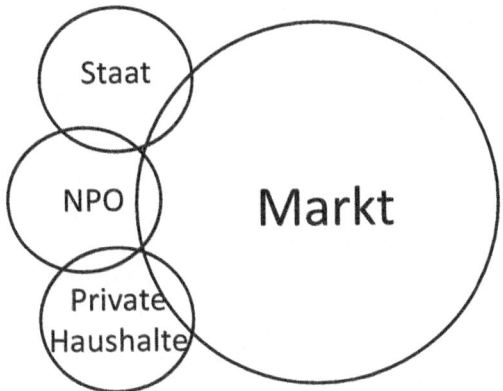

sektorale Konflikte (und Einwilligungen) zwischen Staat, Non-Profit-Organisationen und Markt verweisen. Mit der Einführung der Hartz IV Gesetzgebung ist seit
2003 die 3. Phase eingeleitet, die sich seitdem als markthegemoniales Satellitenmodell darstellen lässt.

Zu unterscheiden ist demnach eine äußere Landnahme durch „den" Markt, im
Zugriff auf vormalige Aktivitäten des Staates und der Non-Profit-Organisationen,
die einer Markterweiterung gleichkommen. Neoliberale Konzepte haben längst
auch Eingang in Kommunalpolitik und Verwaltung gefunden und sind mit der
Logik verschärfter Wettbewerbskonkurrenz auch in den Non-Profit-Sektor, insbesondere in die Wohlfahrtsverbände diffundiert. Betroffen sind u. a. die (profitablen) Felder der Sozialen Arbeit, Pflege oder auch der Jugendreisen. In dieser
Logik wurde auch der kommerzialisierbare Sport marktkonform funktionalisiert.

Auf der anderen Seite der Medaille ist eine innere Landnahme zu konstatie-
ren, die sich über scheinbar freiwillige Selbstoptimierung und marktkonforme
Einwilligung eines größer werdenden Teils der Subjekte zum Ausdruck kommt
(Abb. 2.7).[18]

---

[18]Innere Landnahme soll sich nicht auf die inländischen Sektoren und Branchen beziehen,
sondern in Unterscheidung dazu verstanden werden als die ideologische Vereinnahmung
der Subjekte, bei ihrer gleichzeitigen Bereitschaft zur ideologischen Übernahme (Hegemonie). Exemplarisch zur Verschränkung der Themen figurale Ästhetik (Aussehen, schlank
sein) sowie Fitness als informell eingeforderte Arbeitsqualifikation siehe u. a. Penz (2010),
Posch (2009) und Schwark (2017).

2.3.1 Private Haushalte

In Verbindung mit der sektoralen Verschiebung von Arbeitsplätzen aus dem primären und sekundären in den tertiären Bereich (Dienstleistungen) und den damit verbundenen Angestelltenpositionen entwickeln sich im neoliberalen Kontext typische Handlungsanforderungen und Mentalitäten. Die dafür notwendigen Attribute beinhalten u. a. Schnelligkeit, Wettbewerbsfähigkeit, Mut zeigen, Risikobereitschaft, Leistungsfähigkeit, Flexibilität, Anpassungsfähigkeit und Fit+schlank sein sowie Selbstoptimierung. Die meisten dieser Attribute stehen „an sich" nicht in der Kritik. Bedeutsam für die Subjekte ist jedoch die Richtung, in der sie umgesetzt werden, und inwieweit sie für ein gelingendes, befriedigendes, perspektivenreiches Leben hilfreich sind (ohne Andere dabei zu schädigen).

Pongratz und Voß (2003, S. 232) haben bereits 1998 in Unterscheidung zum proletarischen Lohnarbeiter (Frühkapitalismus) und dem verberuflichten Arbeitnehmer (Fordismus) den Typus des Arbeitskraftunternehmers (Post-Fordismus) geprägt, den eine Reihe von neuen Lebenslagebedingungen kennzeichnen: „Die Lebenslage des Arbeitskraftunternehmers" kennzeichnen Patchwork-Identität; laufende Anpassung an wechselnde Arbeits- und Lebensanforderungen; Selbstmanagement von Alltag und Biographie; Verbetrieblichung der Lebensführung; aushandlungsoffene, kontingente Lebensformen; hoch individualisierte kontingente Lebensstile; stark variante Konsumniveaus sowie variable Arrangements zwischen Arbeit und Familie/Freizeit (Voß; Pongratz 1998, S. 150). Die Autoren weisen jedoch darauf hin, dass der Arbeitskraftunternehmer sich zwar zunehmend als Typus herausgebildet hat, aber eben auch nur ein Typus neben den beiden Anderen darstellt. Die Subjekte stehen den aufgeführten Veränderungen der Rahmenbedingungen nun nicht wie passive Opfer gegenüber. Aus dem Versprechen, die berufliche Karriere zu befördern, mindestens aber den Verbleib auf der jetzigen Position abzusichern, erwächst eine subjektiv-funktionale Logik der Einwilligung und Marktkonformität, sich über Eigenverantwortung und den oben benannten weiteren Attributen den Rahmenbedingungen anzupassen, teilweise auch zu unterwerfen. Die privatwirtschaftlich Angestellten der zweiten und dritten Ebene mit Bezahlung „außer Tarif" sind in besonderem Maße empfänglich für neoliberale Ideologeme, da die ihnen übertragene Teilhabe an Macht (eher ausführende, nicht jedoch tatsächliche) mit marktkonformer Haltung und selbstoptimierten Körpermanagement fortwährend abgesichert werden „muss". Eine Ebene höher besteht für politische und manageriale Entscheidungsträger eine ausgeprägte funktionale Handlungslogik, sich den „Erfordernissen" des Marktes (siehe Tab. 2.1) nicht nur anzupassen, sondern sie zu gestalten.

Tab. 2.1 Maßnahmen zum Erhalt/Ausbau der Profitrate

Maßnahmen	Effekte
Technisierung/Maschinisierung/	Produktivitätssteigerung
Zielvereinbarungen/Co-Management	Produktivitätssteigerung
Externalisierung von Umweltkosten	Kostensenkung Produktion
Verlagerung der Produktion in Billiglohnländer	Kostensenkung variables Kapital
Reduktion der Mitbestimmung	Kostensenkung variables Kapital
Ausstieg aus Tarifverträgen	Kostensenkung variables Kapital
Zunahme atypischer Beschäftigungsverhältnisse	Kostensenkung variables Kapital
Fusionen/Oligopolisierung/Kartellbildung	Gewinne durch Verdrängungskonkurrenz
Steuerkonkurrenz	Gewinne durch Steuervermeidung
Subventionskonkurrenz	Gewinne durch Subventionen der öffentlichen Hand
Innovationen/Produkterweiterung/Marketing	Markterweiterung
Exportorientierung	Markterweiterung Ausland
Privatisierung von Leistungen der öffentlichen Hand	Markterweiterung Inland
Privatisierung von Leistungen des NonProfitSektors	Markterweiterung Inland

Quelle: eigene Darstellung

2.3.2 Non-Profit-Organisationen

Die zwischen 1940 und 1950 Geborenen zählen zur ersten Alterskohorte, die geprägt, zumindest aber konfrontiert wurde durch eine sich rasant entwickelnde Sportstätteninfrastruktur, die auch für freizeit- und breitensportliche Belange ausgerichtet war. In Kombination mit breit angelegten medialen Kampagnen des DSB und interessegeleiteter Versicherungen und Krankenkassen entstand ein Umfeld, dass neben der damaligen Dominanz des organisierten Sports eine ausdifferenzierte angebotsinduzierte Nachfrage erzeugte. Kommerzielle Schulen, Betreibergesellschaften, Hotels und Reiseveranstalter erschlossen über Angebote der ostasiatischen Sportkultur, des Erlebnis- und Abenteuersports sowie vormals exklusiver Sportarten (bspw. Golf, Tennis, Reiten) einen eigenen Markt, samt Infrastruktur.

Nahezu drei Viertel der bundesdeutschen Sportanlagen werden von der öffentlichen Hand betrieben und zu etwa gleichen Teilen etwa 13 % von Vereinen und Verbänden sowie 13 % von kommerziellen Unternehmen. Im Unterschied zu vielen kommunalen Sportstätten, weisen die kommerziell betriebenen Sportstätten häufig ein großes Einzugsgebiet aus, sodass die Anlagen auch im touristischen Kontext Relevanz entwickeln. Nicht für alle Sportstätten ist jedoch ein kontinuierlich nach oben verlaufender Trend zu verzeichnen, da vor allem marktwirtschaftlich relevante Umbrüche innerhalb des Sportsektors zu Veränderungen geführt haben. Beispielsweise ist die Zahl der Eishallen zwischen 2000 und 2012 von 186 Anlagen auf 120 (2hm & Associates 2012, S. 9) gesunken und ein Teil der Squash- und Tennishallen unterlag einer Konversion zu Soccer- und Beachsportanlagen. Laut „BranchenReport: Betrieb von Sportanlagen 2018" existieren in Deutschland derzeit 5300 kommerzielle Sportanlagen. Tab. 2.2 gibt einen Überblick über die derzeit existierenden kommerziell betriebenen Sportanlagen und einige typische raum- und besucherwirksame Merkmale.

Darüber hinaus sind derzeit über 11 Mio. Menschen in über 9300 Fitnesscentern angemeldet mit einem Marktvolumen von über 5,3 Mrd. EUR. Wie in anderen Branchen auch, bspw. der Hotellerie und Gastronomie, weisen die kettengebundenen Anbieter die größten Zuwachsraten auf (www.dssv.de/eckdaten2019).

Ein weiterer Bereich, der in den letzten Jahrzehnten zusehends kommerzialisiert wurde, betrifft den internationalen Markt der Trainingslagerreisen, Sportcamps und Fußballschulen. In diesem Kontext agieren große Hotelresorts als Anbieter mit eigener Sportinfrastruktur. Neben zahlreichen Betreibermodellen (z. B. Golfanlagen) treten inzwischen ausländische Investmentgesellschaften als Eigentümer großer Arenen auf. Die chinesische Junson Capital und die südkoreanische Mirae Asset Global Investments erwarben bspw. 2015 für 440 Mio. EUR die Kölner Lanxess Arena, in der u. a. die Spiele der Kölner Haie (Eishockey) und des VFL Gummersbach (Handball) ausgetragen werden (siehe www.immobilienmanager.de). Zur Kommerzialisierung des Fußballsports samt seiner Verdrängungskonkurrenz nach innen und gegenüber anderen Sportarten nach außen siehe den Exkurs in Kap. 7.

2.3.3 Staat/öffentliche Hand

Parallel zum Abbau des Sozialstaates erfolgte auch auf kommunaler Ebene ein (unterschiedlich hoher) Abbau von Personal, der die Umsetzung kommunaler

Tab. 2.2 Kommerzielle Sportanlagen und typische Merkmale

Kommerzielle Sportanlagen*	Besucherzahl	Einzugs-bereich	Flächenbedarf	Lage
Bäder, erlebnisorientiert	●●●	●●●	●●	P/L
Beachsport, indoor/outd	●●	●●	●●	Z/P
Billard-/Bowlingcenter	●●	●	●●	Z/P
Eislaufhallen	●●	●●	●●	Z/P
Golfanlagen	●	●●●	●●●	P/L
Kartbahnen, outdoor	●●●	●●	●●●	P/L
Kletterhallen	●●●	●●	●●	Z/P
Hochseilgärten	●●	●●	●●	Z/P
Multifunktionsanlagen	●●●	●●●	●●●	P/L
Mountainbikeareale	●●●	●●●	●●●	L
Paintball, indoor/outdoor	●●	●●●	●●	Z/P
Skatinghallen	●	●●	●●	Z/P
Skihallen	●●●	●●●	●●	P/L
Soccer, indoor	●	●	●●	Z/P
Spiel- und Sportpark, outd	●●	●●●	●●●	P/L
Spiel- und Sportpark, indoor	●	●●	●●	P/L
Tauch-Center	●	●●●	●●	P/L
Tennis-/Squash-Center	●	●	●●	Z/P
Wasserski/Wakeboard	●	●●●	●●●	P/L

Z = Zentrum, P = städtische Peripherie, L = ländlicher Raum
* ● niedrig, ●● mittel, ●●● hoch
Quelle: Schwark (2016, S. 207), in Anlehnung an Acker und Barsch (2007) und Ulbert (2009)

Selbstverwaltungsaufgaben erschwerte und auf Kernkompetenzen reduzierte. Diese Entwicklung lässt sich bis 2010 nachvollziehen (Abb. 2.8).[19]

Im administrativen Bereich wurden die Veränderungen im Rahmen des „New-Public-Managements" durch Lean-Management, Outsourcing, der Umstellung von

---

[19]Nach 2010 setzte eine schwache Gegenbewegung ein, die zusätzlichen Aufgaben im Sozial- und Migrationsbereich geschuldet ist.

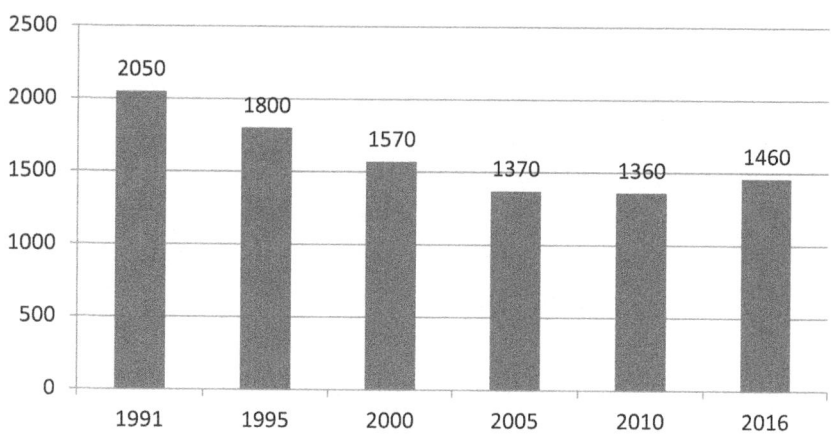

Abb. 2.8 Beschäftigte im öffentlichen Dienst (Kommunen) von 1991–2016 (in Tausend). (Quelle: Statistisches Bundesamt, Bundesinstitut für Bevölkerungsforschung)

Kameralistik auf Doppik sowie dem Wegfall der Doppelspitze (OB übernimmt Funktionen des vormaligen Stadtdirektors) umgesetzt.[20]

Vormals kommunale Aktivitäten der Daseinsvorsorge (Stadtwerke, Wasserwirtschaft, Straßenreinigung, Müllabfuhr, Recycling) wurden zunehmend in so genannte Private-Public-Partnerships überführt und in der nächsten Phase auch Komplettprivatisierungen. Weitere gesellschaftliche Felder wie Bildung, Gesundheit, Pflege, Wohnen erlebten ebenfalls einen Privatisierungsschub, vielfach mit „Hilfe" einer sich stark ausweitenden Consultingbranche „für" die öffentliche Hand. Insbesondere im Bereich Wohnen sind durch die Preisgabe einer aktiven Wohnungsbaupolitik der öffentlichen Hand zunehmend Gentrifizierungsprozesse in den Städten zu verzeichnen. Überdies wurde privaten Betreibern in den Citybereichen Areale mit Hausrecht übertragen (bspw. im Umfeld von Shopping-Centern), so das Teile des vormals öffentlichen Raums verloren gingen (vgl. Schipper 2006, S. 146 ff.). Für den Sportbereich ist in den größeren Kommunen eine zunehmende Spaltung des Aufgabenspektrums zu verzeichnen. Sowohl die pflichtige Daseinsaufgabe des Schulsports als auch die Sportstättenverwaltung samt Koordination mit Sportvereinen verbleiben nahezu ausschließlich im Verantwortungsbereich der kommunalen

---

[20]Siehe dazu auch Lebuhn (2007, S. 530 ff.).

Verwaltungseinheit der Sportämter. Die Akquise und Durchführung von Sportgroßveranstaltungen wurde häufig in eigenbetriebsähnliche Einrichtungen oder
Eigenbetriebe ausgelagert (Kölner Sportstätten GmbH) bzw. dem Stadtmarketing
beigegliedert (bspw. Düsseldorfer Sportagentur).[21]

In der Schnittstelle zwischen Staat und Non-Profit-Organisationen ist nun
noch gesondert auf den dort angesiedelten Bereich der Hochschulen und die seit
den 1980er Jahren andauernden Veränderungen einzugehen.

2.3.4   Hochschulen und Sportwissenschaften

Zusätzlich zur kommerziellen und betrieblichen Weiterbildung und Privatschulen
setzt die dynamische Privatisierung von hochschulischer Bildung Anfang der
1980er Jahre ein. Inzwischen ist mit 117 privaten Fachhochschulen und Universitäten, die ca. 7,5 % der Studierenden ausbilden eine Stagnation eingetreten
(siehe Autorengruppe Bildungsberichterstattung 2018, S. 152).[22]

Zur Privatisierung des Hochschulwesens veränderten sich mit dem Anstieg
der Studierendenzahlen auch die Fächerstruktur. Waren für einen kurzen historischen Zeitraum der 1960er/1970er Jahre die Sozialwissenschaften (insbesondere
Soziologie) in nennenswertem Ausmaß als Studium und Leitwissenschaft nach-
gefragt, so wurden spätestens ab Mitte der 1980er Jahren Studiengänge mit Wirt-
schaftsbezug (Wirtschaftswissenschaften, Betriebswirtschaftslehre) dominant.
Im weiteren zeitlichen Verlauf entstanden zudem Studienangebote aus additiven
Disziplinen (Wirtschaftsingenieurwesen, Wirtschaftsinformatik). Derzeit sind
(Stand 2016) allein etwa 230.000 Studierende für Betriebswirtschaftslehre ein-
geschrieben.

Die in Wirtschaftsstudiengängen vermittelten Lehrpositionen sind jedoch nicht
interdisziplinär ausgerichtet, sondern konzentrieren sich ganz überwiegend auf
eine Orthodoxie neoliberaler Positionen, verbunden mit einer Mathematisierung
der Volkswirtschaftslehre, die vor einigen Jahrzehnten noch eine Nähe zur Sozial-
wissenschaft aufwies.

---

[21]Detaillierter wird zur Verlagerung des kommunalen Aufgabenbereichs Sport in Kap. 4
eingegangen.

[22]Entgegen des ursprünglichen marktwirtschaftlichen (und vollmundigen) Konzeptes ist die
erste private Universität in Witten/Herdecke seit ihrer Existenz 1982 bereits mehrmals mit
Steuergeldern vor der Insolvenz bewahrt worden.

Ötsch et al. (2018) haben in einem umfangreichen Projekt das fast ausschließlich orthodoxe, marktfundamentale Wirken von 782 Ökonomie-ProfessorInnen
(von 1954 bis 1994) an den (West-)deutschen Hochschulen analysiert. In diesem Zusammenhang wurden auch Schulenbildung, Netzwerkbildung, Lehrbuch-
inhalte, Politikberatung und mediale Präsenz in die Analyse mit einbezogen.
Dürmeier und Euler konstatieren ergänzend dazu: „Neoklassische ÖkonomInnen befürworten eher liberale Marktlösungen als staatliche Marktinterventionen.
Ordoliberale oder AngebotsökonomInnen stehen für Marktradikalismus und Insti-
tutionenökonomInnen zeigen, dass staatliche Lösungen mit Staatsversagen oft
größere Probleme verursachen als das Versagen des Marktes. Alle diese Richtun-
gen vertreten daher überwiegend konservative und neoliberale Ideen." (Dürmeier
und Euler 2013, S. 27; Abb. 2.9).

Im Zuge des als Bologna-Prozess bekannt gewordenen Umbaus der Hochschullandschaft ist das Konstrukt einer „unternehmerischen Hochschule" entstanden, die für alle beteiligten Akteursgruppen Konsequenzen hat. Eine
zunehmende Abhängigkeit durch Drittmittelfinanzierung führt bspw. dazu, eher
weniger Projekte mit Non-Profit-Organisationen durchzuführen und stattdessen
vermehrt mit zahlungskräftigen Unternehmen. Damit verschieben sich allerdings
gleichzeitig Forschungsinhalte und publizierte Themen. Zusätzlich werden aus
betrieblichen Erwägungen der Öffentlichkeit Inhalte vorenthalten. Inzwischen ist

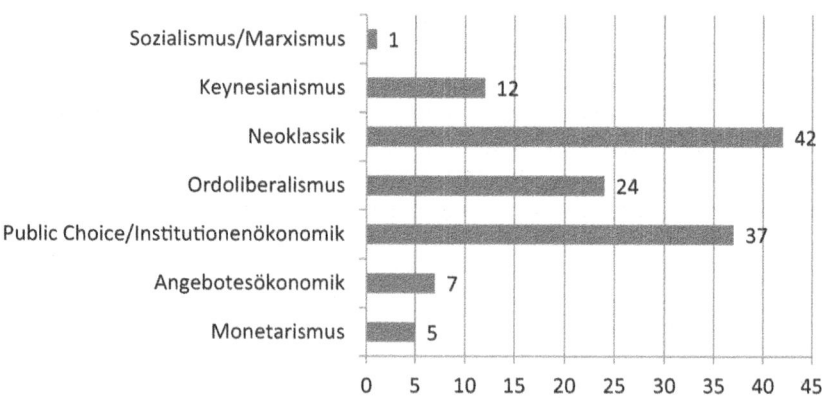

Abb. 2.9 Wirtschaftspolitische Orientierung in der bundesdeutschen Volkswirtschaftslehre, 2006 (Anzahl der Professoren). (Quelle: Frey et al. 2010, S. 319, zit. in: Dürmeier
und Euler 2013, S. 28)

die manageriale Akquisefähigkeit zur Drittmitteleinwerbung zum „wissenschaftlichen" Qualifikationsmerkmal avanciert. Die Ausschreibungstexte beinhalten für die Besetzung von Professuren (auch der Sportwissenschaft) üblicherweise als „weitere Einstellungsvoraussetzung" den Zusatz. „Von den Bewerberinnen und Bewerbern werden internationale wissenschaftliche Erfahrungen sowie Erfahrungen in der Einwerbung und Durchführung von Drittmittelprojekten erwartet."

Sowohl die zunehmende Rekrutierung der Studierenden aus der oberen Mittelschicht (siehe Tab. 2.3) als auch der Wandel des Professorenbildes vom Gelehrten über den Hochschuldidaktiker zum Forschungsmanager bestärken die Tendenz und Akzeptanz der Vertriebswirtschaftlichung von Bildung und i. w. S. neoliberaler Wirtschaftspositionen.

Die oben beschriebenen Veränderungen waren insofern notwendig aufzuzeigen, weil diese Entwicklung nicht spurlos an den Sportwissenschaften vorbeigegangen ist. Zu konstatieren ist ein Verlust von Lehrstühlen in den Fächern Sportgeschichte und Sportsoziologie u. a. zugunsten des Ausbaus der Sportökonomie (und -psychologie). Vormals in Sportsoziologie ausgewiesene Lehrstühle wurden fächerübergreifend unter dem Primat der Sportökonomie zusammengelegt. Sowohl die Ökonomisierung der Hochschulen und der jeweiligen Lehrstühle, wie auch eine nahezu ausschließlich neoliberal ausgerichtete Vermittlung

Tab. 2.3 Prägende Phasen der Hochschulentwicklung

	Humboldtsche/ Ordinarien-Universität	Demokratische, sozial offene Hochschule	Unis im Wettbewerb, Bologna-Hochschule
Leitgedanke	Bildung durch Wissenschaft	Bildung ist Bürgerrecht	Bildung als Wirtschaftsfaktor
Rolle der Forschung	Einheit von Forschung+Lehre	Trennung von Forschung+Lehre	Bachelor forschungsfern, Master forschungsnah
Professorenbild	Gelehrter	Hochschuldidaktiker und Forscher	Forschungsmanager und Lehrer
Organisation	Lehrstuhl	Hochschul-Institut	Forschungszentrum
Rekrutierung	Bildungsbürgertum	Breite Mittelschicht	Obere Mittelschicht
Maximaler Einfluss	Bis 1965	1965 bis 1982	Nach 1983

Quelle: nach Pasternack und von Wissel (2010) (Als Synopse weitaus detaillierter siehe Pasternack und von Wissel 2010, S. 64); Hans-Böckler-Stiftung (2010)

wirtschaftlicher Inhalte hat selbstverständlich Auswirkungen auf die Studierenden und AbsolventInnen.[23] Mit einer tendenziell einwilligenden und weniger kritischen Haltung werden die vermittelten Konzepte aufgenommen und in den praktischen Feldern des Sportmanagements und Stadtmarketings umgesetzt.[24] An zwei für unsere Thematik nachvollziehbaren Beispielen kann die Herangehensweise verdeutlicht werden.

Andrews und Daumann (2005) führen in einem vielzitierten Fachartikel zur „Stadtmarathon-Branche" in strategisch betriebswirtschaftlicher Orientierung aus: „Die Kernkompetenzen sind so einzusetzen, dass es gelingt, die Position gegenüber den Wettbewerbern zu verbessern, potenzielle Anbieter vom Markteintritt abzuhalten, die Gefahr durch Substitutionsprodukte einzuschränken sowie die Verhandlungsmacht von Lieferanten und Kunden zu vermindern." (S. 72). Soweit ist diese Position für eine Konkurrenz- und nicht Kooperationsorientierung typisch. An dieser Stelle wäre bereits mit der konservativen Haltung des ehrbaren Kaufmanns zu fragen, ob nicht alle beteiligten Akteure (Lieferanten, Kunden) von einem fairen Handel profitieren sollten. Doch die Autoren empfehlen schließlich aus der fixierten Position des Marktes „die hervorragende Verhandlungsposition der Kommunen zu schwächen" (S. 86). Fraglich ist nicht nur, ob diese Aussage für die Kommunen tatsächlich zutreffend ist, befremdlich ist auch die rigide Haltung gegenüber den beteiligten „Stakeholdern".

Ein zweites Beispiel verweist auf das Feld der kommunalen Sportentwicklungsberatung, das sowohl von Hochschulinstituten, An-Instituten, Beratern, Think Tanks und Consultants bedient wird.

Im Endbericht zur Sportentwicklungsberatung der 262.000 EinwohnerInnen zählenden Stadt Gelsenkirchen wird eine Argumentation erkennbar, die die Akteure der Stadt als überfordert und ineffizient agierend für eine globale (sic!) Konkurrenz sieht.

„Wie zahlreiche Städte in postindustriellen Gesellschaften steht auch die Kommune Gelsenkirchen unter dem Druck, auf die vielfältigen Herausforderungen eines grundlegend veränderten Sportpanoramas konstruktiv zu reagieren. Mit ihren vielfältigen, teilweise unübersichtlichen Phänomenen überfordert die

---

[23]Pühringer et al. (2017) geben zu dieser Thematik Einblicke in das Denken von zukünftigen ÖkonomInnen.

[24]Der kritische Kern der Sportsoziologie konzentriert sich nachvollziehbar auf die Themen Körper, Gender und Migration. Klassismus ist demgegenüber weder bei Politik und Wirtschaft drittmittelfähig, noch als Thema im jeweils eigenen bildungsbiografischen Hintergrund verankert. Zur Situation der wirtschaftswissenschaftlichen Studiengänge siehe Dürmeier und Euler (2013, S. 29).

aktuelle Sportentwicklung die Konzepte und Instrumente einer überkommenen kommunalen Sportpolitik und ihre Akteure." Und weiter heißt es: „In den beschleunigten Prozessen der Globalisierung sind Fähigkeiten einer „reflexiven Strukturation" (Giddens) eine schiere Überlebensnotwendigkeit in der Städtekonkurrenz. Ansätze einer derartigen innovativen Sportpolitik kennzeichnen die fortgeschrittenen Sportkonzepte sowohl im Sport (z. B. Modell Sportstadt der Stadt Hamburg..." (Forschungsstelle Kommunale Sportpolitik und -entwicklung Deutsche Sporthochschule Köln 2015, S. 10).

An dieser Stelle soll es im einzelnen nicht um das ausgearbeitete Konzept für die Stadt Gelsenkirchen gehen, deren Geschäftsführer von Gelsensport e. V. (nicht Sportamtsleiter) spätestens bei der „reflexiven Strukturation" vor den Wissenschaftlern in die Knie geht.[25] Vielmehr soll auf die mit dem Vokabular verbundenen ökonomischen Denkmuster hingewiesen werden, die auf das nächste Kapitel überleiten. In eine einfache, barrierefreie Sprache übersetzt liest sich Zitat folgendermaßen:[26] „Die Welt ist unübersichtlich und ihr seid, so wie ihr arbeitet, überfordert. Alles wird schneller und globaler (auch der Sport in Gelsenkirchen!?) und daher müsst ihr permanent über eurer Tun nachdenken, weil ihr in Konkurrenz zu (allen!?) anderen Städten steht. Seht her wie es das große Hamburg macht. Wir helfen euch."

Hätte es für Gelsenkirchen, zwischen den größeren Städten Essen und Bochum liegend, nicht ein anderes vergleichbares und damit hilfreiches Beispiel geben können? Braunschweig (248.000 EinwohnerInnen) bspw. mit seiner Nähe zu Hannover, Darmstadt (155.000 EinwohnerInnen) zu Frankfurt, oder Oberhausen (211.000 EinwohnerInnen) zwischen Essen und Duisburg? Die Metropole Hamburg mit ihren 1,8 Mio. EinwohnerInnen als Maßstab für Gelsenkirchen zu nehmen, erscheint dann doch als etwas zu hoch gezielt. Hamburg hat den neoliberal empfohlenen globalen Konkurrenzkampf bereits seit längerem angenommen und versteht sich in dieser Logik demzufolge auch als

---

[25]In der Selbstbeschreibung heißt es: „Gelsensport ist ein gemeinnütziger eingetragener Verein, der ursprünglich einmal aus dem Stadtsportbund Gelsenkirchen hervorgegangen ist. Seit dem Jahr 1994 jedoch sind in der Institution „Gelsensport" Sportorganisation und Sport(selbst)verwaltung vereint. So sind wir nicht nur die Dachorganisation aller Gelsenkirchener Sportvereine, sondern eben auch für die städtische Sportverwaltung zuständig und verantwortlich."

[26]Dem Autor ist sehr wohl bewusst, dass er mit der vorliegenden Publikation dem Duktus der deutschsprachigen und nicht der englischsprachigen Schreibtradition folgt.

„Unternehmen" Stadt. Welche Konsequenzen das für den Bereich der freiwilligen Daseinsvorsorge hat und welche strategischen Ausrichtungen sowie Zielgruppenorientierungen damit verbunden sind, soll im folgenden Kapitel intensiver diskutiert werden.

Die Stadt als „Unternehmen"

3

„(Ich) bin froh über den Tag,
an dem das alles
mit den Marktkräften
wieder von alleine funktioniert."[1]
Angela Merkel

Die Umsetzung neoliberaler Wirtschaftspolitik wurde in den 1980er Jahren auch von konservativen VertreterInnen der Sozialdemokratie mit Überzeugung aufgegriffen und auf kommunaler Ebene politisch-administrativ etabliert. Der Begriff des „Unternehmens" und neuerdings auch des „Konzerns" Stadt hat inzwischen wie selbstverständlich Eingang in den allgemeinen Sprachgebrauch gefunden.[2] Der 1. Bürgermeister der Freien und Hansestadt Hamburg, Klaus von Dohnanyi führte den Begriff „Unternehmen Hamburg" 1983 erstmals in seinem Vortrag im Übersee-Club Hamburg am 29.11.1983 ein und äußerte sich dort auch zur Wettbewerbspolitik der Stadt: „Eine Politik, die den Wettbewerb Hamburgs gegenüber anderen Städten auf dem Kontinent, in der Bundesrepublik und in Europa, in allen Bereichen offensiv aufnimmt. Eine offensive, auf den Kontinent ausgerichtete Wettbewerbspolitik, eine Politik, die, ohne die internationale Wettbewerbsfähigkeit zu schmälern, Hamburgs Wettbewerbskraft kontinental ausrichtet."

---

[1]Rede von Bundeskanzlerin Dr. Angela Merkel auf dem Jahresempfang der Wirtschaft Rheinhessen am 23.01.2009 in Mainz. www.bundesregierung.de/Content/DE/Bulletin/2009/01/08-2-bk-rheinhessen.html (dl: 24.06.2015).

[2]Siehe Ronneberger et al. (1999, S. 30); Siebel (2015, S. 269) sowie Müller; Sträter (2011, S. 152 ff.).

© Springer Fachmedien Wiesbaden GmbH, ein Teil von Springer Nature 2020   59
J. Schwark, *Sportgroßveranstaltungen*,
https://doi.org/10.1007/978-3-658-28303-2_3

Im Kontext eines sich immer weiter auflösenden kooperativen Föderalismus sowie staatlicher Verstöße gegen das Konnexitätsprinzip (bspw. vormalige Sozial-hilfekosten), haben sich in der Zwischenzeit nahezu alle Städte, je nach Größe und scheinbar freiwillig bzw. gezwungenermaßen, der konkurrenzorientierten Standortpolitik verschrieben.[3] Mit der politisch-unternehmerischen Logik ver-bunden ist der Leitgedanke, dass sich Städte angesichts der sich weiter ver-schärfenden Rahmenbedingungen untereinander einem Standortwettbewerb aussetzen müssen sowie eine gegenseitige Verdrängungskonkurrenz befördern. Eine derartige Orientierung ist nicht nur für überzeugte marktfundamentale VertreterInnen schlüssig, sondern auch für all jene, die in einer unmittelbar ver-hafteten Sichtweise auf die veränderten/verschlechterten Rahmenbedingungen lediglich pragmatisch reagieren.

Konsequent weitergedacht bedeutet das Konzept des „Unternehmens" bzw. „Konzerns" Stadt, dass sich auch die unsichtbare politisch-administrative Struktur verändert haben muss. Insofern ist von Interesse, ob und wie sich eine unternehmerische Struktur auf die Stadt übertragen lässt. Dieser Versuch ist not-wendig, weil sich daraus spezifische Einflussnahmen und Abhängigkeiten leichter erkennen lassen sowie daraus naheliegende konzeptionelle Entwürfe (Abb. 3.1).

Prigge und Schwarzer (2006) kommen in ihrer umfangreichen und differen-zierten Studie zur Entwicklung der fünfzehn größten Städte in Deutschland hin-sichtlich der Entscheider zu ähnlichen Strukturen. „Den institutionellen Kern der Hegemonialstruktur bilden in den Großstädten die Oberbürgermeister … Er wirkt mit den Vorentscheiderstrukturen zusammen, die aus den Fraktionsspitzen sowie Dezernenten bzw. Senatoren der mehrheitsbildenden Parteien bestehen könnte. Zu den Vorentscheiderstrukturen zu rechnen wären noch politikfeld- oder milieubezogene Vorfeldorganisationen." (S. 392) Der demokratischen Kontrolle durch den Stadtrat entzogen sind zusehends Politikfelder die durch Privatisierun-gen in Tochterunternehmen verlagert wurden. Das betrifft, wie bereits erwähnt, in einigen Städten auch den Bereich der Sportgroßveranstaltungen. Müller und Sträter (2011) kritisieren insbesondere die nichtöffentlichen Sitzungen samt Verschwiegenheitspflichten, mehr aber noch die Vertretung von Unternehmens-interessen, „selbst wenn sie zu 100 % in kommunalen Besitz sind." (S. 153).

---

[3]Der ehemalige Oberbürgermeister von Speyer, Christian Rosskopf hat kurz nach seiner 25 Jahre dauernden Amtszeit 1995 seinen Beitrag in der Zeit mit „Lieber Bürger als Kunde" betitelt und u. a. rhetorisch gefragt: „Merkt denn niemand, wie mit der Kommerzialisierung des öffentlichen Lebens dem Menschen die Würde des Bürgers abhanden kommt?".

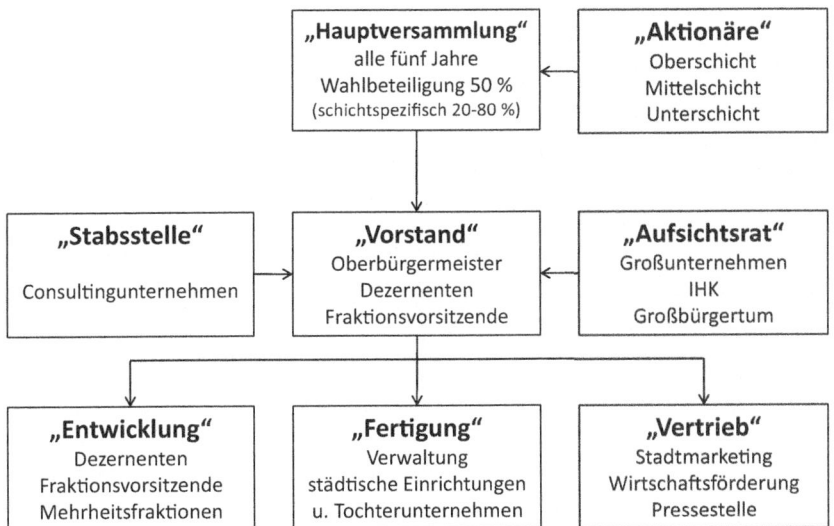

Abb. 3.1 „Unternehmensstruktur" der neoliberalen Stadt. (Quelle: eigene Darstellung)

Nun ist die kommunalpolitische Ausrichtung und Handlungsfähigkeit der Städte nicht lediglich durch den zur Verfügung stehenden Haushaltsrahmen und Verschuldungsgrad bestimmt, sondern durch zahlreiche weitere Abhängigkeiten und Verhältnisse. Innerhalb des Feldes der drei öffentlichen Trägerschaften haben die Städte die geringsten Einflussmöglichkeiten auf die steuerliche Vereinnahmung und Verteilung. Die sektoralen Verschiebungen sowie nationalen und internationalen Wirtschaftsentwicklungen schlagen nahezu unmittelbar auf die Ebene der Städte durch (Abb. 3.2).

Im weiteren Verlauf gilt es nun anhand einiger ausgewählter volkswirtschaftlicher Kennzahlen die disparate Entwicklung der Städte zu verdeutlichen und typische Konstellationen aufzuzeigen. Daran schließt sich die grundlegende Fragestellung an, welche Konsequenzen aus den unterschiedlichen Ausgangslagen der Städte gezogen werden können. Dazu werden auf der Ebene der Berater, Consultants und privatwirtschaftlichen Institute exemplarisch typische Empfehlungen und „Lösungs"möglichkeiten thematisiert. Darüber hinaus ist die widersprüchliche wirtschaftspolitische Haltung der Bundespolitik aufzugreifen. Und schließlich sind es die Städte selbst, die mit ihrem zur Verfügung stehenden Instrumentarium und den ihnen nahegelegten bzw. auferlegten Strategien versuchen, wirtschaftspolitisch erfolgreich zu agieren. Sportgroßveranstaltungen

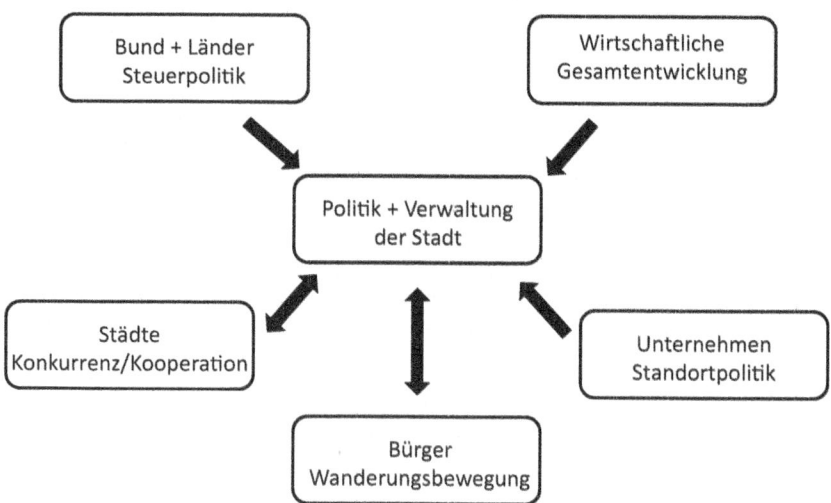

Abb. 3.2 Städtische Abhängigkeiten und Verhältnisse. (Quelle: eigene Darstellung)

werden in diesem Kontext zunehmend funktionalisiert und als sogenannte weiche Standortfaktoren vereinnahmt.

3.1   Kennzahlen disparater städtischer Entwicklung

Eng mit den unternehmerischen Entscheidungen zur Standortwahl bzw. zum Standortwechsel verbunden sind beruflich veranlasste Wanderungsbewegungen von Arbeitskräften. In einer von der Bertelmann-Stiftung in Auftrag gegebenen Studie wurden die Wanderungsbewegungen im Zeitraum zwischen 2004 bis 2013 auf signifikante Raummuster untersucht. Für die Gruppe der in Ausbildung befindlichen Menschen (18 bis unter 30 Jahre) ergibt sich, wenig überraschend, folgender Befund: „Hohe Zuwanderung erfahren Städte mit attraktiven Bildungseinrichtungen beziehungsweise großen Universitäten. Profiteure sind vor allem die Großstädte wie beispielsweise München, Berlin, Köln oder historisch gewachsene Universitätsstädte wie Heidelberg, Göttingen, Tübingen, Oldenburg oder Jena." (Bertelsmann-Stiftung 2015) Die Wanderungsbewegungen der Altersgruppe der 30 bis 65jährigen werden als ausschließlich arbeitsplatzmotiviert eingeschätzt. „Ballungszentren verlieren Bevölkerungsanteile. Dieses Raummuster lässt sich sowohl in West- als auch in Ostdeutschland erkennen. ... Angespannte

Wohnimmobilienmärkte, stark steigende Mieten oder ein wenig familiengerechtes Wohnangebot sind als treibende Kräfte hinter dieser räumlichen Entwicklung zu vermuten." (Bertelsmann-Stiftung 2015) Differenzierter erhebt die Deutsche Post Adress in ihrer Umzugsstudie die jeweiligen Begründungen für einen Wohnortwechsel. Demnach sind 11 % der Umzüge durch Aus- und Weiterbildung und 12 % durch den Wechsel des Arbeitsplatzes hervorgerufen. (Deutsche Post Adress 2018, S. 8) Von allen Umzügen erfolgten 48,8 % (Datenbasis 3,5 Mio.) innerhalb eines Jahres außerhalb der bisherigen Stadt oder Gemeinde und 23,7 % außerhalb des bisherigen Bundeslandes. (Deutsche Post Adress 2018, S. 16) Nicht geklärt sind jedoch die wechselseitig vorgenommenen Wanderungsbewegungen und die letztlich erzielten Zuwächse oder Rückgänge innerhalb der größten Städte in Deutschland. Nachfolgend werden die jeweils zehn höchsten nominalen und prozentualen Zuwächse sowie Rückgänge zwischen 1990 und 2017 abgebildet (Abb. 3.3 und 3.4).

Für den Zeitraum von 1990 bis 2017 profitieren die größten Städte sowie Leipzig und Dresden im Osten und einige mittelgroße Universitätsstädte (Abb. 3.5 und 3.6).

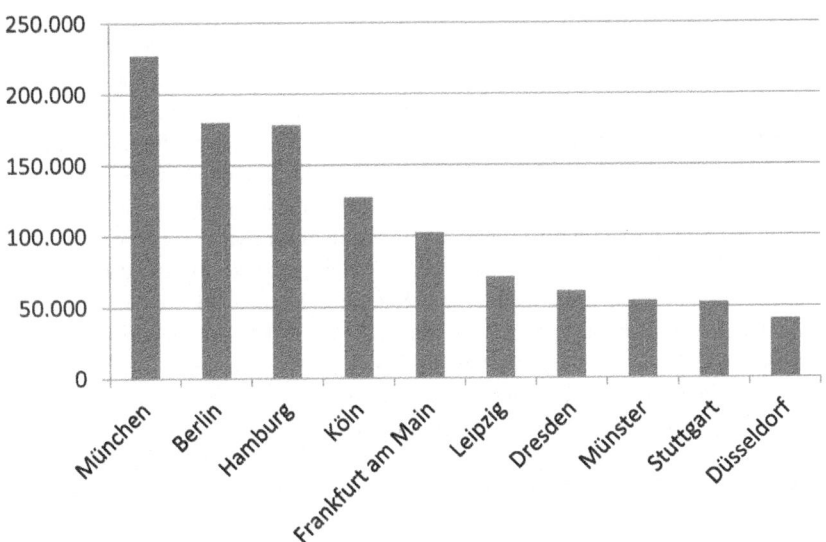

Abb. 3.3 EinwohnerInnenzuwachs nominal zwischen 1990 und 2017. (Quelle: eigene Berechnungen, div. Statistische Landesämter)

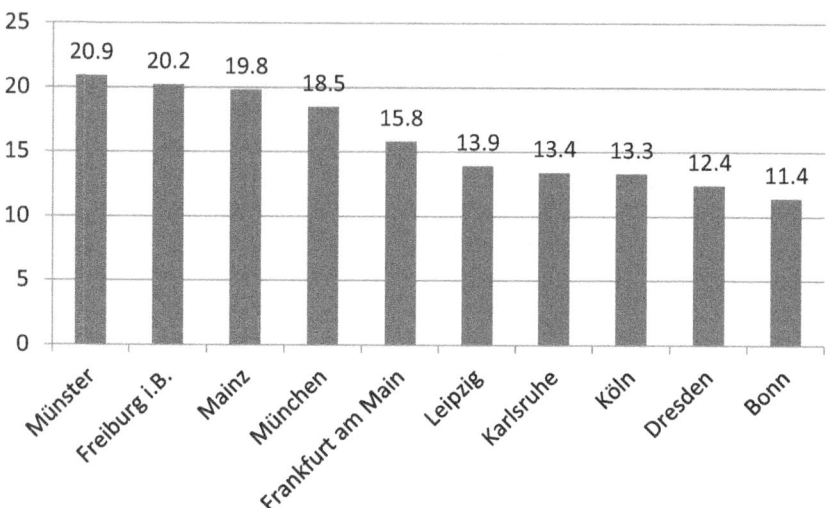

Abb. 3.4 EinwohnerInnenzuwachs prozentual zwischen 1990 und 2017. (Quelle: eigene Berechnungen, div. Statistische Landesämter)

Die Rückgänge der Bevölkerungszahlen betreffen insbesondere Städte im Osten und große Teile des Ruhrgebiets. Für die Ruhrgebietsstädte reichen die Schrumpfungsprozesse zeitlich noch weiter bis auf den bereits Ende der 1960er Jahre einsetzenden sektoralen Wandel zurück. Der zwischenzeitliche Anstieg der Bevölkerungszahlen ist lediglich auf die kommunale Neugliederung Mitte der 1970er Jahre zurückzuführen. Mit der unterschiedlichen EinwohnerInnenentwicklung verbunden ist auch die Einkommensentwicklung in den größten Städten. Allerdings sind die Zusammenhänge nicht ganz so offensichtlich, da mit Dresden und Leipzig zwei ostdeutsche Städte, die einen hohen Bevölkerungszuwachs zu verzeichnen hatten, sich gemeinsam mit den Ruhrgebietsstädten am unteren Ende der Skala wiederfinden (Abb. 3.7).

Obwohl nahezu jede Kommune sich mehr oder weniger freiwillig gezwungen sieht, eine wirtschaftsförderliche Standortpolitik zu betreiben, sind die Ergebnisse ernüchternd. Abgesehen von Schwarmstädten und Kommunen mit expansiv und erfolgreich agierenden Unternehmen existiert eine Mehrzahl von stagnierenden und in prekärer Situation befindlichen Kommunen. Anhand der Regionaldatenbank der Statistischen Ämter des Bundes und der Länder kann exemplarisch aufgezeigt werden, wie unterschiedlich die Entwicklung von Nachbarstädten verlaufen ist (Tab. 3.1).

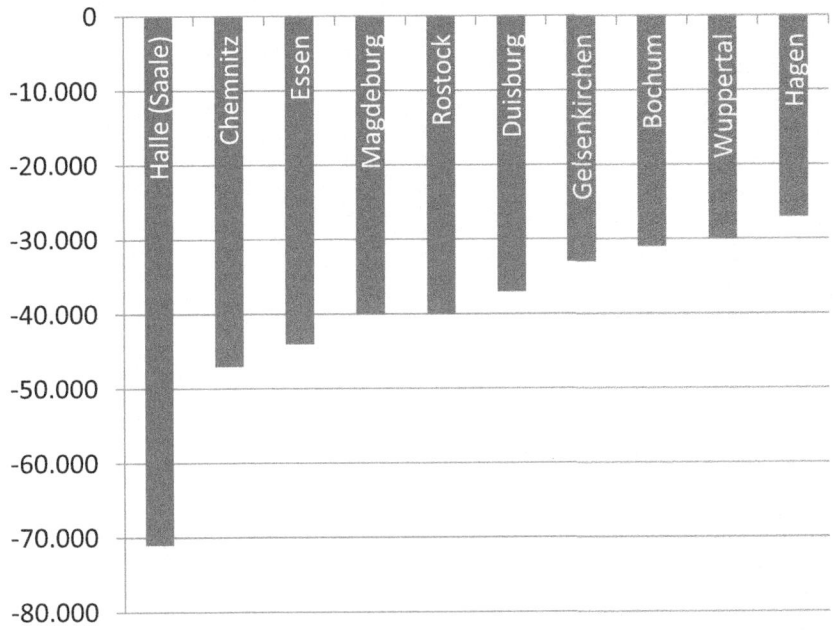

Abb. 3.5 EinwohnerInnenrückgänge nominal zwischen 1990 und 2017. (Quelle: eigene Berechnungen, div. Statistische Landesämter)

Um die disparate Entwicklung der Städte weiter zu verdeutlichen, wird auf die Quote der sozialversicherungspflichtigen Beschäftigten zugegriffen. In Düsseldorf liegt die Quote bei 62 pro 100 EinwohnerInnen und in der Nachbarstadt Duisburg bei 33 pro 100 EinwohnerInnen. Auch das kommunale BIP verdeutlicht die eklatante Ungleichheit. Während Düsseldorf einen Betrag von 77.600 € pro EinwohnerIn aufweist, liegt er in Duisburg mit 34.392 € bei nahezu der Hälfte. (div. Ämter für Statistik 2018) Hinzu käme als weiteres Kriterium die Armutsquote, die in zahlreichen Großstädten mit über 20 % deutlicher höher ausgeprägt ist, als in ländlichen Regionen. Hier besteht allerdings die Problematik, dass für einige Städte u. a. aufgrund hoher Mieten bereits Verdrängungsprozesse eingesetzt haben, die sich nicht mehr nur auf innerstädtische Wanderungsbewegungen beziehen. Anhand des Armutsberichtes des Paritätisches Gesamtverbandes (2017) sollen exemplarisch einige Daten zur unterschiedlichen Armutsquote in Nordrhein-Westfälischen Städten ausgewiesen werden (Abb. 3.8).

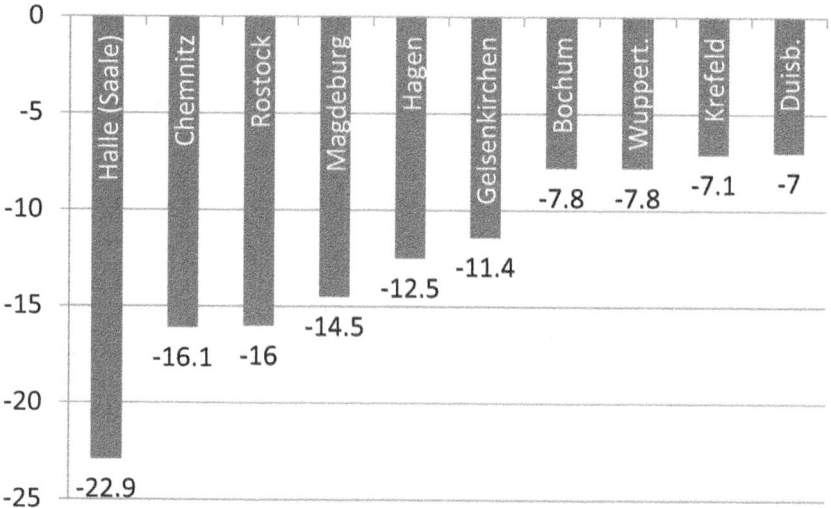

Abb. 3.6 EinwohnerInnenrückgang prozentual zwischen 1990 und 2017. (Quelle: eigene Berechnungen, div. Statistische Landesämter)

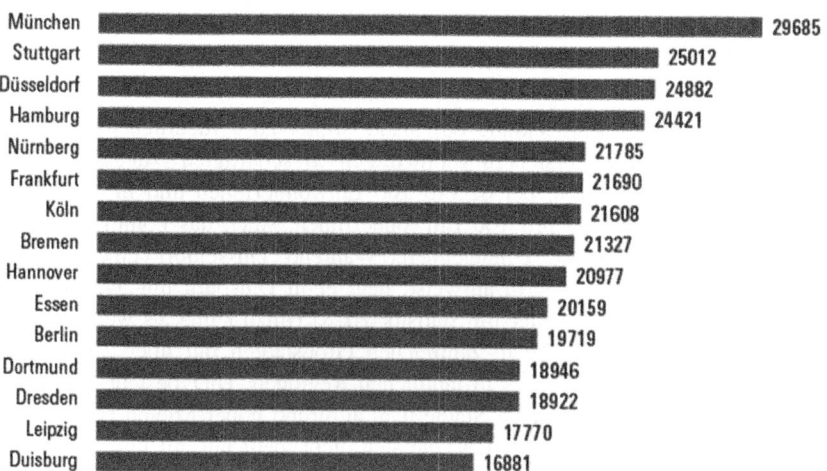

Abb. 3.7 Verfügbare Jahreseinkommen pro EinwohnerInnen in € in den 15 größten Städten, 2016. (Quelle: WSI Verteilungsmonitor 2019, nach Statistische Ämter des Bundes und der Länder (Regionaldatenbank))

Tab. 3.1 Ausgewählte Nachbarstädte und realer Schwund/Zuwachs der verfügbaren Einkommen der privaten Haushalte von 2000 bis 2016 in %

Mönchengladbach	−1,0	:	+3,0	Krefeld
Wuppertal	−2,8	:	+3,4	Solingen
Gelsenkirchen	−4,2	:	+1,8	Bochum
Hagen	−1,3	:	+2,8	Dortmund
Offenbach/M	−8,7	:	+2,6	Frankfurt/M

Quelle: WSI Verteilungsmonitor 2019, nach Statistische Ämter des Bundes und der Länder (Regionaldatenbank), eigene Zusammenstellung

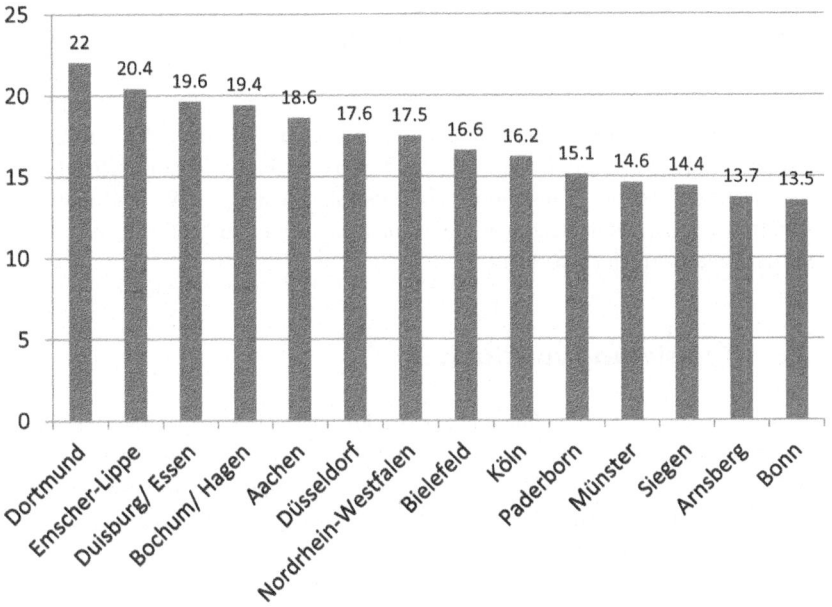

Abb. 3.8 Armutsquote ausgewählter Städte in NRW 2015. (Quelle: eigene Darstellung, Daten aus Der Paritätische 2017, S. 14 sowie Statistische Ämter des Bundes und der Länder)

Eines der wenigen den Kommunen zur Verfügung stehenden Einnahmeinstrumente ist der Hebesatz, der sich jedoch als zweischneidiges Schwert erweist. Auf der einen Seite stellt er die Möglichkeit zur Einnahmeerhöhung dar, auf der anderen Seite unterstützt im Kontext gegenseitiger Konkurrenz ein

Tab. 3.2 Ausgewählte Nachbarstädte und Hebesätze Grundsteuer B in %

Duisburg	855	:	440	Düsseldorf
Hagen	750	:	496	Iserlohn
Bremen	695	:	445	Oldenburg

Quelle: Haus und Grund (2018)

hoher Hebesatz das Abwanderungskalkül von Unternehmen oder schreckt potenziell ansiedlungswillige Unternehmen ab. Verschärft wird diese Situation noch dadurch, dass (nahezu) schuldenfreie Städte sich im Rahmen ihrer Wirtschaftsförderung einen relativ niedrigen Hebesatz „erlauben" können, was demzufolge verschuldete Städte wiederum unter Zugzwang setzt (Tab. 3.2).

Die Spannweite der derzeitigen Gewerbesteuerhebesätze beläuft sich im Minimum auf 200 % und im Maximum auf 900 %. Allerdings ist einschränkend anzumerken, dass sich die Zahlen auf alle Städte und Gemeinden beziehen und nicht ausschließlich auf Großstädte. Dennoch sind auch im Bereich der Großstädte deutliche Ungleichheiten zu verzeichnen. Neben der Nähe zu politisch relevanten Entscheidern (bspw. Düsseldorf als Landeshauptstadt NRW) sind auch die Differenzen in den Steuersätzen ein relevanter Faktor bei ohnehin abwanderungsbereiten Unternehmen (Tab. 3.3).[4]

3.2   Typisierung von Städten

Die Auflistung von Ungleichheiten der Städte wurde bereits vielfach systematisiert und nach unterschiedlichen inhaltlichen und methodischen Kriterien in Typen gefasst. Teilweise erfolgen Typisierungen in populärer Beschreibung und in der Ausprägung als Ranking auch mit moderat-inquisitorischem Duktus nach dem Muster „Top- und Flopstädte".

Prigge und Schwarzer (2016) unterscheiden für den Zeitraum zwischen 1990 und 2000 vier Typen großstädtischer Entwicklung: Interessant an der Einteilung ist die Differenzierung in eine polarisierende Prosperität, die darauf aufmerksam macht, dass sich nicht nur zwischen den Städten, sondern auch innerhalb der

---

[4]Im Fall der Aufgabe des Produktionsstandortes Bochum durch Nokia im Jahr 2008 waren nicht nur Steuergelder des Landes NRW vergeblich „investiert". Für die Verlagerung der Produktion nach Rumänien und Ungarn erhielt das Unternehmen zusätzliche Steuergelder der EU.

Tab. 3.3 Spannweite der Gewerbesteuerhebesätze in den Flächenbundesländern	Minimum	Maximum
Baden-Württemberg	265	450
Bayern	230	490
Brandenburg	200	455
Hessen	285	480
Mecklenburg-Vorp.	200	465
Niedersachsen	300	500
Nordrhein-Westfalen	260	550
Rheinland-Pfalz	320	900
Saarland	360	490
Sachsen	300	490
Sachsen-Anhalt	237	507
Schleswig-Holstein	250	450
Thüringen	240	470

Quelle: Statistisches Bundesamt; www.gewerbesteuer.de/gewerbesteuerhebesatz

Städte Disparitäten entwickeln, die „nicht dem vereinfachenden Gegensatz von prosperierenden Großstädten auf der „Gewinnerseite" und niedergehenden Großstädten auf der „Verliererseite" folgt." (S. 427) (Tab. 3.4).[5]

Das Deutsches Institut für Urbanistik weist im Kommunalpanel von 2015 eine nicht näher explizierte Gruppe von Kommunen unter „Sonstige" aus und kommt darüber hinaus, ähnlich wie schon zuvor Prigge und Schwarzer, auf vier grundlegende Typisierungen, die sich in ihren Entwicklungsverläufen unterscheiden. Positiv äußern sich allerdings lediglich 22 % der Kommunen, während der größte Teil mit 54 % einen negativen Ausblick formulieren (Tab. 3.5).

Die Bertelmann-Stiftung differenziert in ihrer 2017 vorgelegten Studie in neun verschiedene Demografietypen, die sich nicht nur auf Städte sondern auch auf Gemeinden beziehen. Insgesamt lässt sich auch anhand dieser Studie eine grobe Dreiteilung positiver, neutraler und negativer Entwicklung erkennen, ohne das die jeweils innerstädtischen disparaten Verläufe in den Typen gekennzeichnet werden (Tab. 3.6).

---

[5]Auch Belina et al. (2011) formulieren in ihrem Sammelband „Urbane Differenzen" im Untertitel „Disparitäten innerhalb und zwischen Städten".

Tab. 3.4 Typen großstädtischer Entwicklung

A Durchschnittliche Entwicklung:	Köln, Hamburg, Hannover, Nürnberg, Bremen
B Polarisierende Prosperität:	Düsseldorf, Frankfurt/M.
C Prekärer Strukturwandel und Schrumpfung:	Berlin, Dortmund, Dresden, Duisburg, Essen, Leipzig
D Ausgewogenere Prosperität:	München, Stuttgart

Quelle: Prigge und Schwarzer (2006, S. 421)

Tab. 3.5 Gruppierung von Kommunen mit unterschiedlichen Entwicklungsverläufen (n = 475)

A Kommunen mit neuer Hoffnung 7 %
Diese Kommunen blicken nach einer negativen Entwicklung in der Vergangenheit und trotz einer derzeit noch unzureichenden Finanzsituation optimistisch in die Zukunft
B Pessimistische Kommunen 19 %
Diese Kommunen beurteilen ihre finanzielle Entwicklung und ihre derzeitige Lage positiv. Im Ausblick befürchten sie jedoch eine deutliche Verschlechterung ihrer Finanzsituation
C Kommunen in der Negativspirale 35 %
Diese Kommunen befürchten, dass nach einer negativen Entwicklung in der Vergangenheit und bei einer derzeit noch unzureichenden Finanzsituation auch zukünftig keine Verbesserung der Lage erreicht werden kann
D Prosperierende Kommunen 15 %
Diese Kommunen können auf einer positiven finanziellen Entwicklung in der Vergangenheit aufbauen und gehen auch zukünftig von einer vorteilhaften Entwicklung aus
Sonstige Kommunen 24 %

Quelle: Deutsches Institut für Urbanistik (2015, S. 34)

Tab. 3.6 Demografietypen

Typ 1: Stabile ländliche Städte und Gemeinden
Typ 2: Zentren der Wissensgesellschaft
Typ 3: Prosperierende Kommunen im Umfeld dynamischer Wirtschaftszentren
Typ 4: Wohlhabende Kommunen in ländlichen Räumen
Typ 5: Städte und Gemeinden in strukturschwachen ländlichen Räumen
Typ 6: Stabile Mittelstädte
Typ 7: Wirtschaftszentren mit geringer Wachstumsdynamik
Typ 8: Stark alternde Kommunen
Typ 9: Stark schrumpfende Kommunen mit Anpassungsdruck

Quelle: Bertelsmann-Stiftung (2017)

Parallel zur jeweiligen Einordnung in einen Typus können die innerstädtischen Entwicklungen zwar nicht komplett gegenläufig, jedoch auf die City und einzelne Stadtteile bezogen heterogen verlaufen. Mit der fiskalischen, infrastrukturellen sowie kulturellen Bündelung auf Teilräume der Stadt sind für Teile der Bevölkerung sowie auswärtiger Gäste Attraktivitätssteigerungen möglich, jedoch nur unter weitgehender Vernachlässigung der übrigen Stadtteile. Insofern beschleunigen und verschärfen sich selbst in prekären und schrumpfenden Städten die Disparitäten in prekäre, segregierte, aber eben auch in gentrifizierte, konsumerable Teilräume.

Die disparate Entwicklung mündet neben den positiven Folgen für die sogenannten Schwarmstädte auch in einer Negativspirale nach unten. Jenseits objektiver Fakten gesellen sich wirkmächtig werdende Imageprobleme hinzu. Was ansonsten ausschließlich hinter der Bühne oder unter vorgehaltener Hand geäußert wird, hat der ehemalige Bochumer Baurat Ernst Kratzsch in einer der seltenen öffentlich werdenden Einschätzungen dargelegt. In einem Interview äußerte er sich zur Haltung von Investoren nicht nur zu Bochum, sondern auch zu allen weiteren „schwierigen" Ruhrgebietsgroßstädten.

Kratzsch: „... Bochum hat es aber auf dem Immobilienmarkt außerordentlich schwer." WAZ: „Wie meinen Sie das? Können Sie das belegen?" Kratzsch: „Die vergangenen Jahre waren geprägt von den Diskussionen um Opel. Ich habe viele Freunde, die in irgendwelchen Immobilienfonds sitzen und jedes Jahr 40 bis 100 Mio. EUR verbauen müssen. Aber wenn man die anrief, dann fragten sie immer, wie sie ihrem Vorstand bei den vielen negativen Schlagzeilen ein Investment in Bochum erklären sollten." (Schmitt/WAZ 2014).

Wie die weitere Entwicklung der Städte verläuft ist nicht nur Gegenstand der politisch-administrativen Verständigungen, sondern wird auch seitens der Beraterbranche und von Lobbyverbänden zum Teil flankierend begleitet und zum Teil auch deutlich beeinflusst.[6]

3.3 Einflussnahme von Beratern und Lobbyverbänden

Im Kontext „Monitor Nachhaltige Kommune. Bericht 2018. Schwerpunktthema Armut" empfiehlt die Bertelsmann-Stiftung resp. „Kommunal-Expertin" Kirsten Witte unter der Frage „Was sollten Großstädte tun?": „Großstädte sollten

---

[6]Externe Beratung kann, so Müller und Sträter, allerdings auch „von der Verwaltung ... instrumentell genutzt werden", um eigene Interessenlagen gegenüber der Politik zu kaschieren (2011, S. 145).

vor allem für mehr Transparenz darüber sorgen, wie Armut in der jeweiligen
Kommune verteilt ist. Dies kann in Form von kleinräumigen Armutsberichten
geschehen … Transparenz über die Gesamtsituation in einzelnen Stadtteilen sei
eine Grundvoraussetzung dafür … dass Großstädte eine integrierte Strategie für
die nachhaltige Bekämpfung und Vermeidung von Armut entwickeln könnten.
Hierzu bietet sich vor allem der Aufbau eines kommunalen Nachhaltigkeits-
managements an…" (www.bertelsmann-stiftung.de 2019).

Die negativen Auswirkungen neoliberaler Wirtschaftspolitik mit der
Absenkung der Lohnquote zugunsten von Kapitaleinkünften, Steuerabsenkungen
sowie einer disparaten Vermögens- und Einkommensentwicklung sollen also
auf der untersten und am wenigsten Einfluss nehmenden Ebene staatlichen Handelns „bekämpft" und „vermieden" (sic!) werden. Mit derartigen Empfehlungen
werden genau jene Ebenen aus dem Blickfeld genommen, die für die disparate
Entwicklung der Kommunen hauptsächlich verantwortlich sind, eine ruinöse Verdrängungskonkurrenz und eine versagende Verteilungspolitik.

Die Stadtplaner Fahle und Burg legen für die Stiftung der privaten Bausparkasse
Wüstenrot eine Untersuchung mit dem Titel „Unternehmung Innenstadt" vor. Die
nachfolgende Kritik bezieht sich auf die im Text geäußerte Position und damit stellvertretend für zahlreiche weitere Autoren. Beide Autoren konstatieren eine „dramatisch wachsende Konkurrenz um junge und kreative Bevölkerung, zukunftsfähige
Betriebe und qualifizierte Arbeitskräfte sowie konsumfreudige und zahlungskräftige Besucher und Kunden". (2014, S. 54) An dieser Stelle dürfte bereits der
behutsame Hinweis auf die disparate bundesdeutsche Sozialstruktur ausreichen,
um nachzuvollziehen, dass die Rechnung wohl nicht für alle Städte aufgehen wird.
Ob sich also die Anstrengungen und Investitionen in jedem Fall amortisieren, ist
nicht nur zu bezweifeln, sondern kann, an späterer Stelle, auch widerlegt werden.
Dennoch „muss", so Fahle und Burg die neoliberale Verdrängungskonkurrenz
unternehmerisch agierender Städte beibehalten werden. „Städte und Regionen
sind also grundsätzlich mit einer Markt- und Wirtschaftssituation konfrontiert, in
der sie sich gegen Mitwettbewerber behaupten müssen. … Die Innenstadt kann
deshalb insgesamt als Unternehmen verstanden werden, welche sich mit ihren
Produkten an verschiedene Märkte, Zielgruppen, Kunden und Konsumenten richtet." (2014, S. 54) Doch auch den Autoren sind die disparaten Entwicklungen der
Städte bewusst und, in wissenschaftlichen Texten eher selten anzutreffen, unterlegt
mit Formen des Mitleids. „Innenstädte in bevölkerungs- und wirtschaftsstruktu-
rell benachteiligten Regionen demonstrieren teilweise eindringlich die bedauerns-
werte (sic!) Seite der Bedeutung wirtschaftlicher Rahmenbedingungen für die
Innenstadtentwicklung. Hier ist es schwer gegen Wirtschaftsprinzipien und Marktmechanismen anzukämpfen, welche die Spielräume und Chancen qualitätsvoller

Daseinsvorsorge teilweise dramatisch einengen." (S. 56) Bevor wir in der Diskussion allzu rasch voranschreiten, sollte noch den nicht weiter erläuterten Prinzipien und Mechanismen etwas Platz eingeräumt werden. Überproduktion, ruinöser Wettbewerb („race to the bottom") und Verdrängungskonkurrenz weisen darauf hin, dass die strukturell erzeugten regionalen und vor allem gesamtwirtschaftlichen Disparitäten nicht auf der Ebene der Stadt, oder um im Bild zu bleiben, nicht auf der Ebene der Einzelunternehmung zu lösen sind. Staatliche Verteilungspolitik mildert die Problematik allenfalls. Alternative/nachhaltige Formen der Wirtschaftspolitik (siehe Kap. 8) könnten Teil der Lösung sein. Empfohlen wird jedoch von Fahle und Burg entgegen der Kenntnis der thematisierten Wirtschaftsprinzipien und Marktmechanismen, eine umso stärkere Ausrichtung auf „Strategien der Bestandssicherung und Entwicklung ..." (S. 56) Diese Position gleicht für die in prekärer Situation befindlichen Städte einer Donquichotterie.

Ignorant gegenüber der politischen und raumplanerischen Vorgabe vergleichbarer Lebensverhältnisse und zynisch gegenüber einem Teil negativ betroffener Bevölkerung empfehlen die Autoren Harald Simons und Lukas Weiden der Empirica Aktiengesellschaft in ihrer 2015 aufgelegten Studie zu Schwarmstädten sowie den Ursachen von Wanderungsmustern zur Disparität von Kommunen. „Zwei halbtote Städte werten die Region nicht auf, eine lebendige und eine tote hingegen schon." (Simons; Weiden 2015, S. 71).

Zusammenfassend wird die Handlungsorientierung auf weiter zu steigernde Effizienz gelegt, zunehmende Kraftanstrengungen und auf der Bündelung vorhandener Kräfte. Dass die bisherige Wirtschaftpolitik seitens der Beraterbranche infrage gestellt würde, war jedenfalls nicht ernsthaft zu erwarten.

Allerdings argumentieren jüngst genau jene Lobbyinstitutionen, die den neoliberalen Umbau, wenn nicht vorangetrieben, so doch mindestens unterstützt haben, mit einem bemerkenswert keynesianischen Duktus. Der Direktor des Instituts der Deutschen Wirtschaft, Michael Hüther (2019) kommt zu dem erkenntnisreichen Schluss: „Aus ökonomischer Perspektive ist die Schuldenbremse fragwürdig." Auch der „jahrelange Personalabbau" wird als hemmend für „die Realisierung wichtiger Bauprojekte wahrgenommen". An dieser Stelle sei noch einmal an das fehlgeleitete Narrativ vom Staat als „Schwäbischen Hausfrau" (Merkel, Mappus, Schäuble) erinnert.[7] Der Deutsche Industrie und Handelskammertag (DIHK) braucht immerhin vierzehn Jahre, um die fehlenden Investitionen der Öffentlichen Hand auch als fehlende Aufträge für den eigenen Mitgliederbestand zu registrieren: „Der Staat investiert dauerhaft zu wenig – und zwar schon seit dem

---

[7]Siehe Hunger/FAZ vom 14.06.2016: Politische Metaphern: Die Schwäbische Hausfrau.

Jahr 2000. Gut ein Viertel der Investitionslücke wäre geschlossen, wenn der Staat zumindest die jährlichen Abschreibungen auf „seine" Infrastruktur in Höhe von über 60 Mrd. EUR ersetzen würde (2014, S. 4).

Dennoch haben neoliberale VertreterInnen immer noch die Chuzpe, eingedenk der desaströsen Entwicklung zahlreicher Städte, die Ursachen vorwiegend bei der öffentlichen Hand selbst zu suchen. Der DIHK bezieht als Lobbyverband eindeutig Position gegen eine sozialpolitische und für eine unternehmensorientierte Verwendung der vorhandenen Ressourcen. „So wünschenswert aus sozialer Perspektive Projekte wie Mütterrente, Mindestlohn und Mietpreisbremse sein mögen, sie verändern die Kostensituation der Unternehmen und verschieben die Rahmenbedingungen zulasten privater Investitionen." Eine Argumentation, die sich scheinbar kenntnisfrei zum fortwährenden Personalabbau im Öffentlichen Dienst, Einsparungen von Leistungen, Gebührenerhöhungen und Schließungen in den Städten verhält.

Als Interessenverband der (Groß-)Städte hat der Deutsche Städtetag in München auf die erheblichen Disparitäten „zwischen privatem Wohlstand und öffentlicher Armut" unter dem Motto „Rettet unsere Städte jetzt!" hingewiesen. (Binder/Die Zeit 1971) Allerdings wurde dieser drastische Rettungsimperativ bereits im Jahr 1971 formuliert, in der Zwischenzeit mehrmals in ähnlicher Form erneuert und hatte, je nach medialer „Durchschlagskraft" und „Einsicht" der Landes- und Bundespolitik, ein Instrumentarium an autoritären Förderprogrammen zur Folge.[8]

3.4   Einflussnahmen und Versäumnisse der Bundespolitik

Die Abhängigkeit der Kommunen von der Bundespolitik wird exemplarisch anhand einer sehr zentralen Entscheidung aus dem Jahr 2009 deutlich. Mit einer knappen Zwei-Drittel-Mehrheit beschloss der Deutsche Bundestag die sogenannte „Schuldenbremse" die die Neuverschuldung für den Bund auf 0,35 % des BIP begrenzt. Für die Kommunen jedoch von größerer Tragweite

---

[8]Bspw. führt der Präsident des Hessischen Rechnungshofs im Kommunalbericht 2015 aus: „Allerdings sollten Gemeinden, die – insbesondere bei den Schwimmbädern oder den Dorfgemeinschaftshäusern – hohe freiwillige Leistungen aufweisen, prüfen, inwieweit mittelfristig Einsparungen möglich und inwieweit diese Leistungen langfristig noch finanzierbar sind." (2015, S. 6).

Tab. 3.7 Abstimmungsergebnis zur Schuldenbremse samt Verfassungsänderung

Partei	Dafür	Enthalten	Dagegen	Nicht abgestimmt
CDU/CSU	215	–	1	7
SPD	200	–	19	2
FDP	1	47	3	10
Die Grünen	–	1	41	9
Linke	–	–	45	8
Fraktionslos	1	–	–	1

Quelle: Zahlen nach www.abgeordnetenwatch.de

ist das verfassungsmäßige Verbot der Neuverschuldung für die Länder. Gerade in einer Phase, in der sich die Zinsen auf einem historisch einmaligen Tiefstand befinden, könnte der Jahrzehnte andauernde Investitionsstau durch eine günstige Kreditaufnahme und gezielte Investitionen zumindest teilweise behoben werden. In der Kontinuität der neoliberalen Politik „eines schlanken Staates" wurde die Schuldenbremse jedoch zwei Jahre nach der Finanz- und Wirtschaftskrise eingeführt. Entgegen der marktfundamentalen Logik, keine Eingriffe des Staates in einen ungehemmt agierenden „Markt" zuzulassen, wurde die europaweite staatliche Sozialisierung privatwirtschaftlicher Verluste, vor allem im Kontext der sogenannten „Bankenkrise", beschlossen, die damit erst die über den Maastricht-Kriterien liegenden, hohen Verschuldungsgrad verursachte (Tab. 3.7).[9]

Nach mehreren Jahrzehnten neoliberaler Wirtschaftspolitik sind die negativen Konsequenzen für einen Großteil der Städte nicht nur einer breiten (betroffenen) Öffentlichkeit sicht- und wahrnehmbar geworden, sondern haben auch Eingang in jene parteipolitischen Programme gefunden, deren Vertreter diese Entwicklung mit initiiert gesetzt haben (Tab. 3.8).

Ein Abgleich mit dem Abstimmungsergebnis zur Schuldenbremse im Jahr 2009 führt zu dem offensichtlichen Widerspruch, wie die derzeit angemahnten Investitionen zur Abmilderung der Disparitäten von hochverschuldeten Städten und Bundesländern mit einem Neuverschuldungsverbot gelingen sollte. Die jüngste kurze Entlastungsphase der Kommunen hat jedenfalls zu keinem substanziellen

---

[9]Ganz Europa? Nein! Ein kleiner unbeugsamer Nationalstaat namens Island hat sich dieser Sozialisierung privater Verluste erfolgreich widersetzt, die Banken in Konkurs gehen lassen und 26 Bankmanager wegen Manipulation der Finanzmärkte zu Haftstrafen (ohne Bewährung) verurteilt.

Tab. 3.8 Parteipolitische Aussagen zur finanziellen Disparität der Städte

Partei	Aussagen zur Situation der Städte
CDU/CSU	„Die finanzielle Lage von Städten und Gemeinden in Ballungsräumen ist höchst unterschiedlich. Neben boomenden Städten mit Vollbeschäftigung und guter Finanzlage gibt es Städte und Kommunen, die unter dem industriellen Strukturwandel leiden und finanziell ausgeblutet sind." (Regierungsprogramm 2017–2021)
SPD	„Wir wollen die Investitionskraft der Kommunen stärken, sie von Sozialkosten entlasten und helfen, ihre Altschulden abzubauen, damit auch die hochverschuldeten Kommunen ihre Handlungsfähigkeit zurück gewinnen. … Das Ziel sind gleichwertige Lebensverhältnisse in allen Regionen, in Stadt und Land, in Ost und West, in Nord und Süd." (Regierungsprogramm für Deutschland)
Die Linke	„In den Ballungsräumen verfestigt sich die soziale Spaltung. Die Entwicklung von einigen wenigen großen Städten auf der einen Seite und dem „ländlichen Raum" (der auch viele mittlere und Kleinstädte umfasst) driftet auseinander." … „Schon jetzt sind viele Kommunen in wirtschaftlich benachteiligten Regionen überschuldet und unter Zwangsverwaltung." (Wahlprogramm zur Bundestagswahl 2017)
Bündnis 90/Die Grünen	„Während viele Städte und Ballungsräume sich neuer Bevölkerungszunahme und wachsendem Wirtschaftsdruck stellen müssen, leiden viele Klein- und Mittelstädte unter struktureller wirtschaftlicher Schwäche. Dadurch verstärken sich nicht nur soziale Ungerechtigkeiten, sondern ebenso regionale Ungleichheiten. Es gibt wohlhabende und finanzschwache, wachsende und halb verlassene, alte und junge Städte und Gemeinden – oft in direkter Nachbarschaft." (Bundestagswahlprogramm 2017)
FDP	„Denn Kommunen und Länder können den Sanierungsstau bei ihren Verkehrswegen nicht allein beheben." (Programm zur Bundestagswahl 2017)

Quelle: eigene Zusammenstellung anhand parteipolitischer Programme

Abbau des Schuldenniveaus geführt. Der Hauptgeschäftsführer des Landkreistages NRW, Martin Klein kam jüngst zu der resignierenden Einsicht: „Obwohl wir uns seit acht Jahren in einer Hochkonjunktur befinden, bleiben die kommunalen Schulden auf höchstem Niveau" … „Aus eigener Kraft werden sich die Kommunen weder mittel- noch langfristig aus der Verschuldung befreien können." (www.lkt-nrw.de 2018) Die Investitionsfähigkeit der Kommunen bleibt unbeeindruckt der Unterstützungsleistungen von Bund und Land weiterhin massiv beeinträchtigt.

Die von der Kreditanstalt für Wiederaufbau (KfW) in Auftrag gegebene und vom Deutschen Institut für Urbanistik (DIfU) durchgeführte jährliche Befragung

Tab. 3.9 Ausprägung der Investitionsrückstände im Bereich Sportstätten und Bäder

Unterlassene Instandhaltung	32 %
Intensiver Nachholbedarf	20 %
Modernisierungs- und Ersatzbedarf	32 %
Erweiterungs-, Um-, Neu- und Rückbau	16 %

Quelle: eigene Darstellung, in Anlehnung an DIfU und KfW (2018, S. 14)

von Landkreisen, Städten und Gemeinden hat u. a. auch die Investitionsrückstände zum Thema. Im jüngst vorgelegten „Kommunalpanel 2019" beläuft sich der von den Kämmerern eingeschätzte Investitionsbedarf auf inzwischen 138,4 Mrd. EUR. Davon haben Sportstätten und Bäder einen Anteil von 6 %, was 8,8 Mrd. EUR entspricht.[10] (DIfU und KfW 2019, S. 11) Im Kommunalpanel 2018 belief sich der Anteil noch auf 5 % und 8,3 Mrd. EUR (DifU und KfW 2018, S. 12) (Tab. 3.9).

Der erneute Anstieg des Investitionsbedarfs betrifft überproportional Städte mit mehr als 50.000 EinwohnerInnen und unter den Bundesländern insbesondere Nordrhein-Westfalen (DIfU und KfW 2018, S. 11).

Erschwerend für die Gestaltung der Daseinsvorsorge kommt hinzu, dass die öffentliche Hand systematisch um notwendige Steuermittel gebracht wird. Das Ausmaß dieser Umverteilung wurde von Tørsløv et al. von der Universität Kopenhagen jüngst in einer groß angelegten Langzeitstudie offengelegt (2017, 2018). Mit global agierenden managerial geführten Großkonzernen entsteht ein höherer Grad frei flottierenden Kapitals, das sich auf der Suche nach profitablen Verwertungsmöglichkeiten zunehmend weniger an lokale Standorte gebunden fühlt. Unterstützung bei der Verlagerung ins Ausland erhalten Unternehmen bei Consulting- und Wirtschaftsberatungsgesellschaften. Exemplarisch ist auf einen Anwerbetext von pwc hinzuweisen, in dem Kosteneinsparungen durch Auslandsverlagerungen nahegelegt werden. „Unternehmen, die den Schritt ins Ausland wagen, tun sich in der Krise leichter: Sie erweitern ihren Radius und sparen Kosten. … Denn der Gang ins Ausland kann Ersparnisse in der Beschaffung und der Produktion sichern. Wer in einem Land produziert, in dem auch der Kunde präsent ist, erhöht die Kundenbindung. Dazu kommt: Die Kosten für Produktion und Transport sinken." (www.pwc.de 2011) Zu den bislang offerierten Maßnahmen

---

[10]Methodisch ist anzumerken, dass es sich um Selbsteinschätzungen der befragten Kämmerer handelt und nicht alle Kommunen an der Befragung teilnehmen.

zum Erhalt oder Ausbau der Profitrate gesellen sich des weiteren Gewinne durch Steuervermeidung. „Die Optimierung der globalen Wertschöpfungskette kann zu erheblichen Steuereinsparungen führen. Beispielsweise können Unternehmen darüber nachdenken, ihre Aktivitäten in Hochsteuerländern so zu gestalten, dass dort die Steuerzahlungen begrenzt sind, ohne ihr Geschäft einzuschränken. Gleichzeitig können sie bestimmte Funktionen an Standorten mit moderaten Unternehmenssteuern aufbauen. ... Mit der richtigen Strategie reduzieren Unternehmen ihre Gesamtsteuerbelastung deutlich – immer unter Beachtung der länderspezifischen steuerlichen Besonderheiten." (www.pwc.de 2011).

Weltweit wurden ca. 45 % der Unternehmensgewinne in Niedrigsteuernationen verschoben. Den öffentlichen Haushalten gingen so für die Gestaltung der Daseinsvorsorge 200 Mrd. € verloren. Hauptverlierer waren im weltweiten Maßstab die Europäische Union (EU), die ein um 20 % reduziertes Steueraufkommen verzeichnete. Innerhalb der EU profitierten insbesondere die Niedrigsteuernationen Irland, Niederlande und Luxembourg. Die höchsten Steuerausfälle verzeichnete demgegenüber die öffentliche Hand in Deutschland. Etwa 22 % des zu versteuernden Gewinns wird in Niedrigsteuernationen innerhalb der EU und ca. 10 % in Nicht-EU-Nationen verschoben. (alle Daten aus Tørsløv et al. 2017, 2018) Arbeitsplatz- und Steuerverluste werden also durch genau jene Beratungsgesellschaften mit initiiert, die gleichzeitig die betroffenen Bundesländer und Kommunen „beraten". Bereits eine Angleichung der europäischen Steuersätze würde zu einer angemessenen Finanzausstattung auch der Kommunen führen, sodass die typischen Ausprägungen der Austeritäts- und Konkurrenzpolitik weitgehend überflüssig würden.

3.5   Zur Ineffizienz des Standortwettbewerbs

Auf den in der neueren Stadtsoziologie aufgekommen Begriff der „Eigenlogik" der Städte wird an dieser Stelle nicht nur verzichtet, sondern er wird begriffstheoretisch verworfen. Mentalitätsunterschiede in Städten sind vor allem historisch-wirtschaftlich und sozialstrukturell begründet und aufgrund konfligierender Interessenlagen sowie Lebenslagebedingungen eben nicht homogenisiert.[11] Hamburg unterscheidet sich durch seinen internationalen Handelshafen bereits

---

[11]Ausführlich zur Begründung des Konzepts siehe Berking; Löw (2008) sowie Löw (2008) und in kritischer Auseinandersetzung Kemper; Vogelpohl (2011).

von Bremen mit seinem 60 km entfernten Bremerhaven sowie dem im Binnen-
land befindlichen Oldenburg, das ohne seine Universität bedeutend kleinbürger-
lich-konservativer agieren würde. Und auch das Ruhrgebiet wird wegen des
massiven Strukturwandels den u. a. vorhandenen „rauh-aber-herzlich" Berg-
und Stahlarbeitertypus zusehends verlieren. Vielmehr wird das Handeln der
städtischen Akteure durch das Umfeld verschärfter Konkurrenz überlagert. In
Deutschland bemühen sich nahezu 500 städtische Wirtschaftsförderungen mit
Unterstützung des jeweiligen Stadtmarketings seit Jahrzehnten mit intensivem und
ähnlich strukturiertem Akquiseaufwand um Unternehmensansiedlungen. Das permanent wiederholte Ideologem des „Standortwettbewerbs" offenbart seine Wider-
sprüchlichkeit, ja geradezu Absurdität auf engstem Raum im Ruhrgebiet mit den
dortigen 53 (!) Wirtschaftsförderungs- und ebenso vielen Stadtmarketinggesellschaften.[12]

Die vom Statistischen Bundesamt ausgewiesenen Gewerbeanzeigen verzeichnen für den Bereich der Aktiengesellschaften 215 durch Zuzug und 221
durch Fortzug erfolgte Gewerbean- bzw. -abmeldungen. (Statistisches Bundesamt
2018, S. 69 ff.) Diese Anzahl verteilt sich allerdings auf 2056 Städte (davon 107
Kreisfreie Städte) bzw. 10.831 Gemeinden, sodass aus statistischer Sicht kaum
vom seit Jahrzehnten öffentlichkeitswirksam verlautbarten Standortwettbewerb
gesprochen werden kann.[13]

Was jedoch im Kontext des Strukturwandels stattfindet, sind branchenspezi-
fische Neugründungen sowie Insolvenzen. Allerdings wurden 2017 lediglich
1244 Anmeldungen durch Aktiengesellschaften verzeichnet bei gleichzeitig 1754
Abmeldungen (Statistisches Bundesamt 2018).

Hinsichtlich der Determinanten zur Standortwahl existiert eine deutliche
Rangfolge seitens der befragten Unternehmen. Weichen Standortfaktoren kommt
lediglich eine ergänzende Funktion zu. Die Idee, bspw. über Sportgroßveranstaltungen zu einer langfristigen Imageaufwertung beizutragen, mag zwar in einigen Fällen zutreffen, für die Standortwahl von Unternehmen dürfte die Relevanz
äußerst gering sein. So kommen Berlemann und Tilgner vom ifo-Institut bereits
2006 zu dem Ergebnis. „Bei verschiedenen Unternehmensbefragungen, wie

---

[12]Die regionale und volkswirtschaftliche Absurdität bezieht sich auf die Unternehmensakquise als eines der „klassischen" Aufgabenfelder der kommunalen Wirtschaftsförderung.

[13]Die medienwirksam verfolgten Verlegungen der Unternehmenssitze von bspw. Alltours
(Duisburg nach Düsseldorf) oder Haribo (Bonn zur Gemeinde Grafschaft) sind jeweils mit
fehlenden Wachstumsmöglichkeiten begründet worden. Beide Unternehmen (keine AGs)
erzeugen einen jährlichen Umsatz von ca. 1,4 bzw. 2,0 Mrd. €.

denen von Ernst und Young (2006) sowie von Niermann und Frohn (2004), wurde auch das Image der Region als potenzieller Standortfaktor einbezogen. Den Ergebnissen zur Folge wird das Image zwar von den Unternehmern als durchaus wichtiges Kriterium angesehen. Im Vergleich zu anderen Faktoren spielt es aber eine eher untergeordnete Rolle bei der Standortwahl." (2006, S. 20). Zusätzlich zur Unternehmensakquise konkurrierender Städte um sogenannte High Potenzials (überwiegend Fach- und Führungsnachwuchs in MINT-Berufen) und seit den haltlosen Mutmaßungen eines Richard Florida wurde darüber hinaus auch eine sogenannte Kreativszene (u. a. WissenschaftlerInnen, KünstlerInnen) in den Fokus der Bemühungen genommen. Als gemeinsame Klammer für Unternehmen, High Potenzials sowie Kreative gelten neben der infrastrukturellen Herrichtung harter Standortfaktoren ebenfalls weiche Standortfaktoren, die u. a. auch Freizeit, Kultur und Sport sowie damit zusammenhängende Events und Großveranstaltungen beinhalten.

Eine Überprüfung der durch die orthodoxe Volks- und Betriebswirtschaftslehre samt Beraterbranche verlautbarten positiven Effekte kommt jedoch zu ernüchternden Erkenntnissen. Sie betreffen die Ineffizienz des Standortwettbewerbs, die abnehmende integrative Kraft von Großereignissen (außer Fußball) sowie die fehlenden, jedoch immer wieder verlautbarten ökonomischen Effekte einer Kreativszene.

Das mit einer neoliberalen (Kommunal-)Politik verbundene Austeritätsparadigma hat vorwiegend in den verschuldeten Städten zu einer Palette an immer gleichlautenden Maßnahmen geführt: Gebührenerhöhungen, Veräußerung kommunalen Eigentums, Leistungskürzungen, Reduktion von Investitionen. Gleichzeitig erweisen sich die typischen Maßnahmen zur Standortpolitik als Nullsummenspiel. Blume (2012) geht sogar davon aus, dass aufgrund der hohen Vorleistungen insgesamt auch negative Effekte entstehen können, wenn nicht tatsächlich wachstumsfördernde Maßnahmen ergriffen werden. „Insbesondere wird darauf verwiesen, dass wettbewerbsorientierte Maßnahmen, die aus einzelwirtschaftlicher Sicht der Regionen Erfolg versprechen, aus gesamtwirtschaftlicher Sicht zu Ineffizienzen führen können. Ein ruinöser Subventionswettlauf, eine suboptimale Standortwahl der Unternehmen und eine Unterversorgung mit insbesondere haushaltsnahen öffentlichen Gütern sind mögliche negative Konsequenzen..." (Blume 2012, S. 27) (Tab. 3.10).

Neben den Maßnahmen die sich auf harte Standortfaktoren konzentrieren, sind im Rahmen weicher Standortfaktoren nachlassende Effekte zu konstatieren. Ronneberger et al. stellen fest, dass bereits Ende der 1990er Jahre die Integrationsfunktion von Großveranstaltungen abnimmt. „Das Konzept einer

Tab. 3.10 Standortwettbewerb aus gesamtwirtschaftlicher Sicht[a]

Politik der Regionen als Nullsummen- oder Negativsummenspiel	Gesamtwirtschaftlich wachstumsfördernde Politik der Regionen
Reiner Ansiedlungswettbewerb	Qualifizierungsinitiativen
Standortwerbung	Existenzgründungsförderung
Investitionsförderung	Unternehmensberatung
Subventionierte Preise	Reduktion von Unsicherheit
	Netzwerkbildung
	Infrastrukturinvestitionen

Quelle: in Anlehnung an Cheshire und Gordon (1998), zit. in: Blume (2012, S. 28)
[a]Auch die als „wachstumsfördernde Politik" ausgewiesenen Maßnahmen wären im Einzelnen kritisch zu diskutieren

zentrumsorientierten Lokalpolitik, das auf städtebauliche Attraktionen und identitätsstiftende Spektakel setzte, blieb zwar weiterhin ein wichtiges Instrument des „Urban Management". Es büßte jedoch angesichts leerer Kassen, einer veränderten Dynamik der Stadtentwicklung und der wachsenden sozialen Polarisierung seine integrative Bedeutung ein." (1999, S. 29) Davon ausgenommen sind jedoch die nach wie vor integrativ wirkenden Großereignisse des Fußballs. Schubert (2007) weist überdies auf die aus der Logik der Konkurrenz erwachsene Überproduktion von Baumaßnahmen hin, deren Amortisation fraglich ist. „Im Städtewettbewerb gibt es inzwischen eine inflationäre Konkurrenz von (häufig ähnlichen) Museumsbauten, Musical-Theatern, Europa-Vierteln, Urban Entertainment Centers und sogar HafenCities. Die erheblichen kommunalen Vorleistungen vernachlässigen die dauerhaften Betriebskosten und zahlen sich dabei nur selten langfristig aus." (Schubert 2007, S. 241)[14] Der Deutsche Städtetag formuliert in seinem Positionspapier zum Städtetourismus zuerst einseitig die positiven Effekte von Großveranstaltungen, um dann allerdings auf die negativen Effekte fehlender Qualitätsmaßstäbe hinzuweisen. „Die Durchführung von großen Veranstaltungen/ Events (Sportveranstaltungen, Weihnachtsmärkte, Stadtfeste) bedeutet einen

---

[14]Erinnert sei an dieser Stelle an 1970er und 1980er Jahre, in denen zahlreiche Kommunen mit hohen Investitionen ihre Sportbäder zu sogenannten Spaßbädern haben umbauen lassen. (siehe auch Heinz, S. 119) Zuvor wurden die Ausgaben durch die Beratungsgesellschaften mit vorgeblich lukrativen, weil vergrößerten Einzugsgebieten begründet. Zu den Beratungsleistungen gehörte ganz offensichtlich nicht der Hinweis auf gegenseitig sich überschneidende Isochrone zu den Nachbarstädten.

Imagegewinn, einen Wirtschaftsfaktor und auch ein Refinanzierungspotenzial für die Städte. Dabei ist unbedingt auf die Wertigkeit zu achten. Oft leiden die Städte unter einer Beliebigkeit der stattfindenden Ereignisse." (Deutscher Städtetag 2012).

Einen zusätzlich widersprüchlichen Effekt haben die finanziellen und personellen Anstrengungen der Städte um die vermeintlich lukrativen Zielgruppen. Der Blick in die Arbeitsstatistik genügt bereits, um zu erkennen, dass seit 1991 (52.089 Mio. Std.), und damit über einen Zeitraum von mehr als 25 Jahren, das Gesamtarbeitsvolumen stagniert (2017 = 51.622 Mio. Std.). Gleichwohl ist die Anzahl der Arbeitskräfte insgesamt gestiegen, jedoch unter Verlusten von Vollarbeitsplätzen zugunsten von Teilzeitbeschäftigten, sodass die durchschnittliche Anzahl geleisteter Arbeitsstunden pro Beschäftigtem (für viele unfreiwillig) gesunken ist (Abb. 3.9).

Insofern bestehen aus Sicht der Städte letztlich nur zwei Möglichkeiten. Sie betreffen zum einen die Veränderung der strukturellen Zusammensetzung von Arbeitsplätzen nach Qualifikation, Bezahlung/Steuerquote und Anteil an Vollarbeitsplätzen. Zum anderen sind bislang durch Verdrängungskonkurrenz hervorgerufene zuwachsende Arbeitsvolumina automatisch mit verlustreichen

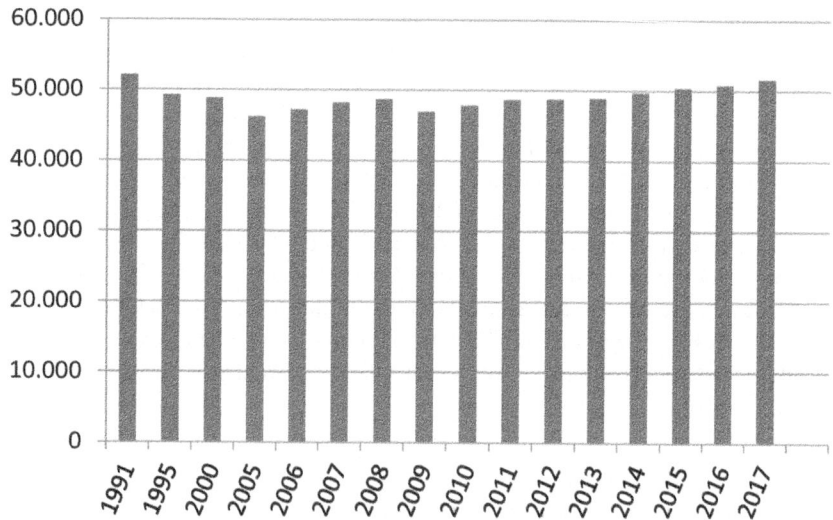

Abb. 3.9 Stagnation des Gesamtarbeitsvolumens von 1991 bis 2017 in Mio. Stunden (abhängig Beschäftigte). (Quelle: eigene Darstellung, nach Arbeitsgruppe Alternative Wirtschaftspolitik 2018 (Tabellenanhang) sowie Statistisches Bundesamt, Fachserie 18)

Arbeitsvolumina in anderen Städten bzw. Regionen verbunden gewesen. Das von der orthodoxen Volks- und Betriebswirtschaftslehre samt Beratungsgesellschaften formulierte Narrativ, durch Standortwettbewerb können High-Potenzials und Kreative Klasse akquiriert werden, erweist sich demnach für zahlreiche Städte (und ihre Wirtschaftsförderer) als Chimäre.

Als ob diese Befunde die Fehlleistungen neoliberaler Wirtschaftsstrategien nicht bereits offensichtlich zutage treten lassen, ist mit der fixen Idee einer Kreativen Klasse ein weiterer Irrtum verbunden, der in den Wirtschaftsförderungs- und Stadtmarketinggesellschaften für überhöhte und falsche Erwartungen gesorgt hat. Holger Rust, der seit Jahren sehr verdienstvoll die theoretischen, methodologischen und methodischen Schwachstellen der sogenannten Zukunfts- und Trendforschung offenlegt (2008), weist darauf hin, dass die von Richard Florida behaupteten positiven ökonomischen Effekte keineswegs vorhanden sind. In einer von Glaeser vorgenommen Analyse, so Rust, wurden genau jene 242 Gemeinden untersucht, die auch die Basis für Florida darstellten. Das Ergebnis ist ernüchternd: „Die Analyse kommt zum Ergebnis, das keines der drei T in einem signifikanten oder auch nur mutmaßlich klaren Zusammenhang zu wirtschaftlichem Erfolg eines Ortes oder einer Region stehe..." (Rust/www.ish. uni-hannover.de 2010)[15] Wiederum bestätigt wurde jedoch der seit langem und vor Florida bekannte Zusammenhang zwischen guter Schulbildung und ökonomischer Prosperität.

Rust richtet darüber hinaus das Augenmerk auf einen weiteren von Atkinson und Easthope entdeckten Zusammenhang zu einem von Floridas T's: Toleranz. Die Gentrifizierung von Stadtteilen für die sogenannte Kreative Klasse erzeugt überraschenderweise „wachsende Intoleranz der neuen Bewohner gegenüber der klassischen Bevölkerung und sozial prekären Bewohnern (Obdachlose, Arbeitslose, Randgruppen et cetera)." (Rust/www.ish.uni-hannover.de 2010, S. 5) Das ist nun das genaue Gegenteil dessen, was von Florida propagiert wurde und wird. Toleranz scheint also nur insoweit ein demonstrativer Charakterzug zu sein, solange kein eigener emotionaler und materieller Aufwand betrieben werden muss.

Insgesamt sind die bisherigen Ergebnisse des den Städten auferlegten „Wettbewerbs" nicht nur fragwürdig, sondern, abgesehen von den ohnehin erfolgreichen „Schwarmstädten" vielfach auch für die weitere Entwicklung

---

[15]Zu den drei „T"s Technologie, Talent und Toleranz siehe Florida (2012, S. 228 ff.).

hinderlich.[16] Prinzipiell vorhandene, jedoch nicht eingeforderte Steuermittel für eine gelingende Daseinsvorsorge sowohl pflichtiger als auch freiwilliger Leistungen werden innerhalb einer Verdrängungskonkurrenz versucht ersatzweise zu beschaffen. Sportgroßveranstaltungen sind so zusehends in das Umfeld weicher Standortfaktoren einbezogen worden. Auf den Wandel und die Instrumentalisierung des Sports samt seinen großen Veranstaltungen weist Heinz (2015) in einem Interview mit dem ehemaligen Oberbürgermeister der Stadt München Hans-Jochen Vogel 2006 hin: „Die Olympischen Spiele 1972 waren ein sportliches Ereignis. Die Fußballweltmeisterschaft 2006 hingegen war ein ökonomisches Ereignis, das den Sport als Instrument verwandte." (Heinz 2015, S. 121) Bereits zwei Jahre später führten der Deutsche Olympische Sportbund, der Deutsche Städtetag und der Deutsche Städte und Gemeindebund in ihrer gemeinsamen Kooperationsvereinbarung in aller Deutlichkeit die Funktion, bzw. Funktionalisierung von Sportgroßveranstaltungen zu sportexternen Zwecken aus. „Darüber hinaus bekommen herausragende und überregionale Sportereignisse eine immer größere Bedeutung für die kommunale Wirtschafts- und Arbeitsmarktpolitik. Die Bewerbungen zahlreicher Städte und Gemeinden um nationale und internationale Sportveranstaltungen zeigen, wie wichtig die Durchführung solcher Veranstaltungen für die regionale Sportentwicklung, das Standortmarketing, das lokale Wirtschaftsleben und den Tourismus sein kann." (DOSB et al. 2008, S. 3).[17]

Daraus ergeben sich weitere Fragestellungen nach der Sinnhaftigkeit, dem konzeptionellen Entwurf und der damit verbundenen sportartspezifischen Struktur, Größe, Anzahl, Aufwand, Kosten von Sportgroßveranstaltungen. Ein weiterer Themenkomplex konzentriert sich auf die Frage, für welche BürgerInnen resp. Zielgruppen Sportgroßveranstaltungen von den Städten unterstützt bzw. ausgerichtet werden, und soll Gegenstand der nun folgenden Kapitel sein.

---

[16]Gleichwohl existieren auch Kooperationen, die im regionalen Kontext zumeist als Zweckverbände umgesetzt werden und auf internationaler Ebene, um gegenseitige Vorteile zu erzielen und Markteintrittsbarrieren für potenzielle Konkurrenten zu erhöhen.

[17]In diesen Grundtenor fügt sich auch die jüngst erstaunlich freimütige Aussage des Unternehmers Michael Mronz (Gründer der privaten Olympia-Initiative Rhein Ruhr City 2032) ein: „Wir werden nicht für, sondern durch Olympia etwas für die Region schaffen!" (Retzlaff 2019/www.stadt-kurier.de).

Sportgroßveranstaltungen zwischen Kultur und weichem Standortfaktor

4

Sportgroßveranstaltungen werden zunehmend als so genannter weicher Standortfaktor in das Konzept des Standortwettbewerbs eingebunden und funktionalisiert. Gleichzeitig treten nicht mehr nur Sportverbände als Veranstalter und Sportvereine mit Unterstützung „ihrer" Städte als Ausrichter auf. Inzwischen ergeben sich erweiterte und unterschiedliche Konstellationen zwischen tatsächlichen und vorgeblichen Non-Profit-Organisationen (NPO) sowohl innerhalb als auch außerhalb des Sports, privatwirtschaftlichen Unternehmen, sowohl in der Funktion als Sponsor als auch als Veranstalter und Ausrichter sowie der öffentlichen Hand samt ausgelagerter, z. T. privatwirtschaftlich orientierter Tochterunternehmen. Insofern überlagern sich die vormals eindeutigen Trennungen von Staat, NPO und Markt. Daher sollen nachfolgend die sportpolitischen Intentionen und, soweit vorhanden, konzeptionelle Entwürfe thematisiert werden sowie in einem weiteren Schritt die Veränderungen und Vielfalt der Konstellationen von Veranstaltern und Anbietern. Daran anschließend ist auf die Struktur (Anzahl, Größe, Sportarten etc.) der durchgeführten Sportgroßveranstaltungen einzugehen und auf die anvisierten Zielgruppen innerhalb und außerhalb der Städte.

4.1 Sportpolitische Intentionen

Die parteipolitischen Orientierungen, bzw. Positionen zu Sportgroßveranstaltungen auf kommunaler Ebene basieren nicht auf einem ausschließlich kultur- und sportfokussierten Verständnis, sondern sind zum einen verknüpft und überlagert mit den jeweiligen wirtschaftspolitischen Konzeptionen und zum anderen mit milieuspezifischen Erfahrungen zu Bewegung und Sport.

© Springer Fachmedien Wiesbaden GmbH, ein Teil von Springer Nature 2020
J. Schwark, *Sportgroßveranstaltungen*,
https://doi.org/10.1007/978-3-658-28303-2_4

4.1.1 Konservative, Liberale und Sozialdemokraten

Sowohl in konservativen und liberalen, als auch in sozialdemokratischen Kontexten überwiegt eine Haltung, die Sportgroßveranstaltungen auch für sportexterne Zwecke instrumentalisiert. Die Begründung folgt einem vagen Konzept, in dem die Stadt als so genannte „Marke" etabliert werden soll und Sportgroßveranstaltungen als weicher Standortfaktor zu Imagezwecken in Dienst genommen werden. Zu unterscheiden sind Haltungen, die den sportkulturellen Kern der jeweiligen Veranstaltungen unbeschädigt lassen und lediglich einen ökonomischen Zusatznutzen zu generieren beabsichtigen. Das gelingt am ehesten bei kleinen und mittleren Sportgroßveranstaltungen, deren mediale Reichweite kurzfristig und auf sportartspezifisches Interesse bezogen ist, wie bspw. Europameisterschaften im Kanurennsport oder Deutsche Meisterschaften im Tischtennis. Davon abgesetzt sind „große" Sportgroßveranstaltungen, im englischen als Hallmark und Mega-Events bezeichnet, wie bspw. Olympische Spiele, Fußball-Welt- und Europameisterschaften. Insbesondere in Verbindung mit baulichen Maßnahmen der Wohn-, Verkehrs- und Sportinfrastruktur überlagern oder beschädigen ökonomisch motivierte Partialinteressen zum gentrifizierenden Stadtumbau den sportkulturellen Kern. Scarsbrook (2012) hat im Kontext der Olympischen Spiele in London diesen Sachverhalt am Beispiel des heruntergekommen Stadtteils Hackney Wicks analysiert: „Die Künstler werden nicht bleiben. Sobald sie ihre Rolle als Agenten des Wandels erfüllt haben, werden sie weiterziehen und Platz machen für das wahre Erbe der Olympischen Spiele – in einer Zukunft, in der die Graffiti aus der Vergangenheit Hackney Wicks für immer ausgelöscht sein werden und der Weg frei ist für eine glänzende, neue Tech City, die dann aus dem Pflaster des alten Stadtteils wächst." Deutlich wird ein strategischer Dreischritt, demzufolge ökonomisch interessante Stadtquartiere und Stadtteile mit Künstlern oder einer sogenannten Kreativszene die vormalig negativ bewerteten Wohngebiete symbolisch als „hipp" aufwertet. Multikulturell ausgerichtete Gastronomiebetriebe locken zusätzlich Touristen an, bis schließlich entmieteter Wohnbestand, sanierte Lager- und Industriebauten mit Loftcharakter sowie architektonisch anspruchsvolle Neubauten das nun akzeptable Umfeld für eine zahlungskräftige Klientel der (gehobenen) urban ausgerichteten Mittelschicht bieten.

4.1.2 Die Grünen und die Linke

Die aktuellen Haltungen zu Sportgroßveranstaltungen der Grünen und der Linken fallen kommunalpolitisch unterschiedlich aus, haben jedoch aufgrund ihrer wirtschaftspolitischen Positionen nicht die ökonomisch funktionalisierende Ausprägung wie sie bei konservativ-liberal-sozialdemokratischen Vertretern vorzufinden ist. Gleichwohl gibt es, je nach oppositioneller oder machtteilhabender Einbindung, unterschiedliche Abstimmungsergebnisse. Bei den Ratsentscheiden zum Grand Départ der Tour de France 2017 stimmten die VertreterInnen der Grünen in Münster dagegen und in Düsseldorf dafür, während sich die VertreterInnen der Linken in Münster der Stimme enthielten und in Düsseldorf dagegen votierten. Deutlich wird die ambivalente Haltung der Grünen und Linken, anders als bei den anderen politischen Ausrichtungen, durch den tendenziell fehlenden biografischen Zugang zum Leistungs- und insbesondere zum Spitzensport sowie durch eine bisweilen vulgärkapitalistische Kritik, dem ein undifferenzierter Leistungsbegriff zugrunde liegt.

Die Bereiche der so genannten alternativen Sport- und Bewegungskultur, Tanztheater, New-Games und Formen kooperativer Spiele, weiche Formen der ostasiatischen Bewegungskultur sind seit dem Ende der 1970er Jahren eng mit dem ökologisch-alternativen Milieu verbunden. Insofern nehmen die politischen VertreterInnen der Grünen (auch biografisch) gegenüber den spezifischen Erfordernissen einer spitzensportlichen Karriere und dem damit verbundenen Umfeld eine eher skeptische Haltung ein, die sich auch in einer weniger euphorischen Haltung gegenüber Großveranstaltungen des Spitzensports ausdrückt.[1]

„Linke" Positionen, die sich mit denen der Grünen und der Sozialdemokratie immer noch zu einem (erheblichen) Teil überschneiden, kritisieren vorwiegend die Beschädigung des Sports zu kommerziellen Zwecken, die Unterwerfung des menschlichen Körpers und Alltags unter das Regime abstrakter Leistungs- und Rekordfixierung sowie eine hegemoniale, vor allem über den Fußball vermittelte national ausgerichtete Identitätsbildung. Die dem Kapitalismus angelastete kommerzialisierte Ausprägung des kulturellen Teilbereichs Sport (wie auch aller anderen kulturellen Teilbereiche) führt jedoch bisweilen zu dem undifferenzierten Ergebnis, sowohl die (ur)demokratischen und verbindenden Leistungen des Vereins- und Verbandssports samt ihrer Großveranstaltungen zu übersehen, als auch

---

[1]Ausnahmen bestätigen auch hier die Regel. Bspw. hat die Bundesvorsitzende der Grünen, Annalena Baerbock nach eigener Aussage in ihrer Jugend Trampolinturnen zumindest auf Leistungssportniveau betrieben.

die konkret beglückenden Erfahrungen leistungs- und spitzensportlichen Handelns jenseits eines verkürzten „Brot-und-Spiele"-Verblendungstheorems.[2]

Insofern ist die Kritik an Kommerzialisierung, Vereinnahmung, Korruption, Doping etc. im Kontext des Sports zwingend notwendig. Die externen Zugriffe auf den Sport sowie seine internen Probleme beschädigen zwar einige seiner Potenziale, eliminieren sie jedoch nicht!

4.1.3 Koalitionen und Oppositionen

Kommunalpolitische Entscheidungen für oder gegen Sportgroßveranstaltungen basieren nicht ausschließlich auf Überzeugungen und/oder Sachargumenten, sondern folgen auch einem parteipolitischen Nutzenkalkül. Bei positiver Einschätzung von Sportgroßveranstaltungen erfolgt eine, durch die Bindung des jeweiligen Koalitionsvertrages unterstützte, beid- oder mehrseitige Zustimmung, um vom erwarteten Image und Erfolg der Veranstaltung parteipolitisch zu profitieren. Selbst skeptische Haltungen werden dann („zähneknirschend") überwunden, wenn ansonsten das potenzielle Risiko besteht, dass ausschließlich der Koalitionspartner öffentlichkeitswirksame Zustimmung erfährt.

Schwieriger gestaltet sich die Haltung zu Sportgroßveranstaltungen aus oppositioneller Lage. Eine Unterstützung ist immer dann gewährleistet, wenn sich im Vorfeld eine hohe Akzeptanz in der Bevölkerung abzeichnet, sodass die Befürwortung (mit oder ohne eigene Überzeugung) eine Partizipation am „gemeinsamen" Imageprojekt mit sich bringt. Ablehnende Haltungen sind aus der Opposition bei unklarer Akzeptanz in der Bevölkerung und bei erhöhten finanziellen Risiken der Sportgroßveranstaltung zu erwarten. Als Gegenargumentation werden insofern mahnende Hinweise auf überhöhte Kosten und fehlende Nachhaltigkeitsaspekte in die politische Auseinandersetzung eingebracht. Das Kalkül basiert auf einer nachfolgend politisch verwertbaren Positionierung als besonders weitsichtige Akteure, die einen verantwortungsvollen Umgang mit Ressourcen pflegen. Die parteipolitische Verwertbarkeit überlagert dabei eventuelle positive Haltungen innerhalb der Fraktion, wie dies bspw. aus einem Interview mit einem Sportausschussmitglied zum Abstimmungsverhalten im Vorfeld des Grand Départ der Tour de France 2017 in Düsseldorf deutlich wird: „Wobei sie mir unter vier Augen sagen": ...

---

[2]Zur verfehlten Gleichsetzung des Leistungs- und Wettkampfprinzips des Sport mit kapitalistischer Konkurrenz von Teilen der Linken siehe auch Güldenpfennig (2018, S. 29) und zur sportlichen Leistung S. 45 ff.

Tab. 4.1 Parteipolitische Orientierungen und „typische Reflexe" zu Sportgroßveranstaltungen

Parteipolitische Orientierung	„typische" Reflexe zu SGV	Haltungen/Begründungen
CDU + SPD	Image, Stadt als Marke etablieren, weicher Standort-faktor	Instrumentalisierung des Sports für externe Zwecke
FDP	Image, Stadt als Marke etablieren, weicher Standort-faktor Bedingung: keine/kaum Steuergelder verwenden	Instrumentalisierung des Sports für externe Zwecke Rückzug der öffentlichen Hand Privatisierung
Grüne + Linke	Skepsis, Leistungs- und Spitzensport sind Eventspektakel bzw. Abbild des Kapitalismus	Schwerpunktsetzung auf Alltags- und Breitensport Gruppenspezifisch fehlende praktische Erfahrungen mit Spitzensport
Koalitionen	Bei positiver Sicht: beid- bzw. mehr-seitige Befürwortung	Hohe Bindung durch Koalitionsvertrag für je eigen-nützliche Zwecke (Image)
Opposition	Unterstützung ab hoher Akzeptanz in der Bevölkerung Ablehnung bei unklarer Akzeptanz in der Bevölkerung	Partizipation am Imageprojekt Gegenargumentation über (vermeintlich) zu hohe Kosten und fehlende Nachhaltigkeit

Quelle: eigene Zusammenstellung

eigentlich finden wir es schön ... „Also das nur mal zur Aufrichtigkeit von Politik. Wenn ich in einer Fraktion bin und ich dann sage, ja ich muss mich dem anschließen was die Fraktion sagt." (Schwark 2018, S. 253) (Tab. 4.1).

4.1.4 Austerität und Entsolidarisierung

Inwieweit parteipolitisches Kalkül den Blick auf die möglichen Potenziale von Sportgroßveranstaltungen verstellen, kann exemplarisch an der Debatte um die Ausrichtung der World Games 2013 aufgezeigt werden.[3] Als so genannte Olympische

---

[3]Das folgende Beispiel samt Diskussion dient zur Schärfung der Argumentation und ist insofern „ungerecht" gegenüber den zitierten Akteuren, weil sie an dieser Stelle prominent behandelt werden, wo sie doch lediglich eine idealtypische Position unter vielen anderen vertreten.

Spiele der (noch) nichtolympischen Sportarten gehören sie zu den weltweit bedeutsamsten Sportgroßveranstaltungen und stehen mit der Universiade oder den Paralympics auf einer Stufe. Duisburg hatte bereits 2005 sportlich äußerst erfolgreich die World Games ausgetragen, jedoch schwerwiegende Versäumnisse hinsichtlich des Kommunikationskonzepts und der Finanzierung, samt Akquise begangen. Weder das Innenministerium des Bundes noch das Land NRW sahen sich darüber hinaus in der Lage, den öffentlichkeitswirksamen positiven Bekundungen eine angemessene finanzielle Unterstützung für eine weltweite Aufmerksamkeit erzeugende Sportgroßveranstaltung folgen zu lassen. Insofern verzeichnete Duisburg als ausrichtende und bereits damals hochverschuldete Stadt sowie die als Sponsoren „verpflichteten" städtischen Gesellschaften, die eher die Funktion von Mäzenen übernahmen, einen Verlust von 6,574 Mio. €. Duisburg und Düsseldorf setzten sich 2008 gemeinsam gegen 20 internationale Mitbewerber als Austragungsstädte der World Games 2013 durch. Mit Ratsbeschluss von 8. Dezember 2008 sagte die Stadt Duisburg die Ausrichtung der Veranstaltung aufgrund der vom Regierungspräsidenten ausgesprochenen Haushaltssperre für die Stadt Duisburg wieder ab.[4]

Exemplarisch ist dazu die Argumentation der Jugendorganisation der Duisburger SPD anzuführen, die stellvertretend für zahlreiche weitere Akteure unterschiedlicher politischer Parteien steht. Der damalige Vorsitzende der Duisburger Jusos, Benedikt Falszewski führte zum Ratsbeschluss aus: „Wenn man sich die aktuelle Debatte um den Haushalt ansieht, hätte man sich die ganze Diskussion um die World-Games auch sparen können, denn bei einem so großen Haushaltsdefizit wie es die Stadt Duisburg aufweist, war schon im Vorhinein klar, dass man sich die Ausrichtung der World-Games nicht ein zweites Mal leisten kann. Es hätte den Verantwortlichen in unserer Stadt, aber insbesondere dem Oberbürgermeister schon vor der Bewerbung um die World-Games klar sein müssen, dass man dieses Projekt nicht noch einmal finanziell stemmen kann." (www.jusos-duisburg.de, 2008).

Ungeachtet der offensichtlichen Unkenntnis über die vorherigen Versäumnisse, die bei erneuter Ausrichtung ja größtenteils hätten vermieden werden können, wird der verkürzte und unmittelbare Bezug zwischen Haushaltsdefizit und Nichtdurchführbarkeit einer Sportgroßveranstaltung hergestellt. An dieser Stelle ist auf die Argumentation aus Kap. 1 zu verweisen, demzufolge den Städten

---

[4]Neben dieser offiziellen Version wurde zu dieser Zeit als inoffizielle Begründung der überraschende Tod des damaligen Düsseldorfer Oberbürgermeisters Joachim Erwin angeführt und die darauf folgende finanziell zögerliche Haltung der verbliebenen politischen Akteure.

grundgesetzlich und darüber hinaus auch gerichtlich verbrieft, Haushaltsmittel zur freiwilligen Daseinsvorsorge unabhängig vom Verschuldungsgrad zuzustehen sind. Davon sollte, unbeeindruckt der Situation in anderen sozialen und kulturellen Bereichen, jährlich ein Prozentsatz von ca. 0,03 % für Sportgroßveranstaltungen zur Verfügung stehen, oder entsprechend kumuliert auf mehrere Jahre.

Ohne adäquate Unterstützung seitens des Bundes, des Landes und von nichtstädtischen Sponsoren wäre in der Tat ergebnisoffen darüber zu diskutieren gewesen, ob eine Sportgroßveranstaltung den finanziellen, personellen und zeitlichen Rahmen der Stadt übersteigt. Die damalige Kritik an einer vorgeblich zu großen und teuren Veranstaltung zielte jedoch darüber hinaus auf die unzulässige Implikation, dass mit politisch-narzistischen Vereinnahmungen von Veranstaltungen gleichzeitig auch deren kultureller Kern abhandenkäme. „Adolf Sauerland sollte einsehen, dass es den Bürgern nicht hilft, die Stadt mit Prestigeobjekten und -projekten zu schmücken." (www.jusos-duisburg.de, 2008) Und schließlich führte die Vermengung und das gegenseitige Ausspielen der Kultur- und Sozialbereiche genau in jene unfruchtbare, ja kulturell beschädigende Debatte um den vermeintlich effizienten Umgang einer fraglos akzeptierten Austeritätspolitik. „Von einer Landesgartenschau oder den World-Games wird sich ihre soziale Lage wohl kaum verbessern." (www.jusos-duisburg.de, 2008) Die Kritik würde dort greifen, wo Großveranstaltungen aus anderen sozialen und kulturellen Bereichen zur Finanzierung und zulasten anderer quersubventioniert würden. Soweit das nicht der Fall ist, kann im Rahmen einer gelingenden Konzeption, eine Sportgroßveranstaltung sowohl zur temporären Beglückung großer Teile der Bevölkerung und weiterer Gäste beitragen, den SportlerInnen samt Anhang eine willkommene Gastgeberkultur zuteilwerden lassen und die Sportarten befördern sowie öffentlichkeitswirksam präsentieren. Die soziale Lage der Bevölkerung zu verbessern ist und kann nicht das Ziel derartiger Veranstaltungen sein!

4.1.5 Der sportpolitische Umgang mit Kritik: sensibel und verwundert

Die stark anwachsende Zahl an Sportgroßveranstaltungen und die zunehmend damit verbundenen negativen ökonomischen Effekte stoßen seit einigen Jahren auf wachsende Kritik. Eine teure Über-Eventisierung und Gentrifizierung der Innenstädte erzeugt negative Konsequenzen für Teile der Stadtbevölkerung, die überdies den Missbrauch von Megaevents und die damit verbundenen Einbußen kritisiert. Smoltczyk (2017) führt in seinem (journalistischen) Beitrag Sättigungstendenzen an, die den Anteil ablehnender, weil direkt bzw. nachfolgend betroffener BürgerInnen erhöht: „In der Hamburger SPD ist es ein gern gelüftetes Geheimnis, dass die Stadt den G-20-Gipfel schlucken musste, um bei der Olympiabewerbung 2024 von Berlin unterstützt zu werden. Aber die Hamburger hatten genug von Großbauprojekten und vom Sicherheitswahn und stimmten im November 2015 gegen die eigenen Eliten: NOlympia!".

Die Argumentationen der Gegner wie bspw. NOlympia! zu Mega-Events konzentrieren sich auf immer offensichtlicher werdende Praxen der Korruption, des Dopings, Intransparenz der Vergabepraxis, damit verbundener „Knebelverträge" sowie Unglaubwürdigkeit durch zu niedrig angesetzte Kosten und schließlich auf städtebauliche Änderungen mit gezielten gentrifizierenden Folgeeffekten. Neu an diesem gesellschaftlichen Phänomen ist nicht die Kritik, die ja seit langem im fachwissenschaftlichen Diskurs geführt wird, wenn auch für einige der kritisierten Felder unzureichend.[5] Neu ist vielmehr die mediale Information und Diskussion, die deutlich über den vormaligen Kreis unmittelbar Beteiligter und Interessierter hinausreicht und breitere Bevölkerungsschichten erreicht. Insofern werden Sportgroßveranstaltungen zunehmend kritisch hinterfragt und ihnen wird auch nicht mehr fraglos-naiv zugestimmt. Die mehrheitlich ablehnende Haltung der lokal-regionalen Bevölkerung zur Ausrichtung von Olympischen Sommer- wie Winterspielen richten sich nicht gegen den Sport, sondern gegen die Instrumentalisierung für sportfremde Zwecke und sind Ausdruck dieser begründeten Skepsis.[6]

Teile der befürwortenden Akteure in Politik, Verwaltung, Stadtmarketing, Organisationen, Unternehmen, Agenturen und Medien reagieren auf die öffentlich geäußerte Kritik und Infragestellung bezeichnenderweise verwundert-enttäuscht, ja bisweilen verärgert-gereizt. Der Haupttenor der Bewertungen und Unterstellungen gegenüber den „Verweigerern" bezieht sich auf deren Provinzialität, fehlendem Zutrauen und/oder prinzipiellem „Dagegen sein". Exemplarisch für Teile der Medien: „Mit dem „Nein" zu Olympia zeigen die vermeintlich vorausschauenden

---

[5]Siehe dazu auch für die Sportwissenschaft u. a. Preuß (1999, 2011a, b, 2012), Franke (2015), Hebbel-Seeger (2015) und für die Stadt- und Regionalplanung sowie -geografie und -soziologie u. a. Attac (2006), Prigge und Schwarzer (2006), Belina et al. (2011), Heinz (2015), Krajewski (2017).

[6]Allerdings wurde diese Skepsis bis zum Bürgerschaftsentscheid in Hamburg von den Hauptakteuren entweder nicht zur Kenntnis genommen (Wahrnehmungsproblem), oder nicht ernst genommen (Realitätsverweigerung). Wie anders ist es zu erklären, dass der Präsident des DOSB Alfons Hörmann mitteilt: „Wir waren auf dieses Szenario bis zum heutigen Tag nicht vorbereitet." (www.zeit.de).

Gegner, dass ihr Horizont kurz hinter dem eigenen Gartenzaun aufhört." (Sohr 2015).

1. Die enttäuschte Haltung der BefürworterInnen basiert einerseits auf dem authentischen und verständlichen Glauben an das ursprüngliche und verbreitete Sport-Narrativ nach einem „reinen" Sportwettkampf als gemeinsames, fröhliches Fest in dem „der Bessere" gewinnt. Eventuelle Abweichungen, Vereinnahmungen oder Zurichtungen von Sportgroßveranstaltungen für sportfremde Zwecke werden entweder nicht wahrgenommen oder doch zumindest verdrängt. Insofern gleicht dieses Narrativ eher einem Wunschbild, welches zumeist ehemalige Sportler und sonstige „beauftragte" Testimonials im Vorfeld der Veranstaltungen zu verbreiten helfen. (bspw. Katarina Witt für die Bewerbung um die Olympischen Winterspiele 2022 in München)

2. Des weiteren existiert die über den Sportbereich hinausgehende Vorstellung zu Effekten für eine allgemein positive Stadtentwicklung, die sich ebenfalls in einem Unverständnis äußert, warum Maßnahmen einer erneuernden und erweiternden Infrastruktur (Verkehr, Wohnen, Flächenerschließungen und -konversionen) nicht gesehen und angenommen werden. Gespeist ist diese Haltung aus einer weitgehend unkritischen Übernahme des Wachstums- und Modernisierungsparadigmas samt seiner neoliberalen Verheißungen nach Konkurrenzfähigkeit, ohne die Tragweite und Konsequenzen städtebaulicher Veränderungen für Teile der eben auch negativ betroffenen Bevölkerung zu ermessen. Der damalige Hamburger Sportsenator Michael Neumann dazu: „Es ist schwer zu glauben, dass Hamburg Nein zu dieser wahnsinnigen Chance zur Stadtentwicklung gesagt hat. Ich werde noch Tage und Wochen den Kopf schütteln." (Heike, F./www.faz.net 2015)

3. Hinter der öffentlich geäußerten Verärgerung über verpasste Chancen und Stadtentwicklungspotenziale durch die abgelehnte Sportgroßveranstaltung verbergen sich jedoch auch verpasste Chancen individueller (zu befriedigender politischer Narzissmus) und branchenspezifischer (lukrativer Wohnungsbau), gleichwohl sportfremder Partialinteressen.

Eine im politischen Nachgang zu (verlorenen) Wahlen gebräuchliche und hier ebenfalls geäußerte Floskel konzentriert sich auf vorgebliche Defizite der Vermittlung: „haben das nicht gut genug kommuniziert", „nicht überzeugen können", so als ob der ablehnende Teil der Bevölkerung „begriffsstutzig" sei. Wiederum der Präsident des DOSB Alfons Hörmann, diesmal zum Rückzug der Münchner Olympia-Bewerbung: „Es ist eine wichtige Erkenntnis, dass wir da nicht klar genug kommuniziert haben." (www.moz.de 2014).

Genau hier liegt jedoch das Missverständnis seitens der befürwortenden Akteure gegenüber der skeptischen und ablehnenden Bevölkerung. Die Frage nach der Akzeptanz für Sportgroßveranstaltungen ist längst keine mehr des Marketings und der damit verbundenen Kommunikations- und Kampagnenpolitik, die die Projekte etwa „nicht gut genug" kommuniziert haben. Die Problematik ist viel tief gehender und bezieht sich auf grundlegend fehlende Glaubwürdigkeit, Authentizität und Transparenz der handelnden Akteure bzw. Akteursgruppen.

So konnte bspw. über die gesamte Zeit bis zum Referendum zur Bewerbung Hamburgs (und des DOSB) der damalige Erste Bürgermeister Olaf Scholz keine belastbare Aussage über die finanzielle Beteiligung des Bundes an den anvisierten 7,6 Mrd. € Kosten für die Olympischen Spiele tätigen. Unabhängig von dieser politisch beidseitig (für Hamburg und das Bundesministerium des Innern) ungeschickten und der Öffentlichkeit gegenüber ignoranten Verhandlungs"taktik" wurde spätestens nach Hamburg deutlich, dass die einstmals vom ehemaligen Präsidenten des Internationalen Leichtathletikverbandes Primo Nebiolo zugespitzte Aussage „Be happy and pay the deficit!" innerhalb der Stadtbevölkerung nicht mehr fraglos und mehrheitlich hingenommen wird.

4.2   Derzeitige konzeptionelle Fragmente und Entwürfe

Insofern sich Sportgroßveranstaltungen aus dem Kontext städtischen Verwaltungshandelns herauslösen und in unternehmerische Organisationsformen überwechseln, werden gleichzeitig auch der Fokus und die Bedeutung der Sportkultur und der Zugang verändert. An dieser Stelle kann jedoch nicht auf die Vielzahl von städtischen Masterplänen, Konzeptionen, Leitbildern etc. umfassend eingegangen werden. Auch die Tragfähigkeit der zahlreichen Selbstetikettierungen zur „Sportstadt" kann hier nicht auf den Prüfstand genommen werden. Schulke führt dazu kritisch aus: „Die Bezeichnung „Sportstadt" ist derzeit offensichtlich mehr PR-Instrument, mit dem eine Stadt sich in den Massenmedien als besondere Marke positionieren will – zunächst um in der überbordenden Nachrichtenflut über die deutschen Städte als etwas Besonderes bzw. Positives wahrgenommen zu werden, letztlich auch zum wirtschaftlichen Nutzen des Standortes." (Schulke 2017a, b, S. 10).

Im Folgenden soll es vielmehr darum gehen, inwieweit sich Großstädte mit ihrer Logik der weichen Standortfaktoren als (Co-)Ausrichter oder Unterstützer von Sportgroßveranstaltungen privatwirtschaftlichen Unternehmen (verkürzt als Wirtschaft bezeichnet) andienen. Franke gelangt zu der Position, „Sportevents" seien „geeignetes und bedeutsames Instrument des Stadtmarketings anzusehen. Sie besitzen durch ihre weltweite mediale Verbreitung als auch lokalen Wirkungen zur Beeinflussung von Image und Identität der Stadtmarke. Zugleich verfügen sie über eine hohe gesellschaftliche Bedeutung sowie potenzielle wirtschaftliche Effekte. Entstanden ist eine Situation, in der sich die Stadtpolitik den Events des Sports bedient und diese zur Positionierung in der internationalen Städtekonkurrenz einsetzt." (Franke 2015, S. 59) Die Beschreibung von Franke zum instrumentellen Einsatz von Sportgroßveranstaltungen ist für zahlreiche Städte zwar zutreffend, folgt jedoch einer verklärenden Akzeptanz des Standortwettbewerbs und der daraus übertriebenen Potenziale für sportexterne Effekte. Die hier vertretene Kritik bezieht sich dabei ausdrücklich nicht auf diejenigen Sponsoren, die Sportgroßveranstaltungen finanziell und/oder materiell unterstützen und dabei keinerlei störenden, beschädigenden oder vereinnahmenden Einfluss auf den Sport nehmen. Und die Kritik bezieht sich demnach auch nicht auf diejenigen Akteure des Sports (Vereine, Verbände) sowie der politisch-administrativen Akteure der Stadt, die eine derartige Unterstützung seitens „der" Wirtschaft akquirieren. Vielmehr geht es um die Frage und Kritik, wo der Anspruch auf Sportförderung und auf gesellschaftliche Teilhabe wie „selbstverständlich" zugunsten sportexterner Interessen und einer nach Kaufkraftfähigkeit vorgenommenen Zielgruppenorientierung verändert wird. Dass eine derart ausgerichtete Politik des Stadtmarketings nicht unwidersprochen hingenommen wird, zeigt das von Akteuren des Hamburger Kulturbereich bereits 2009 in zynisch-kritischer, gleichwohl treffender Manier formulierte „Manifest Not In Our Name, Marke Hamburg!" (auszugsweise):

Hintergrundinformation
Für Hamburg hat die Konkurrenz der Standorte mittlerweile dazu geführt, dass sich die städtische Politik immer mehr einer „Image City" unterordnet. Es geht darum, ein bestimmtes Bild von Stadt in die Welt zu setzen: Das Bild von der „pulsierenden Metropole", die „ein anregendes Umfeld und beste Chancen für Kulturschaffende aller Couleur" bietet. Eine stadteigene Marketing-Agentur sorgt dafür, dass dieses Bild als „Marke Hamburg" in die Medien eingespeist wird. Sie überschwemmt die Republik mit Broschüren, in denen aus Hamburg ein widerspruchfreies, sozial befriedetes Fantasialand mit Elbphilharmonie und Table-Dance, Blankenese und Schanze, Agenturleben und Künstlerszene wird. Harley-Days auf dem Kiez, Gay-Paraden in St. Georg, Off-Kunst-Spektakel in der Hafencity, Reeperbahn-Festival, Fanmeilen und Cruising Days: Kaum eine Woche vergeht ohne ein touristisches Megaevent, das „markenstärkende Funktion" übernehmen soll.
…
Ihr haltet es offensichtlich für selbstverständlich, kulturelle Ressourcen „bewusst für die Stadtentwicklung" und „für das Stadt-Image" einzusetzen. Kultur soll zum Ornament einer Art Turbo-Gentrifizierung werden, weil ihr die üblichen, jahrelangen Trockenwohn-Prozesse gar nicht mehr abwarten wollt. Wie die Stadt danach aussehen soll, kann

man in St. Pauli und im Schanzenviertel begutachten: Aus ehemaligen Arbeiterstadt-
teilen, dann „Szenevierteln", werden binnen kürzester Zeit exklusive Wohngegenden
mit angeschlossenem Party- und Shopping-Kiez, auf dem Franchising- Gastronomie und
Ketten wie H&M die Amüsierhorde abmelken.
…
Wir sagen: Eine Stadt ist keine Marke. Eine Stadt ist auch kein Unternehmen. Eine
Stadt ist ein Gemeinwesen. …
Quelle: Manifest Not In Our Name, Marke Hamburg![7]

Jütting (1993, S. 104) weist darauf hin, dass „Sport … sich nicht mehr als Selbst-
zweck (definiert), sondern als Mittel für prinzipiell beliebige Zwecke anderer
gesellschaftlicher Subsysteme." Und Güldenpfennig argumentiert (seit geraumer
Zeit!), dass „Prestige der Kommune" oder Vorteile im „Standortwettbewerb"
als „Sekundäreffekte im Gelingensfall hinzukommen können und dann auch
erwünscht sind…". (2017, 43) Auch Kaiser (2014, S. 342) führt an, dass Sportgroßveranstaltungen einer zunehmenden „Zweckbindung/Instrumentalisierung"
für „sportfremde Ziele" unterliegen.

Exemplarisch sollen nun die Aussagen und/oder konzeptionellen Entwürfe
einiger Großstädte sowie übergeordneter politisch-administrativer Ebenen in
den Blick genommen und auf ihre Ausrichtung analysiert werden. Der hier ver-
folgte Anspruch verfolgt die Intention, die typisch neoliberale und damit auch
inzwischen wie selbstverständlich erscheinende Verbindung und Vereinnahmung
von Sportgroßveranstaltungen mit privatwirtschaftlichen Interessen aufzuzeigen.

An den Anfang soll die Landeshauptstadt Düsseldorf gestellt werden, die sich
gleichgleichzeitig auch als Sportstadt etikettiert. Zu einem recht frühen Zeitpunkt wurde das Feld der Sportgroßveranstaltungen aus dem Verantwortungsbereich des Sportamtes herausgelöst und einer eigenen Agentur überantwortet,
die inzwischen dem Stadtmarketing angeschlossen ist. Unter der Homepage
„Sportstadt Düsseldorf" und der Rubrik „über uns" werden vier so genannte
„Markenkernwerte" präsentiert, wovon die ersten drei „mitreißend, engagiert und
fördernd" auf unmittelbare Zustimmung stoßen können.

Wie selbstverständlich und unhinterfragt der kulturelle Teilbereich Sport mit
dem der Wirtschaft verknüpft wird, kann an einem erneuten Gedankenexperiment

---

[7]Christoph Twickel et al. für die Initiative „Manifest Not In Our Name, Marke Hamburg!"
vom 29.10.2009, in: wiki.rechtaufstadt.net/index.php/Manifest_Not_In_Our_Name,_
Marke_Hamburg!

Tab. 4.2 Die Sportstadt Düsseldorf und ihre „Markenkernwerte"

Markenkernwert: mitreißend	„Wir kreieren mitreißende Erlebnisse im Sport"
Markenkernwert: engagiert	„Wir engagieren uns gemeinsam für unseren Sport"
Markenkernwert: fördernd	„Wir fördern Leistung im Spitzensport"
Markenkernwert: wirtschaftsnah	„Wir verbinden Sport und Wirtschaft in unserer Heimat"

Quelle: www.sportstadt-duesseldorf.de/ueber-uns/

verdeutlicht werden: Anstelle des vierten Markenkernwerts stünde nicht wirtschaftsnah, sondern (siehe Tab. 4.2):

Markenkernwert: gewerkschaftsnah	„Wir verbinden Sport und Gewerkschaften in unserer Heimat"

Selbst GewerkschafterInnen würden sich über so viel unerwartete Zuwendung verwundert die Augen reiben. Die Gedanken schweifen bei einem derartigen Slogan zu vergangenen DDR-Zeiten oder an eine Kuba-Reise. Wirtschaftsnähe des Sports ist in Düsseldorf jedoch ganz offensichtlich so selbstverständlich und einer der zentralen Bestandteile, dass auch der Sprachgebrauch „Markenkernwert" aus der Betriebswirtschaftslehre übernommen wurde. Zwei weitere Aspekte sind bemerkenswert. Wirtschaft wird in der weiteren Erläuterung synonym mit privatwirtschaftlichen Unternehmen gesetzt und nicht auch mit Sozialwirtschaft der Caritas, Diakonie oder AWO. Und um ein eventuelles Unbehagen an der offen geäußerten Verbindung zwischen Sport und Wirtschaft vorab zu mildern wird der positiv besetzte Begriff „Heimat" der „Wirtschaft" beigefügt. Vor allem geht es um gegenseitige Netzwerkbildung durch Sportmarketingveranstaltungen und Networking-Events. Letztlich bildet aber das öffentliche Interesse, das der Sport hervorruft, die Grundlage für Sponsoring, Werbung und in der Folge profitables Handeln „Dabei bildet die Region Düsseldorf-Rhein-Ruhr mit circa 11,6 Mio. EinwohnerInnen (5,6 Mio. Erwerbstätigen) das größte Wirtschaftszentrum in Deutschland und bietet damit eine optimale Ausgangslage, um die Verbindung von Sport und Wirtschaft weiter zu stärken." (www.sportstadt-duesseldorf.de/ueber-uns/) Demgegenüber würde ein Austausch des „Markenkernwertes wirtschaftsnah" durch Ökologie: „Wir verbinden Sport und Ökologie in unserer Heimat" wohl auf allseitige Zustimmung stoßen und hier wäre auch der Begriff Heimat eine nachvollziehbare Ergänzung.

Der Regionalverband Ruhr (RVR), als Zwischenbehörde auf Regionalplanung und -entwicklung ausgerichtet, formuliert in seinen „Bewilligungsbedingungen zur

Gewährung von Zuwendungen zur Förderung von Sportveranstaltungen" in der Metropolregion Ruhr u. a.: „Folgende Kriterien müssen erfüllt sein: nachhaltige Wirkung…" (Regionalverband Ruhr; www.rvr.ruhr) Mit „nachhaltig" dürfte langfristig gemeint sein und damit hätten Veranstalter und Ausrichter bereits Legitimationsprobleme, deren Sport(groß)veranstaltungen sich als konzeptionelle „Eintagsfliege" ausweisen. Darüber könnte in der Tat gestritten werden, wenn tatsächlich ein begründetes Konzept vorliegen würde. So aber besteht die plausible Annahme, dass (für dieses Kriterium) vornehmlich ökonomische Kriterien vorliegen. Und in der Tat heißt es weiter: „… mit erkennbarer wirtschaftsfördernder Dimension, insbesondere für die Region." (Regionalverband Ruhr; www.rvr.ruhr) Damit geraten jedoch all jene Sportarten in die Förderbredouille, die über kein nennenswertes Zuschaueraufkommen und mediales Interesse verfügen. Genau umgekehrt würde eine Logik entstehen, um eine vielseitige Sportkultur mit zu erhalten, wären bspw. Veranstaltungen im Kanupolo, Wasserball, Unterwasserrugby oder Einradhockey finanziell zu unterstützen. Bevor überzogene Annahmen zur Förderhöhe des RVR entstehen, gibt Tab. 4.3 einen Überblick über die für das Jahr 2019 im gesamten Ruhrgebiet finanziell unterstützten Veranstaltungen, deren maximale Einzelfördersumme 10.000 € (sic!) nicht übersteigt (Tab. 4.3).

Von der Landeshauptstadt Düsseldorf und dem Regionalverband Ruhr aus soll der Blick nun zum Land NRW gerichtet werden, bevor Berlin, München und Hamburg in den Fokus zu nehmen sind. Sport wurde bis zum jüngsten Wechsel der Landesregierung sinnvollerweise in einem Ministerium verankert, das für den Bereich Familie, Kinder, Jugend sowie für den Bereich Kultur und Sport Verantwortung trug. Inzwischen ist das Themenfeld Sport jedoch in den Verantwortungsbereich der Staatskanzlei verlagert worden. Nordrhein-Westfalen etikettiert sich als „Sportland" und die Staatskanzlei versucht auf der Homepage das Themenfeld „Sportgroßveranstaltungen" mit einem Harmonie-Narrativ einzurahmen.

(www.land.nrw/de/sportgroßveranstaltungen)

Einleitend heißt es dazu: „Der Sport eint das Land und im Sport hält die Region zusammen."[8] Den Abschluss bildet ein Textabschnitt im beschwörenden Duktus: „Dies ist vielleicht der größte Trumpf, den das größte Bundesland der

---

[8]Empfohlen sei dem Autor oder der Autorin der Staatskanzlei (und allen, die diesen Text autorisiert haben) ein Besuch in einer der zahlreichen fußballfanatisierten Familien des mittleren und östlichen Ruhrgebietes, um wahrzunehmen wie Kinder (zumeist Jungen) spätestens ab dem Grundschulalter auf eine bewusst konstruierte Gegnerschaft und allzu häufig auch pseudoidentitätsbegründete Feindschaft zwischen den beiden großen Fußballvereinen des Ruhrgebietes ausgerichtet werden. Diese Verhältnisse übersteigen bei weitem die gerne unter Akademikern mit Augenzwinkern gepflegte Interpretation, es handele sich lediglich um lokalkolorierte Sticheleien.

Tab. 4.3 RVR Sportförderung 2019

Veranstaltung	Ort	Termin	Fördersumme (€)
DMM Schwimmen	Essen	02./03.02.19	5000
33. Fecht-Weltcupturn. Florett (Jun. ♀)	Bochum	02./03.02.19	5000
Yonex German Open Badminton	Mülheim/Ruhr	26.02.–03.03.19	5000
Top 4-Pokalturnier Basketball BL ♀	Herne	23./24.03.19	4500
Intern. Wedau-Regatta Rudern	Duisburg	11./12.05.19	10.000
Junioren-EM Rudern	Essen	18./19.05.19	1500
XXXIII. Intern. Kanu-Regatta	Duisburg	31.05.–02.06.19	6000
36. Rhein-Ruhr-Marathon	Duisburg	02.06.19	10.000
6. Intern. NRW Leicht-athletik-Gala	Bottrop	07.07.19	10.000
Leichtathletik-EM Gehörlose	Bochum	21.–28.07.19	9500
Grand Prix (D) Ringen	Dortmund	03./04.08.19	5000
Parkour Camp „RuhrJam"	Mülheim/Ruhr	24./25.08.19	10.000
DM im Kanu-Slalom	Hagen	13.–15.09.19	10.000
DM Sprint Rudern	Essen	12./13.10.19	5000
57. innogy-Marathon	Essen	13.10.19	5000

Quelle: www.rvr.ruhr

Republik zu bieten hat: die in der kollektiven Identität fest verankerte Faszination der Menschen für den Sport. Sie macht das Land einig und stark – und ständig bereit für Wettbewerbe." Mit aller gebotenen Rücksicht ist darauf hinzuweisen, dass dieser Text „einig – stark – ständig bereit" mindestens als „unglücklich" zu bewerten ist. Als ob das nicht bereits genug der Kritik wäre für einen Text mit der Länge von ca. einer Seite, wird die Schwerpunktsetzung zudem unausgewogen auf eine Einzelperson gelegt. Einleitend wird mit vagem Sprachgebrauch („sicher jedoch kaum") auf die langfristige finanzielle Unterstützung der Privatwirtschaft eingegangen, die begrifflich verfehlt als „nachhaltig" bezeichnet wird. „Ohne ein nachhaltiges Engagement der Wirtschaft wären die Vielfältigkeit und der internationale Rang des sportlichen Angebots in NRW sicher jedoch kaum denkbar." Soweit wäre der Textabschnitt noch nachvollziehbar. Was dann folgt ist nicht etwa die Namensnennung eines prominenten Tennisturniers in Halle/Westfalen, sondern eine Orientierung an werblichem Personenkult. „Als beispielhaft gilt die Modekette Gerry Weber mit Sitz im westfälischen Halle. Konzernchef Gerhard Weber etablierte am Rande des Teutoburger Walds eines der inzwischen weltweit bekanntesten Turniere der ATP-Tennistour der Männer. Webers Engagement reicht so weit, dass er vor Jahren die Olympiabewerbung der Rhein-Ruhrregion unterstützte und heute noch Mitglied im Kuratorium der Sportstiftung ist." Ein noch weitergehendes Engagement hätte womöglich zur Folge gehabt, dass die Staatskanzlei NRW zusätzlich die Öffnungszeiten der Filialen verlinkt. Der Kern der Kritik richtet sich auf einen unausgewogenen Text, der zu wenig Sportgroßveranstaltungen und stattdessen überproportional und wie selbstverständlich das unternehmerische Handeln in den Fokus rückt.

Von Nordrhein-Westfalen richtet sich nun der Blick auf Berlin, wo jüngst im Ausschuss für Sport des Berliner Abgeordnetenhauses eine Diskussion zu Sportgroßveranstaltungen geführt wurde. Auf Antrag der Fraktion der CDU des Berliner Abgeordnetenhauses fand die Besprechung zum Thema „Akquise von Sportveranstaltungen in Berlin" statt. Der stellv. Fraktionsvorsitzende und Fachpolitische Sprecher für Sport der CDU-Fraktion Stephan Standfuß leitete in der Anhörung vom 22.02.2019 wie folgt in die Thematik ein: „Wir haben in unseren Recherchen festgestellt, dass es auch immer mehr internationale Großstädte auf der Welt gibt, die im Wettbewerb mit Berlin um Sportveranstaltungen kämpfen, die auch gerade in den Schwellenländern festgestellt haben, dass Sportveranstaltungen Stadtrendite einbringen und damit für eine Großstadt und die Wirtschaft einer Großstadt eine wichtige Bedeutung haben. Wir wollten uns einfach einmal Gedanken darüber machen, wie man für die Zukunft Berlin als Sportmetropole rüsten kann, damit sie konkurrenzfähig bleibt und was man für die Akquise von Sportveranstaltungen berücksichtigen muss." (Ausschuss für Sport des Berliner Abgeordnetenhauses 2019, S. 1 f.).

So nachvollziehbar die beantragte Thematik ist, so auffallend ist doch das verwendete Vokabular für die Stadt: „Wettbewerb – kämpfen – Rendite – rüsten – Konkurrenz". Kein Wort zum Sport selbst, oder zum Festcharakter. Die Intention ist eine ausschließlich ökonomische, nicht aber eine sportkulturelle! Und noch etwas fällt auf. So begründet und nachvollziehbar die eingebrachte Fragestellung ist, so überraschend ist für die größte Stadt Deutschlands der Stand der Diskussion: „einfach einmal Gedanken darüber machen". In der über zweistündigen Anhörung äußerte sich neben dem geladenen Referenten auch der Senatssekretär für Sport Aleksander Dzembritzki (SPD) in einer Mischung aus selbstbewusster und arroganter Attitüde zur vorgeblichen europäischen Vormachtstellung Berlins.

„Keine andere Stadt in Europa ist in der Lage, Sportgroßveranstaltungen so durchzuführen wie Berlin. Da sind wir ganz selbstbewusst. Das wissen alle anderen. Deshalb kommen sie gern hierher. Ja, es gibt natürlich die eine oder andere Veranstaltung, die einmal woandershin geht. Wir können halt auch nicht alles immer permanent machen, weil wir wechselnden Sport hierherholen wollen. Deshalb freuen wir uns, dass hin und wieder auch eine andere europäische Stadt zum Zug kommt oder auch mal Stuttgart, dass dort auch mal geturnt werden kann. – So, das sage ich ganz selbstbewusst. – [Vorsitzende Karin Halsch: Man muss auch gönnen können!] – Man muss auch gönnen können …" (Ausschuss für Sport des Berliner Abgeordnetenhauses 2019, S. 27).

Mit dem Begriff „wechselnder Sport" ist zumindest ein konzeptioneller Bestandteil benannt worden, der sich vornehmlich auf die bedeutenden Sportgroßveranstaltungen ausrichtet. „Die großen Highlights wie Turnfest, Leichtathletik-EM oder auch eine Basketball-EM 2023 werden über gesonderte Senatsvorlagen mit entsprechenden Budgets und Finanzierungsplänen eingebracht, weil sie nicht aus dem relativ überschaubaren Budget eingebracht werden." (Ausschuss für Sport des Berliner Abgeordnetenhauses 2019, S. 29) Konzentriert sich der Blick jedoch auf kleine, mittlere, sowie nicht sonderlich medienträchtige oder tourismuswirksame Sportgroßveranstaltungen, die über das „normale" Antragswesen bezuschusst werden, so wird deutlich, dass hier nicht mehr die angeführte Vielfalt und der damit verbundene Wechsel von großen Veranstaltungen die Begründung liefern, sondern Kürzungen aufgrund eines vorab begrenzten Budgets vorgenommen werden. „Wir haben 3,1 Mio. an Antragssumme für Veranstaltungen für das Jahr 2019; 2 Mio. stehen uns aber dafür nur zur Verfügung. Dementsprechend müssen wir an der einen oder anderen Stelle Entscheidungen treffen." (Ausschuss für Sport des Berliner Abgeordnetenhauses 2019, S. 28).

Auch in München wird die Frage aufgeworfen „Warum Sportgroßereignisse nach München holen?" Als Antwort werden „Begeisterung", „positive Emotionen" von Millionen Menschen benannt sowie die damit verbundene „mediale Aufmerksamkeit" für die Stadt, die eine „unbezahlbare Werbung" darstellt. „Gleichzeitig setzen Spitzensportveranstaltungen damit Impulse für den Breitensport und motivieren Jung und Alt zur aktiven sportlichen Betätigung." (www. muenchen.de) Zusätzlich wird auch auf die finanziellen Risiken verwiesen, die mit der Ausrichtung von Sportgroßveranstaltungen verbunden sind. Um die damit verbundenen Fragen adäquat beantworten zu können, wurde die Entwicklung von Leitlinien für Sportgroßereignisse avisiert, deren explizite Umsetzung bislang noch aussteht. Inzwischen sind unter dem Titel „Leitmotiv und Leitlinien der Perspektive München" Schwerpunktsetzungen für den Bereich Kultur formuliert,

Tab. 4.4 Schwerpunkte der zukünftigen Kulturförderung in München

Optimierung der Instrumente der Künstlerförderung
Internationale Kultur in München stärken; internationale Präsenz Münchner Kultur stärken
Weiterentwicklung des kulturellen Gedächtnisses und des geschichtlichen Bewusstseins
Entwicklung und Anwendung von Kriterien zur kulturellen Nachhaltigkeit
Erhaltung und Förderung der kulturellen Vielfalt in München auf der Grundlage des Grundgesetzes und seiner Wertsetzungen
Zeitgemäße Überarbeitung des Konzeptes „Kultur für alle"
Freiräume für innovative, grenzgängerische und experimentelle Kunst und Kultur schaffen
Verstärkte Förderung des Diskurses über Identität(en)
Verstärkte Orientierung am Kulturverständnis der jungen Generation
Verstärkte Orientierung an urbaner Kultur
Steigerung der Bedeutung von Kultur in der öffentlichen Wahrnehmung

Quelle: Landeshauptstadt München Referat für Stadtplanung und Bauordnung (2015, S. 24)

die für den Sport und damit auch Sportgroßveranstaltungen einen Orientierungs-rahmen geben könnten (Tab. 4.4).[9]

Innerhalb der Leitlinien findet sich lediglich eine Aussage zu Sportgroßveran-staltungen, die sich auf die Attraktivitätssteigerung der Stadt München bezieht: „München stärkt durch breite, vielfältige und innovative kulturelle Angebote sowie Sportereignisse … die Attraktivität der Stadt." (Landeshauptstadt München Referat für Stadtplanung und Bauordnung 2015, S. 9 f.) Allerdings wurde sowohl im Sportausschuss als auch im Stadtrat der Stadt München in der Sitzungsvor-lage zur Beschlussfassung zur Ausrichtung der Beach Volleyball Major Series im Olympiapark von 2016 bis 2018 versucht, auf allgemeine Wirkungen von Sport-großveranstaltungen hinzuweisen. Die Auflistung liest sich, ganz im Gegensatz zu den für die Kultur formulierten Leitlinien, wie eine fortwährende Wiederholung von Behauptungen aus dem Sprachbaukasten einer x-beliebigen Wirtschaftsförde-rungs- oder Beratungsgesellschaft (Tab. 4.5).

Als Beleg wurde vom damaligen Referenten und Stadtschulrat Rainer Schweppe eine unveröffentlichte Diplomarbeit aus dem Jahr 2002 zitiert, auf

---

[9]Im Einzelnen soll nicht auf die Schwerpunkte eingegangen werden. Jedoch ist bei der im Text aufgeführten, scheinbar positiven Formulierung „zeitgemäß" aufgrund von Erfahrungen aus der jüngsten Vergangenheit Vorsicht geboten, weil mit dem Begriff zumeist Einschränkungen oder Kürzungen verbunden sind.

Tab. 4.5 Sportgroßveranstaltungen zugesprochene Wirkungen in München

Wichtiger Image- und Wirtschaftsfaktor
Effektives Instrument des Regionalmarketings
Unbezahlbare Werbung
Reichweite der Berichterstattung effektiver als Kampagnen
Freizeitwert spielt im Städtewettbewerb eine immer größere Rolle
Weiche Faktoren entscheiden über die Ansiedlung neuer Betriebe
Weiche Faktoren entscheiden über den Verbleib des „Humankapitals"
Standortfaktor Sport ist Chance für Profilbildung im kommunalen Wettbewerb

Quelle: eigene Zusammenstellung; Stadt München Referat für Bildung und Sport Sportamt Sitzungsvorlage Nr. 14–20/V 03930, S. 1

deren Basis dann Ausschuss und Rat abstimmten.[10] Anhand der Daten und Ausführungen in Kap. 3 sollte jedoch deutlich geworden sein, dass zahlreiche Behauptungen (insbesondere zu den weichen Standortfaktoren) in ihrem Ausmaß infrage gestellt bzw. wiederlegt sind.

Für die Stadt Hamburg wurde bereits zu einem frühen Zeitpunkt (2002) ein ausdifferenziertes und gut begründetes Konzept vorgelegt. Das ursprünglich als Entwicklungsprofil für die damals anvisierte Olympiabewerbung 2012 entwickelte Konzept geht auf den damaligen Sportdirektor (2001–2006) und Sportwissenschaftler Hans-Jürgen Schulke zurück. Anknüpfend an die lange Tradition der Stadt zum englischen Wettkampfsport stehen die Sportarten Rudern, Hockey, Fußball und Reiten begründet im Fokus. Eine weitere Begründung ergibt sich aus der Topografie der Stadt, die insbesondere die innerstädtischen Gewässer zum Ausgangspunkt von Sportgroßveranstaltungen nimmt (bspw. Triathlon) sowie die Stadt als Arena begreift, samt der architektonischen Verbindung mit „baulichen Ikonen". Im Selbstverständnis Hamburg als weltoffene Metropole ist gleichzeitig auch der Anspruch verbunden, „Trends" frühzeitig aufzugreifen und zu befördern. Und schließlich werden Sportgroßveranstaltungen für die Bürger der Stadt nicht lediglich in zuschauender Funktion konzipiert, sondern unter der Maßgabe der Teilhabe in breitensportlich-aktiver Ausübung (Abb. 4.1).

In der Nachfolge von Schulke wurde unter maßgeblicher Beteiligung von Thomas Beyer eine „Dekadenstrategie" (2011–2020) für den Hamburger Sport

---

[10]Abel, Kerstin (2002): Chancen und Risiken von Sport als Bestandteil des Stadtmarketings. Unveröffentlichte Diplomarbeit an der FH Koblenz, Standort Remagen.

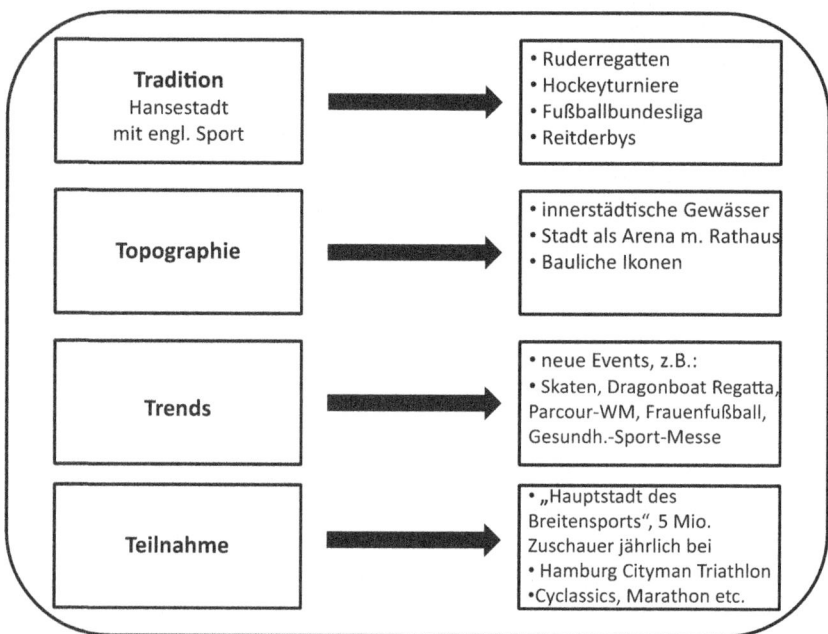

Abb. 4.1 Hamburgs Entwicklungsprofil im Zuge der Olympiabewerbung 2012. (Quelle: Schulke 2017a, b, S. 25, erstmals 2002)

entwickelt, eine so genannte „Zukunftskommission Sport 2016" gegründet, der „Masterplan Active City – Für mehr Bewegung in Hamburg" aufgelegt sowie in regelmäßigen Abständen umfangreiche „Sportberichte" publiziert, die im übrigen auch Rechenschaft über die erreichten Ziele abgeben. Allerdings ist auch in Hamburg festzustellen, wie sich die dortigen Akteure von Beratungsgesellschaften beeinflussen lassen und Sport für Marketing- und Imagezwecke funktionalisieren. Stadtmarketing und Handelskammer werden aufgrund der so genannten „Brandmeyer-Studie", in der ein Städteranking konstruiert wird, zunehmend in den Sport eingebunden. Das Ranking gibt jedoch keine „objektiv" nachvollziehbaren Fakten wieder, sondern bewegt sich auf der subjektiv vagen Ebene des Konjunktivs „könnte" und bloßer Vermutungen „glaube".[11] Zudem wird mit der Vorgabe von

---

[11]Bereits der ADFC-Fahrrad-Monitor oder das Stickoxid-Städte-Ranking des Bundesumweltamtes könnten für überraschend eklatante Änderungen in der Glaubens-Rangfolge sorgen.

Superlativen „einzigartig" eine Präjudizierung für die ohnehin attraktiven Städte vorgenommen. Darüber hinaus kann nur schwerlich nachvollzogen werden, wie die über 5000 Befragten 50 Städte „bewerten" können, von denen eine Großzahl nie besucht wurde (was auch im Besuchsfall selbstredend weder ausreichende Kenntnis noch Erfahrung mit sich brächte), und eine Einschätzung allenfalls durch Hörensagen und Verdoppelung medial verbreiteter Stereotype erfolgt ist:[12] „finde ich rundum sympathisch; es gibt gute Gründe, in (…) zu wohnen und zu leben; hat einen sehr guten Ruf; ist einzigartig; ich könnte mir vorstellen, nach (…) zu ziehen; ich könnte mir vorstellen, einem guten Freund (…) zum Leben und Arbeiten zu empfehlen; ist ein tolles Ziel für eine Städtereise; ich glaube, (…) wird sich in der Zukunft sehr gut entwickeln; finde ich insgesamt sehr attraktiv" (Brandmeyer Stadtmarken-Monitor 2015, S. 2).

Auf dieser brüchigen methodischen Basis kommt die „Zukunftskommission Sport" der Stadt Hamburg tatsächlich zu der Einschätzung, sich auf die Brandmeyer-Studie zu beziehen und „das Thema Sport als Faktor für das Stadtmarketing stärker zu erschließen." Mit der völlig verkürzten Gleichsetzung von Konsumgütern und Städten werden in regelmäßigen Abständen Rankings erzeugt, die, einmal den Weg in die Öffentlichkeit gefunden, die lokalen Akteure scheinbar derart unter Druck setzen, dass Beratungsaufträge absehbar sind.[13] „So wie Konsumgüter um Konsumenten konkurrieren, stehen Städte im Wettbewerb um Bewohner, Touristen, Arbeitskräfte und Unternehmen/Investoren." (www.brandmeyer-markenberatung.de) Als Konsequenz wurde in Hamburg die „Einrichtung der Arbeitsgruppe Sport und Marketing" beschlossen, in die nun auch die Handelskammer Hamburg eingebunden ist. Insofern wundert es auch nicht, das als eines der wichtigsten Dekadenziele bis 2020 (und zeitlich darüber hinaus) die Beteiligung „der" Wirtschaft vorgesehen ist:

„Für Sportgroßveranstaltungen werden bestehende Werberestriktionen im öffentlichen Raum gelockert. Die Hamburger Wirtschaft hat den Wert des Sportsponsorings auch über den Profisport hinaus entdeckt und ist neben der Hamburger Politik ständiger Gast bei Sportevents und Ligaspielen. Politik- und

---

[12]Aus stereotyper Unkenntnis das Ruhrgebiet mit rauchenden Schloten zu verbinden, wäre ungefähr genauso stimmig, wie die bayerische Landwirtschaft als rückständig einzuschätzen, „die wo die" Pflüge noch von Ochsen gezogen werden.

[13]„Auf der Kundenliste der Brandmeyer Markenberatung stehen nicht nur Metropolen wie Hamburg, Köln, Dresden oder Wien, sondern auch kleinere Städte ab 20.000 EinwohnerInnen. Aufgrund der ganz besonderen Herausforderungen ist es in kaum einem Segment so wichtig, über langjährige Erfahrungen zu verfügen."
www.brandmeyer-markenberatung.de/leistungen/markenstrategie.

Wirtschaftsvertreter nutzen so den Sport, werten ihn auf und geben ihm zusätzliche gesellschaftliche Bedeutung." Bei aller positiven Entwicklung die in Hamburg zu verzeichnen ist, und so zügig man über den letzten Satz hinweglesen kann, ist hier in rhetorischer Frageform eine Richtigstellung vonnöten.

Politik- und WirtschaftsvertreterInnen „nutzen den Sport"! Zu was? Zu ihren jeweils sportexternen Zwecken. Also hieße es nicht vielmehr sie „benutzen" den Sport? Und welches Interesse zeigen sie (so nebenbei) als ZuschauerIn an der gezeigten Güte der Sporthandlungen?

Durch die Teilnahme von VertreterInnen der Privatwirtschaft wird eine Sportgroßveranstaltung aufgewertet? Etwa durch das Management von Kosmetik-Konsumgütern? Sind es nicht vielmehr exzellente SpitzensportlerInnen die eine Sportgroßveranstaltung aufwerten?

Wer verleiht dem Sport mit seinen Großveranstaltungen und wodurch „gesellschaftliche Bedeutung"? Etwa durch die Zahlung von Geld, das i. d. R. nur deswegen den Eigentümer wechselt, weil damit die Spekulation auf spätere Gewinne verbunden ist, also eine wirtschaftliche Bedeutung hat? Kann der Sport seine gesellschaftliche Bedeutung nicht ausschließlich und nur durch sich selbst und seine spezifische Attraktivität erzeugen?

Wie zügig sich die Euphorie der vormals interessierten Wirtschaft abkühlt, unter Zuhilfenahme des Sports die jeweils eigene Vermarktung zu befördern, zeigt sich nach der gescheiterten Olympiabewerbung.[14] Die Schnittmenge zwischen philanthropischen Mäzenen und kapitalverwertenden Sponsoren bleibt eben auch in Hamburg bescheiden.

In zahlreichen Städten hat sich eine Tradition für einzelne Sportarten entwickelt, die über herausragende Leistungen im Spitzensport begründet ist und/oder über eine spezifische Infrastruktur. Als Beispiele sind Aachen-Reiten, Duisburg-Kanu/Rudern, Düsseldorf-Tischtennis, Essen-Rudern, Mönchengladbach-Hockey oder Münster-Volleyball anzuführen. Über Jahrzehnte sind hier (wie auch in den zuvor genannten Städten) ehrenamtlich Strukturen und Netzwerke aufgebaut worden, um den Sport zu befördern. Vielfach handelt es sich um Sportgroßveranstaltungen, die zwar sportartspezifisch und lokal eine hohe Aufmerksamkeit erzeugen können, aber ansonsten innerhalb der allgemeinen Medienlandschaft kaum zur Kenntnis genommen werden. Einer breiteren Öffentlichkeit sind diese Ausprägungen kaum bekannt, da sich die sportbezogene Aufmerksamkeit zunehmend auf den „medialen Staubsauger" Fußball konzentriert hat. Exemplarisch sei auf das Beispiel der Stadt Duisburg und der dort

---

[14]Siehe dazu auch den Beitrag von Heike/www.faz.de 2016.

Tab. 4.6 Internationale Meisterschaften Regattabahn Duisburg-Wedau

Jahr	Meisterschaft	Sportart
1961	Europameisterschaft	Motorbootrennsport
1965	Europameisterschaft	Rudern
1979	Weltmeisterschaft	Kanu
1983	Weltmeisterschaft	Rudern
1987	Weltmeisterschaft	Kanu
1989	Universiade	Rudern
1995	Weltmeisterschaft	Kanu
1998	Europameisterschaft	Drachenboot
1999	Europameisterschaft	Motorbootrennsport
2000	Weltmeisterschaft	Motorbootrennsport
2001	Weltmeisterschaft	Rudern Junioren
2002	Europameisterschaft	Motorbootrennsport
2005	World-Games	Wasserski, Kanupolo, Drachenboot
2007	Weltmeisterschaft	Kanu
2012	Weltmeisterschaft	Rudern Masters
2013	Weltmeisterschaft	Kanu
2014	Weltmeisterschaft	Motorbootslalom

Quelle: Stadt Duisburg

vertretenen Vereine und Verbände im Bereich Kanu und Rudern hingewiesen (Tab. 4.6).

Zusammenfassend wird deutlich, dass die politisch-administrativen Akteure der Städte konzeptionell am neoliberalen Narrativ des weichen Standortfaktors ausgerichtet sind und demzufolge Sportgroßveranstaltungen zusehends, jedoch nicht ausschließlich funktionalisieren. Diese Ausrichtung erfolgt unter dem teils aufgezwungenen, teils selbstverordnetem Denken in der Kategorie der Städtekonkurrenz und der damit verbundenen aufwändigen Investition in architektonische und sport-kulturelle „Leuchtturmprojekte". Für Hamburg ist ein differenziertes und inhaltlich begründetes Konzept entworfen worden, das auf die städtespezifischen historischen, soziostrukturellen und topografisch-infrastrukturellen Ausprägungen anderer Städte Anwendung finden kann. Als Begründung für die bislang fehlende Umsetzung ist anzuführen, dass die bisherige Sportentwicklungsplanung der Hochschulinstitute und privatwirtschaftlichen Beratungsunternehmungen den Bereich der „Sportgroßveranstaltungen" samt ihrer städtespezifischen Ausprägungen nicht in den Fokus genommen hat und wohl auch von den städtischen Akteuren bislang nicht selbst umgesetzt bzw. als Beratungsleistung eingefordert wurde. Im jüngst von Rütten et al. (2014) vorgelegten Standardwerk „Handbuch Sportentwicklungsplanung" geht Klein explizit auf das Thema „Sportgroßveranstaltungen und kommunale Sportentwicklungsplanung" ein und kritisiert, dass bislang kaum „der Einfluss von Sportveranstaltungen auf den Sport in der Austragungsstadt" untersucht wurde. (2014, S. 253) Sie empfiehlt daher, „dass die Kommunen Sportevents stärker als bisher in ihre Sportentwicklungsplanung einbeziehen" sollten. (2014, S. 259) Auf eine vergleichbare konzeptionelle Einbindung in die Regionalentwicklung plädiert Kaiser (2014, 344).

Demgegenüber argumentiert Franke mit einem orthodoxen und sportökonomisch-funktionalen Hintergrund, dass eine Situation entstanden ist, „in der sich die Stadtpolitik den Events des Sports bedient und diese zur Positionierung in der internationalen Städtekonkurrenz einsetzt." (2015, S. 59) Anhand der bisherigen Ausführungen kann bislang als plausibel angenommen werden, dass sich die Zuordnung von Sportgroßveranstaltungen also eher vom Kernbereich des kulturellen Teilbereichs Sport wegbewegt und in den wirtschaftlichen Teilbereich eingefügt wurde. München ist dafür ein treffendes Beispiel. Für den Bereich der Kultur wurden umfangreiche und differenzierte Leitlinien diskutiert und entwickelt. Für Sportgroßveranstaltungen, die auch Kultur sind, werden jedoch gleichbleibend und unhinterfragt dieselben neoliberalen Narrative wiedergegeben. Insofern ist es kaum verwunderlich, wenn auch im Jahr 2019 erneut die Erkenntnis reift, wie in Berlin geschehen, sich „einfach einmal Gedanken darüber (zu) machen."

4.3   Funktionale Begründungen für Sportgroßveranstaltungen

Im Kontext der gescheiterten Olympiabewerbung der Stadt Stuttgart hat Kist (2006, S. 22) eine differenzierte und strukturierte Auflistung sieben möglicher Begründungskomplexe für Sportgroßveranstaltungen (hier als Events bezeichnet) erstellt, samt einer damit verbundenen Auswahl an „Potenzialen" und „Gefahren und Risiken". Kist führt mit den Faktoren „1. Image/Identität" sowie dem als „Eventgemeinschaft" eng verbundenen Faktor „7. Bürger" einen Komplex auf, der in allen Äußerungen der Städte angeführt wird. Der zweite Komplex bezieht sich auf „2. Wirtschaft/Infrastruktur" als Standortfaktor und mindestens bei „großen" Sportgroßveranstaltungen (engl. Megaevents), ebenfalls eng verbunden mit

„5. Architektur/Städtebau" sowie durch die angestrebte öffentliche Akzeptanz verkürzte Planungszeiten oder leichtere politische Umsetzung ohnehin anvisierter Großprojekte als Faktor „6. Zeit". Der Faktor „3. Finanzen" wird in der politisch-medialen Diskussion der Akteure und zumeist positiv dargestellt, erweist sich jedoch als ambivalent. In Kap. 5 wird noch zu zeigen sein, dass im Vorlauf von Sportgroßveranstaltungen sowie weiteren baulichen Großprojekten – wider besseren Wissens – die Kosten grundsätzlich als zu niedrig dargestellt werden. Mit „4. Verwaltung" benennt Kist schließlich einen Faktor, der zumindest in der Öffentlichkeit kaum wahrgenommen wird und bei der Planung und Akquise von Sportgroßveranstaltungen aus kaum im Mittelpunkt der Überlegungen stehen dürfte.

Irritierend ist die von Kist unter „Potenzialen" vorgenommene Etikettierung von Sportgroßveranstaltungen als „Spektakel". Genau hier ginge es jedoch um den Kern als breitensportliche Festkultur, als spitzensportliche Präsentation von Kunstfertigkeit samt seiner Strahlkraft nach außen. Die bedeutsamste Begründung für die Ausrichtung von Sportgroßveranstaltungen, die in der Förderung des Sports selbst liegt, fehlt also bezeichnenderweise. Entweder ist sie nicht im Bewusstsein des Autors verankert oder es handelt sich um eine statistisch wahrscheinliche Einschätzung gegenüber städtischen Ausrichtern mit ihren überwiegend funktionalen Begründungen für das städtische Image und die ökonomischen Effekte (Tab. 4.7).

Preuß hat in einer historischen Rückschau von 1936 bis 2012 die wesentlichen Begründungen für die Ausrichtung von Olympischen Spielen aufgeführt. Die häufigsten Nennungen entfallen auf den Bereich der „Stadtentwicklung". Damit sind sowohl Aufwertungen ehemaliger Industriebrachen verbunden, als auch von so genannten unterentwickelten Stadtteilen. Was auf den ersten Blick mit dem Begriff der „Entwicklung" eine positive Konnotation erhält, erweist sich für die betroffenen EinwohnerInnen unter dem Aspekt der Gentrifizierung als negative, weil wohnsitzverdrängende Ausübung von Macht sowie institutioneller Gewalt (Tab. 4.8).

Obwohl Kist und Preuß die angeführten Begründungen im Kontext zu Olympischen Spielen dargelegt haben, können sie ebenfalls Geltung für Fußball-Welt- und Europameisterschaften beanspruchen. Für medial und ökonomisch auf einem niedrigeren Niveau angesiedelte Sportgroßveranstaltungen gelten demzufolge Abstufungen. Insbesondere die von Preuß angeführten Werbezwecke für „wirtschaftliche Macht" und „ein politisches System" reduzieren sich dann auf einen lokal-regionalen Bereich und verlagern sich von der politischen Systemebene auf die Präferenz von Parteien und/oder politische Einzelpersonen wie bspw. OberbürgermeisterInnen.

Tab. 4.7 Gründe für die Ausrichtung von Events seitens der Städte und Regionen

	Potenziale	Gefahren + Risiken
1. Image/Identität	• Stärkung Image u. Identität • Stadtmarketing – Tourismus • Fokussierung der Medien	• Massentourismus • Ausnahmesituation • „Ernüchterung" nach dem Event
2. Wirtschaft/ Infrastruktur	• „Motorwirkung" • Ökonomische Wirkungen (Arbeitsplätze, Steuereinnahmen) • Standortvorteile gegenüber Städtekonkurrenz	• Temporäre Arbeitsplätze • „Oaseneffekte" • Nachnutzungsproblematik • Temporäre Entwicklungsschübe
3. Finanzen	• Finanzströme von außen – Investoren • Zuschüsse/Sondermittel • Investitionen/Subventionen	• Kosten/Nutzenbilanzierung • „Subventionsumlenkungs-Mechanismus" • Finanzielle Risiken (Defizite)
4. Verwaltung	• nach innen gerichtete Mobilisierung • Politische Konsensbildung („Bündelungseffekte") • Handlungskompetenz und Flexibilität	• Vernachlässigung anderer Aufgaben • Zeit- und Erfolgsdruck • Gefahr der „Abhängigkeit"
5. Architektur/ Städtebau	• Realisierung von Großprojekten • Stadtumbau und Modernisierung • neuer Siedlungs- und Wohnraum	• Preissteigerungen für Mieten, Immobilien und Bauleistungen • „Experten-/Planerkarussell" • „footloose industries"
6. Faktor Zeit	• Realisierung von „Langzeitprojekten" • Großereignisse als „Zeitmaschinen" • Verkürzung von Planungszeiten	• Zeitraubende, kleinteilige Widerstände • Zeitdruck • Sachzwänge von außen
7. Faktor Bürger	• Spektakel für die Bürger • identifikationsfähige Stadt • Politik, Verwaltung und Bürger als „Eventgemeinschaft"	• Segregationsprozesse • soziale Polarisierungen • geringes Mitspracherecht

Quelle: Kist (2006, S. 22)

An die diskutierten sportpolitischen Intentionen und, soweit erkennbar geworden, konzeptionellen Entwürfe samt Begründungen schließen sich nun die Fragekomplexe an, in welchen Konstellationen Veranstalter und Ausrichter von Sportgroßveranstaltungen auftreten. Damit eng verbunden sind nachfolgend

Tab. 4.8   Wesentliche Gründe zur Ausrichtung Olympischer Spiele

Ziel der Bewerbung
Imageverbesserung
Stadtentwicklung
Demonstration/Werbung zunehmender wirtschaftlicher Macht
Demonstration/Werbung für ein politisches System
Steigerung des Tourismus
Bedeutungssteigerung der Stadt innerhalb des Ausrichterlandes
Investitionssteigerungen
Innenpolitische Stabilität und Selbstvertrauen

Quelle: Preuß (2012, S. 3)

die Fragen nach Umfang und Sportartenstruktur sowie der eröffneten und ver-schlossenen Partizipationsmöglichkeiten. Eine ausführliche Diskussion zu den Begründungen für Sportgroßveranstaltungen samt Bewertung und konzeptioneller Handlungsempfehlungen erfolgt im Kap. 8.

4.4   Veranstalter und Ausrichter von Sportgroßveranstaltungen

Die typische und nahezu einzige Veranstalter-Ausrichter-Variante bis in die 1980er Jahre lässt sich in einer Konstellation beschreiben, in der ein Sportver-band als Veranstalter, bspw. die Deutschen Tischtennis Meisterschaften vergibt und ein Verein die Meisterschaften ausrichtet und dabei die Unterstützung „sei-ner" Stadt durch die Sportinfrastruktur und einen Zuschuss erhält.

Kommerzielle Sportgroßveranstaltungen, wie bspw. die Ausrichtung des Grand Départ der Tour de France wurden erstmals außerhalb von Frankreich im Jahr 1954 in Amsterdam durchgeführt und 1965 in Köln erstmals auch in Deutschland. Insofern existierten auch zu einem frühen Zeitpunkt bereits Kon-stellationen mit einem kommerziellen Veranstalter und einer Stadt sowie der Unterstützung kommunaler Radsportvereine. Im Zuge der weiteren Kommerzia-lisierung des Sports, der Gründung von Betreibergesellschaften, Sportagenturen sowie kommerzieller Sportanbieter haben sich auch die Veranstalter-Aus-richter-Varianten erweitert und erzeugen Konstellationen sowohl innerhalb der gesellschaftlichen Systeme des Non-Profit-Bereichs, der öffentlichen Hand und des Marktes, wie auch untereinander. Deutlich wird dies bereits an den unterschiedlichen Möglichkeiten, wie bspw. die Ausschreibung des Deutschen

Abb. 4.2 Veranstalter und Ausrichter von Sportgroßveranstaltungen. (Quelle: eigene Darstellung)

Tischtennis Bundes (DTTB) für die Deutschen Meisterschaften 2018 eröffnet: „Die Ausschreibung richtet sich an alle 20 DTTB-Mitgliedsverbände, (Groß-) Vereine innerhalb der Verbände und/oder Betreiber(gesellschaften) größerer Veranstaltungshallen. Möglich ist auch eine Kooperation verschiedener Organisationen als Ausrichtergemeinschaft." (www.tischtennis.de 2016).

Die sich aus Abb. 4.2 ergebenden Variationsmöglichkeiten, vor allem durch die Potenzierung durch Ausrichtergemeinschaften, sind an dieser Stelle zwar nicht in ihrer empirischen Häufigkeit darstellbar, jedoch können die relevantesten Ausprägungen anhand eines konkreten Beispiels dargestellt werden.[15]

Sportverband – Sportverein – (Stadt)[16]
Veranstalter: Deutscher Kanu-Verband
   Ausrichter: Regattateam Beetzsee
   Veranstaltung: 98. Deutsche Kanu-Rennsport Meisterschaft vom 26.08.–01.09.2019 in Brandenburg/Havel

---

[15]Die beispielhaft aufgeführten Sportgroßveranstaltungen weisen zum Teil erhebliche Größenunterschiede auf, die den einzelnen Veranstaltungsformaten geschuldet sind. So kann allenfalls für Aschaffenburg der dortige Stadtlauf mit ca. 500 TeilnehmerInnen als gerade noch „groß" gelten.

[16]Insofern die Stadt in Klammern gesetzt ist, tritt sie nicht als Ausrichter auf, sondern als Unterstützer.

Sportverband – Sportverein – Stadt
Veranstalter: Union of European Football Associations (UEFA)
  Ausrichter: FC Bayern München und Stadt München (mit Garantie-
Erklärungen gegenüber der UEFA und Teil-Kostenübernahme)
  Veranstaltung: UEFA Champions League Endspiel 19.05.2012 in München

Sportverband – Sportverband – (Stadt)
Veranstalter: Deutscher Kanu-Verband
  Ausrichter: Hamburger Kanu-Verband
  Veranstaltung: 97. Deutsche Kanu-Rennsport Meisterschaft vom 29.08.–
02.09.2018 in Hamburg

Sportverband – Sportverband – Städte – Vereine
Veranstalter: Union of European Football Associations (UEFA)
  Ausrichter: Deutscher Fußballbund und Städte/Eigentümer der Stadien
  Veranstaltung: Fußball Europameisterschaft der Männer im Juni 2024

Sportverband – Sportverband – Betreibergesellschaft – Städte
Veranstalter: Internationale Eishockey-Föderation (IIHF)
  Ausrichter: Deutschen Eishockey-Bund (DEB) und Städte sowie Betreiber und
Eigentümer der Stadien. Für Köln: ARENA Management GmbH, im Eigentum
von CTS Eventim; Lanxess Arena im Eigentum von Junson Capital Company
Ltd. Hongkong
  Veranstaltung: 74. Eishockey-Weltmeisterschaft der Männer vom 07.–23.05.2010

Sportverein (+ Sportverband) – (Stadt)
Veranstalter: Lauf-Club Duisburg und Stadtsportbund Duisburg
  Ausrichter: Lauf-Club Duisburg und Stadtsportbund Duisburg
  Veranstaltung: 36. Rhein-Ruhr Marathon Duisburg am 02.06.2019

Sportverein – Sportverein – (Stadt)
Veranstalter: Verein Silvesterlauf Trier
  Ausrichter: Verein Silvesterlauf Trier
  Veranstaltung: 30. Silvesterlauf Trier am 31.12.2019

Sportverein – Sportagentur – (Stadt)
Veranstalter: Citylauf-Verein Dresden
  Ausrichter: Laufszene Events GmbH
  Veranstaltung: Karstadt Sports Citylauf Dresden am 15.03.2020

Sportunternehmen – Stadt
Veranstalter: Amaury Sport Organisation (A.S.O.); Tochterunternehmen der französischen Pressegruppe Philippe Amaury
  Ausrichter: Stadt Düsseldorf
  Veranstaltung: 104. Grand Départ der Tour de France, 2 Etappen vom 01.07.–02.07.2017

Unternehmen – Agentur
Veranstalter: Fisherman's Friend (vereinigt mit Perfetti Van Melle unter CFP Brands Süßwarenhandels GmbH & Co. KG)
  Ausrichter: Faktor 4 Event Marketing
  Veranstaltung: Fisherman's Friend StrongmanRun in Köln am 29.09.2019

Unternehmen – Agentur – (Verband) – (Stadt)
Veranstalter: Targo Bank Duisburg
  Ausrichter/Projektteam: Agentur + Akteur des Stadtsportbundes
  Veranstaltung: 14. Targo Bank Run am 22.08.2019

NPO – Verein – (Stadt)
Veranstalter: Selbsthilfe- und Beratungszentrum für Frauen in Aschaffenburg (SEFRA)
  Ausrichter: Turnverein Haibach 1893
  Veranstaltung: 15. Aschaffenburger Stadtlauf „Sefra rennt – gegen Gewalt" am 14.07.2019

NPO – Agentur – (Stadt)
Veranstalter: Nationales Centrum für Tumorerkrankungen (NCT) Heidelberg (Einrichtung des Deutschen Krebsforschungszentrums (DKFZ), des Universitätsklinikums Heidelberg (UKHD) und der Deutschen Krebshilfe)
  Ausrichter: M3 GmbH Co. KG
  Veranstaltung: NCT-Lauf 2019 am 05.07.2019

NPO/öffentliche Hand – Städte
Veranstalter: Klima-Bündnis der europäischen Städte mit indigenen Völkern der Regenwälder/Alianza del Clima e. V.
  Ausrichter: über 600 Kommunen in Deutschland
  Veranstaltung: 12. Stadtradeln vom 01.05.–30.09.2019 (an 21 Tagen)

Stadt – Sportunternehmen
Veranstalter: Stadt Oranienburg

Mitveranstalter und Ausrichter: Wassersportzentrum Oranienburg
Veranstaltung: Stadtfest mit 23. Oranienburger Drachenbootfest vom 14.06.–
16.06.2019

Körperschaft des öffentlichen Rechts – Stadt – Sportverbände – Sportvereine – Agenturen
Veranstalter: Regionalverband Ruhr (elf kreisfreie Städte + vier Kreise)
Ausrichter: Duisburg Kontor Hallenmanagement, Landessportbund NW sowie
u. a. Nordrhein-Westfälischer Judo-Verband, Amateur-Schwimm-Club Duisburg,
TDI Event + Consulting
Veranstaltung: 3. Ruhr Games vom 20.–23.06.2019

4.5 Umfang und Struktur von Sportgroßveranstaltungen

Umfang und Struktur von Sportgroßveranstaltungen beziehen sich ausdrücklich nicht auf den in den Städten durchgeführten Bundesligabetrieb in den Spielsportarten (Männer und Frauen). Erstens schwanken die ZuschauerInnenzahlen in den verschiedenen Spielsportarten der jeweils höchsten Liga in einer Spannweite von ca. n = 50 bis 70.000, sodass bei zahlreichen Partien weder ein nennenswertes ZuschauerInneninteresse, noch ein über den Lokalsport hinausreichendes mediales Interesse vorliegt. Zweitens ist der bestehende Erstligabetrieb mit den automatisch dazugehörigen Heimspielen der Vereine keine zusätzliche oder besondere Akquiseleistung der kommunalen Akteure (Politik, Sportamt, Sportagentur, Stadtmarketing, Vereins- und VerbandsfunktionärInnen, WirtschaftsvertreterInnen). Von Interesse ist vielmehr, exemplarisch die Anzahl und Bedeutung von Sportgroßveranstaltungen anhand von drei finanziell unterschiedlich ausgestatteter Städten zu verdeutlichen und strukturelle Schwerpunkte aufzuzeigen und diese in einem weiteren Schritt zu begründen. Vollständig existierende Auflistungen der in den Städten ausgerichteten Sportgroßveranstaltungen werden nach wie vor nicht von jeder Kommune aufbereitet.[17] Insofern

---

[17]Für das Städteranking Sportgroßveranstaltungen für die Jahre 2005–2008 (Schwark 2009) erwies sich der damalige Zugang zu den Daten (n = 1042) deutlich schwieriger als dies aktuell möglich ist. Von einer Sportamtsleitung der 17 Städte wurde die telefonische Anfrage mit der harschen Gegenfrage „beantwortet": „Wofür brauchen Sie das überhaupt?" und trotz Erläuterung des hochschulischen Kontextes schließlich verweigert!

erfolgt die Auswahl der drei Beispiele mit München, Frankfurt und Duisburg auch aus pragmatischen Erwägungen.

Das Referat für Bildung und Sport der Landeshauptstadt München gibt mit dem „Sportkalender 2019" einen (nahezu) vollständigen Überblick über die ausgerichteten Sport(groß)veranstaltungen. Unberücksichtigt blieben internationale Schießveranstaltungen, die (möglicherweise) wegen der geringen TeilnehmerInnen- und ZuschauerInnenzahl nicht im Sportkalender aufgenommen wurden. In Tab. 4.9 wurden die wöchentlich regelmäßig angebotenen Veranstaltungsserien im Skaten, sowie Sportveranstaltungen für Schulen, bayerische Meisterschaften, den Yoga-Tag und Stadtteilfeste in der Zusammenstellung nicht aufgeführt (Tab. 4.9).

Auffallend am Sportkalender 2019 der Stadt München ist die überaus hohe Anzahl (n = 27) an Laufveranstaltungen mit einem Anteil von über 50 %. Für die Jahre 2005 bis 2008 wurden im „Städteranking Sportgroßveranstaltungen" (Schwark 2009) die damals bedeutsamsten Sportgroßveranstaltungen für 17 Großstädte erhoben, darunter auch München (n = 97). Gut zehn Jahre zuvor lag der Anteil der Laufveranstaltungen in München noch bei ca. 20 %. (Schwark 2009, S. 72 ff.) Insgesamt dominieren zusehends Ausdauersportarten, darunter mit großem Abstand Laufen. Danach folgen Triathlon und als relativ junges Veranstaltungsformat Langstreckenschwimmen. Bereits seit 2009 wird das ehemalige 6-Tage-Rennen sowohl in München als auch in Dortmund nicht mehr durchgeführt. Insgesamt haben Radsportveranstaltungen im Spitzensportbereich im letzten Jahrzehnt von der Anzahl und auch hinsichtlich des Budgets starke Einbußen hinnehmen müssen. Weitere Aussagen speziell zur Situation in München sollen aufgrund der geringen Grundgesamtheit nicht getätigt werden.

Für Frankfurt wird jährlich vom Sportamt der Stadt ein Jahresbericht vorgelegt, in dem thematisch geordnet die durchgeführten Sportgroßveranstaltungen aufgelistet sind (Tab. 4.10).

Ähnlich wie in München dominieren ebenfalls Laufveranstaltungen und in Frankfurt/M. mit einer erkennbaren Schwerpunktsetzung auch Triathlonveranstaltungen. Für alle weiteren Sportarten sollen und können keine Aussagen getroffen werden, da für eine valide Einschätzung von Veränderungen ein längerer Zeitraum nötig wäre und eine städtespezifische Analyse nicht vorgesehen ist. Im Verhältnis zu München (1.464.000 EW) ist für Frankfurt/M. (736.000 EW) die geringere Anzahl der Sportgroßveranstaltungen durch die unterschiedlichen Größe der Städte zu begründen, nicht jedoch durch eine gravierend unterschiedliche Finanzkraft und/oder Infrastruktur.

Inwieweit sich die prekäre finanzielle Haushaltssituation direkt und indirekt auf Umfang, Größe und Ausstrahlung von Sportgroßveranstaltungen auswirkt,

Tab. 4.9 Sport(groß)veranstaltungen in München 2019

1.1.	Neujahrslauf	19.– 23.6.	BMW Intern. Open Golf
6.1.	Winterlaufserie – 15 km	28.–30.6.	MASH Fest Wakeboard, BMX, Skateboard
11.–17.1.	IHF Handball WM	30.6.	Sport Scheck Stadtlauf
19.1.	Feuerwerk der Turnkunst	7.7.	Bavarian Run
2.2.	ISPO Munich Night Run	7.7.	Münchner Sportfestival
10.2.	Winterlaufserie – 20 km	13./14.7.	CHIBA 24h race MTB
10.2.	Faschingslauf	16.7.	B2run München
9./10.3.	Sportfest Leichtathletik	24.7.	Sommernachtslauf
17.3.	Westparklauf	3.8.	Starnb.-See-Schwimmen
30.3. 33.	Forstenrieder Volkslauf	22.8.– 2.9.	DM im Sportschießen
13.4.	Spartan Race	24./25.8.	3MUC Triathlon München
26./27.4.	Night of Jumps Motocross	7./9.	Women's Run
27.4. – 5.5.	BMW Open Tennis	8.9.	Run for life
28.4.	Halbmarathon München	15.9.	Outdoorsportfestival
2.5.	Staffellauf München	21.9. 29.	Intern. Isarschwimmen
4.5.	Münchner-Kindl-Lauf	21./22.9.	Oktoberfest 7s Rugby
4.5.	Intern. JuniorenRegatta	28.9.	Oktoberfestlauf
5.5.	Wings for Life World Run	28./29.9.	65. Münchner Kanuslalom
12.5.	28. Münchner Kanu-Triathlon	22.9.	Wildwasserrennsport und Isar-Marathon
18.5.	triathlon.de Cup	5./6.10	Oktoberfest-Cup Drachen-bootsport
18./19.5.	IFSC Boulder Weltcup	13.10.	München Marathon
24.–31.5.	ISSF Weltcup Sportschießen	10.11.	Teufelsberglauf
30.5.	Langstreckenschwimmen	17.11. 6.	Olympia-Alm-Crosslauf
30.5.–2.6.	Intern. Reitsportevent	21.–24.11.	Munich Indoors Intern. Reitturnier
5.6.	Kinder laufen für Kinder	07.12.	Nikolauslauf
6.6.	5 × 5 kmTeamstaffel	31.12.	Silvesterlauf

Quelle: eigene Zusammenstellung nach Landeshauptstadt München – Referat für Bildung und Sport 2018

Tab. 4.10 Sport(groß)veranstaltungen in Frankfurt/M. 2018[a]

07.02.2018	DM Hochschulen Leichtathletik
23.02.2018	Länderspiel Basketball
11.03.2018	Frankfurter Mainova Halbmarathon
29.04.2018	Lauf für Mehrsprachigkeit
01.05.2018	Radklassiker Frankfurt-Eschborn
04.–06.05.2018	Hessen tanzt
09.–13.05.2018	Frankfurter Ruderfest
26.05.2018	DM Tischtennis
31.05.–03.06.2018	World Cup of Darts
07.06.2018	J.P. Morgan Corporate Challenge
09.07.2018	Mainova IRONMAN EM
28.07.2018	Barmer Women's Run
05.08.2018	Frankfurt City Triathlon
12.08.2018	10-Freunde-Team-Triathlon
09.09.2018	Lauf für mehr Zeit
23.09.2018	Race for Survival
28.10.2018	Mainova Frankfurt Marathon
13.–16.12.2018	Internationales Festhallen Reitturnier
30.12.2018	Spiridon Mainova Silvesterlauf

Quelle: Stadt Frankfurt am Main – Der Magistrat – Sportamt 2018
[a]Ohne speziell auf Frankfurt bezogene Familien-, Integrations- und Schulsportfeste sowie die Frankfurter Sportgala

zeigt sich exemplarisch an der Stadt Duisburg (499.000 EW). Überwiegend werden nur noch langjährig bestehende Eigenformate ausgerichtet. Die einzig akquirierte Sportgroßveranstaltung mit internationalem Format war im Jahr 2019 der ICF Kanu Weltcup. Dazu ist ergänzend anzumerken, dass neben der für Kanu und Rudern international anerkannten Sportinfrastruktur gleichzeitig auch der Deutsche Kanuverband als einer der wenigen Verbände seinen Sitz nicht in Frankfurt/M., sondern in Duisburg hat. Von weiterer nationaler Bedeutung waren darüber hinaus die Duisburger Tanztage, das mit über 5000 TänzerInnen größte Amateurtanzfestival in Deutschland (Tab. 4.11).

Tab. 4.11 Sport(groß)veranstaltungen in Duisburg 2019

15.–24.03.2019	31. Duisburger Tanztage
31.05.–02.06.2019	ICF Kanu Weltcup
02.06.2019	36. Rhein-Ruhr-Marathon
14.–16.06.2019	20. Drachenboot-Fun-Regatta und Hafenfest
21.–23.06.2019	3. Ruhr Games 2019
02.–04.08.2019	15. 24 h Rennen MTB
22. 09.2019	4. Viactiv Rhein City Run
28.09.2019	17. Bunerts Lichterlauf

Quelle: www.duisburglive.de

Die Städte im Haushaltssicherungssystem können jedoch unter dem Gesichtspunkt eines zunehmenden Standortwettbewerbs und ungleich verteilter Finanzen keine ernsthaften Konkurrenten mehr gegenüber nahezu schuldenfreien und/oder den sogenannten Schwarmstädten sein. Die Akquise und Bewerbung um Großveranstaltungen im Hinblick als weicher Standortfaktor ist weniger Großstädten möglich und auch diese agieren zunehmend vorsichtiger. Häußermann und Siebel 1993 haben in ihrem vielzitierten Sammelband zur „Festivalisierung der Stadtpolitik. Stadtentwicklung durch große Projekte" auf die mediengerechte Inszenierung der Stadt auch für Investoren hingewiesen und die damit verbundene Ungleichheit der Städte. „Städte wie Paris, London, Rom, Tokio und New York sind gleichsam von Geburt international sichtbar und konkurrenzfähig …. Sevilla, Hannover oder Duisburg müssen dagegen alle Kräfte zusammenraffen, um für die Dauer einer Messe so hoch zu springen, daß der japanische Investor sie wenigstens einmal zu Gesicht bekommt: Festivalisierung also auch als Strategie der Schwächeren …". (Häußermann; Siebel 1993, S. 15) Inzwischen wären es nicht mehr japanische, sondern chinesische Investoren, und ob sich bei aller Anstrengung ein „zu Gesicht" bekommen tatsächlich lohnt, dürfte fraglich sein. Aus kultureller Sicht wäre die Funktionalisierung ohnehin zu kritisieren und könnte allenfalls ein Nebeneffekt sein. Aber mehr noch: Die verschuldeten Städte konzentrieren sich inzwischen vermehrt auf die mit „Bordmitteln" ausgestatteten lokal-regionalen Veranstaltungen, die allenfalls Attraktivität für das nah-räumliche Umland erzeugen.

Ergänzend zu den drei Städtebeispielen und als weiterhin grobe Orientierung dienlich, sind die zusammenfassenden Ergebnisse des „Städterankings Sportgroßveranstaltungen". (Schwark 2009) Für die Jahre 2005 bis 2008 wurden insgesamt

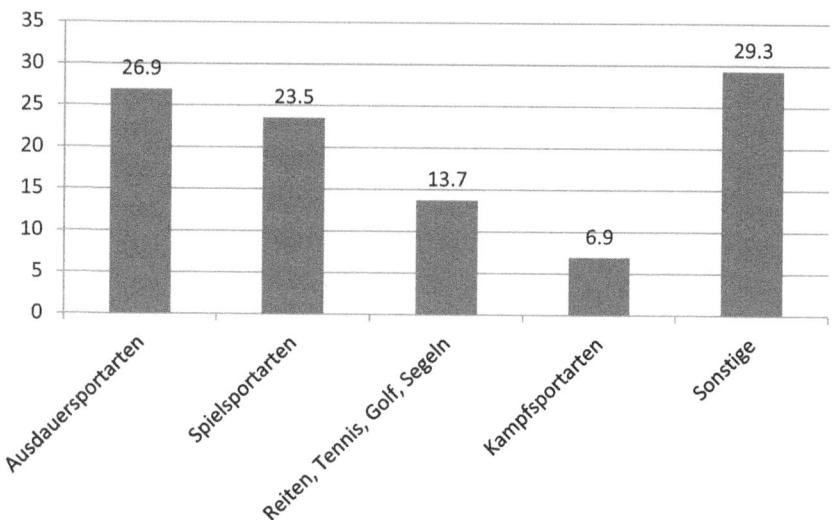

Abb. 4.3 Verteilung der wichtigsten Sportartenkategorien in % für 17 Großstädte (n = 1042, 2005–2008). (Quelle: Schwark 2009, S. 31)

1042 Sportgroßveranstaltungen von regionaler bis internationaler Bedeutung in 17 Großstädten identifiziert, die eine Dominanz der Ausdauer- und Spielsportarten ausweisen.[18] Gleichwohl wäre eine erneute umfassende Erhebung und Analyse der in den Großstädten ausgerichteten Sportgroßveranstaltungen überfällig (Abb. 4.3).

Aus der Anzahl der über 1000 erhobenen Sportgroßveranstaltungen dominierten als Einzelsportart Laufveranstaltungen mit 15,1 %. Anhand der jüngsten Ergebnisse der Städte München, Frankfurt/M. und Duisburg (sowie weiterer hier nicht aufgeführter Kommunen) sowie des nach 2009 neu bzw. ausgeweiteten Formats der zahlreichen Firmenlaufmeisterschaften (z. B. B2Run seit 2004/2009,

[18]Untersucht wurden in der Studie im Auftrag des Innenministeriums des Landes NRW die Städte Berlin, Bonn, Bremen, Düsseldorf, Frankfurt/M., Hamburg, Köln, Leipzig, München, Stuttgart und das „Kern-Ruhrgebiet", zu denen die Städte Bochum, Dortmund, Duisburg, Essen, Gelsenkirchen, Mülheim/Ruhr und Oberhausen zusammengefasst wurden. Dresden, Hannover und Nürnberg wurden nicht untersucht, da sie für den damaligen Zeitraum kaum nennenswerte Sportgroßveranstaltungen vorweisen konnten, sodass ein Vergleich nicht lohnenswert erschien.

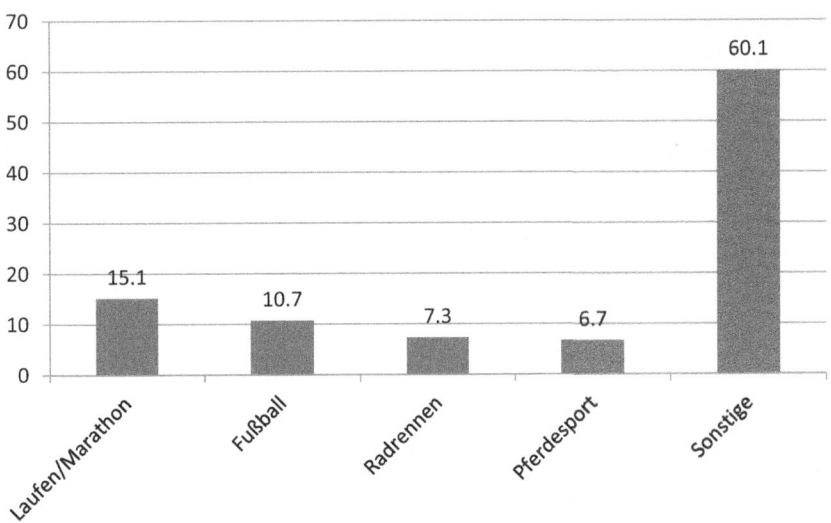

Abb. 4.4 Verteilung der wichtigsten Einzelportarten in % für 17 Großstädte (n = 1042, 2005–2008). (Quelle: Schwark 2009, S. 32)

AOK seit 2002, IKKBB seit 2002) und Firmenlauf-Einzelveranstaltungen (z. B. J.P. Morgan Corporate Challenge seit 1993, Targo-Bank-Run seit 2005) ist davon auszugehen, dass sich der Wert für Laufveranstaltungen noch weiter erhöht hat (Abb. 4.4).[19]

Die Struktur der Sportgroßveranstaltungen ist nicht nur nach ihrer sportart-spezifischen Verbreitung aufzuzeigen, sondern auch nach Differenzierungen, die sich an Größe, Bedeutung oder finanziellen Kriterien orientieren. Zu dieser Fragestellung liegen bereits zahlreiche Taxonomien vor (u. a. Rütter et al. 2002; Gans 2002; Schwark 2009, 2016 S. 91 ff.; Stettler et al. 2011) und bedürfen hier nicht einer weiteren Diskussion. Anhand der Kategorien medialer Reich-weite, sowie Anzahl und Zusammensetzung der einheimischen und auswärtigen ZuschauerInnen, Veranstaltungstage, Aktiven, Staff und finanzieller Umfänge können über eine differenzierte und gewichtete Punktewertung vier grundlegende Abstufungen vorgenommen werden (detaillierter siehe Schwark 2009, S. 17).

---

[19]Eine Übersicht über die in Deutschland veranstalteten Firmenläufe gibt https://uni-que-sportstime.de/firmenlaeufe/.

Tab. 4.12 Kategorien von Sportgroßveranstaltungen

A-Kategorie:	Internationale und außergewöhnliche Sportgroßveranstaltung: Bsp. Olympische Spiele, Fußball WM + EM Männer
B-Kategorie:	Internationale Sportgroßveranstaltung: Bsp. WM Eishockey Männer
C-Kategorie:	Nationale Sportgroßveranstaltung: Bsp. Hamburg Marathon Sportgroßveranstaltung mit internationalem, überwiegend sportartspezifischem Interesse: Bsp. EM Schwimmen
D-Kategorie:	Sportgroßveranstaltungen mit regionalem Charakter: Bsp. Ruhr Games Sportgroßveranstaltung mit nationalem, überwiegend sportartspezifischem Interesse: Bsp. DM Rudern

Quelle: in Anlehnung an Schwark 2009, S. 21

Auf mögliche Verdrängungseffekte durch Sportgroßveranstaltungen wird in Kap. 5 eingegangen (Tab. 4.12).

Hinsichtlich der kategorialen Verteilung entsteht eine pyramidale Struktur, derzufolge Sportgroßveranstaltungen aus der A-Kategorie seltener ausgerichtet werden, als aus der D-Kategorie. Für die 1042 Sportgroßveranstaltungen zwischen 2005 und 2008 ergaben sich für die 17 Städte 66 Veranstaltungen in der Kategorie A, 47 in Kategorie B, 152 in Kategorie C und 777 in Kategorie D.[20] Auf zwei Entwicklungen ist in diesem Zusammenhang hinzuweisen. Über die letzten Jahrzehnte ist eine Zunahme von internationalen Sportgroßveranstaltungen zu verzeichnen, die sich durch eine zeitliche Verkürzung der Meisterschaften ergab (bspw. von zwei Jahren auf ein Jahr), auf die Ausdifferenzierung von Sportarten sowie die Gründung neuer Sportarten. (siehe auch Franke 2015, S. 90) Insbesondere für Sportgroßveranstaltungen der Kategorien C und D kommen zusätzlich Veranstaltungsformate durch kommerzielle Sportanbieter bzw. (Sport-) Agenturen hinzu. Aufgrund der höheren Anzahl an Sportgroßveranstaltungen nimmt demzufolge die durchschnittliche mediale Aufmerksamkeit und Vermarktbarkeit durch Sättigungseffekte ab und betrifft bereits Sportgroßveranstaltungen der Kategorie B (Abb. 4.5).

Auf der anderen Seite sind für die bedeutsamsten Sportgroßveranstaltungen weniger Bewerberstädte zu verzeichnen, da bspw. für Olympische Spiele die in

---

[20]Die Spiele der Fußball WM 2006 wurden jeweils einzeln als Veranstaltung der Kategorie A gewertet, sodass sich hier ein Sondereffekt ergab, und eine höhere Anzahl gegenüber der Kategorie B ergab.

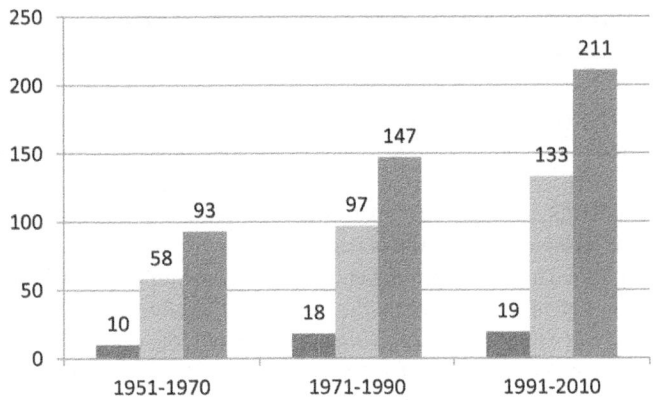

Abb. 4.5 Entwicklung und Anzahl an Weltmeisterschaften 1951–2010 (Sportarten – Austragungsorte – Weltmeisterschaften). (Quelle: Franke 2015, S. 88)

den Pflichtenheften („bid books") aufgeführten Anforderungen für viele Städte nicht mehr umsetzbar sind, bzw. öffentlich als nicht mehr legitim diskutiert werden. Thöni und Barth (2012, S. 183) unterscheiden „eine gespaltene internationale Sportorganisationslandschaft".[21] Über prestigeträchtige Veranstaltungen ist „erhebliche Macht" auszuüben. „Andererseits ist der überwiegende Teil internationaler Sportorganisationen (bereits vom Internationalen Leichtathletikverband abwärts) trotz Pflichtheft nicht im Stande, die öffentlichen Hände diktatgemäß (sic!) in die Pflicht zu nehmen." (2012, S. 183) Der von Thöni und Barth gewählte Sprachgebrauch ist in seiner Schärfe nicht nur irritierend, sondern verkennt auch, dass zum allseitigen Gelingen einer Großveranstaltung eine kooperative Haltung notwendig und sinnvoll ist und sich demzufolge eine von Konkurrenz- und Hierarchiedenken geprägte Positionierung eines „Diktats" letztlich selbstschädigend wirkt!

Im Anschluss an die Ausführungen zu Umfang und Struktur von Sportgroßveranstaltungen in den Städten ist nun detaillierter auf charakteristische Aspekte ausgewählter Sportarten wie bspw. Laufen/Marathon einzugehen, weil sie nicht nur durch ihre sportartspezifische Attraktivität Umfang und Struktur der angebotenen Veranstaltungen begründen, sondern, als zweite Seite der Medaille, ihr Potenzial zur polit-ökonomischen Indienstnahme.

---

[21]Der Hinweis auf dieses Zitat von Thöni und Barth ist Franke (2015, S. 96) zu verdanken!

4.6 Charakteristische Aspekte ausgewählter Sportarten

Anhand der Sportart Laufen werden holzschnittartig sowohl individuelle als auch gesellschaftliche Aspekte diskutiert, die auf die ungebrochene Attraktivität verweisen.[22]

Die Attraktivität des Laufens verdeutlicht sich u. a. in den vom Deutschen Leichtathletik Verband (DLV) erhobenen Daten zur Anzahl und zu den TeilnehmerInnen an Volksläufen. Einschränkend ist an dieser Stelle darauf hinzuweisen, dass bei weitem nicht alle Volksläufe die Grenze zur Großveranstaltung erreichen. Deutlich wird mit Hinblick auf die vorgelegten Daten, dass über einen Zeitraum von vier Jahrzehnten von Mitte der 1960er Jahre bis Mitte der 2000er Jahre die Werte ansteigen und seitdem auf hohem Niveau stagnieren. Insbesondere seit den 2000er Jahren sind zusätzlich zahlreiche, vom DLV nicht erfasste Firmenläufe hinzuzurechnen (Abb. 4.6 und 4.7).

Insgesamt geben nach Erhebung der Allensbacher Markt und Werbeträgeranalyse (Sommer/AWA 2017) 38 % der befragten14- bis 64-Jährigen an, „häufig bzw. ab und zu" zu laufen. Von den Befragten geben 9 % an, regelmäßig zu laufen und 29 % „ab und zu. An der Spannweite der Befragten ist bereits der Unterschied zwischen kommerzieller Marktforschung und Sozialwissenschaften zu erkennen. Da bereits 14jährige als kaufkraftrelevant gelten und über 64jährige RentnerInnen als werblich kaum noch erreichbar, wird eine methodisch verzerrte Zielgruppe erfasst, die Schulpflichtige mit regelmäßigem Sportunterricht einschließt und Sportaktive mit (vermeintlich) verfestigtem und genügsamen oder prekärem Lebensstil ausschließt. Und dennoch sind derartige Befragungen notwendig und mit Einschränkungen brauchbar, weil in dem Umfang (n = 11.071) und der Regelmäßigkeit (jährlich) keine entsprechende sportsoziologische Forschung an den Hochschulen möglich ist.

Die Sportartspezifik ist aufgrund der alltagsmotorischen Anforderungen und durch die Zyklik der Bewegungsausführung nahezu altersunabhängig. Innerhalb der jeweiligen Lebenslagebedingungen ist Laufen durch die Unabhängigkeit

---

[22]Schulke hat bereits 1988 einen Sammelband herausgegeben, der sich sehr detailliert mit dem Laufen und der Laufbewegung befasst. Insbesondere ist auf die Beiträge von Schulke „Laufbewegung – Breitensport – Alltagskultur" (S. 9–29), Lutz zum „Laufen als Werkzeug der Umweltaneignung" (S. 30–42) und Krause „Die Anfänge des Alltagslaufs" (S. 43–58) zu verweisen, sowie auf die Beiträge zur Gesundheit (S. 101–167) und Zielgruppen (S. 168–220).

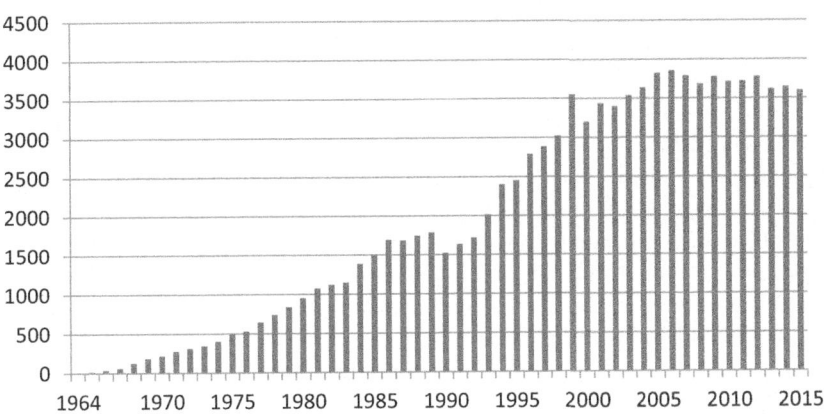

Abb. 4.6 Anzahl der vom DLV erfassten Volksläufe von 1964–2015. (Quelle: Deutscher Leichtathletik Verband – Volkslauf-Statistik, www.leichtathletik.de)

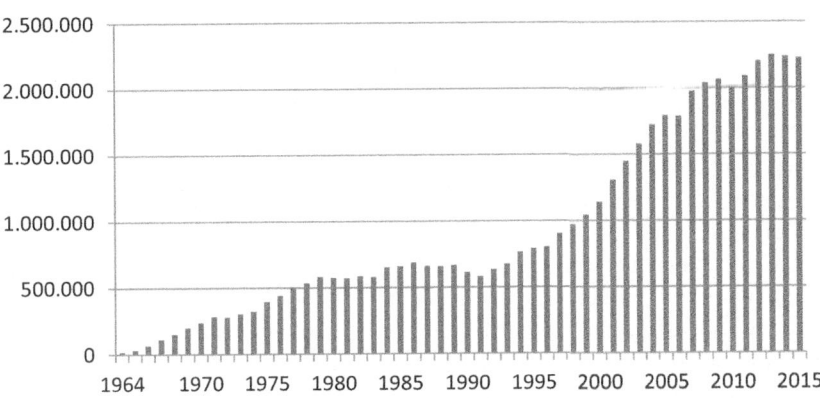

Abb. 4.7 Anzahl der vom DLV erfassten TeilnehmerInnen an Volksläufen von 1964–2015. (Quelle: Deutscher Leichtathletik Verband – Volkslauf-Statistik, www.leichtathletik.de)

von Sportstätten und auch weitgehend von Witterungseinflüssen zeitlich flexibel sowohl individuell, mit PartnerIn als auch in der Gruppe zu betreiben. Mit regelmäßigem Laufen stellen sich gesundheitsfördernde Effekte im pulmo-kardialen Bereich, Gewichtsabnahme, erhöhte Ausdauer- und Widerstandsfähigkeit sowie eine gewisse Resistenz gegenüber Erkältungskrankheiten ein. Einschränkend zu erwähnen sind Meniskus- und Achillessehnenprobleme bei länger andauernden dysfunktionalen Belastungen. Davon abgesehen können beim Laufen sinnlich-vitale Genüsse durch erweiterte natürliche bzw. landschaftsbezogene Raumaneignungen und/oder durch Flow-Erlebnisse erzeugt werden. Selbstgesetzte Leistungsmaßstäbe münden darüber hinaus in Formen der Askese, um sich nachträglich mit erfüllten Zielen quasi zu „belohnen". Die funktionalen Aspekte des Laufens beziehen sich auf inkorporierte gesellschaftliche Denkfiguren zur figural-ästhetischen Anpassung an vorherrschende Körperbilder, Selbstoptimierungsvorstellungen und Marktkonformität durch erzeugte und teilweise demonstrativ zur Schau gestellte Fitness, auch schriftlich formuliertes Qualifikationsmerkmal bei Bewerbungen. Zu diesem kurzen Parforceritt individueller Aspekte des Laufens gesellen sich gesellschaftliche, insbesondere polit-ökonomische Aspekte.[23] Für Sportvereine und ihre Laufabteilungen steht vor allem der Erhalt der Sportart über kontinuierlichen Mitgliederzuwachs und Nachwuchssicherung im Vordergrund. Die Sportwirtschaft profitiert über den Verkauf von Sportgeräten und -bekleidung. (Sport-)Medien greifen das Thema Laufen ebenso auf, wie sporttouristische Akteure (insbes. Reiseveranstalter und das Beherbergungswesen), die seit geraumer Zeit Laufreisen in ihr Portfolio aufgenommen haben. Und zunehmend werden Sportagenturen von Unternehmen, Krankenkassen und Versicherungen damit beauftragt, Laufveranstaltungen auszurichten. Welche Bedeutung Laufen, Wandern, Walken oder ambitioniert Radfahren im politischen Kontext haben, kann wiederum an einem kurzen Gedankenexperiment veranschaulicht werden, indem auszurechnen ist, wie viele Indoor-Sportstätten als Äquivalent für jährlich weit über 1 Mrd. Outdoor-Sportstunden benötigt würden und wer dafür die Kosten zu tragen hätte. Das Interesse insbesondere an ausdauerakzentuierten Sportaktivitäten liegt auch, wie bereits erwähnt, in ihren gesundheitlichen Wirkungen und damit auch Einsparungen. Kostensenkungen sind schließlich die passende Überleitung für das unternehmerische Interesse am Laufen. Die Funktion des Betriebssports mag ohne Zweifel auch den Blick auf die MitarbeiterInnenzufriedenheit richten. Spätestens mit Einführung des Controllings wird die systematische Analyse des Krankenstandes in den Fokus genommen. Höhere Belastbarkeit, höhere Arbeitsintensität und ein nahezu gleichbleibend hohes Arbeitsvermögen auch im fortgeschrittenen Alter sind mit vorgeblich neuen Formen des Betrieblichen Gesundheitsmanagements (BMG) zu erzielen. Die Formen des traditionellen Betriebssports sind seit etwa 20 Jahren rückläufig. Der kontinuierlicher Rückgang der Vereins- und Mitgliedszahlen wird

---

[23]Detaillierte Ausführungen zur Laufbewegung finden sich u. a. bei Jütting (2004) und (2007a, b).

von Vertretern des Betriebssportverbandes vor allem auf die „Flexibilisierung der Arbeitswelt" zurückgeführt. Zudem führen Pieter et al. in einer neueren Studie von 2014 aus, dass die ohnehin sportlich Aktiven die Angebote des Betriebssports genutzt hätten. (S. 14) Parallel und durchaus konkurrierend zu den Angeboten des Deutschen Betriebssportverbandes, haben sich zahlreiche Laufveranstaltungen und einige Serien entwickelt, die einem Betriebssportangebot ähnlich sind. Unter dem ungeschützten Begriff „Deutsche Firmenlaufmeisterschaft" vermarktet bspw. die Sportagentur B2RUN seit Anfang der 2000er die Laufserie mit Unterstützung der Deutschen Angestelltenkrankenkasse. In 17 Städten mit den größten Stadien nehmen ca. 195.000 TeilnehmerInnen aus ca. 9500 Betrieben teil, die sich als „fitteste", „schnellste" oder „kreativste" LäuferInnen qualifizieren sollen. (www. b2run.de/run/de/de/infos/was-ist-b2run/index.html) Gleichzeitig nutzen Unternehmen insbesondere breitensportorientierte Laufveranstaltungen zu Benefiz zwecken, um sich in der Öffentlichkeit mit einem positiven Image zu inszenieren.

Der subjektive Begründungszusammenhang zum Laufen ist je individuell zwischen den Polen sportartspezifischer Attraktivität samt vermittelnder Genussfähigkeit und marktkonformer Anpassungsbereitschaft angesiedelt. Wer unter restriktiven Rahmenbedingungen arbeitet, muss sich nicht gleich unterwerfen oder dem Selbstoptimierungsparadigma anheimfallen. Dennoch können Fitness und Gewichtsabnahme Formen einwilligender Vorsorge, und damit funktional begründet sein (Tab. 4.13).[24]

Laufen ist vor allem aufgrund seiner sportartspezifisch motorisch niederschwelligen Anforderungen grundsätzlich einer breiten Zielgruppe möglich. Die Barrieren des Zugangs liegen zum einen im psychologischen Bereich. Im Gegensatz zu spannungs- und ergebnisorientierten Spielsportarten oder Rückschlagspielen mit Duellcharakter, wird die Laufzyklik mitunter als monoton oder langweilig empfunden und beurteilt.[25] Darüber hinaus limitieren im physiologisch-medizinischen Bereich stark adipöse Verlaufsformen und/oder arthritische Vorschädigungen einen potenziellen Laufeinstieg. Die Sozialstruktur von LäuferInnen bildet, anders als im Fußball, nicht den Durchschnitt der Bevölkerung ab, sondern ist mittelschichtsorientiert.[26] Erhebliche schichtspezifische Unterschiede

---

[24]Zu den unterschiedlichen Formen des unterwerfenden, einwilligenden und widerständigen Handelns unter restriktiven Arbeitsbedingungen siehe Schwark (2017).

[25]Weitere mögliche Aussagen, wie etwa „keine Zeit" oder „zu anstrengend" treffen prinzipiell auch auf die meisten anderen Sportarten zu.

[26]Dem Fußballsport ist im übrigen aufgrund seiner gesellschaftlichen und polit-ökonomischen Bedeutung ein eigenes Kap. 7 gewidmet.

Tab. 4.13 Individuelle und gesellschaftliche Aspekte des Laufens

Sportartspezifik	Vereine
• Alltagsmotorik • Zyklisch • Outdoor • Altersunabhängig	• Erhalt der Sportart • Mitgliederzuwachs • Nachwuchssicherung
Gesundheit	**Sportwirtschaft**
• hohe pulmo-kardiale Effekte • Ausdauerfähigkeit • Widerstandsfähigkeit • Anpassung Ernährungsverhalten • Krankenstand senkend • Meniskusprobleme • Achillessehnenreizungen	• Sportbekleidung/-geräte • Sporttourismus • Sportmedien • Agenturen als Ausrichter
Lebenslage	**Politik**
• Zeitlich flexibel • Sportstättenunabhängig • Witterungsunabhängig • Individuell/mit PartnerIn	• Alternative zum Sportstättenbau • Senkung der Gesundheitskosten
Psychologie/Soziologie	**Wirtschaft**
• Sinnlich-vitale Genussfähigkeit • Askese und erhoffte Belohnung • Figural-ästhetische Anpassung • Selbstoptimierung • Marktkonformität • Bewerbungsplus („3. Seite")	• Krankenstand senkend • Höhere Arbeitsintensität • Höhere Belastbarkeit • Arbeitsvermögen im höheren Alter • Imagepflege durch Benefiz

Quelle: eigene Darstellung

weisen die Ergebnisse der AWA 2017 für „Joggen – regelmäßig oder ab und zu" auf.[27] Die sogenannte Unterschicht erreicht einen Wert von 25 %. Für die Mittelschicht wird ein Wert von 37 % ausgewiesen und für die sogenannte Oberschicht ein Wert von 49 %.

---

[27]Auch hier ist methodenkritisch anzumerken, dass der Schichtbegriff für die Oberschicht zu weit gefasst ist und nach soziologischen Kriterien zwischen 1 und 5 % anzusetzen sind. Insofern sind zahlreiche Personen, die in der AWA 2017 als Oberschicht erfasst sind, eher der Mittelschicht zuzuordnen.

Für einen Teilbereich der Laufbewegung, dem Marathon-Laufen gilt die Mittelschichtsorientierung in besonderem Maße.[28] In den Jahren 2004, 2005 und 2007 wurden sowohl Aktive als auch Zuschauer des damaligen Karstadt Ruhr Marathons befragt. Damit existiert ein umfangreiches Datenmaterial zur Sozialstruktur von Marathon-TeilnehmerInnen (n = 1274; 1275; 1415) und ZuschauerInnen (n = 1714; 1482; 1248). Nach wie vor ist davon auszugehen, dass die erhobenen Daten weiterhin Gültigkeit besitzen. Weder haben sich die sportartspezifischen Anforderungen geändert, noch die dafür notwendigen mentalen Haltungen, um diese Strecke bewältigen zu können.

Den Hauptschulabschluss hatten 2007 von den Aktiven 15,2 %. Einen mittleren Schulabschluss 24,8 % und das Abitur 58,7 % (1,3 % ohne Angabe). Diese Werte liegen erheblich über den damaligen Werten in der Gesamtbevölkerung. Auch hinsichtlich der Berufe ergeben sich deutliche Ergebnisse. Unternehmer, Manager (4,4 %), Selbstständige, Freiberufler (11,6 %) sowie leitende Angestellte und Beamte (17,6 %) ergeben die größte Gruppe mit zusammen 33,6 %. Dahinter folgen qualifizierte Angestellte und Beamte mit 30,2 % sowie einfache und mittlere Angestellte und Beamte mit 15,6 % der Aktiven. Die Gruppe der Arbeiter (vom Vorarbeiter bis zum Ungelernten) sowie der Meister erreichen lediglich 6,8 %.[29] Alle anderen Gruppen kommen auf 13,8 %. Die Unterschiede in der Sozialstruktur sind so offensichtlich, dass es dafür keine Aneinanderreihung von Korrelationskoeffizienten braucht, um zu erkennen, dass Marathon-Laufen eine Angelegenheit der höheren Schichten ist und Laufen schließlich in nennenswertem Umfang auch die mittleren Angestellten erfasst, nicht jedoch Arbeiter. Die Werte zum Karstadt Ruhr Marathon von 2007 sind mit denen von 2005 und 2004 nahezu identisch. Gleiches gilt übrigens auch für die Sozialstruktur der Marathon-Zuschauer, die überproportional höheren sozialen Schichten angehören.[30]

Der „vielseitig interessierte Verwandte" zum Laufen und Marathon ist Triathlon. Die Deutsche Triathlon Union (DTU) führt für das Jahr 2017 insgesamt 630 Triathlon-Veranstaltungen mit ca. 2000 Wettkämpfen auf, die wiederum mit

---

[28]Stickdorn (2007) hat im Rahmen eines qualitativen Forschungsprojektes Leitfadeninterviews mit Marathon-EinsteigerInnen geführt und dazu „möglichst verschiedene relevante Fälle" (S. 77) zusammenfassend aufgezeigt.

[29]Aufgrund der in diesem Absatz gehäuften Anzahl an Berufskategorien wurde wegen der besseren Lesbarkeit auf die weibliche Form verzichtet, die demzufolge mitzudenken ist.

[30]Siehe dazu auch Schwark (2007, S. 63 ff.).

270.000 Starts verbunden waren[31] (DTU 2018, S. 6). Zur Zielgruppe wurden einige soziodemografische Daten erhoben. Demzufolge konzentriert sich das Bildungsniveau der aktiven Triathleten zu drei Vierteln auf Abitur und Studium. Die Geschlechterverteilung zwischen Männern und Frauen liegt bei 70:30 %. Etwa 80 % gehen einer Vollzeitbeschäftigung nach, was die DTU dazu veranlasst, dieses Merkmal bereits unter der Überschrift „Karriere" zu betiteln. Das Durchschnittsalter wird mit 38 Jahren angegeben, wobei keine Altersspreizung der Teilnehmenden angegeben wird. Darüber hinaus werden mit jährlich 2500 € Angaben zum sportspezifischen Ausgabeverhalten („Investition") getätigt. Und schließlich äußert sich die DTU auch zum „Charakter": „Er (sic!) gilt als diszipliniert und leistungsorientiert." (DTU 2018, S. 7) Zur Ergänzung der DTU-Angaben können des weiteren die Ergebnisse der Allensbacher Markt-und Werbeträgeranalyse 2018 zum Triathlon herangezogen werden. Die TriathletInnen werden unter Soziodemographie folgendermaßen beschrieben: „Die triathloninteressierten Menschen in Deutschland haben vergleichsweise häufig eine technische oder handwerkliche Ausbildung. Leitende Angestellte und Beamte des höheren Dienstes sind verhältnismäßig stark repräsentiert. Das Haushaltsnettoeinkommen der Zielgruppe ist entsprechend im Vergleich zur Gesamtbevölkerung erhöht." (Vereinigung der Sportsponsoring-Anbieter/Allensbacher Markt-und Werbeträgeranalyse 2018).

Eine Zusammenfassung sportsoziologischer Ergebnisse zum Verhältnis von Sportaktivität und sozialer Ungleichheit kommt nach wie vor zu schichtspezifischen Unterschieden. Heinemann fasst Ende der 1990er Jahre zeitlich zurückliegende Arbeiten von 1963 bis 1987 zusammen und kommt zu dem Schluss: „In einem Untersuchungszeitraum von 30 Jahren zeigt sich danach eine beachtliche Stabilität der schichtenspezifischen Abhängigkeit des Sportengagements, obwohl dieses Engagement insgesamt stark gewachsen und sich geschlechts- und alterstypische Unterschiede verringert haben." (Heinemann 1998, S. 201).

Auch Nagel verweist in einer Zusammenfassung sportsoziologischer Arbeiten von 1996 bis 1999 (darunter auch Heinemann), dass es typische Begründungen für die Wahl der Sportarten gibt. „Angehörige oberer Schichten bevorzugen typischerweise Sportarten, die neu, distinktiv und gesundheitsdienlich sind, einen Naturbezug aufweisen, mit vergleichsweise geringem Körperkontakt ausgeübt werden können und in denen die individuelle Leistung erkennbar ist. In unteren Schichten werden aufgrund der instrumentellen Verhältnisse zum eigenen

---

[31]Die von der DTU angegebene Zahl von 270.000 TeilnehmerInnen reduziert sich aufgrund von Mehrfachstarts auf eine geringere Anzahl an Personen.

Körper und zur Natur demgegenüber Sportarten favorisiert, die den Einsatz des ganzen Körpers, direkten Kontakt mit dem Gegner sowie eine gewisse Schmerzunempfindlichkeit verlangen, wie Fußball, Boxen oder Ringen." (Nagel 2003, S. 80).

Haut und Emrich (2011) bestätigen die Ergebnisse von Heinemann und Nagel und resümieren „…weiterhin eine niedrigere Aktivität in unteren Schichten." (324) Darüber hinaus verweisen Haut und Emrich auf einen „innerhalb der unteren Schichten" stärkeren Alterseffekt. „Offenbar ist also in unteren Schichten mit dem Rückgang des Wettkampfsports in höheren Altersgruppen auch häufiger das Ende der Sportaktivität überhaupt verbunden." (S. 324) Dieses Phänomen trifft für die „darüber liegenden Schichten" nicht zu. Von ihnen wird „häufiger ein Umstieg auf altersgemäße, eher gesundheitsorientierte Praktiken eines funktionalistischen Sportmodells vollzogen, denn diese lassen sich besser aufrechterhalten." (325).

Weiß und Norden (2013) beziehen sich in ihrer Neuauflage ihrer „Einführung in die Sportsoziologie" auf die empirischen Befunde der kommerziellen Marktforschungsinstitute Fessel + GfK von 2003 und kommen zu der allgemein gehaltenen Aussage: „Angehörige der oberen sozialen Schichten betreiben im Schnitt häufiger Sport als Angehörige der mittleren sozialen Schichten und diese wiederum häufiger als Angehörige der unteren sozialen Schichten." (S. 68).

Rohrer und Haller (2015) kommen in ihrer internationalen Vergleichsstudie für die entwickelten reichen Länder zu dem Ergebnis, dass sich „die horizontalen Ungleichheiten deutlich abgeschwächt haben, während die vertikalen Ungleichheiten nach wie vor bestehen." (S. 77) Den größten Einfluss messen die Autoren dem Faktor Bildung bei.

Jüngere Untersuchungen zum Bereich „Sportaktivität während des Urlaubs" lassen ebenfalls deutliche Ausprägungen sozialer Ungleichheit zutage treten. Dabei sind es nicht so sehr horizontale Ungleichheiten wie sie etwa an den Variablen Geschlecht oder Alter festgemacht werden könnten. Die Zuspitzung auf eine junge männliche Zielgruppe, wie sie noch vor einigen wenigen Jahrzehnten zu konstatieren war, gehört der Vergangenheit an. Besonders bemerkenswert ist die Sportaktivität der älteren Alterskohorten. Inzwischen hat sich Sporttreiben, ob nun im Alltag oder auf Reisen/im Urlaub als beständiger biografischer Begleiter etabliert. Vielmehr sind es nach wie vor vertikale Ungleichheiten, die mit den Variablen Schulbildung, Einkommen und Beruf und diese wiederum als Schichtkategorie offensichtlich werden. In der Kategorie soziale Schicht kulminieren sich die aus den vorgängigen Einzelvariablen bereits bekannten Ungleichheiten. Die Personen, die der höchsten sozialen Schicht angehören äußern sich gegenüber der niedrigsten Schicht mit dreifach höheren Werten, das Sport für sie besonders wichtig im Urlaub ist (detaillierter Schwark 2016, S. 167 ff.).

In der Allensbacher Markt- und Werbeträger Analyse von 2017 wurden, wie bereits zum Laufen angeführt, 11.071 Personen im Alter zwischen 14 und 64 Jahren befragt. Anhand der beiden Variablen Alter und Geschlecht wurden zahlreiche Sportarten auf einem Achsenkreuz angesiedelt, um die jeweiligen Präferenzen aufzuzeigen (Abb. 4.8 und 4.9).

Die sportsoziologische Diskussion um Begründungen für die sozialen Unterschiede verweist auf einige bekannte Einflussfaktoren, wie bspw. Umfang und Ausdifferenzierung des erteilten Sportunterrichtes in den verschiedenen Schulformen, die Vorbildfunktion der Eltern (samt ihrer entwickelten Sportbiografie),

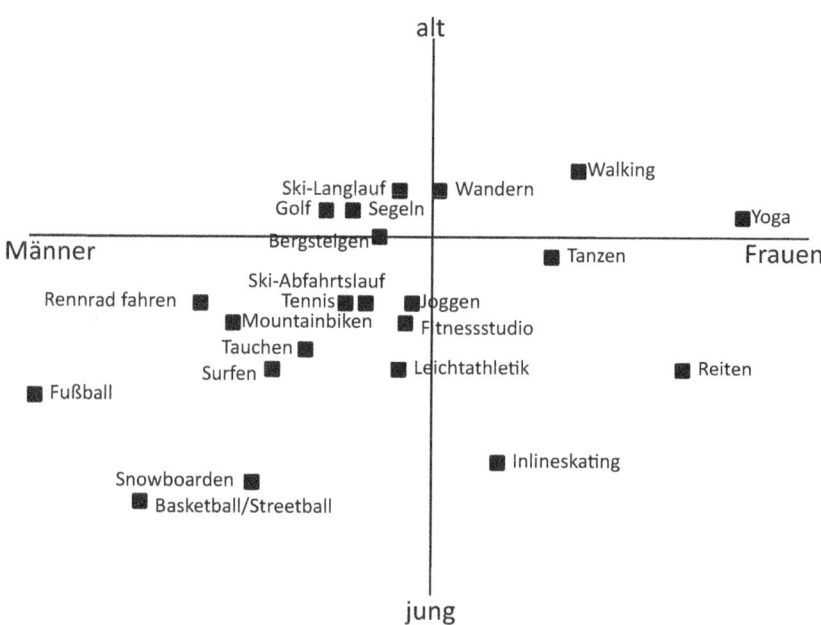

Abb. 4.8 Sportliche Aktivitäten nach Alter und Geschlecht, Bevölkerung 14–64 Jahre (n = 11.071) (Der Zugang zu der Grafik und den Daten basiert auf der öffentlich und kostenlos zugänglichen PDF-Datei: „Zwischen Fitnessstudio und Fußballstadion: Sport als Individual- und Kollektiverlebnis (Michael Sommer)" unter https://www.ifd-allensbach. de/awa/ergebnisse/archiv.html#c1853). (Quelle: Sommer/Allensbacher Markt- und Werbeträgeranalyse AWA 2017; eigene Darstellung)

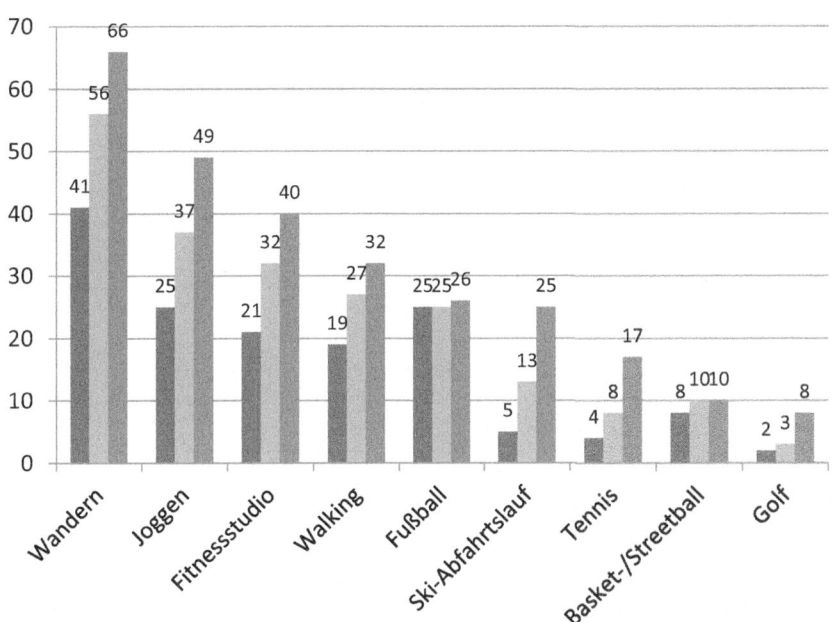

Abb. 4.9 Sportliche Aktivitäten in sozialen Schichten in %, Bevölkerung 14–64 Jahre (Unterschicht-Mittelschicht-Oberschicht, n = 11.071). (Quelle: eigene Darstellung in Anlehnung an: Sommer/Allensbacher Markt- und Werbeträgeranalyse AWA 2017)

das Wohnumfeld sowie das soziale Umfeld, die beruflichen Anforderungen, das individuelle Zeitbudget, die familiäre Situation und die herausgebildeten Werte und Normen sowie Habitusformen. Gesellschaftliche Rahmenbedingungen „wirken" jedoch nicht kausal auf die Praxis. Der Aussage „Ökonomische Unterschicht = wenig Sport" mag eine statistische Relevanz zukommen. Auf wen diese Aussage zutrifft oder nicht, ist jedoch nicht die (verfehlte) Frage von abhängigen/ unabhängigen Variablen und verkürzten „Wenn-dann-Aussagen". Gesellschaftliche Rahmenbedingungen (die als solche prinzipiell veränderbar sind) werden immer subjektiv „gebrochen" und Handeln erfolgt innerhalb der jeweiligen Möglichkeiten am Maßstab eigener Bedürfnisse und subjektivem Sinn.

Die Sportgroßveranstaltungen mit ihren aktiven und passiven Teilhabemöglichkeiten stehen formal jedem offen, sie sind aber nicht für jeden konzipiert und im strukturellen Zuschnitt der Sportgroßveranstaltungen ist es auch statistisch nicht wahrscheinlich, dass die Idee der 1970er Jahre des „Sport für Alle" tatsächlich

Tab. 4.14   Zugangsmöglichkeiten zu Sportgroßveranstaltungen

Städtischer Raum	Gesellschaftlicher Zugang + Raum	Zugang + Kosten	Beispiel
Indoor Arena	Begrenzt	Eintritt gestaffelt Catering	Fußball Länderspiel
Outdoor City abgegrenzt	Begrenzt	Keine Kosten Eintritt gestaffelt Catering	Beach-Volleyball Marktplatz
Outdoor City halböffentlich	Prinzipiell offen, Kapazitätsgrenzen	Keine Kosten VIP-Bereich	Cityläufe
Outdoor Stadt öffentlich	Offen	Keine Kosten VIP-Bereich	Marathon (Start + Ziel identisch)

Quelle: eigene Darstellung

umgesetzt wird. Insbesondere am Beispiel der so zahlreich angebotenen Laufveranstaltungen wird das deutlich.

Grundsätzlich ist zu konstatieren, dass für zahlreiche „kleinere" bis „mittlere" Sportgroßveranstaltungen der räumliche und finanzielle Zugang keinen direkten Ausgrenzungen unterliegt. Für etliche Veranstaltungen erfordert der Ticketerwerb jedoch technische Anforderungen und bisweilen aufwendige Anmeldevorgänge (Tab. 4.14).

Im Kontext der Funktionalisierung als weicher Standortfaktor sowie als homogenisierender Image- und harmonisierender Identitätsfaktor ist nun die Frage zu beantworten, für welche internen und externen „Zielgruppen" Sportgroßveranstaltungen aus der Perspektive der städtischen Akteursgruppen mehr oder weniger bewusst akquiriert, konzipiert und umgesetzt werden.

4.7   Zielgruppen und die marktförmige Gliederung der Bevölkerung

Insofern sich die politisch-administrativen Akteure einer Stadt entweder mehrheitlich oder als Minderheit mit prominenter und entscheidungsbefugter Position als „Unternehmen" Stadt verstehen, hat dies bewusst oder unbewusst Konsequenzen für das Verhältnis zur Stadtbevölkerung. Vertikale Einteilungen, die gleichzeitig auch Bewertungen darstellen, existieren je nach gesellschaftlicher

Verfassung (mindesten) seit dem Mittelalter in unterschiedlichen Ausprägungen. „Der Bürger hatte seine Rechte nicht, weil er Bürger war, sondern als Teil des Gewerbephänomens „Stadt". All seine Rechte und Pflichten sind daraufhin ausgelegt, eine möglichst gut florierende Wirtschaft zu ermöglichen." (Klose; Ladewig 2009 S. 94).

Mit der Übertragung unternehmerischer Strukturen und Strategien auf städtisches Politik- und Verwaltungshandeln sowie der Herauslösung vormaliger Eigenbetriebe in unternehmerisch verfasste Betriebe, wird die Stadtbevölkerung zunehmend unter dem privatwirtschaftlichen Verhältnis Anbieter-Kunde aufgefasst. In dieser Logik soll die Herangehensweise des betriebswirtschaftlichen Marketings verdeutlicht werden, insbesondere über die dazu entwickelten Methoden der Kundenwertermittlung. Der Ausgangspunkt dieser Überlegungen ist das mit der Städtekonkurrenz verbundene Denken, Standortvorteile zu erzeugen, um darüber externe Zielgruppen als zukünftige und zahlungskräftige BürgerInnen zu akquirieren sowie „Kundenzufriedenheit" innerhalb der eigenen Bürgerschaft herzustellen. Exemplarisch kann diese Positionierung anhand der dankenswerterweise offen thematisierten „corporate identity" einer kleinen Großstadt aufgezeigt werden: „Aufgrund des demographischen Wandels und zur Verbesserung der vorhandenen Sozialstruktur sollen vor allem ... mit mittlerem und besserem Einkommen neu nach ... ziehen."

In der Regel werden von Beratungsgesellschaften und Marktforschungsinstituten im Kontext von Städterankings und Zufriedenheitsanalysen eindimensionale Methoden der Kundewertanalyse benutzt. Weitergehende Portfolioanalysen sind eher bei häufigeren Kontakten zwischen Unternehmen und KundInnen und deren Kaufverhalten möglich. Insofern verbleiben für die aus neoliberaler Perspektive vorgenommene vertikale Einteilung nach „Wertigkeit" bzw. zukünftigem „Potential" von BürgerInnen überwiegend eine vertikal absteigende A-B-C-D-KundInnenanalyse in Kombination mit dem so genannten „Customer-Lifetime-Value-Ansatz".

An dieser Stelle muss noch einmal eindringlich betont werden, dass es sich hier nicht um eine Art Masterplan in den kommunalen Schaltstellen handelt, sondern um die Übertragung, ob nun inkorporiert, spontan-intuitiv oder grob strukturierend, der funktionalen Wettbewerbslogik von privatwirtschaftlichen Unternehmen auf die politisch-administrativen Prozesse der Stadt. Die in Tab. 4.15 und 4.16 gezeigte „marktförmige Gliederung" bildet diese Logik und die damit verbundenen „Begründungen" insofern idealtypisch ab.

Zusätzlich ist eine weitere Anmerkung notwendig. Die ideologische Übernahme einer derartigen vertikalen Struktur nach ökonomischer Wertigkeit bzw. Verwertbarkeit und damit verbundener gesellschaftlicher Anerkennung oder

Tab. 4.15 Die marktförmige Gliederung der Bevölkerung im „Unternehmen Stadt" aus neoliberaler Sicht, Teil 1

Bevölkerungsgruppe	Anteile, variabel (%)	Kundenbezeichnung	Zielgruppenansprache + Zielgruppenumgang
High Potenzials	5–10	A-Kunden	Weiche Standortfaktoren
Kreativszene + Studierende	5–10	A-Kunden	Weiche Standortfaktoren
Unternehmer + Großbürgertum	1–2	„Aufsichtsrat"	Abtreten von Macht und Kooperation
Bürger	50	B-Kunden	Daseinsfürsorge, inkl. freiwilliger Leistungen
Ökonomische Unterschicht	30	C-Kunden	Transferzahlungen, Beruhigung, Kontrolle
„Problemgruppen"	1	D-Kunden	Verdrängung aus der City + Kontrolle

Quelle: eigene Darstellung

Tab. 4.16 Die marktförmige Gliederung der Bevölkerung im „Unternehmen Stadt" aus neoliberaler Sicht, Teil 2

Bevölkerungsgruppe	Finanzielle Bewertung	Image Bewertung	Politische Bewertung
High Potenzials	Steuerzahler + Anspruchshaltung	erfolgreich, innovativ	Unterstützer
Kreativszene + Studierende	Potenzielle	„hipp", lebendig, innovativ	Meinungsbildner Öff. auftreten
Unternehmer + Großbürgertum	Steuerzahler, Mäzene, Sponsoren	Repräsentanten, „Elite"	Mitentscheider Meinungsführer
Bürger	Steuerzahler, Ehrenamtliche	Hüter der Ordnung	Wähler
Ökonomische Unterschicht	Ausfall bis belastend	Klientel der 1 € Läden, Spielhallen	Hoher Anteil an Nichtwählern
„Problemgruppen"	geschäftsschädigend	abstoßend	Nichtwähler

Quelle: eigene Darstellung

Ablehnung beinhaltet im Keim diskriminierende, klassistische und alltags-rassistische Positionen![32]

Die ökonomische Wertigkeit bemisst sich demnach an der vorhandenen Höhe der Kaufkraft und damit verbundener Konsumbereitschaft. Damit eng verbunden sind über die unterschiedlich hohen kommunalen Anteile an der Einkommens- und Mehrwertsteuer sowie der kommunalen Gewerbesteuer und Grundsteuer. Von Relevanz sind überdies diejenigen Gruppen, die sich momentan noch in Ausbildung/Studium befinden, jedoch zukünftig Positionen mit hoher Kaufkraft und Steueranteilen bekleiden können. Teilweise überschneidet sich diese Gruppe (Studierende) mit dem als „Kreative Klasse" ausgewiesenen Personenkreis, dem intangible Beiträge zur Imageaufwertung durch Kunst und/oder Szeneflair zugesprochen werden.[33] Und schließlich wird die Wertigkeit und Berücksichtigung einer Gruppe über die politische Kategorie des durchschnittlichen Wähleranteils relevant. Aufgrund dieser Kategorien ließen sich Bevölkerungsgruppen in eine vertikale Kundenbezeichnung übertragen.

„High Potentials" erhalten als junge studierte Nachwuchs- und Führungskräfte ebenso wie die so genannte „Kreativszene" und Studierende (zukünftig „gehandelte" High Potentials), eine Bewertung als A-Kunden. Die Zielgruppenansprache erfolgt über die bereits mehrfach erwähnten weichen Standortfaktoren, die Events und Großveranstaltungen auch im Sport miteinschließen. Je nach Bevölkerungsstruktur beläuft sich der Anteil dieser Gruppen auf ca. 10–20 %.[34]

---

[32]Der an dieser Stelle evt. aufkommenden Skepsis kann mit dem Beispiel „Alkohol trinken im sichtbaren öffentlichen Raum" begegnet werden. Als Gedankenexperiment sei die Vorstellung auf einen Samstagnachmittag gelenkt, an dem „gut" gekleidet im Straßencafé Aperol Spritz („kultiviert") und 20 m weiter auf der Parkbank „schlecht" gekleidet Dosenbier („barbarisch") getrunken wird. Dabei weisen Frauen mit hohem Sozialstatus die höchsten Werte bezüglich riskantem Alkoholkonsum aus und damit höhere Werte als Frauen und (!) Männer mit niedrigem Sozialstatus (denen im übrigen nicht die Parkbank unterstellt wird). Die Daten finden sich in: Deutsches Krebsforschungszentrum (2017, S. 51).

[33]Wer alles von den Machern der Trend"forschung" im Einzelnen zur kreative Klasse gezählt wird, darauf hat Rust (2010) hingewiesen, in dem er bspw. aus den Verlautbarungen von Horx zitiert. Neben dem „Superkreativen Kern" und der „kreativen Mitte" zählen auch so genannte „Syntheseberufe" dazu: „Waldkindergärtnerin, Kulturvermittlerin, Duftgestalter, Trauer-Ritualisten, Selfness-Coach, Holistic Health Manager, Mentaltrainer, Artconnector, Outplacement-Berater, Interkulturberater, Cultural Coach, Systemiktouristiker". Man ist geneigt, die Publikationen von Rust für städtische Akteure, insbesondere der Wirtschaftsförderung und dem Stadtmarketing als Pflichtlektüre zu deklarieren.

[34]Einzelne Städte über- oder unterbieten diese Werte. Münster weist bspw. mit seinen ca. 310.000 EinwohnerInnen und 55.000 Studierenden bereits für diese Gruppe einen Anteil von 18 % auf.

Die attribuierte Bewertung für die „High Potentials" liegt in dem auf die Stadt zu übertragenen Image der „erfolgreichen und innovativen" Nachwuchskräfte. Die „Kreativszene" gilt als „hipp", lebendig und innovativ" und soll mit ihrem „Szeneflair" im Kontext von Gentrifizierungsprozessen vormals unattraktive Quartiere (evtl. auch Stadtteile) symbolisch aufwerten, später jedoch den Platz für die High-Potenzials räumen, falls sie bis dahin nicht bereits selber in diese Position aufgestiegen sind.

Löw und Steets (2014) verweisen in diesem Zusammenhang übrigens in ihrem Städtevergleich auf eine rhetorisch verharmlosende PolitikerInnensprache: „So wird aus Gentrifizierung eher eine Stadtentwicklung, die dem Viertel gut tut." (S. 54) Unter dem Sammelbegriff „Bürger" werden erwerbstätige Personen samt ihren Familien gefasst, denen als B-Kunden die Hauptaufmerksamkeit der Daseinsfürsorge, inkl. der freiwilliger Leistungen zuteilwird. Sie stellen „als Hüter der Ordnung" auch den Hauptanteil der Wählerschaft. Bereits Ronnerburger et al. (1999) machen auf den Wandel (seit den 1980er Jahren) von der Stadt als anonymen Ort, der „Erfahrung von Differenz und Andersartigkeit ermöglichte" hin zur „Erlebnisstadt" mit „gesittete(n) Verhaltensweisen honoriger Bürger" die „das städtische Publikum auf seine Rolle als Verbraucher oder Kunde beschränkt." (S. 73).

Die Transferleistungen erhaltende ökonomische Unterschicht belastet den kommunalen Haushalt und sind in neoliberaler Sichtweise als C-KundInnen einzuordnen, deren Anteil es prinzipiell zu verringern gilt. Aus Sicht des Stadtmarketings wird mit Kirmes, Karneval und diversen Trödel-Märkten ein Portfolio „angemessener" Veranstaltungen bereitgestellt, auch um zu befrieden und keine Imagebeschädigungen insbesondere im Citybereich entstehen zu lassen. Die so genannten Problemgruppen („D-KundInnen") der Obdachlosen-, Trinker- und Drogenszene mit ihrer geschäftsschädigenden Präsenz und Störung der Wohlfühlatmosphäre gilt es aus dem Citybereich über Platzverweise, Betretungsverbote oder Verbringungsgewahrsam zu verdrängen, über die Absenkung der Ordnungswidrigkeitsschwelle zu sanktionieren und kriminalisieren, mindestens aber über zusätzliche private Sicherheitsdienste zu kontrollieren.[35] Dass selbst jugendliche

---

[35]Wer bereits den Problemgruppen aus Sicht des politisch-administrativen Berichtswesen zugehören kann, listet Bolz im Frankfurter Sozialbericht von 2001 in nahezu klassischer Verwechslung von gesellschaftlicher Ursache und individueller (Aus-)Wirkung auf: „In der Summe leben in der Stadt mehr Alleinstehende, Alte, Alleinerziehende, Ausländer und Einkommensschwache als in den Umlandgemeinden. Wie in anderen Großstädten ist eine Tendenz zur Konzentration sozialer Problemgruppen unverkennbar." (Bolz/Stadt Frankfurt 2001, S. 3) Zum Umgang mit Disparitäten und dem Einsatz des Strafrechts siehe Belina (2011, S. 115 ff.).

Subkulturen als Problemgruppen etikettiert werden, haben sowohl PunkerInnen in den 80er Jahren erfahren und als jüngstes Beispiel die Skaterszene auf der Kölner Domplatte, denen „wegen Belästigung von Fußgängern" auf Initiative der EinzelhändlerInnen ein Platzverbot ausgesprochen wurde.[36] „Soziale Heterogenität (wird) eher als irritierend und störend empfunden." (Ronneberger et al., S. 72).

Lokale Eliten sind nicht Kunden, sondern üben in der Funktion als „Aufsichtsrat" durch einzelne Fraktionen des Unternehmer- und Großbürgertums entweder als Einzelpersonen oder institutionalisiert als lokal agierende Industrie- und Handelskammer (IHK), Einzelhandelsverband, Deutscher Hotel- und Gaststättenverband (Dehoga) ihren Einfluss aus.[37] Am offensichtlichsten wird die Interessenvertretung und Einflussnahme anhand der Mitgliederstruktur des Stadtmarketings, die sich exemplarisch an der Stadt Mannheims darstellen lässt: „Mannheims Erfolgstories zu vermarkten ist Hauptaufgabe der Stadtmarketing Mannheim GmbH, die 2001 als bundesweit eine der ersten Public-Private-Partnerships (PPP) im Stadtmarketing-Bereich gegründet wurde. 49 % der Anteile der GmbH werden von der Stadt Mannheim getragen, 51 % halten aktuell 21 Mannheimer Unternehmen, die gemeinsam mit den Sponsoren und Projektpartnern des Stadtmarketings das Zentrum der Rhein-Neckar-Region voranbringen wollen. Ziel ist es, die Wettbewerbsfähigkeit Mannheims weiter auszubauen, die Attraktivität der Stadt nach innen und außen zu steigern sowie gut ausgebildete Fachkräfte und junge Talente langfristig für die Stadt zu begeistern."[38] (www.visit-mannheim.de/ stadtmarketing).

Insgesamt ergibt sich so ein Gesamtbild einer aus neoliberaler Perspektive gedachten und umgesetzten marktförmigen Gliederung der Bevölkerung im „Unternehmen Stadt.[39]

---

[36]Siehe dazu detaillierter die Dissertation von Christian Peters "Skateboarding – Ethnographie einer urbanen Praxis", Münster 2016.

[37]Siehe auch Belina et al. (2011, S. 10).

[38]Völlig selbstverständlich sind die VertreterInnen der politischen Parteien sowie der unternehmerischen Lobbyverbände die federführenden Mitglieder im Stadtmarketing, das sich allzu häufig auf Innenstadtmarketing und Tourismuswerbung konzentriert. Innerhalb der Raumordnung ist das Prinzip der Beteiligung der „Träger öffentlicher Belange" verankert. Würde ein Stadtmarketing seines Namens nicht eher gerecht, wenn auch Vertreter der Wohlfahrts- und Ökologieverbände sowie der Gewerkschaften ebenfalls Mitglied wären?

[39]Aufgrund der in Tab. 4.15 und 4.16 gehäuften Anzahl an Bevölkerungsbezeichnungen wurde wegen der besseren Lesbarkeit auf die weibliche Form verzichtet, die demzufolge mitzudenken ist.

Für wen werden nun Sportgroßveranstaltungen akquiriert? Wer soll und kann teilhaben und mitbestimmen? Bevor diese Fragen einer Beantwortung zugeführt werden, ist auf zwei Buchtitel hinzuweisen. Das erste Buch erschien 1957 und ist bereits erwähnt worden. Ludwig Erhardt formulierte unter dem Titel „Wohlstand für alle" seine Programmatik einer ordoliberalen Wirtschaftspolitik in einer Phase prosperierend-nachholender Entwicklung, die bis in die Mitte der 1960er Jahre anhielt.[40] Das zweite Buch, das an dieser Stelle Erwähnung finden soll, wurde vom damaligen Frankfurter Kulturdezernenten Hilmar Hoffmann 1979 unter dem Titel „Kultur für alle" publiziert. Das Buch entstand in der Phase sozialdemokratischer Politikgestaltung. Beide konzeptionellen Entwürfe beziehen sich, unter unterschiedlich zugrunde liegenden gesellschaftlichen Entwürfen, auf gesellschaftliche Teilhabe. Die zeitliche Klammer zwischen beiden Büchern bildet die Formulierung und Bewegung „Sport für alle", die in den 1960er Jahren „von Initiativen auf politischer Ebene" in den skandinavischen Ländern ausging. (Jütting; Krüger 2017, V) Zu Beginn der 1970er Jahre mit der „Trimm Dich-Bewegung" bzw. dem „Zweiten Weg des Sports" fanden in der Bundesrepublik dann größere Teile vormals nicht sportaktiver Bevölkerung auf breiten- und freizeitsportlicher Basis Zugang zum Sport. Auf europäischer Ebene wurde 1976 in der Europäischen Charta „Sport für alle" der Anspruch öffentlich dokumentiert. Inwieweit sich „Sport für alle" in den einzelnen Feldern und Zielgruppen realisieren konnte (ausgenommen Sportgroßveranstaltungen), ist in dem umfangreichen Sammelband von Jütting und Krüger (2017) nachzuvollziehen.[41]

Mit der Intention eines partizipativ entwickelten Konzeptes für Sportgroßveranstaltungen in der Stadt, das aufgrund des Umfangs und der Struktur einen prinzipiellen und interessierenden Zugang ermöglicht, wären sowohl infrastrukturelle Anstrengungen und Bildungsanstrengungen verbunden. Ohne öffentliche Infragestellung ist jedoch eine Verschiebung der bisherigen ökonomischen Schwerpunktsetzung zumindest bei neoliberal inspirierten VertreterInnen, aufgrund fehlender Wahrnehmung und Kenntnis gegenüber den unteren sozialen Schichten und aufgrund des an der Privatwirtschaft ausgerichteten Interesses, nicht zu erwarten.

---

[40]Der Historiker Lindner (2004, S. 49 ff.) setzt sich kritisch mit Tätigkeiten und Gutachten Erhardts seit 1939 auseinander. Im Widerspruch zur später medial verbreiteten Position einer ordoliberalen Wirtschaftspolitik schlug Erhardt bereits 1944 für die Nachkriegsphase staatliche Zwangsanleihen vor, um den „Kaufkraftüberhang" abzubauen, der „einseitig die Bevölkerung belastete" (S. 50).

[41]Schulke (2017a, b, 302 ff.) geht in seinem Beitrag auf die Sportgroßveranstaltung „Special Olympics" im Hinblick auf inklusiven Sport ein.

Der gesellschaftliche Raum zur Zielgruppenbestimmung für Sportgroßveranstaltungen bezieht sowohl städtische Gruppen als auch externe Gruppen mit ein, die sich über einen entweder sozial oder ökonomisch ausgerichteten Bezug bestimmen lassen. Daraus lässt sich eine polare idealtypische Orientierung darstellen. Eine marktorientierte Ausrichtung konzentriert sich innerhalb der städtischen Gruppen auf das Bürgertum bzw. die Mittelschicht, denen die von ihnen goutierten Sportarten als Großveranstaltungen akquiriert und ausgerichtet werden. Gleichzeitig wird die Absicht verfolgt, einen Attraktivitätsfaktor für Unternehmen, „High Potentials" und kaufkraftrelevante TouristInnen zu erzeugen. Eine soziale Ausrichtung, würde innerhalb eines transparenten, offenen und nicht simulativen diskursiven Verfahrens eine Konzeption entwerfen, der es gelingt, mit einem unterstützenden, niedrigschwelligen Angebot einen Zugang für alle BürgerInnen zu eröffnen. Der Fokus für externe Gruppen hätte sich überdies durch unbedingte Gastfreundschaft für SportlerInnen und BegleiterInnen sowie die am Sport besonders Interessierten auszurichten (Abb. 4.10).

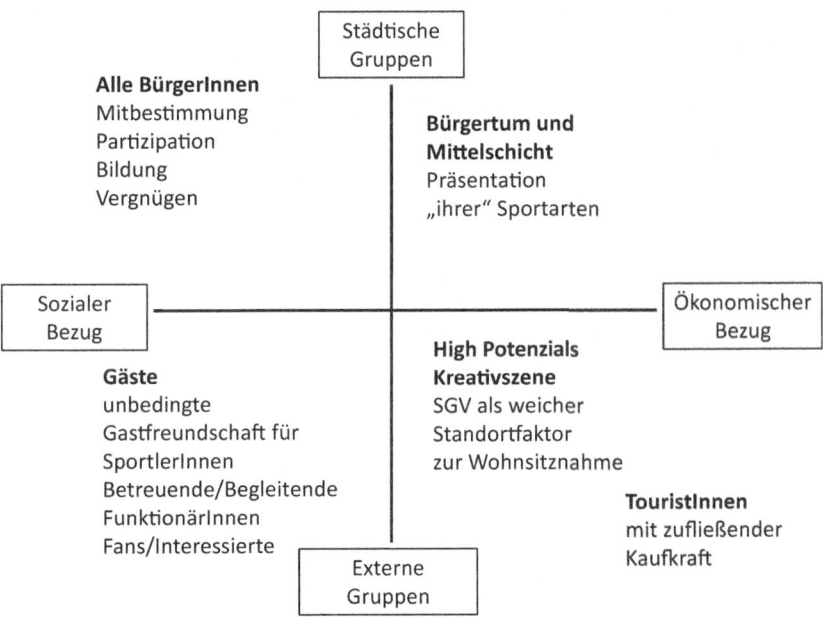

Abb. 4.10 Soziale und ökonomische Begründungen zur Zielgruppenorientierung bei Sportgroßveranstaltungen. (Quelle: eigene Darstellung)

Im Folgenden soll der Umgang mit einzelnen ausgewählten Gruppen weiter aufgegriffen werden. In diesem Zusammenhang ist auf die praktizierte Gastfreundschaft im Kontext von Sportgroßveranstaltungen einzugehen und damit auf das Verhältnis zu TouristInnen bzw. Gästen. Die geäußerte Unterstellung, den politischen VertreterInnen sowie den Akteuren der Wirtschaftsförderung und des Stadtmarketings fehle es gegenüber den unteren sozialen Schichten an Wahrnehmung und Kenntnis ist näher zu begründen. Und nicht nur das. Darüber hinaus ist aufzuzeigen, dass eine weit verbreitete Distanznahme zu kaufkraftschwachen Gruppen vorherrscht, die bis hin zum Klassismus reicht.[42]

4.8   Freundliche Gastgeber durch zahlendende Gäste

4.8.1   Die Welt zu Gast bei Freunden!?

Im Auftrag der Ständigen Konferenz der Innenminister und -senatoren der Länder (IMK) wurde im Bund-Länder-Ausschuss das Nationale Sicherheitskonzept FIFA WM 2006 beschlossen. Dort wurde auch das Motto der mehrwöchigen Großveranstaltung präzisiert: „Mit dem Motto: „Die Welt zu Gast bei Freunden" verfolgt Deutschland als Gastgeber der FIFA WM 2006 neben den sportlichen Aspekten zwei Ziele: Alle Gäste und TeilnehmerInnen der FIFA WM 2006 sollen sich wohl fühlen und im ganzen Land Rahmenbedingungen vorfinden, die das sichere und unbeschwerte Erleben dieses Ereignisses gewährleisten. Darüber hinaus möchte Deutschland seine Gastfreundschaft als weltoffene Nation im Herzen Europas zeigen." (S. 5).

An dieser Stelle soll nicht diskutiert werden, ob die gesteckten Ziele zur FIFA WM 2006 in den Ausrichterstädten eingelöst wurden, sondern sie sollen als tragfähige und positive Orientierung zum Anlass und Maßstab für städtische Sportgroßveranstaltungen genommen werden:

- Sportorientierung
- Wohlfühlatmosphäre
- Sicherheit

---

[42]Unter Klassismus wird „die individuelle, institutionelle und kulturelle Diskriminierung und Unterdrückung aufgrund des tatsächlichen, vermuteten oder zugeschriebenen sozial- oder bildungspolitischen Status" gefasst. (Kemper; Weinbach) Detaillierter zum Begriff des Klassismus siehe insbesondere Kemper und Weinbach (2016).

- Unbeschwertheit
- Gastfreundschaft
- Weltoffenheit

Bevor diese Kategorien als selbstverständlich angenommen werden, ist auf die sechs Jahre zuvor stattgefundene Fußball-EM zu verweisen, in der nach Schneider und Gabriel (2001) insbesondere alle drei Gewalten des „Gastgeber"landes Belgien, eine repressive, stigmatisierende, kriminalisierende und rechtsverletzende Visitenkarte gegenüber seinen Besuchern abgaben.[43]

4.8.2   Aus Gästen werden TouristInnen

Neben der religiös begründeten Gast"freundschaft" auf vorwiegend individueller Ebene, entwickelte sich „Gastlichkeit" samt der damit verbundenen Infrastruktur frühzeitig als notwendig strukturelle Basis für gelingende Handelsbeziehungen. Spätestens seit sich Reisen ab den 1970er Jahren zu einem massentouristischen Wirtschaftszweig entwickelt hat, wird Gastfreundschaft kaum um ihrer selbst willen und vor allem nicht voraussetzungslos geboten, sondern um möglichst ökonomisch rentierliche Besuche und Folgebesuche zu erzeugen. Mit zunehmend industrieller Prägung touristischer Beziehungen reduziert sich die unmittelbare soziale Beziehung zu einer reinen Dienstleistung, die nicht auf Reziprozität beruht, sondern im zunehmend anonymer werdenden Tausch Aufenthalt gegen Geld.

Die Love Parade 2010 ist ein drastisches Beispiel dafür. Das Ruhrgebiet wollte sich im Kontext der Ausrichtung zur Kulturhauptstadt „Ruhr.2010" als Macherregion darstellen. Zuvor hatten bereits Dortmund und Bochum eine potenzielle Ausrichtung der Love Parade verworfen und Duisburg hatte die World Games 2013 bereits abgesagt. In einer Phase wo die Kulturhauptstadt Essen samt Metropolregion Ruhr im Fokus einer breiten Öffentlichkeit stand bzw. stehen sollte, wollten nahezu alle politischen Akteure sich nicht weiter mit einer zusätzlichen „Nicht-Ausrichtungsfähigkeit" blamieren. Das war der entscheidende Grund! Die „Gäste" waren nahezu uninteressant, und so wurde das schäbigste

---

[43]Dazu ist insbesondere auf die umfangreiche und informative Dokumentation von Schneider und Gabriel 2001 in Zusammenarbeit mit der Koordinationsstelle Fan-Projekte bei der Deutschen Sportjugend hinzuweisen, deren Herausgabe vom damaligen Bundesministerium für Familie, Senioren, Frauen und Jugend (BMFSJ) sowie dem Deutschen Fußball Bund (DFB) finanziell unterstützt wurde.

Gelände zur Verfügung gestellt (mit tragischem Ausgang), was Duisburg zu „bieten" hatte. Auf einem ansonsten trostlosen ehemaligen Güterbahnhofsgelände fuhren die Wagen dann im Kreis.

Der „Lackmustest" der Gastfreundschaft zeigt sich seit jeher auch und vor allem im Umgang mit als problematisch eingestuften Verhaltensweisen, Personen oder Gruppen.[44] Der minderschwere Katalog bürgerlicher Zumutungen umfasst dabei unangemessene Lautstärke, ungewöhnliche Bekleidung, fehlender Konsum, untätiges Verweilen im öffentlichen Raum, öffentlicher Alkoholkonsum, halböffentliche Notdurft und ein provozierend, derb-zotiger Sprachgebrauch. An dieser Stelle könnte sich vor dem geistigen Auge das stigmatisierende Bild des männlichen Hilfsarbeiters mit Hauptschulabschluss abzeichnen. Weit gefehlt! „Selbst unter den ganz Harten der Hooliganszene trifft man heute mehr Lehrer, Verwaltungsangestellte oder selbstständige Kleinunternehmer als arbeitslose Hauptschulabbrecher." (Farin 2010) Nun wäre bspw. zu Fußballmeisterschaften die Kenntnis und angemessene Einschätzung anreisender auswärtiger bzw. ausländischer Gäste in Fans, Kuttenträger und Ultras einerseits sowie Hooligans andererseits hilfreich, um einen angemessenen Umgang miteinander zu pflegen.

4.8.3 Der fehladressierte Gast erscheint nicht und beschädigt die Veranstaltung

Eine besonders umworbene Gruppe an Gästen stellen Sponsoren dar, die im Vorfeld der von ihnen gesponserten Sportgroßveranstaltungen ihre vertraglich geregelten Kartenkontingente entgegennehmen und an ihre GeschäftspartnerInnen sowie im eigenen Unternehmen verteilen. Doch als fortwährendes Ärgernis für die Ausrichter und Veranstalter nutzen Sponsoren die ihnen zur Verfügung gestellten Karten vielfach nicht.

Die Eintrittskarten verfallen und demzufolge bleiben zahlreiche Plätze zu Sportgroßveranstaltung unbesetzt. Das telegene Bild leerer Plätze beschädigt gleichwohl das Image einer attraktiven Veranstaltung. Nicht ausverkauft zu sein, suggeriert, so die allenthalben präsentierte Fehldiagnose, Gleichgültigkeit. Das Gegenteil ist der Fall. Für diesen Personenkreis ist die Veranstaltung aus subjektiv „gutem" Grund schlicht unpassend – nichts anderes wird damit dokumentiert. Die vom Sponsor intern oder an Geschäftspartner verschenkte Karte bedeutet

---

[44]Freundlichkeit, Gelassenheit und Toleranz gegenüber zahlungskräftigen, gut lenkbaren Kurzbesuchern aufzubringen stellt für Niemanden eine Hürde dar.

u. U. potenziell Fahrzeiten, Wartezeiten auf Einlass, Personenkontrollen, Wartezeiten für Essen und Getränke und vor allem Langeweile während einer individuell unbekannten oder nicht favorisierten Sportart, mit Sportlern aus eventuell
wenig imageträchtigen Nationalstaaten. Ein derartiges Szenario liegt anscheinend
außerhalb der Vorstellungskraft der beauftragten „SportmanagerInnen" und
„MarketingexpertInnen". Der Ball liegt also vielmehr im Feld von Veranstaltern
und Ausrichtern, die mit einer willfährigen Sponsorensuche alle möglichen
und vor allem auch unmöglichen, weil sportfernen und bisweilen auch sport-
beschädigenden Unternehmen versuchen zu akquirieren.[45] Preuß (2012) weist
übrigens darauf hin, dass im IOC beginnende Zweifel einsetzen, aufgrund der
sich restriktiv entwickelten Verhältnisse zu Sponsoren. „Seit mehr als 25 Jahren hat die Kommerzialisierung einen maßgeblichen Einfluss auf die Olympische Bewegung. Die drohende Abhängigkeit von Sponsoren hat das IOC zu
einer Neubewertung dieser Beziehungen gezwungen. Man will eine zu starke
Kommerzialisierung vermeiden und die Olympischen Ideale wieder stärken. Dies
erfolgt, indem das IOC die Sponsoren darüber aufzuklären versucht, wie man die
Olympischen Ideale für kommerzielle Zwecke optimal nutzen kann, ohne diese
zu schädigen. … Außerdem will das IOC Langzeitverträge mit Sponsoren und
Medienkonzernen abschließen, wovon man sich ein stärkeres Verantwortungs-
gefühl für die Marke „Olympia" verspricht." (Preuß 2012, S. 11).

4.8.4 Was ist das besonders Wichtige am „Very Important"?

Eine ähnliche Problematik wie bei den Sponsoren wird durch die künstlich
erzeugte Gruppe sogenannter Very Important Persons (V.I.P.) erzeugt. Zu Organisation des Grand Départ der Tour de France in Düsseldorf 2017 wurden Teile
des öffentlichen Raumes abgesperrt und zur VIP-Zone deklariert. Wichtige Person im Kontext der Tour de France konnte werden, wer die Bereitschaft zeigte,
ca. 700 € für das Ticket-Paket auszugeben. (Auch ohne sportartspezifisches
Interesse.) Als Gegenleistung wurde in den Hospitality-Zonen ein exklusiver
Blick auf die Strecke geboten nebst Moderation. Soviel für Sportinteressierte.
Zusätzlich wurde ein vielseitiges Speisenangebot, spezielle Angebote für Vegeta-
rierInnen, Angebot an heißen und kalten Getränken, inkl. Champagner, Großbild-
schirme mit Live-Übertragung des Rennens sowie die musikalische Begleitung

---

[45]Zur sportnähe und sportferne von Sponsoren siehe Kap. 5.

der Veranstaltung geboten. (siehe www.duesseldorf.de) Die Veranstaltung war selbstverständlich auch Indoor zu verfolgen. „Auch im Konzertsaal selbst kann man das Sportspektakel (sic!) auf Großbildleinwänden von den bequemen Sitzen aus verfolgen." (www.duesseldorf-tourismus.de) Die Karten wurden preislich hoch angesetzt, was dazu führte, dass von der anvisierten Anzahl von 6000 Tickets, 3800 vermarktet und letztlich 1142 verkauft wurden. (Rose/NRZ 2018) Attraktivität und/oder Zahlungsbereitschaft der eventuell nur beiläufig am Radsport interessierten Klientel wurden deutlich überschätzt. Um die eingangs aufgeworfene Frage zu beantworten, richtet sich der Blick weg vom abstrakten Zahlungsmittel Geld hin zum konkreten Interesse am Sport. Personen mit einem besonderen oder langen Erfahrungshintergrund im Radsport als AktiveR, TrainerIn etc., mit besonderen oder umfangreichen Kenntnissen oder mit der Bereitschaft lange Anfahrtswege oder Wartezeiten in Kauf zu nehmen, um an diesem für sie bedeutsamen Ereignis teilnehmen zu dürfen, wären „very important"! Also all jene, die die Bezeichnung Connaisseur und/oder Radsportfan für sich in Anspruch nehmen können. Wären dies nicht im sportkulturellen Verständnis genau jene ZuschauerInnen, die den exklusiven Blick auf die Strecke zu würdigen wüssten?

4.8.5 Klassismus: Die ökonomische Unterschicht als „Unimportant People"

Wenn nachfolgend von der ökonomischen Unterschicht die Rede ist und nicht von „sozial Schwachen", dann aus zwei Gründen. Zum einen ist aufzuzeigen, dass die neoliberale Einordnung überwiegend nach Kaufkraftrelevanz erfolgt und zum anderen hat sich bislang die oberste ökonomische Schicht um diese Etikettierung „verdient" gemacht.

Die Distanz, Nichtberücksichtigung, Ablehnung bis hin zur Abscheu der aufstiegsorientierten Mittelschicht und Oberschicht gegenüber der im gesellschaftlichen Raum unter ihnen befindlichen Schicht (ca. 30–40 %) samt ihrer Milieus hat vielfältige Ausprägungen und Gründe. Sie können an dieser Stelle lediglich andiskutiert werden. Hinzuweisen ist auf soziale und räumliche Seggregationsprozesse, die sich über ein zunehmend status- und bildungshomogames Heiratsverhalten äußern (Grünheid 2011; Heuzeroth und Dorbritz 2009) sowie über die Gentrifizierung von Stadtteilen (Bürkner 2011; Holm 2018).

Als politisch besonders relevant dürfte sich die (Kommunal-)Wahlbeteiligung auswirken. Der Anteil der NichtwählerInnen bei der Bundestagswahl 2013 betrug im untersten Einkommensquintil 39 % und im obersten Quintil lediglich

7 %. (Schäfer 2015, S. 37) Unter der Überschrift „Demokratie der „Besserverdienenden"?" präsentieren Schäfer et al. (2013) die Ergebnisse zum Zusammenhang zwischen Kaufkraft und Wahlverhalten. „Für die fünf Stadtteilgruppen zeigt sich ein klares Muster: Je höher die Kaufkraft in einem Viertel ist, desto höher fällt auch die Wahlbeteiligung aus. Dabei steigt die Wahlbeteiligung schrittweise von einer Gruppe zur jeweils nächsten an, sodass im Durchschnitt selbst zwischen Stadtteilen mit hoher und sehr hoher Kaufkraft ein deutlicher Unterschied in der Wahlbeteiligung feststellbar ist. Je besser es den Menschen in einem Viertel finanziell geht, desto höher ist der Anteil derjenigen, die an Wahlen teilnehmen." (Schäfer et al. 2013, S. 29) Für die Kommunalwahlen 2012 in NRW verzeichnete im übrigen der Stimmbezirk mit der niedrigsten Wahlbeteiligung 12,7 %, bei einer NRW-weiten Gesamtwahlbeteiligung von 49,2 % (Landeswahlleiter NRW).

Auch Güllner (2013) kommt in seiner Untersuchung zu vergleichbaren Ergebnissen, insbesondere, dass sich „Dauer-Nichtwählen" manifestiert. „Der Vergleich der Sozialstruktur der Wähler mit der der Nichtwähler zeigt, dass sich unter den Nichtwählern überproportional die unteren sozialen Schichten (geringe Schulbildung, geringes Einkommen, geringer sozialer Status) finden. Da diese Diskrepanz besonders ausgeprägt bei den Dauer-Nichtwählern ist, besteht die Gefahr, dass sich die unteren sozialen Schichten zunehmend ausgegrenzt fühlen von den politischen Entscheidungsprozessen, die in immer stärkerem Maße die Interessen der eher privilegierten Schichten der Bevölkerung berücksichtigen." (Güllner 2013, S. 20).

In den Studien zum Wahlverhalten wurde bislang über die Personen und über ihre durchschnittlich statistischen Lebenslagen geschrieben. Die „Denkfabrik – Forum für Menschen am Rande" hat 2017 mittels qualitativer Forschung die Motive für das Nichtwählen von Langzeitarbeitslosen erhoben. In der Einleitung heißt es dazu: „Den meisten Menschen, die teilhabesatt und gesellschaftlich gut integriert sind, fällt es schwer, sich in die prekäre Welt dieser Menschen mit ihren Zumutungen und Leiden hineinzudenken." (Denkfabrik 2017, S. 4) Öffentlich wird eine niedrige Wahlbeteiligung von politischer Seite zwar beklagt. Als politische Handlungskonsequenz erwächst jedoch aus einer langfristig niedrigen Wahlbeteiligung in Stimmbezirken und/oder von unteren Schichten die Tendenz weiterer Nichtberücksichtigung, da kaum negative Konsequenzen durch Nicht-Wähler zu befürchten sind.

Diese Haltung betrifft im übrigen nicht mehr nur die bürgerlichen Parteien. Duroy (2018) hat in einem zugespitzten Beitrag für die Wochenzeitung „der freitag" unter dem Titel „Die Zombies der Demokratie. Der überflüssige Bürger" verallgemeinernd das Verhältnis mehr oder weniger „linker" Parteien zur ökonomischen Unterschicht zusammengefasst. „Die Unterprivilegierten empfinden innerhalb des öffentlichen Diskurses keine Resonanz mehr. Einstmals große Fürsprecher dieser Gruppe wie z. B. die SPD sind in ihrem Wahn nach dem Streben zur politischen Mitte und also zum vorzeigbaren Mittelstandsbürger hin, als glaubhafte Vertreter der Unterschicht komplett ausgefallen. Auch die Linke der Gegenwart verspürt eine deutliche Entfremdung von den unterprivilegierten Wählern und erkennt, dass wer in der Gegenwart politisch sexy wirken will, lieber die Finger von den Unterprivilegierten lässt. Diese Lektion hat man bei den Grünen gelernt, die seit Jahren zu DER Partei der schicken Mittelstands-Parvenüs mutiert ist." (Duroy/www.freitag.de 2018).

Die Nichtberücksichtigung und Distanznahme zur ökonomischen Unterschicht sind überwiegend einem politisch-funktionalem Kalkül geschuldet. Ablehnende, diffamierende und diskriminierende Positionen stellen darüber hinaus ein qualitativ weitergehendes Niveau dar und haben klassistische Denkfiguren zur Grundlage. Da pejorative Äußerungen von KommunalpolitikerInnen (und VertreterInnen der Kommunalverwaltung) gegenüber der ökonomischen Unterschicht eher in einem kleinen (Insider-)Kreis geäußert und kaum offenkundig werden, sollen exemplarisch die aus den letzten Jahrzehnten einer breiten Öffentlichkeit bekannt gewordenen pejorativen Äußerungen dokumentiert werden, die in überregionalen Medien Verbreitung gefunden haben. Sie dienen als weiteres Indiz dafür, dass eine neoliberal ausgerichtete Politik sich ganz überwiegend an Verwertbarkeits- und Nützlichkeitskriterien orientiert. Wer zudem das verkürzte Narrativ und Menschenbild des homo oeconomicus verinnerlicht hat und auf eine prinzipielle (!) leistungsbelohnende Aufstiegsmöglichkeit jenseits von Machtverhältnissen vertraut, „muss" aus dieser Logik heraus gesellschaftlich erzeugte prekäre Verhältnisse als individuelles Versagen interpretieren (Tab. 4.17).[46]

Vergleichbare Auflistungen ließen sich auch aus anderen gesellschaftlichen Teilbereichen erstellen. Für die Unterhaltungsbranche steht exemplarisch der (ehemalige) Vorstandsvorsitzende des privatwirtschaftlichen Fernsehunternehmens Pro Sieben Sat 1, Thomas Ebeling, mit seiner speziellen Sicht auf einen

---

[46]Als hätte es die Feldforschungen (1931–1933) und Studie der „Arbeitslosen von Marienthal" (1933) nie gegeben und daran anschließende Untersuchungen zur strukturell bedingten Arbeitslosigkeit, ließ der damalige Bundesminister für Wirtschaft und Arbeit Wolfgang Clement (SPD) einen Report mit dem Titel „Vorrang für die Anständigen – Ein Report vom Arbeitsmarkt 2005" herausgeben. In zeitlicher Nachfolge wurde Clement u. a. Kuratoriumsvorsitzender der neoliberalen „Initiative Neue Soziale Marktwirtschaft" (INSM), die durch die Arbeitgeberverbände der Metall- und Elektro-Industrie finanziert und wissenschaftlich vom Institut der deutschen Wirtschaft begleitet wird.

Tab. 4.17 Klassismus als Bestandteil politischen Denkens und pejorative Äußerungen

Helmut Kohl CDU 1993	„Wir haben in Deutschland im Durchschnitt sechs Wochen Urlaub und zwölf Feiertage pro Jahr. Bei der wöchentlichen Arbeitszeit liegen wir gleichzeitig mit durchschnittlich 37,5 h niedriger als alle unsere Konkurrenten. Wir können die Zukunft nicht dadurch sichern, das wir unser Land als kollektiven Freizeitpark organisieren."
Gerhard Schröder SPD 2001	„Wer arbeiten kann, aber nicht will, der kann nicht mit Solidarität rechnen. Es gibt kein Recht auf Faulheit in unserer Gesellschaft!"
Philipp Mißfelder CDU 2003	„Ich halte nichts davon, wenn 85-Jährige noch künstliche Hüftgelenke auf Kosten der Solidargemeinschaft bekommen."
Daniel Bahr FDP 2005	„In Deutschland bekommen die Falschen die Kinder. Es ist falsch, dass in diesem Land nur die sozial Schwachen die Kinder kriegen."
Klaus Brandner SPD 2005	„Ich käme mit 345 EUR über die Runden."
Kurt Beck SPD 2006	„Wenn Sie sich waschen und rasieren, haben Sie in drei Wochen einen Job."
Thilo Sarrazin SPD 2008	„Wenn die Energiekosten so hoch sind wie die Mieten, werden sich die Menschen überlegen, ob sie mit einem dicken Pullover nicht auch bei 15 oder 16 Grad Zimmertemperatur vernünftig leben können."
Henner Schmidt FDP 2008	„Vor allem Leute, die sonst auch Flaschen sammeln, könnten dann für jede tote Ratte einen Euro bekommen."
Gottfried Ludewig CDU 2008	„Diejenigen, die den deutschen Wohlfahrtsstaat finanzieren und stützen, müssen in diesem Land wieder mehr Einfluss bekommen. Die Lösung könnte ein doppeltes Wahl- und Stimmrecht sein."
Philipp Mißfelder CDU 2009	„Die Erhöhung von Hartz IV war ein Anschub für die Tabak- und Spirituosenindustrie."
Guido Westerwelle FDP 2010	„Wer dem Volk anstrengungslosen Wohlstand verspricht, lädt zu spätrömischer Dekadenz ein."
Roland Koch CDU 2010	„In Deutschland gibt es Leistungen für jeden, notfalls lebenslang. Deshalb müssen wir Instrumente einsetzen, damit niemand das Leben von Hartz IV als angenehme Variante ansieht."
Jens Spahn CDU 2018	„Hartz IV bedeutet nicht Armut."
Christian Grimm CDU 2019	„Wir schütten die Leute mit Geld zu und sie werden trotzdem nicht zufriedener. Wir leisten uns zu viel Sozialklimbim in einem Rundum-Versorgungsstaat."

Quellen: https://andreaskemper.org; www.zeit.de; www.manager-magazin.de; eigene Recherchen

Teil des von ihm bedienten Fernsehpublikums: „Es gibt Menschen, ein bisschen fettleibig und ein bisschen arm, die immer noch gerne auf dem Sofa sitzen, sich zurücklehnen und gerne unterhalten werden wollen." (www.sueddeutsche.de 2017).

Resümierend kann festgehalten werden, dass das Augenmerk der kommunal-politisch-administrativen Akteure sich zunehmend auf die mit Sportgroßveran-staltungen erhofften positiven Imagesignale auf externe städtischen Gruppen wie Unternehmen, Sponsoren, „High Potentials" und Touristen konzentriert. Sport-großveranstaltungen werden, wie bereits ausgeführt, im Kontext der auferlegten und einwilligenden Städtekonkurrenz als weicher Standortfaktor funktionalisiert. Auf der anderen Seite partizipieren durch die Struktur der ausgerichteten Sport-großveranstaltungen ganz überwiegend die oberen Schichten, die ohnehin bereits eine hohe Affinität zum Sport aufweisen. Allenfalls über den Fußballsport wird versucht schichtenübergreifende Identitätsnarrative zu erzeugen.

Der Abschluss dieses Kapitels ist Schweizer Sportökonomen und Preuß vor-behalten und das aus gutem Grund. Haben doch Baumann et al. (2008) in ihrer Publikation zur wirtschaftlichen Bedeutung von Sportveranstaltungen detailliert aufgeführt, dass trotz der „sehr hohen wirtschaftlichen Bedeutung" der direkte Wertschöpfungsanteil als gering eingestuft werden muss. „Grund dafür sind die hohen Vorleistungen. Viele Sportveranstaltungen sind nicht in der Lage, Gewinne zu erzielen und haben Mühe, ihre Kosten zu decken. Diese ungedeckten Kos-ten werden entweder ausgeglichen durch direkte oder indirekte Beiträge der öffentlichen Hand oder durch übrige Erträge der Vereine." (S. 15) Für die Mehr-heit der „kleinen" und „mittleren" Sportgroßveranstaltungen liegen dazu realis-tische Budgetierungen vor.[47] Für die „großen" Sportgroßveranstaltungen kommt Preuß (2011a, b) resümierend zu einem ineffizienten Kosten-Nutzen-Verhältnis. „Ungeachtet der meist empfundenen und medial dargestellten „Größe" der Olympi-schen Winterspiele oder auch einer FIFA Fußball Weltmeisterschaft sind die seriös zurechenbaren Wirtschaftseffekte immer noch zu gering, um regionale oder gar nationale Wirtschaftsräume substanzielle zu beeinflussen." (Preuß 2011a, b, 191).

Insofern ist im nächsten Kapitel auf den nach wie vor existierenden Wider-spruch einzugehen, inwieweit vor international bedeutsamen Sportgroßveranstal-tungen interessegeleitete Zahlenwerke den Weg in eine positiv einzustimmende

---

[47]Damit sind bspw. Länderspiele, Deutsche Meisterschaften oder internationale Turniere in Spielsportarten gemeint.

Öffentlichkeit finden, um sich nachher als „überraschend" und eklatant zu niedrig angesetzt zu erweisen.[48] Damit ist gleichzeitig eine Handreichung, ja mehr noch, eine Anleitung verbunden, nicht nur den vor der Bühne bisweilen vollmundig vorgetragenen Versprechungen der Akteure Glauben zu schenken, sondern über ein Instrumentarium zu verfügen, um selbstständig realistische Zahlen und Zusammenhänge nachzuvollziehen.

[48]Bereits an dieser Stelle ist mit Flyvbjerg et al. 2016 darauf hinzuweisen, dass generell alle (!) international renommierten Bauprojekte diesem „Phänomen" unterliegen.

Ökonomische Effekte und Defekte: sorgfältig, „kreativ" oder unlauter berechnet

5

> „Letztlich schaut ein Berater
> aufgrund von Zahlen,
> aktuellen Analysen
> aus dem Unternehmen
> und seinen Erfahrungen
> in eine Glaskugel
> und stellt das Unternehmen
> erfolgreich auf die Zukunft ein."[1]
> Andreas Gugenheimer
> General Manager
> Sportyjob/AG Sport Group

Ein Großteil der politischen, administrativen und weiteren städtischen Akteure, die mit der Akquise, Bewertung und positiven wie negativen Entscheidung zu Sportgroßveranstaltungen befasst sind, verfügt nicht über eine umfassende volkswirtschaftliche Expertise zur Beurteilung von Wertschöpfungsberechnungen. Im Folgenden geht es daher nicht lediglich um eine bloße Aufzählung der wichtigsten Faktoren zur Berechnung, sondern um die Offenlegung der methodischen Möglichkeiten für handwerkliche Fehler, grenzwertige Auslegungen sowie mögliche Fälschungen. Damit verbunden sind zwei Intentionen. Zum einen ist eine (potenziell ängstliche) Zurückhaltung gegenüber beindruckend-blendenden Unternehmensnamen zu überwinden, sodass frühzeitige Nachfragen und

---

[1]Internationale Fachmesse für Sportartikel und Sportmode (ISPO) Berater-Karriere im Sportbusiness: Das sind die Voraussetzungen, download unter: www.ispo.com/knowhow/id_79712008/berater-im-sportbusiness-das-sind-die-fuenf-voraussetzungen.html vom 14.09.2017.

Eingriffe möglich sind und eventuelle Fehler oder Täuschungen offengelegt werden können. Zum anderen erschwert oder verhindert eine zunehmende Transparenz und Hinterfragung mögliche unseriöse politische Strategien, die mithilfe geschönter oder gefälschter Wertschöpfungsstudien Entscheidungsprozesse zu beeinflussen suchen.

Konkret sind die städtischen Akteure und politischen Entscheider mit Fragen konfrontiert, wie sie im öffentlich-journalistischen Kontext Grünberg stellvertretend für Hamburg aufwirft. „Mit wie viel öffentlichen Mitteln unterstützt die Stadt welche Veranstaltung, wann und warum? Diese Diskussion wird in Hamburg jedes Jahr aufs Neue geführt. Sind 650.000 Euro für ein hochklassiges Beachvolleyball-Turnier am Rothenbaum zu viel – oder sind 100.000 Euro für eine Tennisveranstaltung der dritten Kategorie, aber mit internationaler Beachtung, doch zu wenig? Und braucht ein Ironman … wirklich 300.000 Euro Anschubfinanzierung?" … „Dass bei Welt- und Europameisterschaften heute stets Millionenbeträge aufgerufen und hohe Lizenzgebühren an die Verbände gezahlt werden, ist dem Wettbewerb der Städte geschuldet. Wer hier mitspielen will, muss schon mal in seine Haushaltskasse greifen, denn Sport gilt international weiter als eines der effektivsten Marketingtools." (Grünberg; Abendblatt 2018).

Zwei Aussagen im Schlussabsatz des Beitrags von Grünberg sind bemerkenswert: Wettbewerb führt zu hohen Kosten! Diese Beobachtung für die internationalen Sportwettbewerbe ist zutreffend, aber das genaue Gegenteil dessen, was in den Grundsätzen der (neo)liberalen Ökonomie behauptet wird. Vielmehr entpuppt sich der Wettbewerb der Städte als kostentreibender Verdrängungswettbewerb. Die zweite Aussage betrifft den Sport als „effektivstes Marketingtool". Das nun ist eine unhinterfragte Annahme, die angesichts einer zunehmenden Anzahl von Sportgroßveranstaltungen (Franke 2016) nicht (mehr) aufrechterhalten werden kann, da mit der „Überproduktion" gleichzeitig Aufmerksamkeitsverluste verbunden sind. Für die tatsächlich Aufmerksamkeit generierenden Veranstaltungen werden überzogene Anforderungen („Premiumpreisstrategie") verlangt, sodass eine Annäherung an die Preiswürdigkeitsgrenze erfolgt, da sich bspw. die Zahl der Bewerberstädte für die Olympischen Sommer- und Winterspiele tendenziell reduziert.

Ein Blick auf einige ausgewählte Sportgroßveranstaltungen erzeugt einen kaum überraschenden Zusammenhang zwischen einerseits niedriger Bekanntheit und möglicher ökonomischer Rentabilität sowie andererseits einem dementsprechend hohen Bekanntheitsgrad mit ökonomisch defizitärem Ausgang (Abb. 5.1).

Nun ließen sich auch Gegenbeispiele anführen, da auch wenig bekannte Sportgroßveranstaltungen durch geringe ZuschauerInnenzahlen, fehlende Sponsoren

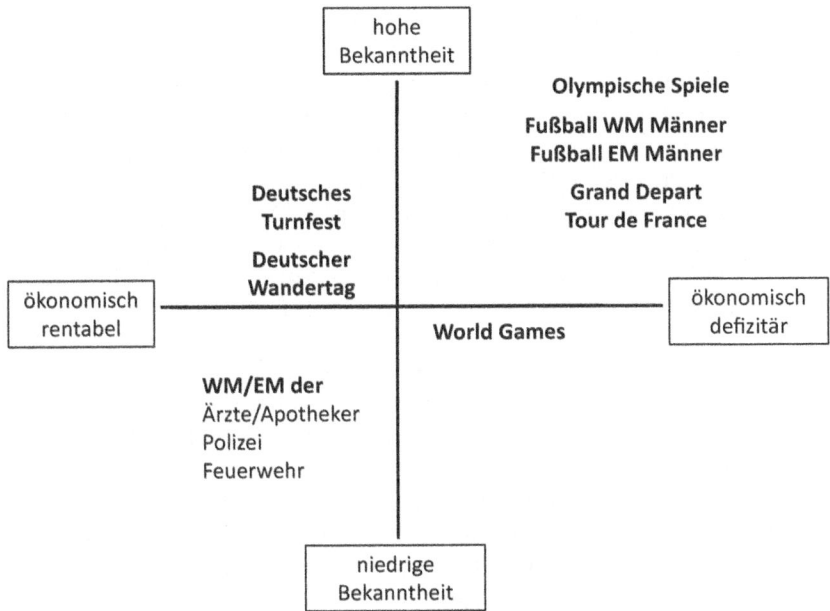

Abb. 5.1 Bekanntheit und Rentabilität ausgewählter Sportgroßveranstaltungen. (Quelle: eigene Darstellung)

oder sonstige Widrigkeiten mit einem Defizit abschließen können. Hinreichend wäre dafür bspw. auch ein Management minderer Güte.

Auf der anderen Seite werden Veranstalter bekannter und imageträchtiger Veranstaltungen versuchen, Lasten und Risiken überwiegend den Ausrichtern aufzuerlegen, soweit dies im Rahmen eines dafür vorhandenen Bieterwettstreits möglich ist. Für ausrichtende Städte bedeutet das nicht zwingend, dass ökonomisch defizitäre Sportgroßveranstaltungen verworfen werden müssten. Insbesondere da, wo sich die Städte in einer prekären finanziellen Situation befinden, ist ein offener, transparenter und begründeter Diskurs notwendig, ob sich eine überzeugende und überzeugte Mehrheit im Rahmen freiwilliger Leistungen der Daseinsvorsorge eine solche Veranstaltung leisten will. Fehlt dieser Diskurs aufgrund von durchsetzungswilligen Lobbygruppen, die ihre Partialinteressen umgesetzt wissen wollen, so werden zwei unterschiedliche Diskussionsräume (nicht Diskurse!) jeweils vor und hinter der „Bühne" besetzt.

Der Stadtplaner und -forscher Selle fasst die Präsentationen um die ökonomische Seite wie folgt zusammen: „Es ist fast immer der gleiche Vorgang: Die Anfangszahlen werden so „geschönt", dass ein Konsens zum In-Gang-Setzen des Projektes möglich wird. Ist dann der „point of no return" erreicht, steigen die Kosten oder Defizite. In einer dänischen Untersuchung, die dieses Grundmuster anhand vieler Projekte bestätigte, wurde die Frage gestellt, ob es sich hier um „Fehler oder Lügen" handele. Die Antwort lautete: Die systematische Fehleinschätzung der Kosten und wirtschaftlichen Risiken müsse wohl als „strategische Verfälschung" gedeutet werden." (Selle 2006, S. 6) Die von Selle nicht weiter ausgeführte dänische Untersuchung geht zurück auf Flyvbjerg et al. aus dem Jahr 2002 und bezieht sich auf die erwähnten permanent unterschätzten Kosten bei staatlichen Bauvorhaben, sodass die Autoren die grundsätzliche Frage aufwerfen, ob es sich um Planungsfehler oder Lügen handelt.

„Politicians may have a „monument complex", engineers like to build things, and local transportation officials sometimes have the mentality of empire builders. The most common psychological explanation is probably that of „appraisal optimism." According to this explanation, promoters and forecasters are held to be overly optimistic about project outcomes in the appraisal phase of projects, that is, when projects are planned and decided." (Flyvbjerg 2002, S. 288) Eine jüngst publizierte Studie von Flyvbjerg et al. (2016) zu den durchschnittlichen Kostenüberschreitungen von Großprojekten kommt zu gravierenden Ergebnissen. Demzufolge werden insbesondere bei Olympischen Spielen die Kosten um 156 % überschritten (Median 90 %). Für die Sommerspiele ist eine Überschreitung von durchschnittlich 176 % (Median 83 %) und für die Winterspiele ist eine Überschreitung von durchschnittlich 142 % (Median 118 %) zu verzeichnen. (Flyvbjerg 2016, S. 14) Allerdings ist mit den Autoren anzumerken, dass im Unterschied zu den meisten anderen baulichen Großprojekten, der „Fertigungstermin" für Olympische Spiele und andere Sport- sowie Kulturgroßveranstaltungen unveränderbar feststeht und bauliche Probleme somit einen höheren Kostenfaktor darstellen. Dennoch ist festzuhalten, dass selbst unter Berücksichtigung dieses Faktors, die Kostenüberschreitungen strukturell und nicht zufällig entstehen (Abb. 5.2).[2]

---

[2]Scholz hat in einem journalistischen Beitrag für „Die Zeit" bereits 1996 auf dieses Phänomen hingewiesen: „Allein im Bau verliert die öffentliche Hand im Jahr etwa zehn Milliarden Mark, weil Bauwerke durch illegale Preisabsprachen und feste Schmiergeldsätze um etwa dreißig Prozent teurer erstellt werden, als dies nach Marktpreis möglich wäre. Experten schätzen, daß bei etwa vierzig Prozent aller öffentlichen Bauten illegale Firmenabsprachen die Preise in die Höhe treiben, immer auf Kosten der Steuerzahler." (Scholz/www.zeit.de 1996).

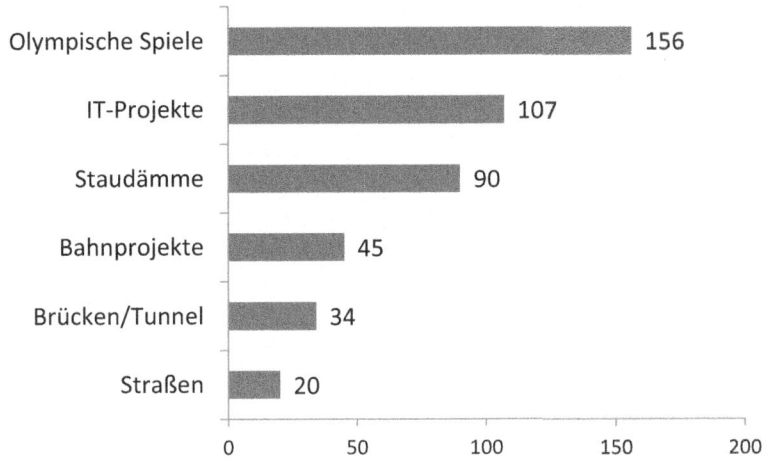

Abb. 5.2 Durchschnittliche Kostenüberschreitungen von Großprojekten in % (Olympische Spiele Zeitraum von 1960–2016). (Quelle: Flyvbjerg et al. 2016, S. 16)

Selle äußert sich zu derartigen Kostensteigerungen, dass sich in der Auseinandersetzung um Großveranstaltungen die besonders mächtigen und interessegeleiteten Gruppen durchsetzen. „Politisch möglich wird ein solcher Umgang mit den Zahlen, wenn es starke Interessen an den Vorhaben gibt und deren Gegner zu schwach sind, um Berechnungen und Begründungen bereits im Entscheidungsvorfeld wirkungsvoll in Zweifel ziehen zu können. Eben dieses Kräfteverhältnis ist im Falle von Großereignissen oft vorzufinden: Das „big event" wird als alternativlose Chance gesehen. Alle meinungsbildenden gesellschaftlichen Kräfte – Parteien, Unternehmen, Medien – unterstützen das Vorhaben. Kritik wird in einem solchen Klima als Beschädigung der Zukunft von Stadt und Region angesehen. Damit fallen zugleich viele der „checks and balances", die für das Funktionieren einer Demokratie wesentlich sind, aus – was Fehlentscheidungen jeglicher Art Tür und Tor öffnet." (Selle 2006, S. 6 f.).

Welche Interessenlagen mit welchen Auswirkungen und Problemlagen für so genannte „Mega-Events" vorliegen, hat jüngst Müller (2015) offengelegt. Müller beschreibt dazu sieben Symptome und dazu mögliche Auswirkungen am Beispiel der Olympischen Spiele. (siehe Tab. 5.1) Strukturell werden die positiven Auswirkungen der Veranstaltung überschätzt und als überzogene Versprechen der Öffentlichkeit präsentiert. Im Kontext beschleunigter Genehmigungsverfahren und reduzierter Kontrollmechanismen sind Großprojekte einfacher

Tab. 5.1 Das Mega-Event-Syndrom: Symptome und mögliche Auswirkungen

Symptom	Beschreibung	Mögliche Auswirkungen
1. Überzogene Versprechen	Überschätzung der positiven Auswirkungen	Fehlallokation von Ressourcen Vertrauensverlust bei der Bevölkerung
2. Unterschätzte Kosten	Tatsächliche Kosten > geplante Kosten	Budgetknappheit Fehlallokation von Ressourcen Geringe Bauqualität
3. Übernahme durch die Veranstaltung	Prioritäten der Großveranstaltungen werden zu Prioritäten der Stadtentwicklung	Anforderungen der Veranstaltung verdrängen Prioritäten für städtische Infrastruktur Überdimensionierte Infrastruktur
4. Öffentliche Haftung	Die Öffentlichkeit haftet für Planungs- und Organisationsrisiken	Höheres Kostenrisiko Anreiz zur Preistreiberei Verwendung öffentlicher Gelder für privaten Gewinn
5. Künstlicher Ausnahmezustand	Einführung spezieller Ausnahmegesetzgebung	Einschränkung wesentlicher Rechte Reduzierte Kontrollmechanismen
6. Ungleiche Verteilung	Ungleiche Verteilung von Kosten und Nutzen	Bevorzugung von Eliten Räumlich ungleiche Entwicklung Gentrifizierung
7. Event-Doping	Großveranstaltungen als scheinbar schnelle Lösung langfristiger Probleme	Bekämpfung der Folgen statt der Ursachen ineffizienter Planung Umverteilung von Kosten im Fall von Subventionierung durch den Bund

Quelle: Müller (2015, S. 122)

umzusetzen, als unter „normalen" Bedingungen. Ebenso wie Flyvbjerg et al. geht Müller davon aus, dass die tatsächlichen Kosten die geplanten überschreiten und beschreibt dieses Phänomen als „unterschätzte" Kosten. Aufgrund der jahrzehntelangen Erfahrungen mit überzogenen Baukosten ist jedoch davon auszugehen, dass allen relevanten Akteuren dieser Sachverhalt bewusst ist und es zum taktischen Politikgeschäft gehört, nachträglich derartige Steigerungen als „überraschend, plötzlich und unvorhersehbar" zu deklarieren und die Verluste über Steuergelder zu sozialisieren. Das vehemente polit-ökonomische Interesse an Großprojekten liegt demzufolge an den ungleich verteilten Kosten und Nutzen für Teile der städtischen Bevölkerung bzw. einzelner Politik- und Kapitalfraktionen.

Um offen zu legen, unter welchen ökonomischen Anforderungen Sportgroßveranstaltungen ausgerichtet werden und welche positiven und negativen Effekte damit verbunden sind, ist nachfolgend auf einzelne Bestandteile einzugehen. Zuerst sind die unterschiedlichen Ausprägungen der Pflichtenhefte/Bid books aufzugreifen. Danach werden die für eine lokal-regionale Wertschöpfungsberechnung notwendigen Bestandteile aufgezeigt samt ihrer Fehlerquellen und Möglichkeiten „kreativer" Bearbeitung.

5.1 Bestandteile der Berechnung

5.1.1 Pflichtenhefte/Bid book

Das Pflichtenheft ist die wesentliche Grundlage für das Verhältnis zwischen Veranstaltern und Ausrichtern. Die dort formulierten Anforderungen konzentrieren sich auf eine für die unmittelbar mit der Sportausübung beteiligten Akteure (Aktive, TrainerInnen, Betreuende, Schieds- und KampfrichterInnen) gelingende Veranstaltung. Damit sind insbesondere sportinfrastrukturelle und -technische Aspekte, Fragen der Organisation, des Protokolls, des Transports und der Unterbringung einbezogen. Darüber hinaus gehende Anforderungen beziehen weitere Akteursgruppen (FunktionärInnen, MedienvertreterInnen, Ehrengäste, Sponsoren und ZuschauerInnen) mit ein sowie die Bereiche Medien, Werbung und Finanzen und in jüngster Vergangenheit auch Versuche, Nachhaltigkeitskriterien gerecht zu werden. Umfang und Intensitätsgrad der jeweiligen Anforderung entstehen zum einen durch sportartspezifische Anforderungen (bspw. Deckenhöhe beim Volleyball, Beleuchtung beim Tischtennis, Laufbahnbeschaffenheit bei der Leichtathletik) und zum anderen durch die Exzellenz (DM, EM oder WM) und Größe (Anzahl der Aktiven und Zuschauer) der Sportveranstaltung.

Durch sportferne Interessen interner FunktionsträgerInnen der veranstaltenden Sportverbände sowie externer Akteure in Gestalt sponsernder Unternehmen diffundieren überzogene Anforderungen in Pflichtenhefte, die die Lasten einseitig zuungunsten der Ausrichter festschreiben. Das Ausmaß derartig sittenwidriger Vertragsgestaltungen („Knebelvertrag") steht im Zusammenhang mit

Tab. 5.2 Entscheidungsträger in internationalen Sportverbänden und Korrumpierbarkeit als Idealtypen[a]

Idealtypische Gruppen von Entscheidungsträgern internationaler Sportverbände	Gefahr der Korrumpierbarkeit
Vertreter der Autonomie des Sports (Mehrheit)	Nicht korrumpierbar
Wirtschaftsaffine Pragmatiker (bedeutende Minderheit)	i. d. R. nicht Korrumpierbar
Wirtschaftsgefügige und Wirtschaftsgünstlinge (Minderheit)	Korrumpierbar
Kollaborateure (Einzelfälle)	Korruption intendiert
Entsendete der Wirtschaft/ Interventionisten (Einzelfälle)	Korruption nicht nötig

Quelle: Schwark (2016, S. 105)
[a]Siehe dazu auch den Schlussbericht des National Sports Governance Observers (Geeraert 2018), wonach lediglich 11 % der Sportorganisationen Erklärungen abgeben, die Interessenskonflikte bei Entscheidungen betreffen (S. 35)

der finanziellen und medialen Bedeutung, Verwertbarkeit sowie Nachfrage nach der Sportgroßveranstaltung und den entwickelten Verbandstrukturen in den entscheidenden Gremien.

Ob Bewerbungen von Ausrichterstädten erfolgreich sind, hängt nicht ausschließlich von der Qualität der zu erfüllenden Anforderungen innerhalb des Sports ab, sondern in unterschiedlichem Maße auch von Anforderungen, die „hinter der Bühne" zu erfüllen sind. Tröger (2011, S. 72 f.) weist in diesem Zusammenhang aufgrund seiner jahrzehntelangen praktischen Erfahrungen auf „Stimmenmanipulationen" bei der Vergabe von Sportgroßveranstaltungen hin. Auch Digel (2011, S. 79 f.) erwähnt unsachliche, emotionale und beeinflussende Faktoren bei der Vergabe von internationalen Sportgroßveranstaltungen. Insofern können die Entscheidungsträger von internationalen Sportverbänden in Form von Idealtypen anhand ihrer Positionierung zum Sport bzw. für sportferne Interessen eingruppiert werden (Tab. 5.2).

Nachfolgend sollen drei unterschiedliche Beispiele die Anforderungen von Veranstaltern für Ausrichter verdeutlichen.

Das Pflichtenheft zur Austragung der Deutschen Tischtennis Individualmeisterschaften Damen/Herren umfasst neun Seiten und steht stellvertretend für zahlreiche Veranstaltungen auf ähnlichem Niveau. Die wesentlichen Punkte sind

Tab. 5.3 Checkliste und Pflichtenheft für Ausrichter/Durchführer Deutsche Tischtennis Individualmeisterschaften Damen/Herren

Sporttechnische Voraussetzungen	
Sporthalle: Verfügbarkeit; Beleuchtung; Fußboden/ TT-Spezialboden; Hallenkapazität/ Spielfläche; Spieltische/Spielboxen; Klebebereich; Ball-/Trikot-Auswahl; Turnierleitung/Oberschiedsrichter/Hallen- sprecher/Liveticker; Techn. Ausstattung für Turnierleitung/Oberschiedsrichter/Hallen- sprecher/Liveticker	Materialien Spielablauf: Training; Turnierleitung/Turniersteuerung/ Schiedsgericht/Spielplan; Hallensprecher
Organisation	
Unterbringung/Sitzungsräume	Fahrdienst/Parkplätze
Akkreditierung	Ordnungsdienst/Sanitätsdienst
Müllentsorgung/Reinigung	Breitensportliches Rahmenprogramm
(Ober)-Schiedsrichter/Schiedsrichtereinsatz/ Schlägerkontrolleure	
Pressearbeit/Medien	
Programmheft	Pressekonferenzen
Pressemappen	Arbeitsbedingungen für Journalisten
Ergebnisdienst/Liveticker	Zusammenarbeit mit RTV-Anstalten
Protokollfragen	
Ehrenkarten	Flaggen
VIP-Betreuung	Aktiventreff
Geselliger Abend	
Werbung	
Drucksachen: Programmheft; Veranstaltungsplakat; Eintrittskarten; Ticketflyer	Werbemöglichkeiten des Ausrichters/ Durchführers
Werbemöglichkeiten DTTB/TMG	
Finanzen	

Quelle: Deutscher Tischtennis Bund (2010) (eigene Darstellung)

in Tab. 5.3 aufgeführt und dürften anhand der dort nachvollziehbar aufgeführten Kriterien nicht nur unstrittig, sondern hinsichtlich des einzugehenden finanziellen Risikos des Ausrichters auch „überschaubar" sein.

Für die Bewerbung um das UEFA Champions League Finale 2021 hat die Stadt München die voraussichtlichen Kosten außerhalb der unmittelbaren Sportveranstaltung aufgeführt. Demzufolge schätzt das Sportamt die Gesamtkosten inkl. eines 20 %igen Aufschlags für „Unvorhergesehenes" auf ca. 8,6 Mio. €. Deutlich werden anhand der Auflistung die von der UEFA vorgegebenen umfangreichen Verpflichtungen außerhalb des Spielortes, die von der Ausrichterstadt zu tragen sind. Von einem Vertrag, der in beiderseitigem Einvernehmen geschlossen wird, kann an dieser Stelle bereits nicht mehr gesprochen werden. Der Bewerbung liegt das frühzeitige politische und finanzielle Einverständnis zugrunde, den geforderten Katalog zu erfüllen (Tab. 5.4).

Obwohl bereits ein Sicherheitsbetrag von über 1,4 Mio. € in die Gesamtkosten eingefügt wurde, bestehen berechtigte Zweifel, ob die anvisierten Kosten tatsächlich realistisch sind, da die Vergangenheit zeigt, dass im Verlauf der weiteren Umsetzung immer wieder zusätzliche Kosten den Austragungsstädten seitens der UEFA aufgebürdet wurden. „Die Erfahrungen der Vergangenheit haben aber gezeigt, dass die relativ unkonkreten Vorgaben der UEFA in der Umsetzungsphase stets zu Lasten der Host City … angepasst werden und somit einen erheblichen volatilen Charakter haben." (Sportamt München 2019, S. 9).

Eine nochmalige Steigerung hinsichtlich der zu erfüllenden Anforderungen erfährt eine potenzielle Bewerbung um Olympische Spiele. An dieser Stelle kann und soll diese Thematik nicht erschöpfend behandelt werden. Dazu ist insbesondere auf die zahlreichen Publikationen von Preuß (Universität Mainz) zu diesem Thema zu verweisen. Vielmehr soll es aus Sicht der Bewerberstädte um Anforderungen gehen, die vom IOC (ähnliches gilt auch für die Fußball-WM und EM der Männer) rechtswidrig eingefordert werden. Ein von Manssen erstelltes Rechtsgutachten zur „verfassungs- und kommunalrechtliche(n) Zulässigkeit des Abschlusses eines Host-City-Vertrages mit dem Internationalen Olympischen Komitee (IOC) durch die Landeshauptstadt München zur Durchführung der XXIII. Olympischen Winterspiele und der XII. Paralympischen Winterspiele 2018" kommt zu einem eindeutigen, ja geradezu drastischen Ergebnis.[3]

1. „Die Ausrichtung der XXIII. Olympischen Winterspiele und der XII. Paralympischen Winterspiele 2018 gehören weder zum eigenen noch zum durch Gesetz übertragenen Wirkungskreis der Stadt München. Schon aus diesem

---

[3]Zur Erläuterung ist anzumerken, dass Prof. Dr. Gerrit Manssen einen Lehrstuhl für Öffentliches Recht, insbesondere Verwaltungsrecht an der Universität Regensburg innehat.

Tab. 5.4 Geschätzte Leistungen/Verpflichtungen gegenüber der UEFA für das Champions League Finale 2021 in München

Leistungen/Verpflichtungen gegenüber UEFA	Kosten in € (brutto)
Kommunikation und Veranstaltungen	
Host City Dressing (Beflaggung, Riesen Pokal, Werbeflächenbereitstellung und Werbemittelproduktion)	725.000
Öffentlichkeitsarbeit (Pressekonferenzen, Homepages, Messen)	200.000
Celebration Party (Miete, Catering, Personal, Sicherheit)	120.000
Kostenlose Bereitstellung Olympiapark inkl. Infrastruktur und das geforderte Rahmenprogramm für das Champions-Festival Public Viewing Olympiastadion (optional, je nach Nachfrage der Fans)	600.000 400.000
Pre-Events (Infrastruktur, Sicherheit, Rahmenprogramm)	160.000
Kommerzielles und Nachhaltigkeit	
Garantierte Sicherung der Schutzrechte (Maßnahmen, Schulungen, Personal ggf. Ambush Marketing, Schwarzmarkttickets, Sicherung von Werbeflächen etc.)	200.000
Nachhaltigkeitsmaßnahmen (Konzept, Maßnahmen zur Einhaltung der UEFA-Vorgaben, Evaluierung)	350.000
Sicherheit und Schutz	
Fan-Meeting-Points (Infrastruktur, Sicherheit, Rahmenprogramm)	390.000
Integriertes Sicherheitskonzept (Agentur- bzw. Personalkosten für die Entwicklung und spätere Maßnahmenumsetzung wie z. B. Verkehrssicherung, Videoüberwachung, Ordnungsdienste etc.)	950.000
Kosten für Sicherheit (KVR Branddirektion)	1.400.000
Mobilität	
Kostenlose Nutzung ÖPNV Finalspieltag für Stadionbesucher und akkreditierte Personen (Presse, Volunteers etc.)	350.000
Mobilitätskonzept (Agentur- bzw. Personalkosten für die Entwicklung und spätere Maßnahmenumsetzung wie z. B. Wegeführungen, Beschilderungen, Einrichtung Busshuttles, Sicherung temporärer Busparkplätze etc.)	860.000
Weitere noch nicht klar definierte Forderungen bzw. Zuständigkeiten	
Volunteer-Programm (Schulung, Ausstattung, Personal)	250.000
Spectator Activations/städt. Rahmenprogramm	200.000
Voraussichtl. Gesamtkosten	7.155.000
20 % für Unvorhergesehenes	1.431.000
Gesamtkosten (brutto)	8.586.000

Quelle: Sportamt München (2019, S. 10 f.) (eigene Darstellung)

Grund darf die Stadt einen Host-City-Vertrag, mit dem sie sich zur Ausrichtung der Spiele verpflichten würde, nicht abschließen.
2. Der HCV ist ein Knebelvertrag. Das IOC nutzt beim Abschluss des HCV
seine unkontrollierte Monopolstellung für teilweise rechtlich groteske, den
Vertragspartner einseitig belastende Regelungen, die jedem Anstands- und
Gerechtigkeitsgefühl widersprechen. Eigene Verpflichtungen des IOC stehen
in seinem Ermessen. Der Vertrag lastet nahezu alle Risiken der Stadt an und
gibt fast alle Rechte an das IOC.
3. Der Host-City-Vertrag enthält nach bayerischem Kommunalrecht
genehmigungsbedürftige Elemente. Dies betrifft insbesondere die finanziellen
Folgen des Vertrages. Da das IOC sich das Recht vorbehält, den Vertragsent-
wurf einseitig zu ändern, kann eine Genehmigung vor der Unterschrift nicht
erteilt werden. Der Oberbürgermeister der Stadt München würde im Fall einer
Unterschrift unter den Vertrag als Vertreter ohne Vertretungsmacht handeln."
(Manssen 2011, S. 17)

Bemerkenswert ist zudem, dass die kommunalen Ratsmitglieder lediglich Entwürfe des Vertrages einsehen und darüber abstimmen können, nicht jedoch über
den Originalvertrag. Der Inhalt des privatrechtlichen Vertrages nach Schweizer
Recht basiert ausschließlich auf Vorgaben seitens des IOC und soll nach dessen Willen „vertraulich" behandelt werden. (S. 2) Manssen kommt aus juris-
tischer Sicht zu der Einschätzung, dass bereits durch die fehlende verbindliche
Verpflichtung zur Leistung des IOC-Beitrags (IOC-Contribution), sich eine derartige die Klausel verbietet. „Sie zeigt die monopolistische, unkontrollierte und
unlegitimierte Stellung des IOC, die es der Organisation ermöglicht, Bewerber-
städten Vertragsinhalte zu diktieren. … Ein solches Ansinnen wird man als sitten-
widrig einstufen müssen (Manssen 2011, S. 10).

Neben dem IOC Beitrag auf der Einnahmeseite fällt im Durchführungsbudget
für die Olympischen Winterspiele auf der Ausgabenseite die größte Position
„Sonstiges" mit 237 Mio. € auf, die jedoch nicht weiter erläutert wird (Tab. 5.5).

Abschließend ist auf die Ausweisung von Sonderzonen (Bannmeilen) durch
das IOC, die FIFA oder die UEFA hinzuweisen, in denen bürgerliche Grundrechte entweder eingeschränkt gelten oder außer Kraft gesetzt sind, wodurch das
Versammlungs- und Demonstrationsrecht betroffen sind. Einschränkungen existieren in diesen Sonderzonen zusätzlich durch Werbeverbote, die mit dem Recht
auf Gewerbefreiheit kollidieren. Hier bewegen sich die ausrichtenden Städte in
einer Dilemmasituation, da lokale Unternehmen berechtigterweise gegen die
werbliche Einschränkung klagen können. Internationale Sportverbände lassen

Tab. 5.5 Durchführungsbudget (Kalkulation) der Stadt München für die Olympischen Winterspiele 2018

Einnahmen	€ 2010	Ausgaben	€ 2010
IOC Contribution	318.700.000	Sportstätten	120.200.000
TOP Sponsoring	143.000.000	Olympische Dörfer & sonstige Dörfer	157.700.000
Nationales Sponsoring	409.000.000	MPC & IBC	38.200.000
Ausstatter	27.600.000	Mitarbeiter	119.900.000
Eintrittskarten	178.000.000	Informationssysteme	142.400.000
Lizenzen	30.800.000	Telekommunikation & andere Technologien	66.900.000
Lotterien	0	Internet	4.000.000
Spenden	2.000.000	Zeremonien und Kultur	62.500.000
Verkauf von Vermögensgegenständen	9.800.000	Medizin	13.700.000
Subventionen	35.000.000	Catering	19.100.000
(Bund	15.000.000)	Transport	81.500.000
(Land	15.000.000)	Sicherheit	31.800.000
(München	5.000.000)	Paralympische Spiele	73.400.000
Sonstiges	146.600.000	Marketing & Werbung	41.400.000
		Administration	78.600.000
		Vor-Olympische Events	12.200.000
		Sonstige	237.000.000
Defizit	0	Überschuss	0
Total	1.300.500.000	Total	1.300.500.000

Quelle: Manssen (2011, S. 9) nach Angaben der Stadt München (eigene, leicht veränderte Darstellung)

sich demnach durch Sponsoren finanzieren und übernehmen deren Forderung nach exklusivem Werberecht. Von souveränen Städten wird hernach verlangt, dass diese innerhalb der willkürlich um jede einzelne Sportstätte gezogenen Sonderzonen (2 km) einem Teil der dort ansässigen Unternehmen ihre wirtschaftliche und werbliche Aktivität einschränken.

Ob sich Sportgroßveranstaltungen „rechnen", kann aufgrund der Vielzahl von nicht erhebbaren, schwer zugänglichen oder lediglich zu schätzenden Daten nicht präzise, sondern allenfalls näherungsweise erhoben werden. Dazu existieren unterschiedliche Berechnungsverfahren. Nachfolgend soll das Hauptaugenmerk auf die Möglichkeiten der (unfreiwilligen) Verfehlung bis zu Manipulationsmöglichkeiten eingegangen werden, um Voraussetzungen für eine größtmögliche Transparenz zu schaffen.

5.1.2 Gutachten

„Welche Zahl schwebt Ihnen den so vor?"
Die Berechnung der ökonomischen Effekte einer Sportgroßveranstaltung suggeriert im Ergebnis einen Realitäts- und Präzisionsmaßstab, den es in dieser Form nicht geben kann. Effekte oder Wirkungen treten in mehreren Feldern, in unterschiedlichen Ausprägungen sowie zeitlichen Intensitäten auf und sind überdies abhängig von externen Faktoren.

Die Berechnung einer Kosten-Nutzen-Analyse (KNA) ist in ihrer methodischen Anlage darauf ausgerichtet, erstens differenziert die Vor- und Nachteile der ökonomischen, ökologischen und sozialen Effekte, zweitens tangible und nicht-tangible Effekte sowie drittens auch vor- und nachgelagerte Prozesse auszuweisen. Problematisch kann bei der KNA u. a. der verwendete Diskontierungssatz sein, der schon bei kleinsten Veränderungen und langen Laufzeiten zu erheblichen Unterschieden der Ergebnisse führt und damit eine zentrale Stellschraube in der Entscheidungsfindung darstellt. Zur Reichweite von KNAs im Sport siehe den grundlegenden Beitrag von Maennig (1998). Gehrig (2013) führt kritisch zur Kosten-Nutzen-Analyse (KNA) aus, dass sie lediglich eine Bilanz in Geldeinheiten darstellt, nicht jedoch den Nutzen bestimmt. „In der KNA wird weder danach gefragt, wem etwas nutzt und wen etwas kostet, noch sind räumliche, zeitliche und interpersonale Verteilungswirkungen von Interesse." (Gehrig 2013, S. 120) Grundsätzlich sind derartige Studien, insbesondere wegen der fehlenden Internalisierung externer Kosten, als verkürzt, allenfalls als Annäherung an Kosten und Nutzen anzusehen. Im Folgenden wird daher lediglich auf die Berechnung der ökonomischen Effekte und ihrer methodischen Probleme eingegangen. Unberücksichtigt bleiben die sozialen und ökologischen Effekte. Zum einen weil sie i. d. R. nicht Gegenstand der in Auftrag gegebenen Studien sind und zum anderen weil die Gesamtthematik den hier möglichen Rahmen überschreiten würde. Insofern ist wissenschaftstheoretisch auf Gehrig (2013) zu verweisen und praktisch auf die Dokumentation des 18. Symposiums zur nachhaltigen Entwicklung des Sports, eine vom DOSB publizierte Schriftenreihe (samt vorgeschalteter Symposien), mit dem Titel „Nachhaltige Sportgroßveranstaltungen". (DOSB 2010)

Die bereits erwähnte Reduktion auf die ökonomischen Effekte wird in sogenannten Wertschöpfungsstudien (bzw. Multiplikator- oder auch Regionalstudien) umgesetzt. Derartige Studien sind in ihren Erhebungsverfahren nicht angebotsorientiert, da eine Aufgliederung der durch Sportgroßveranstaltungen erzeugten Umsätze bei der Vielzahl der Branchen und Unternehmen objektiv nicht durchführbar ist. Insofern werden überwiegend nachfrageorientierte Befragungen zu den getätigten Konsumausgaben erhoben.

Damit entstehen bereits erste und ernsthafte methodische Probleme, wie noch zu zeigen sein wird. Bevor jedoch auf die Methodik und ihre einzelnen Bestandteile eingegangen wird, sind im groben Maßstab die zeitlichen Aufwände und üblichen finanziellen Vergütungen aufzuzeigen.

Aufwand und Kosten von Wertschöpfungsgutachten[4]

Um eine politische Legitimation für Sportgroßveranstaltungen in der Stadt zu erlangen, ist eine möglichst realistische Einschätzung hinsichtlich der ökonomischen (evt. auch sozialen und ökologischen) Effekte der Sportgroßveranstaltung notwendig.

Im Vorfeld (ex ante) werden zumeist so genannte gutachterliche Äußerungen oder Gutachten in Auftrag gegeben. Bei gutachterlichen Äußerungen ist der Arbeitsaufwand relativ gering gehalten, da es sich überwiegend um einen Vergleich von Sekundärstudien, Plausibilitätsannahmen und (telefonischen) Nachfragen bei relevanten Entscheidungsträgern handelt. „Gering" bedeutet einen Arbeitsaufwand zwischen zwei und zehn Personenarbeitstagen. Die Kosten sind abhängig vom Budget des Auftraggebers, Image des Auftragnehmers sowie der vereinbarten Bestandteile und liegen in etwa im Rahmen zwischen 2000 und 10.000 €.

Gutachten (sowohl ex ante als auch ex post) sollten sich von gutachterlichen Äußerungen insofern abgrenzen, in dem sie eigenständige Befragungen (Primärstudien), Auswertungen und Analysen beinhalten. Der Arbeitsaufwand variiert in einer Spannweite zwischen zehn und 40 Personenarbeitstagen. Je nach Vereinbarung liegen die groben Richtwerte hier zwischen 5000 und 30.000 €.

---

[4]Der hier diskutierte Bezugsrahmen liegt unterhalb aufwändiger Gutachten für Olympische Spiele oder Fußball-Weltmeisterschaften.

Eine weitere Abstufung zum Gutachten stellt die Studie (ex post) dar, da i. d. R. ZuschauerInnenbefragungen, Aktivenbefragungen, Medienanalysen und differenzierte Wertschöpfungsberechnungen vorgenommen werden. Der Aufwand ist als hoch einzustufen, d. h. mindestens 20 Personenarbeitstage bis deutlich darüber hinaus. Demzufolge sind derartige Studien kaum unter 10.000 € zu realisieren und reichen bis zu einer Höhe von 50.000 €. Forderungen oberhalb eines mittleren fünfstelligen Betrags sollten über das übliche differenzierte Maß hinaus besonders plausibel begründet werden.

Zu berücksichtigen ist, dass ein Großteil des Aufwandes, der für Befragungen und für die Eingabe der Daten geleistet wird, von Personen im Rahmen geringfügiger Beschäftigungsverhältnisse oder studentischer Tätigkeit erfolgt. Die Vergütungen liegen in einer Spanne von ca. 12–20 € pro 45 min. (ohne Wegezeiten). „Das Honorar orientiert sich an der Dauer des Interviews und daran, wie leicht oder schwer die geforderte Zielperson zu erreichen ist. … Für ein nicht allzu schwieriges Bevölkerungsinterview mit einer durchschnittlichen Befragungsdauer von ca. 45 Minuten (reine Interviewdauer) zahlen wir zurzeit ein Honorar in Höhe von ca. 14 Euro." (www.tns-infratest.com).

Weiterhin ist zu berücksichtigen, dass insbesondere bei kommerziellen Marktforschungsinstituten, Consulting-Unternehmen sowie bei HochschullehrerInnen aufgrund der Erfahrung mit vorherigen Studien das Grundgerüst sowie zahlreiche Textbausteine existieren, die den Aufwand für „neue" Studien merklich reduzieren.

Wertschöpfungsstudien und die Tücken der Methodik

Zur Berechnung der ökonomischen Effekte wird in einem Schritt der nachfrageseitig erzeugte Gesamtumsatz innerhalb eines vorab festgelegten geografischen Raums berechnet. Für eine Sportgroßveranstaltung sind die Umsätze durch auswärtige und einheimische ZuschauerInnen, Aktive, Staff, FunktionärInnen sowie MedienvertreterInnen relevant. Vom Bruttoumsatz werden Mehrwertsteuern in unterschiedlichen Anteilen abgezogen, sodass sich daraus der Nettoumsatz ergibt. In einem weiteren Schritt werden Vorleistungen, die zur Erzeugung der Produkte und Dienstleistungen notwendig sind und schließlich noch Abschreibungen (sowie evt. indirekte Steuern und Subventionen) abgezogen. Die Höhe der Vorleistungen variiert branchenspezifisch, je nach Zusammensetzung der erzeugten Güter und Dienstleistungen sowie der Abschreibungen.[5] Die Nettowertschöpfung

---

[5]Ein Pensionsbetrieb mit mithelfenden Familienangehörigen, eigenem landwirtschaftlichen Nebenbetrieb sowie älterem, bereits abgeschriebenem Mobiliar kann bspw. eine höhere Wertschöpfungsquote aufgrund niedrigerer Vorleistungen und Abschreibungen erzielen, als ein Hotelbetrieb, der in regelmäßigen zeitlichen Abständen aufwändig renovieren „muss" und über einen niedrigeren Anteil an Eigenfertigung verfügt.

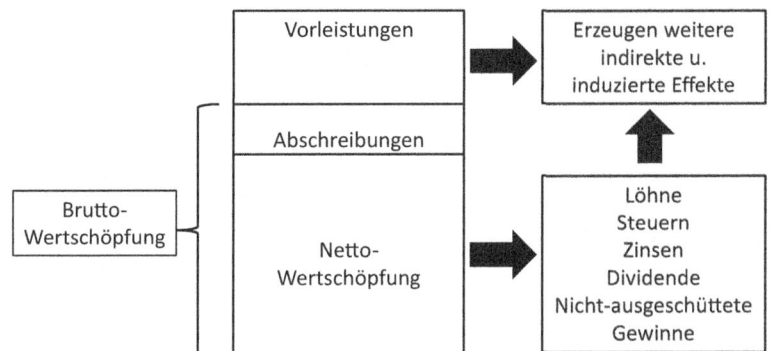

Abb. 5.3 Vereinfachtes Wertschöpfungsmodell. (Quelle: eigene Darstellung)

wird für die Löhne/Gehälter und Sozialleistungen der MitarbeiterInnen verwandt, für Steuern, evt. für FremdkapitalgeberInnen als Zinsen oder für EigenkapitalgeberInnen als Dividenden sowie für Gewinne der eigenen Unternehmung verwendet, die in einer nachfolgenden Stufe wiederum (bei anderen Anbietern) konsumwirksam (induzierte Effekte) werden. Ebenfalls entstehen durch die getätigten Vorleistungen konsumwirksame indirekte Effekte durch die Wertschöpfung dieser AnbieterInnen. Insofern wird nicht nur die direkte Nettowertschöpfung relevant, sondern zusätzlich die indirekten und induzierten Effekte vor- und nachgelagerter Stufen als sogenannter Multiplikatoreffekt (Abb. 5.3).

An dieser Stelle könnten die Ausführungen (für Nicht-ÖkonomInnen) zu den Wertschöpfungseffekten beendet werden. Das Gegenteil ist der Fall! Gerade die einzelnen Aspekte der Berechnung sind nun von besonderem Interesse, weil für eine Sportgroßveranstaltung eine extreme Spannweite an Ergebnissen zu erzielen ist. Den Start der methodenkritischen Tour d´Horizon verdient sich der bereits erwähnte Multiplikatoreffekt.

Multiplikatoreffekt

Ob die getätigten Vorleistungen tatsächlich weitere indirekte Effekte erzeugen, hängt maßgeblich davon ab, ob diese innerhalb oder außerhalb des zu berechnenden Raumes erbracht werden. Kleinere Städte müssen i. d. R. zahlreiche Gewerke und Caterer von außerhalb ordern und verzeichnen zudem noch Abflüsse durch fehlende Beherbergungsangebote. Zu den Primärausgaben kommen also keine weiteren Effekte (Multiplikatoreffekt 1). In ungünstigen Fällen müssen Ausgabenabflüsse eingerechnet werden, sodass auch ein Multiplikatoreffekt von bspw. 0,5 möglich ist.

Demgegenüber können Großstädte nahezu alle notwendigen Leistungen innerhalb des Territoriums der Gebietskörperschaft erbringen, sodass ein Multiplikatoreffekt von 2 begründet ist. In Ausnahmefällen sind auch höhere Werte möglich. Etwaige Berechnungen mit höheren Effekten sollten jedoch mit besonders ausführlicher Begründung unterlegt und intensiver Prüfung unterzogen werden.[6]

Anzahl der ZuschauerInnen
Die Anzahl der ZuschauerInnen außerhalb von Stadien, bspw. bei Marathon- oder Radsportveranstaltungen erfolgt i. d. R. aufgrund von Schätzungen und ZuschauerInnenzählungen. Dabei werden auch zufällig und nur kurzfristig beiwohnende Personen miteinbezogen. Die Differenz von Schätzungen wird regelmäßig im Kontext von Demonstrationen offensichtlich, da Schätzungen der Polizei und der Veranstalter zumeist deutlich auseinanderliegen. Grundsätzlich kann davon ausgegangen werden, dass Veranstalter die Anzahl der ZuschauerInnen „aufrunden" und als Maßstab Vorgängerveranstaltungen nehmen, um medial einen „neuen Rekord" vermelden zu können.

Räumliche Herkunft der ZuschauerInnen
Das Verhältnis von einheimischen und auswärtigen ZuschauerInnen stellt einen erheblicher finanziellen Faktor dar, da Gäste prinzipiell zusätzliche Konsumausgaben tätigen. Bei einheimischen ZuschauerInnen können auch lediglich Kaufkraftverschiebungen vorgenommen werden, sodass die getätigten Konsumausgaben zur Sportveranstaltung nicht zusätzlich erfolgen, sondern ersatzweise und damit gleichzeitig Einnahmeverluste an anderer Stelle bewirken (Kino, Restaurant etc.). Der Anteil der auswärtigen ZuschauerInnen ist weiter zu unterteilen in TagesbesucherInnen und BesucherInnen mit Übernachtungen.

---

[6]Im touristischen Kontext wurden jüngst Studien vorgelegt, die einen Multiplikatoreffekt von 4,2 (sic!) ausweisen. Hamm et al. (2006) weisen beispielsweise in ihrer regionalökonomischen Studie zum Fußballbundesligisten Borussia Mönchengladbach mit Hilfe einer Input-Output-Analyse einen Multiplikator bei Sachausgaben und Investitionen inkl. Einkommenskreislauf für Produktion von 1,47 und Beschäftigung von 1,36 und bei Konsumausgaben der Vereinsbeschäftigten für Produktion von 1,54 sowie Beschäftigung von 1,53 aus. Insofern kann ein (grober) Orientierungswert für vergleichbare Städte (100.000–500.000 EinwohnerInnen) mit einem durchschnittlichen Multiplikatoreffekt (M) von 1,5 angesetzt werden und für Großstädte oberhalb von 500.000 EinwohnerInnen von $M = 2$. Allerdings wären auch hier wiederum regionale Unterschiede, wie bspw. Randlagen oder Ballungsräume etc. zu berücksichtigen.

Anzahl der Übernachtungen

Die Anzahl der Übernachtungen bemisst sich nicht anlässlich der Sportveranstaltung gebuchten Übernachtungen, sondern inwieweit die Anzahl gegenüber dem Vergleichszeitraum aus den Vorjahren überboten wird. Wenn ohne die Sportgroßveranstaltung von einer Belegungsquote von 60 % auszugehen ist und mit dem Ereignis eine Quote von 75 % erreicht wird, dann sind in die Berechnungen lediglich 15 % zusätzliche Übernachtungen mit einzubeziehen. Der Anteil der Übernachtungsgäste (im Beherbergungswesen!) wird regelmäßig bei ZuschauerInnenbefragungen erhoben. Methodisch unhaltbar sind Befragungen, die ausschließlich an sogenannten Hot Spots stattfinden, da hier der Anteil auswärtiger Übernachtungsgäste überproportional erhöht ist. Die verfälschten Anteile werden auf die GesamtzuschauerInnenzahl extrapoliert und ergeben dann eine deutlich überzogene Anzahl an Übernachtungsgästen samt damit in Verbindung stehender Ausgaben. Im peinlichsten Fall übersteigen die Übernachtungswerte die Bettenkapazität der Stadt.

Höhe der durchschnittlichen Tagesausgaben

Das Deutsche Wirtschaftswissenschaftliche Institut für Fremdenverkehr (dwif) errechnet regelmäßig die durchschnittlichen Ausgaben von TagestouristInnen. Derartige Durchschnittswerte sind anzugleichen an die besondere Charakteristik der Sportgroßveranstaltung (Skateevent oder Reitsportveranstaltung) und zu erwartende Aufenthaltsdauer. Je nach Sozialstruktur und Alter der BesucherInnen wird die Höhe (und die Verwendung) der Ausgaben beeinflusst. Insofern ist eine pauschale Berechnung mit dem Wert von 28,30 € (29,60 € Tagesausflug und 23,00 € Tagesgeschäftsreise) des dwif (2013, S. 84) lediglich eine Annäherung, die sowohl nach oben als auch nach unten abweichen kann.

Bei Veranstaltungen im öffentlichen Raum ohne Einlasskontrollen ist bspw. die Quote mitgebrachter Speisen und Getränke deutlich erhöht. Die Höhe der Ausgaben wird ferner durch die Dauer der Veranstaltung beeinflusst. Ein innerstädtisches Radrennen führt zu einer höheren Verweildauer der ZuschauerInnen, als eine Veranstaltung mit Start und Ziel in unterschiedlichen Städten. Hier wiederum kann die Ziel-Stadt von einer höheren Verweildauer ausgehen als die Start-Stadt. Erfolgt eine ZuschauerInnenbefragung wiederum ausschließlich an Hot Spots werden die Anteile an Sozialstruktur, Herkunft und Ausgabebereitschaft verfälscht. Methodisch sauber ist demgegenüber eine aufwendige Befragung an zusätzlichen Bereichen entlang der Strecke. Als weitere Schwierigkeit stellt sich die komplette Befragung homogener Gruppen (bspw. zuschauende Mannschaften) dar, da diese Befragungsvariante zwar zeit- und kostensparend ist, gleichwohl die Ergebnisse verfälscht.

Wertschöpfungsquote

Die Leistungen für eine Sportgroßveranstaltung werden von Unternehmen aus unterschiedlichen Branchen erbracht. Struktur und Umfang der Unternehmen samt ihren Leistungen entscheiden darüber, welche Wertschöpfungsquote für die Primärausgaben anzusetzen ist. Unternehmen mit hoher Wertschöpfungs-quote führen vorgelagerte Produktionsstufen bzw. -schritte zu einem großen Anteil selber durch. Demgegenüber zeichnen sich Unternehmen mit zahlreichen ausgegliederten Vorstufen durch eine niedrige Wertschöpfungsquote aus. Sport-großveranstaltungen beinhalten zu einem hohen Anteil Beherbergungs- und Verpflegungsleistungen, Leistungen für Transport sowie u. a. Merchandising-produkte, Baumaßnahmen, Medientechnik, Gerüstbau, Sicherheitsdienst. Für den Beherbergungs- und Gastronomiebereich ist von einer Wertschöpfungsquote (Fertigungstiefe) von ca. 40–45 % auszugehen. Im verarbeitenden Gewerbe liegt die Quote bei durchschnittlich unter 40 %. (Deutsche Bundesbank 2016) Insgesamt erscheint eine Orientierung an 40 % Wertschöpfungsquote als Aus-gangspunkt angemessen zu sein. Bei besonderer Charakteristik (hoher Anteil frei-williger, ehrenamtlicher Eigenleistungen) einer Sportgroßveranstaltung ist eine Anpassung der Quote erforderlich.

Verdrängungseffekte und Kaufkraftverschiebungen

Eine Vielzahl an Wertschöpfungsstudien berücksichtigt sogenannten Ver-drängungseffekte und Kaufkraftverschiebungen durch die Sportgroßveranstaltung nicht.

Preuß (1999, 61 f.) kommt das Verdienst zu, eine differenzierte Unterteilung hinsichtlich der Konsumausgaben und -abzüge vorzunehmen. Insgesamt ent-stehen drei Gruppen (sowie diverse Untergruppen) an BesucherInnen und Ein-heimischen, die aufgrund von Sportgroßveranstaltungen für einen Mittelzufluss sorgen, Mittel abziehen und schließlich Mittel umverteilen, die damit nicht konsumrelevant werden (Tab. 5.6).

Arbeitsplatzäquivalente auf Jahresbasis

Die Berechnung der Arbeitsplatzäquivalente erfolgt anhand der Gesamtnetto-wertschöpfung (Primäreffekte – gewichtete Mehrwertsteueranteile × Wert-schöpfungsquote × Multiplikatoreffekt).[7] Seriöse Berechnungen gehen von Vollarbeitsplätzen aus und müssen demzufolge auf Statistiken zugreifen, die

---

[7]Der Begriff „Äquivalent" bedeutet, dass eine entsprechend hohe Anzahl an Arbeitskräften durch die Gesamtnettowertschöpfung geschaffen werden könnte. Ebenso wäre ein Arbeits-platzerhalt bei anstehenden Entlassungen möglich, oder die Investition in Maschinen.

Tab. 5.6 Positive und negative Primäreffekte durch Sportevents bei Einheimischen und Touristen

Typen	Beschreibung	Primäreffekte
A Extensioners	Touristen die ohnehin besuchen, verlängern wegen des Events	Positiv
B Event Visitors	Touristen besuchen anlässlich des Events	Positiv
C Home Stayers	Einheimische, die wegen des Events bleiben und auf die eigene Reise verzichten	Positiv
D Runaways	Einheimische, die wegen des Events den Ort verlassen und verreisen	Negativ
E Avoiders	Touristen, die sich vom Event abschrecken lassen und deswegen zu der Zeit nicht besuchen	
E1 Cancellers	Touristen die definitiv nicht besuchen	Negativ
E2 Pre/Post Switcher	Touristen die wegen des Events vorher oder nachher besuchen	Neutral
F Changers	Einheimische die gezielt während der Zeit des Events verreisen	Neutral
G Casuals	Touristen, die unabhängig vom Event besuchen	Neutral
H Time Switchers	Touristen, die ohnehin besuchen, aber gezielt zur Zeit des Events	Neutral
K Residents	Einheimische die ohnehin geblieben wären	Neutral

Quelle: Preuss, Ahlert (2010, S. 8) (zit. nach Preuss 2005)

keine Teilzeitbeschäftigten und geringfügig Beschäftigten miteinbeziehen. Die dort ausgewiesenen durchschnittlichen Jahreseinkommen sind ansonsten um den entsprechenden Faktor zu niedrig für eine Berechnung, aber suggerieren mit einer höheren Anzahl „Beschäftigten" medial interessantere Werte. Zusätzlich ist zu den durchschnittlichen Bruttojahreslöhnen noch der Arbeitgeberanteil an der Sozialversicherung miteinzubeziehen, sodass von mindestens 30.000 € pro Jahresarbeitsplatzäquivalent bspw. im Beherbergungs- und Gastronomiewesen auszugehen ist. Niedriger angesetzte Werte erhöhen unzulässigerweise die Arbeitsplatzzahlen. Eine besonders fragwürdige Methode ist die Berechnung nach „Einkommen pro EinwohnerInnen". Dadurch sind noch tiefere Durchschnittswerte anzusetzen, bei gleichzeitiger Steigerung der „profitierenden" Personenzahl.

Mehrwertsteueranteil
Für die Berechnung des Nettoumsatzes wird der Mehrwertsteueranteil in Abzug gebracht. Pauschal ist nicht ein Anteil von 19 % anzusetzen, sondern ein gewichteter Anteil, der Produkte (bspw. Bücher, Nahrungsmittel) und Dienstleistungen (Schwimmbäder) mit 7 % einbezieht. Insofern kann sich der Anteil geringfügig auf ca. 17 % verringern.

Steuerbetrug
Für eine Berechnung der kommunalen Steuern, deren Anteil bei ca. 2–2,5 % der errechneten Nettowertschöpfung liegt, werden als Ausgangsberechnung unrealistisch die kompletten Umsätze angenommen. Insbesondere in der Gastronomie werden jedoch (mindestens) 10 % der entstandenen Umsätze unterschlagen, sodass weder die damit verbundenen Umsatzsteueranteile noch die für die Kommune besonders relevanten Gewerbesteueranteile abgeführt werden. Barbelege, Trainingskellner, Trainee- und Manager-Storno-Tasten sowie sogenannte Zapper (USB Stick) sind einige der Methoden des Steuerbetrugs.[8] Insofern werden die „Bargeldbranchen" durch die Finanzämter häufiger geprüft. Nach Schätzungen des Bundesrechnungshofs entgehen der öffentlichen Hand bis zu 10 Mrd. € Steuern. (www.welt.de 2015).

Anzeigenäquivalenzwertberechnung
Zusätzlich zur Wertschöpfungsberechnung werden weitere Berechnungen angestellt, auf welchen Betrag sich der Geldwert der medial verbreiteten Berichterstattung vor, während und nach der Sportgroßveranstaltung als potenziell geschaltete Werbeanzeigen beläuft. Eine derartige Annahme muss als unrealistisch verworfen werden, da weder die finanziellen Mittel dafür einsetzbar sind, noch in diesem Ausmaß sinnvolle Anzeigenkampagnen zu schalten sind und auch Kapazitätsfragen der Medien ausgeblendet werden. Eine Äquivalenz ist auch insbesondere deswegen nicht gegeben, da i. d. R. eine lediglich quantitative Zählung der Anzeigengröße, Länge der Sprach- und Bewegtbild-Beiträge oder Internet-Klickraten vorgenommen wird. Notwendig wäre jedoch, soweit methodisch überhaupt adäquat erfassbar, eine qualitative Bewertung der medialen Berichterstattung und (!) die individuelle Rezeption und Bedeutung der Beiträge.
Im Kontext der ökonomischen Effekte ist nun auf das Verhältnis zwischen Veranstaltern, Ausrichtern und Sponsoren einzugehen, da sie sowohl finanziell und bisweilen auch inhaltlich Einfluss auf Sportgroßveranstaltungen haben und nehmen.

---

[8]Ähnliche, im Einzelnen nicht näher zu quantifizierende Praktiken wenden Apotheken, Einzelhandel, Friseurhandwerk, Tankstellen und Taxiunternehmen an.

5.1.3 Sponsoren

„Take what you can get!?"

Je nach Charakter der Veranstaltung werden die Ausrichter mit einem bereits feststehenden Pool an Hauptsponsoren konfrontiert, sodass sich aus den im Bid Book ergebenden Vorgaben, lediglich eine (bisweilen stark) reduzierte Anzahl an lokal-regionalen Sponsoren akquirieren lassen. Das bedeutet, dass bei Sponsoringaktivitäten der international agierenden Finanzwirtschaft, die üblichen Sponsoren innerhalb einer Kommune wie bspw. Sparkasse oder Volksbank (sowie alle weiteren Banken) nicht mehr als Sponsor auftreten dürfen, sodass die weitere Akquise deutlich erschwert wird.

Sportadäquate Sponsoren

Das Interesse am Sport als kulturelle Praxis und seiner gelingenden Durch-führung in Form von Sportgroßveranstaltungen ist bei Sponsoren unterschied-lich ausgeprägt. Drees hat sich Ende der 1980er Jahre in einer Phase verstärkten Sport-Sponsorings zur Glaubwürdigkeit aus der Perspektive der sponsernden Unternehmen geäußert. „Von Relevanz erscheint aber ein Kriterium, das für die Glaubwürdigkeit eines Sponsoring-Engagements im Sport und damit für das Erreichen bestimmter Sponsoringziele von großer Bedeutung ist: die Nähe des Unternehmens zum Sport gemessen an der Nähe seiner Produkte zum Sport im allgemeinen bzw. zur gesponserten Sportart im besonderen." (Drees 1992, S. 40 f.).

Dieser rein funktionale Bezug wurde von Drees in eine Taxonomie von vier unterschiedlichen Graden dargestellt (Tab. 5.7).

Drees entwickelt seine Taxonomie nicht aus der Sicht der Sportverbände. Im übrigen ist das auch überwiegend die Sichtweise des Sportmarketings. Als ob mit dem zu erwartenden Geldtransfer für die Verbände und Vereine alle über die übliche Vertragsgestaltung hinausgehenden Fragen und Problematiken nahezu irrelevant seien.

Unberücksichtigt bleibt insofern, ob auch die jeweiligen Unternehmen den-selben Bezug zum Sport aufweisen, wie das zu Werbezwecken aus dem Portfolio entnommene einzelne Produkt. Allein eine eventuelle Unterschiedlichkeit in der Sportnähe zwischen Produkt und Unternehmen begründet noch keine Kritik. Sie setzt dort ein, wo entweder die beworbenen Produkte unter sozial- und umwelt-schädigenden sowie ökonomisch benachteiligenden Bedingungen produziert werden (z. B. Textilproduktion) oder sich Unternehmen in Teilen oder in Gänze gesellschaftsschädigend (z. B. Steuerflucht) verhalten. Darüber hinaus besteht die

Tab. 5.7 Produkte und ihre Sportnähe nach Drees

Grade der Sportnähe	Beschreibung	Beispiele
Produkte ersten Grades (Sportartikel)	Werden bei der Sportausübung unmittelbar eingesetzt und gebraucht oder verbraucht	Sportschuhe Schläger Bälle
Produkte zweiten Grades (sportnahe Produkte)	Werden für die Sportausübung nicht unmittelbar benötigt, finden aber in direkter, unmittelbarer Verbindung mit ihr Verwendung	Sporttaschen Trainingsanzüge Fitnessnahrung, -getränke Erfrischungsgetränke (sic!)
Produkte dritten Grades (sportferne Produkte)	Haben nur eine mittelbare Beziehung zum Sport	Kreditkarteninstitute
Produkte vierten Grades (sportfremde Produkte)	Haben weder unmittelbar noch mittelbar eine Beziehung zum Sport	Energieversorger Bauelemente-Hersteller

Quelle: in Anlehnung an Drees (1992, S. 41 f.)

Problematik einer, vom Sport mit erzeugten, finanziellen Abhängigkeit, die auch Sponsoringverhältnisse mit einseitigem Missbrauch zulässt, denen „der" Sport laisser-faire oder mit reduziertem Bewusstsein begegnet. Und nicht nur das. Um einer raschen oder lukrativen Förderung willen, signalisierte bspw. der Deutsche Olympische Sportbund in aller Öffentlichkeit für einige Tage die Preisgabe der so oft beschworenen Autonomie (und Würde) des Sports und verzichtete für seine beiden Olympischen Sportkongresse 2008 und 2012 darauf „Herr im eigenen (selbstgemieteten) Hause" zu sein. Stattdessen trug der DOSB die Kongresse in den Hauptstadtrepräsentanzen der Deutschen Telekom und der Bertelsmann AG aus. Um den verfehlten Umgang des DOSB mit seinen Kongressen zu verdeutlichen, stelle man sich den nächsten Kirchenkongress in der Norma-Zentrale Nürnberg vor. (aktueller Slogan: „Mit Norma ist alles möglich")

Aus Sicht der ausrichtenden Sportverbände (und Vereine) wären also die formal-inhaltlichen Sportbezüge sowie die sozialen, ökologischen und ökonomischen Bezüge zu prüfen, was lediglich in dem Maße gelingen kann, insoweit Bewusstsein und Expertise im eigenen Hause existieren.[9]

---

[9]Anfang der 1990er Jahre lies sich bspw. der Deutsche Schwimm Verband auf ein Sponsoring mit McDonalds ein, was unter den damals Aktiven Fassungslosigkeit hervorrief.

Tab. 5.8 Sportfördernde bis -beschädigende Sponsoringformen

Grade der Sportförderung	Beschreibung	Beispiele
Sportunterstützung	Unternehmen oder Produkte leisten einen Betrag zum Gelingen und zur Weiterentwicklung des Sports	Sportgeräte Sportbekleidung Sportstättenbau Sportbrillen
Sportaffinität	Unternehmen oder Produkte mit enger, nicht unmittelbarer Verbindung zum Sport oder Sportinfrastruktur	Sportmedien Nahrungsergänzungsmittel
Sportbezug	Produkte für Sportinfrastruktur (Wintersport, Schwimmsport) oder mit Verbindungen zur Sportaktivität	Hersteller von Heizungen Hygiene – und Kosmetikartikel
Sportneutralität	Unternehmen oder Produkte sind in ihrer Verwendung universell	Energieversorger
Sportbenutzung	Funktionale Nutzung für sportfremde Zwecke durch NPOs oder zur Erhöhung der Arbeitsintensität und -fähigkeit	Wohltätigkeitsveranstaltungen Betriebliches Gesundheitswesen, Krankenkassen
Sportdesinteresse	Unternehmen mit Produkten für kaufkraftrelevante Zielgruppen ausgewählter Sportarten	Hersteller von Luxusartikeln
Sportübergriffig	Unternehmen die auf Regeln, Bekleidung oder Startzeiten Einfluss nehmen	Sponsoraufwertung durch Attraktivitätssteigerung Medienbranche
Sportmissbrauch	Unternehmen die das positive Image des Sports benötigen	Unternehmen (teilw. Branchen) mit Imageproblemen
Sportbeschädigung	Verwendung der Produkte ist leistungsmindernd oder die vertragliche Bindung mit den Unternehmen führt zu Imageverlusten	Fast Food Unternehmen die Nachhaltigkeitsstandards drastisch unterbieten

Quelle: eigene Darstellung (in Erweiterung nach Drees)

Die Spannweite der Sponsoringformen beinhaltet demnach nicht nur graduelle Abstufungen der Sportnähe und -förderung, sondern als grundlegende Distanznahme auch funktionale und sportbeschädigende Formen (Tab. 5.8).

Die Einseitigkeit bzw. Abhängigkeit der Sponsoringbeziehungen wird daran deutlich, dass im Fall unsportlichen Verhaltens durch Doping, Betrug, Manipulation im Sport Verträge durch das sponsernde Unternehmen auch fristlos gekündigt werden (bspw. im Radsport). Im umgekehrten Fall dulden Sportverbände/-vereine diverse Formen der Wirtschaftskriminalität bspw. innerhalb der Finanz- und Automobilbranche, das indirekt auch sportbeschädigende Auswirkungen hat. Allenfalls werden, bei rechtzeitigem Anschlusssponsor, auslaufende Verträge nicht verlängert.[10]

Auf einer subjektiv-moralischen Ebene formulierte bereits Mitte der 1990er Jahre der damalige Sponsoringverantwortliche der Opel AG, Gäb ethische Grundsätze zum Sportsponsoring. Die unverbindlichen Grundsätze begründen sich aus einer funktionalen Sichtweise, der zufolge Zurückhaltung und Nichteinmischung zu beidseitig positiven Ergebnissen führen. Die letztlich jedoch asymmetrische Position wird bereits eingangs der Grundsätze deutlich, in dem mit sprachlich gönnerhaften Duktus dem Sport „seine Würde, Eigenständigkeit und Autonomie" belassen wird (Tab. 5.9).

Sponsoringaktivitäten liefern einen Beitrag zur finanziellen Unterstützung und damit zum Gelingen einer Sportgroßveranstaltung. Gleichzeitig ist die Dauer des eingehenden Engagements Gradmesser des Interesses an der Veranstaltung. Am Beispiel des Frankfurt- und Berlin-Marathons sind zwei völlig unterschiedliche Verläufe aufzuzeigen. Unabhängig von der finanziellen Unterstützung, sind permanent wechselnde Sponsoren für die Sportgroßveranstaltung wenig imageträchtig und auch für die sponsernden Unternehmen dürfte das kurze finanzielle Engagement kaum die ursprünglich anvisierten Ziele erfüllt haben.

Auf die wohl wechselvollste Namensgebung blickt eine der ältesten Marathon-Veranstaltungen zurück, die der Einfachheit halber, ohne den aktuellen Namenssponsor, als „Frankfurt Marathon" bezeichnet werden soll. Die Akteure auf beiden Seiten (Sport und Sponsoren) haben über einen Zeitraum von mehr als drei Jahrzehnten weder beständige Kooperationen vereinbaren können, noch sind die einzelnen Sponsoren langfristig in Erinnerung geblieben. Für die wohl skurrilste Bezeichnung sorgte die Investmentbanking Marke „Dresdner Kleinwort" in den Jahren 2007 und 2008, die als stadtbezogener Namensgeber auch noch vor Frankfurt aufgeführt wurde (Tab. 5.10).

Im Gegensatz zur häufig wechselnden Sponsorenschaft des Frankfurt-Marathons wurde der Berlin-Marathon mehr als ein Jahrzehnt von der

---

[10]Eine der wenigen Ausnahmen ist bspw. der Fußballverein FSV Frankfurt, der 2013 seinen Vertrag mit der saudi-arabischen Fluglinie „Saudia" auflöste, nachdem dem Verein (verspätet!) bekannt wurde, dass die Fluglinie israelische Staatsbürger grundsätzlich nicht beförderte (Daniels/www.faz.de 2013).

Tab. 5.9 Zehn ethische Grundsätze zum Sport-Sponsoring

1.	Lassen wir dem Sport seine Würde, seine Eigenständigkeit und seine innere Autonomie
2.	Denken wir daran, daß Kommunikation mit dem Sport nicht nur Investition verlangt, sondern auch Herz und Begeisterung für die Sache
3.	Investieren wir nicht in den Sport, wenn wir glauben, Erfolg und Siege ließen sich kaufen
4.	Mischen wir uns als Sponsor nicht in sport-fachliche Dinge ein
5.	Suchen wir uns – wenn wir es nicht selbst tun können – erfahrene Kontaktleute, welche die Sprache und die Stimmung des Sports verstehen
6.	Helfen wir dem Sport bei seinem Versuch, die Spielregeln zu achten und Begriffe wie Fairneß und Anstand im Kampf hochzuhalten
7.	Treten wir dem Sport gegenüber nicht als Oberlehrer auf
8.	Erklären wir Sponsoring unserer Belegschaft, unseren Mitarbeitern, unseren Betriebsräten und unseren Geschäftspartnern
9.	Überlegen wir uns dreimal, ob es glaubwürdig ist, einen Athleten oder einen Verein direkt für unsere Produkte werben oder sprechen zu lassen
10.	Denken wir daran, daß ein guter Sponsor den Sport und den Sportler begleiten, nicht aber optisch und visuell in den Hintergrund drängen soll

Quelle: Gäb (1996, S. 121)

Handelskette „real" (Metro) als Hauptsponsor unterstützt und 2011 vom Automobilhersteller „BMW" abgelöst.

Für große Sportevents lassen sich die sponsernden Unternehmen einigen wenigen typischen Branchen zuordnen, ohne an dieser Stelle eine empirische Verteilung vorzunehmen. Anhand einiger ausgewählter Sportgroßveranstaltungen wird jedoch deutlich, dass sich die Sponsoren, neben Sportartikelherstellern, überwiegend den Bereichen Mobilität und deren Zulieferer, der Unterhaltungselektronik, der Nahrungsmittelbranche, der Finanzbranche und dem Komplex der Chemie-, Pharma und Gesundheitsunternehmen zuzuordnen sind (Tab. 5.11).[11]

---

[11]Zur weiteren Einschätzung des Sportsponsorings allgemein antworteten in der Studie Sponsor-Trend 2018 die befragten Entscheider (n = 264) aus Deutschland, Österreich und der Schweiz, dass die Sportarten E-Sport, Fußball, Straßenradsport, Triathlon, Beachvolleyball, Basketball, Snowboarding, Laufsport und Biathlon an Bedeutung gewinnen werden. (Nielsen Sports 2018, S. 22) Daten aus einer etwas älteren Studie von 2014/2015 quantifizieren die gesponserten Summen der 100 größten Sponsoren zu über 70 % auf den Fußballsport und 18 % auf Motorsport (www.faz.de 2016).

Tab. 5.10 Wechselnde Namensgebungen des Frankfurt Marathon von 1981–2017

1981–1985	Hoechst-Marathon
1986	…nicht stattgefunden …
1987	Frankfurt-Marathon
1988–1993	DB-Marathon
1994	Frankfurt-Marathon
1995–1998	Eta-Marathon
1999	Bosch Mobile Marathon
2001	Euro-Marathon
2002	Eurocity-Marathon
2003–2004	Eurocity Marathon Messe Frankfurt
2005–2006	Messe Frankfurt Marathon
2007–2008	Dresdner Kleinwort Frankfurt Marathon
2009–2010	Commerzbank Marathon
2011–2014	BMW Frankfurt Marathon
2015	Frankfurt Marathon
2016 ff.	Mainova Frankfurt Marathon

Quelle: eigene Zusammenstellung

In der Aufzählung sponsernder Unternehmen bzw. Branchen fehlten die zumeist lokal-regionalen Versorger (Stadtwerke etc.) und das aus „gutem" Grund. Im engeren Verständnis fallen sie nicht in die Kategorie Sponsor, sondern müssen als Pseudo-Sponsoren bezeichnet werden.

Pseudo-Sponsoring

„Städtische Töchter als generöse Milchmädchen"
Fehlende Sponsoren bzw. Sponsoringeinnahmen für Sportgroßveranstaltungen sind zumeist darin begründet, dass die Akquise verspätet gestartet wurde, oder das tatsächlich ein geringes Interesse an der Veranstaltung besteht. Aufgrund der fehlenden Einnahmen werden in derartigen Fällen zumeist städtische Tochter-unternehmen der Öffentlichkeit präsentiert. Diese Form des Pseudo-Sponsorings ist präziser als verordnetes Mäzenatentum zu charakterisieren. Zusätzlich zur ohnehin regelmäßigen finanziellen (und verdienstvollen) Unterstützung lokaler Sportvereine und Sportveranstaltungen mit lokal-regionaler Ausstrahlung werden regelmäßig Stadtsparkassen sowie Stadtwerke und soweit vorhanden, Flughäfen

Tab. 5.11 Internationale Hauptsponsoren[a] ausgewählter Sportgroßveranstaltungen

	Olympische Spiele 2016	Fußball WM 2014	Leicht-Athletik WM 2017	Tour de France 2017
Mobilität und -zulieferer	Toyota Bridgestone	Hyundai/Kia Emirates Castrol (BP) Continental	Toyota	Skoda (VW)
Unterhaltungs-elektronik	Samsung Panasonic	Sony	Canon TDK	
Nahrungsmittel	Coca Cola Mc Donalds	Coca Cola Anheuser Mc Donalds[a]		Vittel (Nestlé)
Banken und Versicherungen	Visa	Visa		Le Crédit Lyonnais
Chemie-, Pharma-, Gesundheitsunternehmen	Dow Chemical	Johnson & Johnson		
Konsumgüter-, Einzelhandelskonzerne	Procter & Gamble			Carrefour
Luxusgüter	Omega		Seiko	
Sportartikel		Adidas	Asics	
IT-Dienstleistung	Atos Alibaba			
Mischkonzern	General Electric			

Quelle: eigene Zusammenstellung
[a]ohne Broadcaster/Medienunternehmen, ohne einmalig unterstützende internationale Unternehmen mit Hauptsitz im ausrichtenden Staat, McDonalds kein Sponsor der FIFA mehr

und Messen in die Finanzierung von Sportgroßveranstaltungen eingebunden. Insbesondere für die lokalen Stadtwerke wird das Mäzenatentum durch die fehlende Gegenleistung offensichtlich. Abgesehen von einigen VIP-Plätzen, die durch das Beamtenrecht und die Vorteilsnahmeregeln im öffentlichen Dienst ohnehin schwierig einzunehmen sind, dürfte kaum ein zusätzlicher Kunde durch das finanziell aufgenötigte Engagement zu gewinnen sein.

Die Präsentation von Sponsoren zur Deckung ansonsten offensichtlich werdender Defizite ist eine „Milchmädchenrechnung". Im Vorgriff auf Kap. 6 wird am Beispiel des Grand Départ der Tour de France 2017 in Düsseldorf zudem der für die Öffentlichkeit verfälschende Umgang mit Zahlungen und Aufträgen deutlich.

Im Nachgang der Veranstaltung wurde sowohl von der beauftragten Wirtschaftsprüfungsgesellschaft Deloitte, städtischen Akteuren und Teilen der lokal-regionalen Presse der irrtümliche Eindruck erweckt, dass sich die Sponsoringausgaben der städtischen Tochterunternehmen in Höhe von 2,8 Mio. € mit den Einnahmen von 2,6 Mio. € durch die Landeshauptstadt Düsseldorf (LHD) nahezu decken würden. Deloitte formulierte in seiner als Analyse ausgegebenen Publikation u. a. als „wesentliche Erkenntnisse": „Die städtischen Tochtergesellschaften haben 2,8 Mio. Euro für Sponsoring und andere Leistungen an die LHD gezahlt. Die LHD hat Zahlungen an die städtischen Töchter in Höhe von 2,6 Mio. Euro geleistet." (Deloitte 2017, S. 13 und 14) Bei näherer Betrachtung war jedoch zu konstatieren, dass seitens der Stadt Düsseldorf keine Zahlungen angewiesen wurden, was als wechselseitige Buchung auch keinen Sinn ergeben würde, sondern Aufträge im Wert 2,6 Mio. € vergeben wurden. „Zu den Einnahmen von 8,01 Millionen Euro trugen städtische Töchter mit 2,8 Millionen Euro (35 Prozent der Gesamteinnahmen) für Sponsoring bei. Andererseits erhielten sie im Rahmen des Grand Départ Aufträge in Höhe von 2,6 Millionen Euro von der Stadt." (Stadt Düsseldorf) Abzüglich der Vorleistungen und Abschreibungen ist von einer Nettowertschöpfung von ca. 1 bis 1,3 Mio. Euro auszugehen, so dass im günstigsten Fall die städtischen Tochterunternehmen 1,5 Mio. € „gesponsert" haben, respektive als Mäzene in Erscheinung treten mussten.

5.2 GutachterInnen und Claqueure

Die Frage nach den GutachterInnen und Gutachten entwickelt eine zunehmende Brisanz, da mit Großveranstaltungen allgemein innerhalb der Bürgerschaft und der medialen Öffentlichkeit keine grundsätzlich naiv-zustimmende Zahlungsbereitschaft mehr vorhanden ist. Indiz dafür sind die in der jüngsten Vergangenheit mehrheitlich negativen Voten zur Ausrichtung von Olympischen Spielen in etlichen europäischen Städten gewesen. Insofern stehen die Veranstalter und Ausrichter großer Sportgroßveranstaltungen unter dem Druck, die voraussichtlich entstehenden Kosten und Erträge öffentlich transparent und glaubwürdig offenzulegen. Bislang unterlag die Beauftragung von Gutachtern für Wertschöpfungsstudien jedoch verschiedenen polit-ökonomischen Intentionen, die sich in der

Tab. 5.12 Informations- und Instrumentalisierungsgrade von Wertschöpfungsstudien

Polit-ökonomische Intentionen	Funktionen der Studien
Interessegeleitet:	Berechnung erwartbarer Steuereinnahmen durch Wertschöpfungseffekte und Umwegrentabilitäten als Diskussionsgrundlage für (variable) Zuschüsse
Imagegeleitet:	Berechnung von Wertschöpfungseffekten vorwiegend für den medialen Einsatz, da Zuschüsse bereits vorab feststehend und unabhängig von der Berechnung sind
Kostenneutralität:	Berechnung erwartbarer Steuereinnahmen durch Wertschöpfungseffekte und Umwegrentabilitäten, da die Höhe der Zuschüsse nicht die Höhe der zusätzlichen Steuereinnahmen übersteigen soll
Politische Absicherung:	Lenkung der Öffentlichkeit durch Beauftragung von Gefälligkeitsgutachten, deren Ergebnisse im Grenzbereich wissenschaftlicher Gütekriterien liegen
Politische Durchsetzung:	Desinformation und Betrug der Öffentlichkeit durch Beauftragung von Täuschungsgutachten, die außerhalb wissenschaftlicher Gütekriterien liegen

Quelle: eigene Darstellung

Spannweite zwischen authentischem Interesse an den ökonomischen Effekten bis zur Durchsetzung vorab festgelegter sportfremder Partialinteressen bewegten. In Tab. 5.12 sind dazu die verschiedenen Funktionen aufgeführt, die mit den Studien zu erzielen sind.

Wer berechnet nun die Effekte und gibt daraufhin eine fundierte Stellungnahme als Entscheidungsgrundlage ab? Grundsätzlich stehen hierzu drei verschiedene Akteure zur Verfügung: die Verwaltung, HochschullehrerInnen sowie kommerzielle Beratungsunternehmen.

5.2.1 Die Verwaltung

„Der Prophet im eigenen Land ..."

... ist nichts wert (urspr. in ähnlicher Form bei Matthaeus 13, 57). Amtierende Politik befindet sich hier in einer Dilemmasituation. Zum einen können Opposition und Externe sich über Gutachten (hier verwendet als Sammelbegriff) die von der Verwaltung erstellt wurden, kritisch äußern und den Vorwurf der „gewünschten Auftragsarbeit" äußern. Hier wird Bezug genommen auf ein unterstelltes instrumentelles Verständnis von Politik im Zugriff auf die Verwaltung, die sich nach wie vor in einer traditionell dienenden Funktion befinde. Ob derartige Unterstellungen haltbar sind oder nicht, ist insofern unerheblich, weil mit dem Gang an die Öffentlichkeit und der medialen Verbreitung, potenzielle Gegner von Sportgroßveranstaltungen amtierende Politik unter Druck setzen kann.

Zum anderen besteht innerhalb der Verwaltung mit der strikten Orientierung am Prinzip der Gewaltenteilung und Nichteinmischung durch die Politik (... die Politiker kommen und gehen ... die Verwaltung bleibt ...) eine Konstellation, dass politisch unerwünschte Einschätzungen bzw. Ergebnisse erzeugt werden können.

Diese Konstellation ist allerdings nur dann problematisch, insofern sich amtierende Politik jenseits ökonomischer Prinzipien, bspw. aus Imagegründen schon im Vorfeld auf eine Sportgroßveranstaltung geeinigt hat und lediglich ein legitimierendes Gutachten benötigt. In den Fällen einer tatsächlich offenen Entscheidungsfindung kann aufgrund von vorhandenem Sachverstand und Fachwissen einer Verwaltung auf die dortige Expertise zugegriffen werden. Darüber hinaus bietet dieses Vorgehen den Vorteil keine weiteren Ausgaben für externe Gutachten zu tätigen.

Allerdings ist in Situationen knapper Zeitbudgets durch Unterbesetzung in der Verwaltung, evt. fehlender Expertise oder eines besonders engen Zeitrahmens für anstehende politische Entscheidungsprozesse begründet auf externe GutachterInnen zuzugreifen.[12]

5.2.2   Die HochschullehrerInnen

„Titel, Amt und Würden"
HochschullehrerInnen sollen amtsangemessen alimentiert werden, damit keine Notwendigkeit besteht, durch überbordende Nebentätigkeiten den vorgesehenen Schwerpunkt der Arbeit in Forschung und Lehre auf den privatwirtschaftlichen Bereich zu verlagern. Unterstützend sollte hier der Diensteid seine Wirkung entfalten: „(1) Der Beamte hat folgenden Diensteid zu leisten: ,Ich schwöre, daß ich das mir übertragene Amt nach bestem Wissen und Können verwalten, Verfassung

---

[12]Spätestens auf Landesebene sollte zu erwarten sein, dass Ministerien auf der Ebene von Konzeptionen und Strategien auf eigene Expertise zugreifen können. Für den Bereich Tourismus haben jedoch 11 von 13 Flächenbundesländern externe Beratungsunternehmen beauftragt (Schwark 2016, 72).

und Gesetze befolgen und verteidigen, meine Pflichten gewissenhaft erfüllen und Gerechtigkeit gegen jedermann üben werde. So wahr mir Gott helfe.' (2) Der Eid kann auch ohne die Worte ‚So wahr mir Gott helfe' geleistet werden."[13] (Landes-beamtengesetz des Landes Nordrhein-Westfalen § 61) Als weitere Absicherung kommen zumindest für das Berufsethos der SportwissenschaftlerInnen die vom Vorstand der Deutschen Vereinigung für Sportwissenschaft e. V. am 20.02.2003 beschlossenen „Berufsethischen Grundsätze für Sportwissenschaftler/innen" in Betracht. In der Präambel heißt es dazu u. a.: „Mit diesen berufsethischen Grund-sätzen wird eine Verpflichtung gegenüber der Wissenschaft, dem Sport und der Gesellschaft eingegangen..." und weiter heißt es „Wissenschaftlicher Fortschritt ist an sich weder gut noch schlecht. Er wird es jeweils erst durch die Zweck-setzung, unter der er angestrebt und die Begleitumstände, unter denen er erzielt wird, sowie durch die Folgen, die er nach sich zieht. Daraus ergibt sich die Ver-pflichtung, sowohl den Forschungsprozess als auch dessen Folgen für Mensch und Umwelt kritisch zu reflektieren und zu verantworten." (Deutschen Ver-einigung für Sportwissenschaft 2003).

Derart ausgestattet sollte also eine Art professorale Immunisierung gegenüber wissenschaftlich unlauteren Praktiken bestehen, sodass auch Auftragsarbeiten mit der gebotenen Gewissenhaftigkeit und Verantwortung angegangen werden.

Auftraggeber von Wertschöpfungsstudien können im Kontext des hoch-schulischen Umfeldes (Projektarbeit, Qualifikationsarbeit, In-Institut, An-Institut) mit dem Image der akademischen Titelei und der damit verbrieften Wissenschaft-lichkeit aufwarten. Jedoch sind etlichen Hochschulinstituten enge kapazitative Grenzen gesetzt. Bereits die vorlesungsfreie Zeit bringt Problem bei der Akquise von Hilfskräften mit sich und während der Vorlesungen sind aufwendige Unter-suchungen mit Textproduktion nicht allen Instituten/HochschullehrerInnen mög-lich. Während kommerzielle Institute in der Regel für aufwendige Befragungen wiederum Marktforschungsinstitute als Subcontractor beauftragen, ist für Hoch-schulen in der Regel eine längere Vorlaufzeit nötig.

Die jüngste Entwicklung der Hochschullandschaft trübt allerdings das Idealbild der Wissenschaft.[14] So „finanzieren sich die Universitäten in einem zunehmenden Maße aus Dritt- und anderen temporären Mitteln. ... Dadurch hat

---

[13]Spätestens seit der Aufklärung ist für WissenschaftlerInnen die Inanspruchnahme von „Gott" ein erkenntnistheoretischer Anachronismus.

[14]Wissenschaftliches Fehlverhalten existiert bereits seit der Existenz von Wissenschaft und ist insofern kein neues Phänomen. Mit „jüngst" ist der neoliberale Umbau der Hochschul-landschaft und die damit verbundene Verbetriebswirtschaftlichung gemeint.

sich das Verhältnis von Grund- zu Drittmitteln beziehungsweise temporären Einnahmen umgekehrt. Kamen … bis Mitte des vergangenen Jahrzehnts die Mittel der Universitäten überwiegend aus den Landeshaushalten (56 gegenüber 44 Prozent), so sind es 2015 nur noch 44 zu 56 Prozent." (www.forschung-und-lehre. de) Diese Entwicklung wiederum hat tendenziell die Auswirkung, dass sich Forschung eher an zahlungsfähigen privatwirtschaftlichen Unternehmen und ihren Interessen ausrichtet, als bspw. an Non Profit Organisationen, denen eine Finanzierung von Projekten im gewünschten Ausmaß nicht möglich ist. Beispielhaft kann dafür eine jüngst publizierte Stellenausschreibung für eine Professur für Sportwissenschaft u. a. mit der Ausrichtung Gesundheitsförderung angeführt werden. Im Text wird als Qualifikationskriterium formuliert: „… eindrückliche Erfolge in der Einwerbung von Drittmitteln, nachhaltige (… gemeint sind wahrscheinlich ‚langfristige' (J.S.) …) Erfahrungen in der Kooperation mit Akteuren und Institutionen des Gesundheitswesens …".

Zunehmend eingeforderte betriebswirtschaftliche Co-Qualifikationen bei gleichzeitig ansteigender Drittmittelabhängigkeit fordern zum einen Zeit für Anträge, Verwaltung und Begutachtungen und zum anderen verändern sie auf Dauer die Koordinaten was als gesellschaftlich bedeutsam eingestuft wird. Das wiederum hat zur Konsequenz, dass langfristig der Anteil willfähriger HochschullehrerInnen steigen wird.

5.2.3 WirtschaftsprüferInnen und Consultants

„Wes Brot ich ess, des Lied ich sing!?"
Die ursprünglich auf Wirtschaftsprüfung und Controlling fixierte Branche hat inzwischen mit dem Dreischritt „Prüfen – Beraten – Entwickeln" ihr Portfolio vehement ausgeweitet. Das trifft zumindest auf die großen Wirtschaftsprüfungs- und Beratungsunternehmen zu. Konzentrierte sich das Feld der Beratung bis in die 2000er vorwiegend auf Unternehmen, so wurde seitdem die öffentliche Hand als neu zu erschließendes Handlungsfeld bearbeitet. Politikberatung, Arbeit in Ministerien, entwerfen von Gesetzesvorlagen, Neustrukturierung von Verwaltungen (New Public Management und Neues Steuerungsmodell) sind ein ebenso lukratives wie einflussreiches Geschäftsfeld geworden. (siehe auch Rügemer 2004, S. 91) Insgesamt konzentrieren sich die großen Wirtschaftsprüfungs- und Beratungsunternehmen auf die Geschäftsmodelle der Steuerberatung, Private-Public-Partnerships sowie Privatisierung, Verwaltungsumbau, Entwicklungskonzepte sowie Projektberatung und Wertschöpfungsberechnungen.

Öffentliche Kritik wurde in jüngster Vergangenheit wahrnehmbar sowohl an (noch) legaler Steuervermeidung für Unternehmen mitzuwirken, als auch Ministerien u. a. zur gleichen Thematik zu beraten. Hierzu könnten Städte in ihren Archiven, soweit vorhanden, die ca. drei Jahrzehnte alten Verträge einsehen und evt. bemerken, dass dieselben Berater sich damals für Konzepte eines „schlanken Staates" haben vergüten lassen und derzeit ihre Dienste anbieten, da offensichtlich mit den gekürzten Strukturen die öffentliche Hand keine flächendeckend adäquate Expertise mehr aufrechterhalten werden kann.

Die Beratungsgesellschaften entwickelten für den Sportbereich ganz überwiegend Abschreibungsmodelle für Sportstätten und -stadien, Markt- und Potentialanalysen für einzelne Sportarten (Golf, Fitness. Fußball) sowie Finanzreporte.[15] Wertschöpfungsstudien für einzelne Veranstaltungen sind bislang nicht im nennenswerten Ausmaß angefertigt worden und gehörten nicht zum Kernfeld der Unternehmen.[16]

Insofern wirft die Beauftragung eines großen Wirtschaftsprüfungs- und Consultingunternehmens zur Berechnung der ökonomischen Effekte (ex ante und/oder ex post) von Sportgroßveranstaltungen Fragen auf, die sich über die gemutmaßte fachliche Expertise auf funktionalisierende und politische Aspekte konzentrieren. Anders als in der Verwaltung und im Hochschulbetrieb sind Beratungsunternehmen auf eine schnelle Umsetzung der Aufträge ausgerichtet, sodass über den Faktor Zeit notwendige Planungs- und Umsetzungsprozesse realisiert werden können. Aufgrund des in der Öffentlichkeit (immer noch) vorhandenen Renommees von Wirtschaftsprüfungs- und Consultingunternehmen entsteht durch das vorhandene Image eine Art Schutzschildfunktion, die potenzielle Kritik an der Veranstaltung in den Hintergrund zu drängen vermag. Schließlich weisen gerade regionalökonomische Studien zahlreiche Schätzungen sowie kategoriale, methodologische und methodische Varianzen auf, sodass die Ergebnisse eine extrem große Spannweite aufweisen können. Gefälligkeitsgutachten sind keine plumpen Fälschungen, dafür steht die Reputation der Beratungsunternehmen auf dem Spiel. Um eine Metapher aus dem Sport zu bemühen, ist das Vorgehen vergleichbar mit der Sozialfigur des Heimschiedsrichters. Im Rahmen

---

[15]Bspw. verfügt Deloitte Deutschland über eine Sport Business Group, die sich nach eigenen Angaben „als Prüfungs- und Beratungsspezialisten einen Namen in der nationalen und internationalen Sport- und Fitnessindustrie gemacht hat." (www2.deloitte.com/de/de/profiles/stefan-ludwig.html).

[16]Für den Tourismussektor haben sich einige privatwirtschaftliche Institute und Consultants auf lokale und regionale Wertschöpfungsstudien spezialisiert, wie bspw. das Deutsche Wirtschaftswissenschaftliche Institut für Fremdenverkehr (dwif).

zahlreicher Entscheidungen, die einem Ermessensspielraum zugrunde liegen, kulminieren sich die grenzwertigen Entscheidungen letztlich zugunsten des vorab erwarteten Ergebnisses.

Gefälligkeitsgutachten sehen zumindest die Berufsgrundsätze des Bundesverbandes Deutscher Unternehmensberater nicht vor: Allerdings wird das Berufsethos von UnternehmensberaterInnen lediglich für scheinbar unabhängige und sich selbst verpflichteten Einzelpersonen formuliert, nicht jedoch für das vielfach „klärungsbedürftige" Handeln großer Beratungsunternehmen. „Der Berater übt seinen Beruf eigenverantwortlich, gewissenhaft und mit der erforderlichen Sorgfalt aus. Er übernimmt nur Aufträge, wenn er über die dafür erforderliche Kompetenz und die zur Bearbeitung erforderliche Zeit verfügen kann. Aufträge, die rechtswidrige oder unlautere Handlungen erfordern, werden abgelehnt oder nicht ausgeführt. Geschäfts- und Betriebsgeheimnisse des Auftraggebers dürfen nicht unbefugt verwertet werden. Der Berater führt die Beratung unvoreingenommen und objektiv durch; dies schließt insbesondere Gefälligkeitsgutachten aus." (Berufsgrundsätze des Bundesverbandes Deutscher Unternehmensberater BDU e. V.).

Dass eine Diskrepanz zwischen hehren Grundsätzen und beratender Praxis existiert, formuliert der Bundesverband in seinen „Facts und Figures zum Beratermarkt" höchst selbst: „Klienten hinterfragen die spezifische Eignung des Teams und jedes einzelnen Teammitgliedes losgelöst vom Branding der betreuenden Unternehmensberatung noch stärker als bislang." (Bundesverband Deutscher Unternehmensberater 2017, S. 14).

Derartig ungewohnten und unangenehmen Reaktionen war die Beraterbranche bislang kaum ausgesetzt. Neben ökonomischen Überlegungen zur Kosten-Nutzen-Relation der Beratungsleistung spielt für die beauftragenden Unternehmen und nachlaufend auch für die Akteure der öffentlichen Hand, offensichtlich auch die in Zweifel zu ziehende Qualität eine Rolle. Knoblach von der Wissenschaftlichen Gesellschaft für Management und Beratung (WGMB) führt dazu bemerkenswert aus: „Der Boom auf dem Beratermarkt zieht auch eher zweifelhafte, qualitativ nicht gerade hochwertige Consultants an." (www.top-consultant.de).

5.2.4   Zusammenfassung

Die Kriterien für die Beauftragung von Gutachtern zur Berechnung ökonomischer Effekte von Sportgroßveranstaltungen unterliegen vielfach politischen und nicht ausschließlich sportkulturellen Entscheidungen und basieren weniger auf vorab durchgeführten Vergleichen zur wissenschaftlichen Qualität. Maßgeblich für den Entscheidungsprozess sind zum einen die transparenten Kriterien zu Kosten und

Zeitbudget und die attribuierten Kriterien des öffentlichen Images/Reputation sowie der Unabhängigkeit/Neutralität der Gutachten. Grundsätzlich ist davon auszugehen, dass innerhalb der Verwaltung einer Großstadt die Expertise zur Erstellung einer Wertschöpfungsstudie vorhanden ist, zumal die einschlägige Fachliteratur hilfreiche Vorlagen bietet. Zeitliche Kapazitäten vorausgesetzt, entstehen durch die Einbindung der Verwaltung keine zusätzlichen Kosten. Allerdings sind aufgrund der politisch-administrativen Nähe, derartige Gutachten dem potenziellen Vorwurf (ob begründet oder unbegründet) fehlender Unabhängigkeit ausgesetzt. HochschullehrerInnen, die als wissenschaftliche VertreterInnen ihrer Hochschule beauftragt werden, sind in der Öffentlichkeit mit dem Status der Unabhängigkeit und Neutralität belegt und genießen ein dementsprechend hohes Ansehen. Die Kosten liegen i. d. R. deutlich unter privatwirtschaftlich beauftragten Beratungsunternehmen. Allerdings ist, je nach Personalausstattung des beauftragten Hochschulinstituts, auf einen zeitlich längeren Vorlauf zu achten. Freiberufliche BeraterInnen/WissenschaftlerInnen und Kleinstunternehmen der Beratungsbranchen mit ein oder zwei GesellschafterInnen sind von den großen Wirtschaftsprüfungs- und Consultingunternehmen zu unterscheiden. Aufgrund ihrer hauptberuflichen Tätigkeit liegen die veranschlagten Honorarsätze oberhalb der Beträge für HochschullehrerInnen. Gleichzeitig ist durch die finanzielle Abhängigkeit die Bereitschaft höher ausgeprägt, die zahlreichen Interpretations- und Auslegungsmöglichkeiten, die Wertschöpfungsstudien aufgrund ihrer methodischen Konstruktion bieten, auch

Tab. 5.13 Potenzielle GutachterInnen zur Berechnung ökonomische Effekte von Sportgroßveranstaltungen

	Kosten	Zeitbudget	Attribuiertes Image	Attribuierte Unabhängigkeit
Gehobener/höherer Dienst der Stadtverwaltung	++	o/+	-/o	o/-
HochschullehrerInnen/Institute der Hochschulen	o/+	o/+	+/++	+/++
Freiberufliche BeraterInnen/ WissenschaftlerInnen	-	+	o/+	--
Wirtschaftsprüfungs- und Consultingunternehmen	--	++	++	-/--

Quelle: eigene Darstellung
++ = niedrige Kosten, hohes Zeitbudget, hohes attribuiertes Image, hohe attribuierte Unabhängigkeit; -- = vice versa

im Sinne des Auftraggebers auszuschöpfen. Dasselbe gilt für die großen Wirtschaftsprüfungs- und Consultingunternehmen. Anders als bei EinzelberaterInnen, kann jedoch der entstehende und berechnete Aufwand auf Personal mit unterschiedlichen Qualifikationsniveaus und auf Subcontractor verteilt werden. Aufgrund des entwickelten Markennamens der Unternehmen und dem nach wie vor attribuierten positiven Image, werden die Ergebnisse der Studien kaum in Zweifel gezogen, was, trotz hoher Kosten, ein zentrales politisches Motiv für den abzuschließenden Beratervertrag darstellen kann (Tab. 5.13).

Die bisherigen Ausführungen bedürfen nun der Anwendung! Das folgende Kapitel beinhaltet daher einen Exkurs zum Grand Départ der Tour de France, der 2017 in Düsseldorf stattfand.[17]

---

[17]Grundlage für diese Ausführungen ist ein (nicht-drittmittelfinanziertes) Projekt des Autors zu dieser Sportgroßveranstaltung von Oktober 2016 bis Juli 2017 sowie nachfolgende Recherchen. Insofern sind die Ausführungen und Analysen frei von wie auch immer gearteter Rücksichtnahme, wie sie bei drittmittelfinanzierten Projekten, ob nun bewusst oder unbewusst, nicht ausgeschlossen werden kann.

Départ: Weggehen, Abflug, Abreise
Grand Départ: 7,8 Millionen € weg
„anorak" Leserzuschrift
Rheinische Post vom 06.09.2017

Die Tour de France ist seit über 100 Jahren mehr als nur eine mehrere tausend Kilometer lange Rundfahrt von ca. 200 Radfahrern. Die Tour stellt physische und psychische Anforderungen, die im Grenzbereich des menschlich Machbaren angesiedelt sind. Und jenseits aller Kommerzialisierung, Dopingskandale und medial vorab konstruierter Berichterstattung erzeugt „die" Tour als Sportereignis durch ihre Fahrer Geschichten, Tragödien, Inszenierungen. Zu Beginn der Tour 2017 stürzte der Mitfavorit Alejandro Valverde im Zeitfahren auf regennasser Straße schwer. Mit dem Bruch einer Kniescheibe war die „Tour der Leiden" in sportlicher Hinsicht bereits nach 30 s beendet. Die Tour ist auch eine immer wieder neu erschaffene Theateraufführung des Sports im urbanen Raum, in der Landschaft, mit der Natur und gegen sie. Wer selber Rennrad fährt, kann dies nachempfinden.

Der französische Philosoph Roland Barthes charakterisierte 1957 in seinem Essay „Die Tour de France als Epos" zur Dynamik der Tour vier Bewegungen:

> „Führen, Verfolgen, Ausreißen, Eingehen. „Führen" ist der härteste Akt, aber auch der sinnloseste, Führen heißt immer: sich opfern; es ist reines Heldentum, das viel eher dazu bestimmt ist, einen Charakter zur Schau zu stellen, als ein Resultat zu erringen; bei der Tour macht sich das Vorpreschen nicht direkt bezahlt, es wird gewöhnlich durch kollektive Taktiken eingeschränkt. „Verfolgen" ist hingegen immer ein wenig feige und hat ein wenig den Charakter des Verrats, es gehört zu einer Erfolgssucht, die sich um Ehre nicht kümmert: mit Exzess, mit Provokation verfolgen ist ganz offen Teil des Bösen (Schande über die „Radlutscher"). „Ausreißen" ist eine poetische Episode mit der Absicht, eine freiwillige Einsamkeit darzustellen, allerdings wenig wirksam, da man fast immer eingeholt wird, aber

© Springer Fachmedien Wiesbaden GmbH, ein Teil von Springer Nature 2020   191
J. Schwark, *Sportgroßveranstaltungen*,
https://doi.org/10.1007/978-3-658-28303-2_6

auch ruhmvoll im Verhältnis zu der Art der sinnlosen Ehre, die sie stützt. Das „Eingehen" kündigt das Aufgeben an, es ist immer schrecklich, es macht traurig, wie ein Zusammenbruch: am Ventoux hat das Eingehen einiger Fahrer „hiroshimaartige" Züge." (Barthes 2005, S. 88 f.)

Barthes beschrieb in seiner Typologie noch eine Zeit in der Einzelfahrer dominierten und nicht die sich später konstituierenden Rennställe mit den innerhalb der Teams zugewiesenen Strategien. Der Movistar-Sportdirektor José Acosta führte übrigens zum plötzlichen Ausfall Valverdes in lakonisch-offenherziger Manier aus. „Die Show muss weitergehen, wir sind auch mit acht Leuten in der Lage, eine sehr starke Tour zu fahren." (www.rp-online.de 2017).

Diese „Show" wird in gewohnt eurozentristischer Manier nach den Olympischen Spielen und der FIFA Fußball-Weltmeisterschaft der Männer als „drittgrößte Sportveranstaltung der Welt" eingeordnet.[1] Allein der Blick gen Osten zu den Asian Games könnte bereits die vollmundige Behauptung relativieren. Obwohl eine Milliarde ZuschauerInnen die Tour (und eine andere Milliarde die Asian Games) an den Fernsehern verfolgen, ist der Sportbezug vielfach von minderer Bedeutung. Dumas, vom Marketingunternehmen Sportlab gibt ein zentrales Ergebnis der Erhebungen preis. „Wenn man die TV-Zuschauer befragt, warum sie die Tour verfolgen, nennen sie als erstes die schönen Landschaften und dann erst den Rennwettbewerb." (Brändle/www.fr.de 2017). Einzigartig dürfte jedoch die vorgeschaltete 12 km lange Werbekarawane mit ihren 170 Wagen sein. „18 Millionen Gegenstände werden der Menge während einer Tour zugeworfen – Wimpel und Gutscheine, Mützen und Schlüsselanhänger, Bonbons und Würstchen." (Brändle/www.fr.de 2017).[2]

Die Ambivalenz der Sportgroßveranstaltung bewegt sich also zwischen herausragenden sportlichen Leistungen, erzeugten Sportgeschichten, gemutmaßten (und bewiesenen) Manipulationen, infantilem Werbetross sowie weiteren

---

[1]Als Veranstalter und Medienunternehmen verbreitet die Amaury Sport Organisation diese Behauptung und das Sportamt der Stadt Düsseldorf sowie der Stadtdirektor haben in ihrer Beschlussvorlage für den Rat diese Einordnung übernommen (Stadt Düsseldorf/www. düsseldorf.de 2015, S. 3).

[2]Zu welcher ökonomisch-kulturellen Fehlprägung der Grand Départ verleiten kann, beweist der in der Region nicht unwichtige Karneval, der, anstelle Spott zu verbreiten, diesen eher auf sich zieht: „Dem Düsseldorfer Rosenmontagszug soll künftig eine Werbekarawane voranziehen. Das hat der Geschäftsführer des Comitees Düsseldorfer Carneval, Hans-Jürgen Tüllmann, verraten. Inspiriert wurden die Karnevalisten dazu offenbar von der Tour de France, die in diesem Jahr in Düsseldorf gestartet war." (Zips/www.süddeutsche.de 2017).

kommerziellen Ausprägungen. Insofern ist die Tour de France gleichermaßen attraktiv und umstritten. Die Ausrichtung des Grand Départ kann daher auf der einen Seite als ehrenvolle Gastgeberschaft verstanden werden, oder als Verschwendung von Steuergeldern für das kommerzielle Unternehmen Amaury Sport Organisation (A.S.O.).

Zur Finanzierung der Tour wurde mit Amsterdam bereits 1954 erstmals der Grand Départ an eine Stadt außerhalb Frankreichs vergeben. Vor Düsseldorf waren lediglich Köln (1965), Frankfurt/M. (1980) sowie Berlin (West) (1987) als ausrichtende Städte mit dem Start zur Tour de France beauftragt worden (Tab. 6.1).

Tab. 6.1 Austragung des Grand Départ außerhalb von Frankreich

Jahr	Stadt	Nationalstaat
1954	Amsterdam	Niederlande
1958	Brüssel	Belgien
1965	Köln	Bundesrepublik Deutschland
1973	Scheveningen	Niederlande
1975	Charleroi	Belgien
1978	Lciden	Niederlande
1980	Frankfurt/M.	Bundesrepublik Deutschland
1982	Basel	Schweiz
1987	Berlin (West)	Bundesrepublik Deutschland
1989	Luxemburg	Luxemburg
1992	San Sebastian	Spanien
1996	's-Hertogenbosch	Niederlande
1998	Dublin	Irland
2002	Luxemburg	Luxemburg
2004	Lüttich	Belgien
2007	London	Großbritannien
2009	Monaco	Monaco
2010	Rotterdam	Niederlande
2012	Lüttich	Belgien
2014	Leeds	Großbritannien
2015	Utrecht	Niederlande
2017	Düsseldorf	Bundesrepublik Deutschland

Dass die Landeshauptstadt Nordrhein-Westfalens und selbsterklärte Sportstadt Düsseldorf den Grand Départ ausrichtete, basiert sowohl auf Zufällen, Eigenmächtigkeiten sowie denkbar knappen Abstimmungsergebnissen mit unfreiwilligskurrilen „Bündnissen", als auch mit organisatorischen Fähigkeiten, finanziellen Potenzen und einer gelungenen konzeptionellen Einbindung in weitere sportliche und kulturelle Felder.

6.1   Akquise des Grand Départ und politisches Handeln

Ursprünglich hatte die Stadt London ihr Interesse an der Austragung des Grand Départ 2017 bekundet. Die Stadt zog sich jedoch zurück, als aus einem bis dato unveröffentlichten Gutachten, die Kosten der vorhergehenden Ausrichteregion Yorkshire und Leeds (2014) publik wurden (www.cyclingnews.com). Die Stadt Münster mit ihren 310.000 EinwohnerInnen hätte ebenfalls Austragungsort werden können, zumal 2015 mit Utrecht (352.000 EinwohnerInnen) eine vergleichbar große Stadt den Grand Départ ausgetragen hatte. Allerdings stimmte der Rat der Stadt im September 2015 mit deutlicher Mehrheit gegen eventuelle Barzuschüsse und „entgeltfreie Überlassungen von Dienst- und Sachleistungen oder Infrastruktur" und damit faktisch gegen die Ausrichtung (Baumeister 2015).

Den Rückzug von London und Münster nutzte dann als „Ausreißer" der Oberbürgermeister der Stadt Düsseldorf, Thomas Geisel seinerseits um bei der Amaury Sport Organisation (A.S.O.) die Bereitschaft zur Ausrichtung des Grand Départ zu erklären. In einem Grundsatzbeschluss zur Interessenbekundung, der gleichzeitig auch als Bewerbung interpretiert wurde, ergab die geheime Ratsabstimmung des „Hauptfeldes" im November 2015 eine wenig überzeugende und aufgrund der unterstützenden Parteienkonstellation auch politisch fragwürdige Mehrheit von lediglich 40:39 Stimmen (Tab. 6.2).

Als einzige Partei zeigte die FDP ein konsequent ablehnendes Abstimmungsverhalten, was nachfolgend ansatzweise auch der Linken attestiert werden kann. CDU, SPD und Grüne stimmten jeweils unterschiedlich, einmal befürwortend und ablehnend ab. Berechtigterweise ist einzuwenden, dass Münster, gemessen an EinwohnerInnenzahl und Haushaltsetat, lediglich die Hälfte der Zahlen von Düsseldorf erreicht. Gleichwohl befanden sich beide Städte zumindest nicht in einer prekären Finanzlage und Münster hatte durchaus die finanzielle Potenz zur Ausrichtung des Grand Départ, zumal Münster, ganz im Gegensatz zu Düsseldorf, den inoffiziellen Titel „der" Fahrradstadt in Deutschland bekleidet(e). Bereits 2002 war die westfälische Großstadt Ziel der 1. Etappe (12.05.) und Start

Tab. 6.2 Disparate parteipolitische Entscheidungen zur Ausrichtung des Grand Départ 2017

Parteien	Rat Münster Mehrheit dagegen	Rat Düsseldorf Mehrheit dafür
CDU	dafür	dagegen
SPD	dagegen	dafür
Grüne	dagegen	dafür
Linke	enthalten	dagegen
FDP	dagegen	dagegen
Piraten	dagegen	–
ÖDP	dagegen	–
AFD	dagegen	dafür
Republikaner	–	dafür
UWG	dafür	–
Fraktionslos	dagegen	–

zur 2. Etappe (13.05.) des 85. Giro d'Italia.[3] Insofern wäre aus sportbezogener Sicht Münster eine nachvollziehbare Wahl gewesen, deren politisch-administrative Akteure jedoch in der Mehrzahl die anfallenden Kosten gescheut haben.

Obwohl Düsseldorf bereits als Veranstalter die Tischtennis Weltmeisterschaften für 2017 akquiriert hatte und zusätzlich mit der Europameisterschaft der Triathlon-Kurzstrecke eine eher kleine Großveranstaltung in zeitlicher Nähe zum Start der Tour auszurichten war, argumentierten Sportamt und Stadtdirektor in ihrer Beschlussdarstellung, die Veranstaltungen „befruchten sich gegenseitig und verstärken gerade durch die Ausrichtung in einem Jahr den Marketingeffekt." (Stadt Düsseldorf 2015, S. 5). Auf beide angeführten Argumente bzw. Behauptungen ist einzugehen. Tischtennis als Indoor-Rückschlagspiel und Radrennen als zyklische Ausdauersportart haben in sportpraktischer

---

[3]In konzeptioneller Nachfolge wird seit 2006 jährlich der „Sparkassen Münsterland Giro" ausgetragen. Für eines der größten Eintagesrennen in Deutschland haben die ca. 200 Profiradfahrer eine Strecke von ca. 200 km zu absolvieren. Den etwa 4000 Hobby-RadfahrerInnen stehen Strecken von 55, 90 und 125 km zur Verfügung. Insgesamt erreicht die Veranstaltung eine ZuschauerInnenzahl von ca. 100.000 (www.lwl.org).

Sicht keine Verbindungen zueinander.[4] Auch zeitlich besteht kein unmittelbarer, gleichwohl enger Zusammenhang, da die Tischtennis WM vom 29.05. bis 05.06. stattfand und der Grand Départ vom 30.06. bis 01.07.2017. Worauf sollte sich also das „befruchtende" beziehen, wonach auch die ZuschauerInnen, von einigen Überschneidungen abgesehen, einen völlig unterschiedlichen Zugang zu den beiden Sportarten haben? Übrig bleibt zur Argumentation von Sportamt und Stadtdirektor ausschließlich der erhoffte Marketingeffekt für die Stadt Düsseldorf. Doch in der Beschlussvorlage wird zur Absicherung noch mit einem weiteren „beeindruckenden" Argument ausgeholt: „Durch den Wiederholungseffekt (sog. „Mere-Exposure-Effect") wird die Wirkung nach fundierten und nicht bestrittenen wissenschaftlichen Erkenntnissen verstärkt und nicht geschwächt." (Stadt Düsseldorf 2015, S. 5). Sapperlot![5] Ein englischer Fachbegriff, fundiert, unbestritten und wissenschaftlich – wer im Rat wollte das infrage stellen? Zunächst einmal ist auf die anwendungs- und kausalorientierte „Wenn-Dann"-Werbepsychologie hinzuweisen, deren aufzufrischendes wissenschaftstheoretisches Fundament regelmäßig aus den Mutterdisziplinen Psychologie, Soziologie und Pädagogik in Empfang genommen wird. Der angesprochene Effekt bezieht sich zudem auf Erinnerungswerte von Werbung und dazu noch auf ein einzelnes Produkt. Überdies existierten schon zuvor kritisch-fachliche Äußerungen, die zumindest auf die Grenzen des „Mere-Exposure-Effects" verweisen (siehe Falkenau 2013, S. 107). Der Versuch eines argumentativen Schutzschildes beruhte vielmehr darauf, der einsetzenden Kritik einer Kannibalisierung beider oder Vernachlässigung einer der Sportgroßveranstaltungen vehement zu begegnen.

Eine Tischtennis WM mit Bewerbungskosten von 3,2 Mio. € und eine Triathlon Kurzstrecken EM innerhalb eines Jahres durchzuführen sind für eine 630.000 EinwohnerInnen zählende Stadt eine gastgeberische, organisatorische und finanzielle Leistung, die nicht zwingend nach einer weiteren Sportgroßveranstaltung verlangt. Insbesondere die Tischtennis WM genießt im asiatischen Raum eine besonders hohe Aufmerksamkeit, die zur spitzensportbezogenen Ausrichtung auch vielfältige Verbindungen zum Breitensport und zusätzlich zur Kultur, zum Tourismus und zur chinesischen Wirtschaft (u. a. Chongqing als Partnerstadt) eröffnet und bestärkt hätte.

---

[4]Auf die Triathlon-Kurzstrecken-EM (Elite) mit ca. 100 TeilnehmerInnen und einer nicht weiter zu beziffernden „begrenzten" Anzahl an ZuschauerInnen soll nicht weiter eingegangen werden.

[5]Für LeserInnen aus dem süddeutschen Sprachraum: Sakra!

Die Landeshauptstadt und Sportstadt Düsseldorf sieht sich jedoch nicht nur in geografisch unmittelbarer Konkurrenz zum Ruhrgebiet und zu Köln, sondern stellte in der Beschlussvorlage einen weitergehenden und höchst anspruchsvollen, global orientierten Vergleich an. „Neben den gewünschten Image-Effekten wird Düsseldorf, wie Paris, London, New York, Melbourne und viele andere Großstädte der Welt, als innovative und zukunftsorientierte Stadt wahrgenommen, …" Ob die genannten Städte in ihren Auflistungen vice versa Düsseldorf berücksichtigen ist unbekannt. Jedenfalls dürfte der Vergleich wenigstens eine halbe Nummer zu hoch gegriffen sein. Demgegenüber könnten Mailand, Birmingham und Kopenhagen einem realistischen Vergleich standhalten. Die Fortsetzung des Zitats förderte noch eine neue und überraschende Information über Düsseldorf zu Tage: „… die das Fahrrad als umweltfreundliches Transport-/Fortbewegungsmittel fördert." (Stadt Düsseldorf 2015, S. 6). Mit Blick auf den sehr ausführlichen und ausdifferenzierten ADFC-Fahrradklima Test erweist sich die Aussage aufgrund der Ergebnisse, die sich regelmäßig im Schlussfeld und kurz vor dem „Besenwagen" ansiedeln, als ebenfalls wenig realistisch (oder als Marketingtext für Ratsmitglieder).[6]

Das schnelle und im politischen Umfeld zuvor als nicht ausreichend diskutiert bewertete Vorgehen des Oberbürgermeisters führte in Düsseldorf nicht nur zu einer inhaltlichen Debatte über Vor- und Nachteile der Sportveranstaltung. Analog zu einem Vorstandsbeschluss in einem Unternehmen, sah sich ein Teil der Ratsmitglieder formell übergangen, sodass zusätzlich oppositionelle Beharrungen und latent vorhandene Animositäten in die Diskussion einflossen.[7] Auch im Nachgang der Veranstaltung wurde versäumt, absehbare Mehrkosten rechtzeitig im Rat genehmigen zu lassen. Wegen des Vorwurfs der finanziellen Intransparenz konnten durch einen verzögerten Abstimmungsprozess Rechnungen an beauftragte Unternehmen erst verspätet beglichen werden, was für weiteren Unmut im Rat und in der interessierten Öffentlichkeit sorgte (siehe Lieb/www.rp-online.de 2017c).

Und schließlich überschattete ein weiterer bedeutsamer Aspekt das politische Handeln der Hauptakteure. Die Übereinkunft zum Grand Départ der Tour de France 2017 zwischen dem Veranstalter Amaury Sport Organisation (A.S.O.) und der Landeshauptstadt Düsseldorf wurde überraschenderweise, und entgegen bereits länger diskutierten Good Governance Regeln innerhalb der öffentlichen Hand, nicht offengelegt.

---

[6]Zu den ADFC-Ergebnissen detaillierter Abschn. 6.5.3.

[7]Den gesamten Prozess hat die lokale (und teilweise überregionale) Presse umfangreich dokumentiert (insbesondere Rheinische Post, Neue Rhein Zeitung, Westdeutsche Zeitung, Express Düsseldorf), sodass hier im einzelnen nicht noch einmal darauf einzugehen ist.

Tab. 6.3 Lizenzgebühren für den Grand Départ der Tour de France 2015 und 2017

	Utrecht 2015	Düsseldorf 2017
1. Zahlung	1.500.000	1.700.000
2. Zahlung	1.500.000	1.700.000
3. Zahlung	1.000.000	1.600.000
Gesamte Lizenzgebühren	4.000.000	4.500.000
Hospitality-Rechte	?	./. 500.000

Quelle: Vertrag zwischen A.S.O. und der Stadt Utrecht 2015; Rheinische Post

6.2   Vertrag zum Grand Départ und Geheimhaltung

Nach Ausführungen der Rheinischen Post vom 31.05.2017 weigerte sich die Stadt Düsseldorf den mit der A.S.O. abgeschlossenen Vertrag der Öffentlichkeit zugänglich zu machen. Diese Entscheidung wurde damit begründet, dies sei Wunsch der A.S.O. gewesen.

Damit befand sich die Stadt Düsseldorf in einer Situation zwischen den Interessen der lokalen Bevölkerung zu entscheiden, inwieweit und nach welchen Kriterien ihre Steuergelder verwendet werden und dem vorgeblichen „Wunsch" der A.S.O. auf Geheimhaltung. Mindestens bis zum 31.05.2017 hatte die A.S.O. jedoch keine Bedenken, dass die Gemeinde Utrecht auf ihrer Internetseite den damaligen Vertrag aus dem Jahr 2015 öffentlich zugänglich hielt.

Derartige Verträge werden von JuristInnen intensiv geprüft und unterliegen nach erfolgter Ausfertigung allenfalls einer Anpassung an lokale Gegebenheiten, nicht jedoch jährlich vorgenommener grundlegender Änderungen.[8] Das zeigen auch die zahlreichen, im Internet verfügbaren Verträge und Bid books zu Sportgroßveranstaltungen (Tab. 6.3).

Insofern es also keine gravierenden Änderungen zum Vertrag von 2015 mit der Gemeinde Utrecht gegeben hat, bestand auch weiterhin kein Grund auf Geheimhaltung. Wie bereits erwähnt, weil bis Juni 2017 der komplette 19 Seiten umfassende Vertrag auf der Internetpräsenz von Utrecht einseh- und speicherbar war. Diese Information wurde einer breiteren Öffentlichkeit in Düsseldorf jedoch

---

[8]Eine Steigerung der Lizenzgebühr um 12,5 % innerhalb eines zweijährigen Zeitraums wäre als Kapitalanlage unter den derzeit vorherrschenden Zinsbedingungen im positiven Sinne „gravierend". Für das Feld der Sportevents muss eine derartige Differenz noch als Branchenüblich bezeichnet werden. Außerdem sind geografische Besonderheiten und die Entfernung zu Frankreich zu berücksichtigen, die einen begründeten Teil der erhöhten Lizenzgebühr ausmachen können.

erst am 31.05.2017 durch einen Artikel in der Rheinischen Post bekannt. Wenige Tage danach konnte der Vertrag „überraschenderweise" nicht mehr auf der Homepage der Gemeinde Utrecht eingesehen werden.[9]

Dieser Mangel kann zumindest an dieser Stelle behoben werden:

„Übereinkunft LE GRAND DÉPART TOUR DE FRANCE 2015

Amaury Sport Organisation (A.S.O.) ... Die Gemeinde Utrecht ... Nach dieser Erklärung sind die Parteien wie folgt übereingekommen:

ARTIKEL 1: Ziel der Übereinkunft

ARTIKEL 2: Ausschließende Befugnisse der A.S.O.

ARTIKEL 3: Verpflichtungen zu Lasten der A.S.O.

ARTIKEL 4: Verpflichtungen zulasten der Gemeinde

ARTIKEL 5: Gemeinsame Entwicklung

ARTIKEL 6: Kommunikation, Vermarktung, Animation und Beherbergung, Öffentlichkeitsarbeit

ARTIKEL 7: Haftung – Versicherungen

ARTIKEL 8: Finanzieller Beitrag

8.2. Die Gemeinde

Die Gemeinde verpflichtet sich einen finanziellen Beitrag von € 4.000.000,00 (vierMillionen Euro) ohne Mehrwertsteuer zu den folgenden untenstehenden Verfallterminen an die A.S.O. zu bezahlen:

• am 15 Dezember 2013:   € 1.500.000 ohne MwSt.;

• am 01 Oktober 2014:   € 1.500.000 ohne MwSt.;

• am 05 Juli 2015:   € 1.000.000 ohne MwSt.;

---

[9]An dieser Stelle wären allenfalls Mutmaßungen über eventuelle Interventionen anzustellen, die aufgrund fehlender Quellen unterbleiben.

... (Ausführungen zu den Konten) ...

Nach der Bezahlung der oben genannten Beträge an die A.S.O. nimmt die Gemeinde alle Kosten auf sich bezüglich der Ordnungsdienste (Absperrungen, Motoreskorte und Fahrzeuge für die Marechaussee oder durch die Polizei der Niederlande) und bezüglich der Einrichtungen für medizinische Hilfeleistung und der Evakuierung der Bevölkerung auf dem Gebiet der Niederlande, welches die Etappen betrifft, die in Artikel 1 der Übereinkunft aufgenommen worden sind.

ARTIKEL 9: Art der Beiträge der Gemeinde

ARTIKEL 10: Basis wechselseitigen Vertrauens

ARTIKEL 11: Vorzeitige Aufhebung

ARTIKEL 12: Nichtigerklärung wegen höherer Gewalt

ARTIKEL 13: Verschiedenes"

Quelle: eigene Übersetzung aus dem Niederländischen anhand der Kopie des Originalvertrages zwischen der A.S.O. und der Gemeinde Utrecht

Grundlage ist die dankenswerterweise durch die Rheinische Post am 15.06.2017 digital übermittelte Kopie des Originalvertrages.

Auch durch öffentlichen Druck konnte die Stadt Düsseldorf nicht dazu bewegt werden, den Vertrag offenzulegen. Als tautologische Argumentation diente dazu eine Geheimhaltungsklausel. Mit den Mitteln der formalen Logik lassen sich jedoch die Begründungsmuster für oder gegen eine Offenlegung des Vertrages anführen.

Eine Möglichkeit besteht darin, dass der Vertrag zwischen A.S.O. und der Stadt Düsseldorf gravierende Veränderungen zugunsten bzw. zuungunsten einer der beiden Seiten beinhaltete. Das hätte im Fall der A.S.O. die Verhandlungen mit zukünftigen Vertragspartnern erschwert, wenn sie zu ihren Ungunsten zu Zugeständnissen gegenüber Düsseldorf bereit war. In diesem Fall wäre der Wunsch nach Geheimhaltung zwar auf den ersten Blick plausibel, da diese Situation jedoch durchgehend in jedem Jahr besteht, hätte in dieser Logik bereits der Vertrag mit Utrecht keinesfalls publik werden dürfen.

Hätten sich allerdings die Vertragsinhalte zu Ungunsten von Düsseldorf verändert, wäre das Interesse an einer Geheimhaltung durch die Stadt Düsseldorf

Tab. 6.4 Begründungsmuster für oder gegen eine Offenlegung des Vertrages

	Konsequenzen für:	Konsequenzen für:
Positive Änderung der Vertragsinhalte für:	A.S.O. Stärkung der zukünftigen Verhandlungsposition. Gegen eine Offenlegung dürften keine zwingenden Einwände vorliegen	Düsseldorf Offenlegung des Vertrages politisch nützlich. Nach bisherigen Erkenntnissen durch Tourlogos, Hospitality-Plätze und diverse Werbemöglichkeiten positive Änderungen
Negative Änderung der Vertragsinhalte für:	A.S.O. Schwächung der zukünftigen Verhandlungsposition. Nach bisherigen Erkenntnissen jedoch nicht der Fall, da noch angemessene Erhöhung der Lizenzgebühr	Düsseldorf Schwächung der Position gegenüber dem politischen Gegner sowie zu befürchtende Kritik in der Öffentlichkeit. Demzufolge kein Interesse an einer Offenlegung

Quelle: eigene Darstellung

weitaus plausibler im Gegensatz zur A.S.O. Vielmehr ist es im Kontext der Vertrags- und Verhandlungsführung aus Gründen des politischen Selbstschutzes nützlich, den jeweils anderen Verhandlungspartner intern darum zu bitten, pro forma den Wunsch nach einer Geheimhaltungsklausel zu äußern, dem dann gegenüber der Öffentlichkeit „bedauerlicherweise" auch nachzukommen ist. Ein derartiges Vorgehen ist ebenfalls begründet (nicht legitimiert), wenn das bisherige formale Vorgehen von den üblichen Politik- und Verwaltungsprozessen abweicht und/oder wenn die Befürchtung besteht, dass weniger inhaltlich-formale, sondern persönliche Kritik vorgebracht wird (Tab. 6.4).

In jedem Fall hat die Öffentlichkeit, insbesondere die lokale Bevölkerung ein Interesse und vor allem ein Recht, über die Verwendung ihrer Steuergelder Auskunft zu bekommen. Bei den vorliegenden Vertragspartnern handelt es sich eben nicht um zwei privatwirtschaftliche Unternehmen, die aus Gründen der Wettbewerbsfähigkeit Stillschweigen vereinbaren, sondern um einen Vertreter der öffentlichen Hand, der seinen BürgerInnen rechenschaftspflichtig ist.[10]

---

[10]Nachvollziehbar wäre ein solches Vorgehen nur dann, wenn der Grand Départ auf einem Firmengelände stattfinden und demzufolge mit einem Privatunternehmen verhandelt würde.

In diesem Kontext ist auf das Hamburgische Transparenzgesetz (HmbTG) des Hamburger Senats zu verweisen, das auch aufgrund nichtparlamentarischen, bürgerschaftlichen Engagements am 19.06.2012 beschlossen wurde. Dort heißt es in Paragraph 1 zum Gesetzeszweck:

„(1) Zweck dieses Gesetzes ist es, durch ein umfassendes Informationsrecht die bei den in § 2 Absatz 3 bezeichneten Stellen vorhandenen Informationen unter Wahrung des Schutzes personenbezogener Daten unmittelbar der Allgemeinheit zugänglich zu machen und zu verbreiten, um über die bestehenden Informationsmöglichkeiten hinaus die demokratische Meinungs- und Willensbildung zu fördern und eine Kontrolle des staatlichen Handelns zu ermöglichen. (2) Jede Person hat nach Maßgabe dieses Gesetzes Anspruch auf unverzüglichen Zugang zu allen Informationen der auskunftspflichtigen Stellen sowie auf Veröffentlichung der in § 3 Absatz 1 genannten Informationen."

Der Anwendungsbereich bezieht sich auch auf Verträge der Daseinsvorsorge und auch auf die sogenannten Betriebs- und Geschäftsgeheimnisse, auf die in Paragraph 7 eingegangen wird:

„(1) Betriebs- und Geschäftsgeheimnisse sind alle auf ein Unternehmen bezogene Tatsachen, Umstände und Vorgänge, die nicht offenkundig, sondern nur einem begrenzten Personenkreis zugänglich sind und an deren Nichtverbreitung der Rechtsträger ein berechtigtes Interesse hat. Ein berechtigtes Interesse liegt vor, wenn das Bekanntwerden einer Tatsache geeignet ist, die Wettbewerbsposition eines Konkurrenten zu fördern oder die Stellung des eigenen Betriebs im Wettbewerb zu schmälern oder wenn es geeignet ist, dem Geheimnisträger wirtschaftlichen Schaden zuzufügen. (2) Informationen und Vertragsbestandteile, die Betriebs- oder Geschäftsgeheimnisse enthalten, unterliegen der Informationspflicht nur, soweit das Informationsinteresse das Geheimhaltungsinteresse überwiegt." (http://transparenz. hamburg.de)

Dieser Abwägungsprozess zwischen Betriebs- oder Geschäftsgeheimnissen und Informationsinteresse der Öffentlichkeit unterliegt keinen näher benannten Kriterien oder Beispielen. Um auch diesen Mangel annäherungsweise zu beheben, werden in Tab. 6.5 gerechtfertigte, noch nachvollziehbare und ungerechtfertigte Begründungen für Verschwiegenheitsvereinbarungen aufgeführt.

Jenseits der hier zum Teil ausgebreiteten politischen Auseinandersetzungen fanden im Vorfeld und Umfeld des Grand Départ zahlreiche Sport- und Kulturveranstaltungen unter animierender Einbindung, Mitwirkung und Gestaltung großer Teile der Bevölkerung statt. Das gilt es in Umfang und Vielfalt zu würdigen.

Tab. 6.5 Begründungen für Verschwiegenheitsvereinbarungen

Gerechtfertigt	Evt. noch nachvollzieh-bar	Ungerechtfertigt
Tatsächliche Betriebsgeheimnisse • technisches Knowhow • Herstellungsverfahren • Rezepturen • Kundendaten • Preiskalkulation • Verhindern der Verwertung betriebswirtschaftlich sensibler Daten durch Dritte (Konkurrenz)	Verbesserte Handlungsoptionen für zukünftige Vertragsverhandlungen mit Dritten (außer gegenüber der öffentlichen Hand)	• Vorgebliche Betriebsgeheimnisse ohne weitere Erläuterung • Nachteilige Verträge zulasten eines Vertragspartners (Öffentliche Hand) • Sorge vor öffentlicher Kritik • Sorge vor öffentlichem Protest • Sorge vor juristischen Klagen

Quelle: eigene Darstellung

6.3   Kulturelle Verschränkung und Sportvielfalt

Einleitend soll auf einen Bildausschnitt aus dem Film „Jour de Fête" (1949) mit Jacques Tati hingewiesen werden. Jacques Tati verkörpert als Hauptprotagonist einen Postboten, der sich der zunehmenden Beschleunigung verschreibt und mit seinem Dienst- und Alltagsfahrrad in der hier gespielten Szene die Teilnehmer der Tour de France überholt. Die Beschleunigung der Lebensweise wird im Film mit süffisanter Ironie karrikiert. Das nur am Rande. Vielmehr soll der Bildausschnitt hier metaphorisch für die Verschränkung von Spitzen- und Breitensport stehen und die möglichen Verbindungen zwischen Sport und weiteren kulturellen Feldern (Abb. 6.1).

Ein unterkomplexes Verständnis zum Grand Départ der Tour de France unterstellt, dass in 60 s 200 Fahrer vorbeirauschen und der „Spuk" dann ein zügiges Ende findet. Dafür, so der Tenor der in der Minderheit befindlichen KritikerInnen aus Politik und Bevölkerung, müsse mit Steuergeldern nicht ein zweistelliger Millionenbetrag ausgegeben werden. Entspräche diese Behauptung eines Grand-Départ-Intermezzos dem tatsächlichen Verlauf, wäre die Kritik nicht nur berechtigt, sondern könnte überdies den Vorwurf der Verschwendung von Steuergeldern aufwerfen.

Wer sich jedoch derart verkürzt zum Grand Départ und zur Tour de France äußert und diese Veranstaltung als bloßes Spektakel wahrnimmt, wird mutmaßlich allein wegen der medial inszenierten Aufmerksamkeit dabei sein wollen.

Abb. 6.1 Bildausschnitt aus dem Film „Jour de Fête" mit Jacques Tati. (Quelle: © Carlotta Films)

Unterstellt werden kann daher, dass bspw. keine Kenntnis über Fahrer, Favoriten, Rennställe oder den Gesamtstreckenverlauf vorhanden ist. Insofern ist das en passant am Streckenrand „dabei gewesen sein" annähernd auf dem emotionalen Niveau eines erstaunt beigewohnten Wildwechsels im heimischen Stadtwald einzustufen. Das dürfte auf einen Großteil der ZuschauerInnen des Grand Départ zugetroffen haben. Eine Million ZuschauerInnen in Düsseldorf setzen sich nicht nur aus kenntnis- und erfahrungsreichen Connaisseuren zusammen, sondern auch aus mäßig interessierten Zaungästen, die tatsächlich nur eine vorbeihuschende Impression wahrnehmen und mit diesem niedrigschwelligen Erlebnis hernach den Heimweg antreten.

Bliebe es an dieser Stelle bei dieser Beschreibung, sie wäre zu kurz gegriffen. Der Grand Départ steht nicht als einsamer Monolith in der Düsseldorfer Sportveranstaltungslandschaft, sondern hat vielfältige Verbindungen und Verschränkungen hergestellt und bot den Anlass für zahlreiche legitime (und illegitime) Funktionalisierungen.

In Düsseldorf ist es in bemerkenswert umfangreicher und vielfältiger Sicht gelungen, eine Sportgroßveranstaltung mit breitensportlichen, musealen, literarischen, fotografischen, musikalischen, stadtplanerischen und wissenschaftlichen Themen zu verbinden. Und nicht nur das. In den umliegenden beteiligten und (!) nicht-beteiligten Städten und Orten ist die Veranstaltung in ähnlicher Weise zum Anlass genommen worden, die vielfältigen Bezüge des Fahrrads im alltäglichen sowie sportbezogenen Kontext zu thematisieren (Tab. 6.6).

Diese Auflistung ist lediglich ein Ausschnitt der Veranstaltungen die in Düsseldorf stattgefunden haben. Zusätzlich ist auf zahlreiche Veranstaltungen im Vorfeld und als Rahmenprogramm am Etappentag der beteiligten Städte Mettmann, Erkrath, Neuss, Kaarst, Mönchengladbach, Heinsberg, Jülich/Kreis Düren und Aachen zu verweisen. Und selbst unberücksichtigte Städte wie bspw. Krefeld nutzten als „Schwarzfahrer" mit Ambush-Marketing die Tour, um indirekt zu partizipieren und von ihr zu profitieren.

> „Damit die Krefelderinnen und Krefelder aber dennoch Radprofis hautnah erleben können, soll es in der Woche nach der Tour de France am Freitag, 28. Juli, unter dem Namen „Retour le Tour" ein „Nachtour-Kriterium" mit zahlreichen Topfahrern der Tour 2017 durch die Krefelder Innenstadt geben. Ähnlich wie bei den früheren Radrennen „Rund um die Sparkasse" und „Rund um den Westwall" vergangener Jahre soll damit für Tour-Feeling auf einem rund ein Kilometer langen Rundkurs in Krefeld gesorgt werden." (www.krefeld.de 2017)

Die vielfältigen Bezüge des Radsports und Fahrradfahrens zur Kultur der Stadt herzustellen, wäre prinzipiell auch ohne den Grand Départ möglich gewesen, praktisch allerdings unwahrscheinlich. Daraus können zwei Aspekte abgeleitet werden. Zum einen wird die immense mediale und symbolische Kraft dieser Veranstaltung deutlich, dass mit ihr und durch sie diese Bandbreite an Themen möglich ist.[11] Zum anderen zeigt sie aber auch, dass die notwendige breite politische Diskussion um eine fahrradgerechte Stadt, die berufliche, freizeit- und sportorientierte Mobilität beinhaltet, zuvor in nicht adäquater Weise geführt, ja geradezu vernachlässigt worden ist. In Abschn. 6.5.3 wird noch zu zeigen sein, inwieweit der Grand Départ tatsächlich als Auftakt für eine strategische Ausrichtung zur fahrradgerechten Stadt genutzt werden konnte.

---

[11]Das Thema Rad ist in dieser Hinsicht „dankbarer" und alltagsorientierter, als es das Tischtennisspiel vermag. Dennoch ist zu konstatieren, dass der Grand Départ selbst während des Zeitraums der Tischtennis WM diese Großveranstaltung überlagert hat und die Präsentation der WM zumindest eine im Ansatz so kreative Thematisierung im öffentlichen Raum verdient gehabt hätte wie der Grand Départ.

Tab. 6.6 Kulturveranstaltungen im Kontext des Grand Départ

18.09.2016	1. Düsseldorfer Radsporttag mit Rund um die Kö und Jedermann-Rennen Race am Rhein
09.02.2017–12.02.2017	Bicycle Film Festival
05.03.2017	Heinrich-Heine-Institut: Lesung mit Katja Lange-Müller, Lydie Salvaire und Arno Bertina. Ein deutsch-französischer Trialog
23.03.2017	Countdown 100 Tage bis zur Tour
25.03.2017	‚Bonjour le Tour‘ – Start des Aktionsprogramms
25.03.2017–01.07.2017	Kinder-Radrennen: Harald Christ Petit Départ
25.03.2017	Nacht der Museen
25.03.2017–26.03.2017	Fahrradmesse „Cyclingworld Düsseldorf“
25.04.2017–30.06.2017	Ringvorlesung ‚Vélomanie‘
07.05.2017	Fahrrad-Airlebnis-Tag Düsseldorf Airport
19.05.2017–23.07.2017	Foto-Ausstellung „Mythos Tour de France“ – Sonderausstellung im NRW-Forum
06.06.2017–18.06.2017	7. Düsseldorfer Literaturtage im Heinrich-Heine-Institut
12.06.2017–23.06.2017	Foto-Ausstellung „Die Welt hat Pedale“ – Ausstellung im Düsseldorfer Rathaus
17.06.2017–02.07.2017	„Fahrradgerechte Stadt“ – Ausstellung im Stadtmuseum der Landeshauptstadt Düsseldorf
17.06.2017	Radaktiv feiert die Fête du Vélo
25.06.2017	DRAHTESEL zur Tour de France
27.06.2017–11.08.2017	„Fahrrad an Bord“ – Ausstellung im Düsseldorfer Rathaus
28.06.2017–29.06.2017	Science and Cycling Conference
30.06.2017	Schloss Benrath Lichterfest 2017
30.06.2017–01.07.2017	Sportökonomie Kongress
01.07.2017	Kraftwerk – Konzert im Ehrenhof
02.07.2017	Tour de Bach. Stephan Schrader spielt alle sechs Suiten für Violoncello solo von Johann Sebastian Bach
02.07.2017	KIT – Kunst im Tunnel; offener Workshop „Alles in Bewegung“

Quelle: http://grandDépart.de/rahmenprogramm-grand-Départ/; Gert Zander; (15.06.2017)

In einem anderen Feld wurde die politische und öffentlich geführte Diskussion umso vehementer geführt und zielte auf die mit dem Grand Départ entstandenen Kosten und die damit verbundenen disparaten Bewertungen.

6.4   Finanzierung und ökonomische Effekte: „Alice D. im Wunderland"

Eine weit verbreitete Position zur Kritik an der „zu teuren" Finanzierung von Sportgroßveranstaltungen bezieht sich nicht ausschließlich auf die Frage des Unterlassens, sondern auf die alternative Verwendung der auszugebenden Mittel. Die Diskussion um sogenannte Opportunitätskosten wurde auch zum Grand Départ aufgeworfen und soll hinsichtlich ihres Geltungsanspruchs geklärt werden. Ob eine Veranstaltung als „zu teuer" oder „zu aufwändig" bewertet wird, ist abhängig von den lokalen Strukturen und finanziellen Potenzen. Nach den in Kap. 1 diskutierten Verhältnissen, kann Düsseldorf mit einem Haushaltsvolumen von ca. 2,45 Mrd. € pro Jahr in unregelmäßigen, mehrjährigen Abständen finanziell eine derart teure Veranstaltung wie den Grand Départ ausrichten, nicht jedoch jährlich. Nach den in Deutschland sich entwickelten und üblichen Spannweiten der Leistungsfähigkeit, wäre das theoretisch machbar, würde aber nach den derzeitigen Haushaltsverhältnissen massive Kürzungen innerhalb des Sportsektors oder Eingriffe in andere soziale oder kulturelle Felder nach sich ziehen und damit politisch kaum durchsetzbar sein.

Wenn eine Sportgroßveranstaltung Kosten für die ausrichtende Stadt verursacht, die überwiegend oder ausschließlich durch Kürzungen innerhalb des Breitensports oder anderer (kleinerer) Sportveranstaltungen ausgeglichen werden, entstehen unter Umständen dort mehr sportkulturelle, soziale und/oder finanzielle Schäden, als durch die einmalige Ausrichtung der Sportgroßveranstaltung Nutzen gestiftet wird. Insofern diese Schäden plausibel dargelegt werden können, ist von einer derart übergriffig finanzierten Sportgroßveranstaltung abzusehen. Gleiches gilt für Formen der Quersubventionierung aus anderen Feldern der Kultur oder des Sozialbereichs.

Ein weiterer Fall bezieht sich auf zwei alternative, miteinander konkurrierende Veranstaltungen, in dem eine begründete und überzeugende mehrheitliche Entscheidung über das Ausrichten der einen und das Unterlassen der anderen Sportgroßveranstaltung zu treffen ist. Ansatzweise ist dies 2017 in Düsseldorf mit der Tischtennis WM und dem Grand Départ der Fall gewesen. Allerdings wurde eine Entscheidung getroffen, sich im Kontext des überraschenden Rückzugs von London und unter Zeitdruck, zusätzlich zu der bereits feststehenden WM den Grand

Départ zusätzlich durchzuführen. Die übereilte Zusage hatte demnach auch keine überzeugende politische Legitimation zur Folge.

Die bisherige Argumentation hatte den politisch-administrativen Zugriff, respektive den Übergriff des Sports auf andere Felder der freiwilligen Daseinsvorsorge thematisiert, die als nicht zuständig für die über das übliche Maß hinausgehende Finanzierung einer Sportgroßveranstaltung gelten. In der öffentlichen und fachlichen Diskussion existiert gleichwohl eine Argumentation in umgekehrter Richtung. Mit dem Verweis auf die Unterfinanzierung kultureller und/oder sozialer Felder werden die dort nutzenstiftenden Effekte alternativ zu den Kosten selbst nachvollziehbar finanzierter Sportgroßveranstaltungen in den Vordergrund gestellt. Abb. 6.2 gibt dazu einen Überblick über die Felder Bewegung, Sport, Kultur, Soziales und Wirtschaftsförderung und damit verbundener Beispiele, wofür die Finanzierung „besser geeignet" wäre.

Ungeachtet der Tatsache, dass alle aufgeführten Alternativbeispiele und Engagements für sich genommen sinnvoll und begrüßenswert sind, ist eine Diskussion, die die gegenseitige finanzielle Kannibalisierung und Entsolidarisierung zur Folge hat, für alle Bereiche langfristig schädlich. Die Adressaten für eine adäquate finanzielle Ausstattung der Städte (und selbstverständlich der Kreise) sind die vorgeordneten Ebenen der Länder und des Bundes samt ihrer

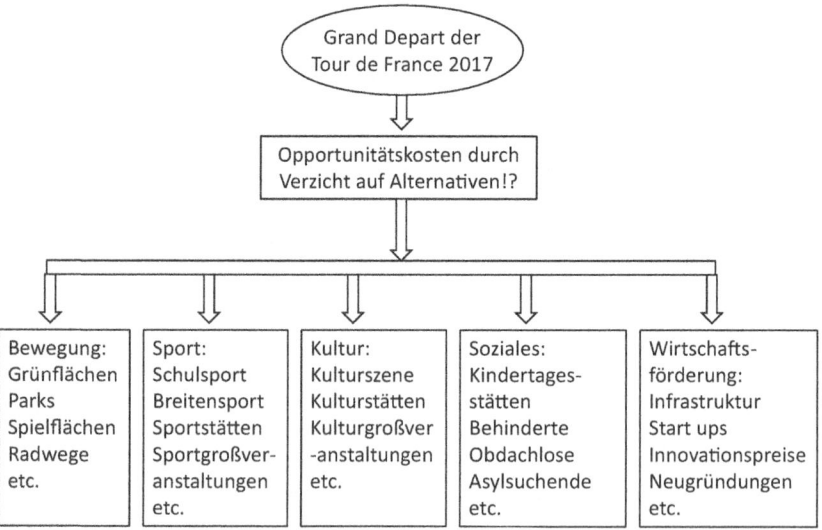

Abb. 6.2 Grand Départ 2017 und Opportunitätskosten. (Quelle: eigene Darstellung)

gelingenden Gesetzgebungs-, Raumordnungs- und Steuerpolitik. Eine den Städten aufgenötigte und von ihnen erduldete Austeritätspolitik vermag in der praktischen Anwendung politisch-administrativen Handelns kurz- bis mittelfristig scheinbar gelingende Erfolge durch Effizienz- und Einsparpotenziale erzielen. Eine potenzielle oder tatsächliche Unterfinanzierung in zahlreichen Bereichen kann jedoch nicht dadurch „gelöst" werden, indem vormals zugestandene und begründete Finanzierungen aus anderen Feldern grundlegend infrage gestellt und absorbiert werden.

Die in Kap. 1 angeführte Argumentation zur Gestaltungsfähigkeit der Städte innerhalb der freiwilligen Daseinsvorsorge, der sportkulturellen Vielfalt und Besonderheit der Festkultur begründen die Ausrichtung von Sportgroßveranstaltungen in der Stadt. Finanzielle Voraussetzung dafür ist die sich gegenseitig ausschließende Übergriffigkeit der einzelnen Resorts (Produktbereiche) und ihre jeweils sozial und kulturell akzeptierte Berechtigung und Autonomie. Die Gastgeberschaft für eine Tischtennis WM 2017 mit 3,2 Mio. € Kosten und wieder rückfließenden, nicht näher zu beziffernden Umwegrentabilitäten war in Düsseldorf daher zu Recht unstrittig. Für den politisch umstrittenen Grand Départ vermischten sich jedoch politisch übereilte Verfahrensabläufe sowie finanzielle Zumutungen mit spitzensportlicher Darbietung und sport-kultureller Vielfalt. Eine zur Tischtennis WM zusätzliche Großveranstaltung, die für den Haushaltsetat der Stadt Düsseldorf hohe Kosten verursacht, hätte einer ausführlichen, abwägenden und in der Öffentlichkeit transparenten Diskussion bedurft.

Die Bewerbung um den Grand Départ war seitens der Stadt Düsseldorf ursprünglich für 2018 vorgesehen, die allerdings mit der Sorge verbunden war, dass Hamburg aufgrund der Bewerbung um die Olympischen Spiele aus Imagegründen den Zuschlag erhalten würde. Nach dem überraschenden und späten Rückzug Londons wurde innerhalb eines kurzen Zeitfensters im Kontext der Bewerbung die Sport Business Gruppe der Wirtschaftsprüfungsgesellschaft Deloitte, die bislang nicht nennenswert mit Regionalstudien aufwarten konnte, mit der Erstellung einer Wertschöpfungsstudie beauftragt. Auf der Homepage ist dazu zu entnehmen:

> „Deloitte ist die führende Wirtschaftsprüfungs- und Beratungsagentur im Sportbusiness und beschäftigt sich seit mehr als 20 Jahren mit der Beratung und Analyse der nationalen und internationalen Sport- und Fitnessindustrie. Die Sport Business Gruppe verbindet das multidisziplinäre Expertennetzwerk von Deloitte – aus den Bereichen Financial Advisory, Consulting, Audit und Tax & Legal – um unseren namhaften Mandanten aus dem Sportbusiness-Umfeld bei individuellen und komplexen Fragestellungen zu unterstützen." (www2.deloitte.com)

In der bereits zitierten Ratsvorlage wurden mehrfach die „konservativen" Berechnungen betont, die zum „Zweck der Wirtschaftsförderung und des Stadtmarketings" vorteilhaft „erscheinen".

> „Aus Sicht der eingesetzten Taskforce TdF ist eine detaillierte und transparente, auf konservativen Annahmen beruhende Untersuchung der ökonomischen Auswirkungen eines Grand Départ in Düsseldorf unabdingbare und zentrale Voraussetzung für eine fundierte Entscheidung über eine Ausrichtung. Aus diesem Grunde hat die Taskforce TdF die Wirtschaftsprüfungsgesellschaft Deloitte & Touche GmbH mit der Erstellung einer entsprechenden Analyse inklusive einer damit zusammenhängenden Meinungsumfrage beauftragt (Gesamtkosten € 30 Tsd. netto). ... Vorgabe an Deloitte war es, mit konservativen Planzahlen zu arbeiten. Vergleichsweise schwer greifbare (z. B. wirtschaftliche Effekte durch zusätzliche oder Besucher im Nachgang der TdF Berichterstattung/Ausrichtung) oder geringe wirtschaftliche Auswirkungen (städtische Mehreinnahmen bei der Umsatzsteuer und –nachlaufender – Lohnsteuer) sollten zudem nicht berücksichtigt werden. Eine Berücksichtigung dieser zusätzlichen, potenziell teils weitreichenden positiven Auswirkungen war auch deshalb nicht zwingend geboten, da bereits die Berechnung der übrigen Effekte zeigt, dass die Ausrichtung des Grand Départ insbesondere zum Zwecke der Wirtschaftsförderung und des Stadtmarketings für Düsseldorf als wirtschaftlich sehr sinnvoll erscheint." (Stadt Düsseldorf 2015)

Auch dieser Textabschnitt der Ratsvorlage beeindruckt mit einem ähnlich selbstbewussten Duktus wie schon zuvor beim „Mere-Exposure-Effect", indem zusätzlich mit einem in der Öffentlichkeit als renommiert geltenden Unternehmen weitere Nachfragen, Infragestellungen oder Kritik unterbunden werden sollten. Da sich in dem als „indikativ" etikettierten Gutachten zum Grand Départ Unterlassungen sowie etliche handwerkliche Fehler finden, sind die im Kap. 5 bereits angeführten methodenkritischen Anmerkungen an dieser Stelle konkret anzuwenden. Die folgenden elf Ausführungen zum Gutachten von Deloitte, Sport Business Gruppe (2017) werden abschließend in Tab. 6.7 kontrastiv abgebildet.

1. Die Gesamtzahl von 1,2 Mio. ZuschauerInnen an beiden Tagen (0,5 + 0,7 Mio.) des Grand Départ ist geschätzt und bildet die Basis für die weitergehenden Berechnungen.
2. Die Befragungsorte zum Konsumverhalten der Zuschauerinnen konzentrierten sich auf sechs Hot Spots. Dort halten sich erfahrungsgemäß sowohl mehr auswärtige BesucherInnen auf als auch zahlungsbereite BesucherInnen, auch aufgrund des dort vorhandenen gastronomischen Angebotes. Insofern werden durch die Nichtberücksichtigung von weiteren, eher unspektakulären Streckenabschnitten Gewichtungen vorgenommen, die zu überhöhten Durchschnittswerten hinsichtlich der Struktur der BesucherInnen und ihren Ausgaben führen.

Tab. 6.7 Ökonomische und fiskalische Effekte des Grand Départ 2017 für Düsseldorf (ohne Image- und Verdrängungseffekte)

		Deloitte	Schwark
1	ZuschauerInnen	1,2 Mio.	1,2 Mio.
2	Befragungsorte	Befragung an sechs verschiedenen Hotspots	Dort höhere Konsumwerte
3	BesucherInnen mit Ausgaben BesucherInnen mit Kaufkraftverschiebungen BesucherInnen ohne Ausgaben	26 % DüsseldorferInnen 12 % nahes Umland 37 % Rest Deutschland 25 % Ausland	Ca. 275.000 DüsseldorferInnen Kaufkraftverschiebung Ca. 125.000 BesucherInnen nahes Umland ohne Ausgaben
4	BesucherInnen mit Ausgaben	1,2 Mio. mit Ausgaben	800.000 mit Ausgaben
5	Höhe der Ausgaben	82 € TagesbesucherInnen 81 € Übern.ausgaben	Maximal 40 € (gewichtet Tages-/Übern.gäste)
6	Abzüglich Umsatzsteuer	57 Mio. € (2. Version) 64 Mio. € (3. Version)	26 Mio. € Primärumsatz
7	Sickerrate Gastronomie nicht angegebener Umsätze	Nicht berücksichtigt	Minus 10 % (2,6 Mio. €) 23,4 Mio. € Primärumsatz
8	Zusätzliche (!) direkte + indirekte Nettoumsätze – Multiplikatoreffekt	Nicht berücksichtigt	M = 2 46,8 Mio. €
9	Basis des zu versteuernden Gewinns	Betriebsergebnis 1 ohne anlagebedingte Kosten	Betriebsergebnis 2 mit anlagebedingten Kosten
10	Gewinnquote	23 % Gastronomie 40 % Hotel Garni (Vollhotellerie 30–33 % nicht berücksichtigt)	Maximal 12 % Gastron. Maximal 16 % Hotellerie (komplett)
11	Gewerbesteuer 3,5 % vom Gewinn × 4,4 (440 %) Hebesatz	Primäreffekt 2,3 Mio. € (2. Version) 1,4 Mio. € (3. Version)	Primäreffekt 0,475 Mio. € (mit direkten + indirekten Effekten 0,95 Mio. €)

Quelle: Pressedienst Stadt Düsseldorf 2017/Deloitte 2017/eigene Berechnungen

3. Die an den Hot Spots von Deloitte erhobene BesucherInnenstruktur weist 26 % Düsseldorfer, 12 % aus dem nahen Umland, 37 % aus dem übrigen Deutschland und 25 % aus dem Ausland aus. Damit wären 300.000 ausländische BesucherInnen wegen des Grand Départ zu Besuch in Düsseldorf gewesen. Keinesfalls ist davon auszugehen, dass diese Zahl mit der Übernachtungszahl gleichzusetzen ist, da die Stadt Düsseldorf im Jahr 2017 über eine Bettenkapazität von knapp 27.000 verfügte. In Anlehnung an Preuss sind drei kaufkraftrelevante ZuschauerInnengruppen zu unterscheiden, die in die Wertschöpfungsberechnung einfließen. Aus bisherigen sportökonomischen Studien ist zu vergleichbaren Sportgroßveranstaltungen (Marathon) bekannt, dass einheimische ZuschauerInnen entweder keine Konsumausgaben tätigen, oder Kaufkraftverschiebungen vorgenommen werden. Insofern ist davon auszugehen, dass ca. 275.000 Düsseldorfer lediglich Kaufkraftverschiebungen vornehmen, deren Ausgaben also nicht in die Berechnung einfließen. Ebenso ist davon auszugehen, dass ca. 125.000 BesucherInnen aus dem nahen Umland ohne weitere Konsumausgaben der Veranstaltung an der Strecke beigewohnt haben und sich danach nicht weiter in Düsseldorf aufhielten.

4. Die weiteren Berechnungen von Deloitte gehen also von einer zu hohen Anzahl kaufkraftrelevanter BesucherInnen aus. Erschwerend kommt hinzu, dass von den 1,2 Mio. BesucherInnen 14 % in die Berechnungen mit einbezogen wurden, die Düsseldorf wegen eines anderen (!) Anlasses besucht hatten (6 % Konzerte und 8 % Sonstiges) und damit mehr oder weniger zufällig dem Grand Départ beiwohnten. Gleich zwei methodenkritische Anmerkungen sind dazu notwendig. BesucherInnen mit einem anderen Besuchsanlass müssen diesem auch dort zugeordnet werden. Bei einer gleichzeitigen Befragung zu den Wertschöpfungseffekten eines Konzerts würden ansonsten Doppelzählungen vorgenommen. Ohne Konzertanlass bliebe zudem ein Besuch in Düsseldorf aus. Ein weiterer Fehler ergibt sich aus der bereits monierten Befragung an den Hot Spots, da dort die Wahrscheinlichkeit überdurchschnittlich hoch ist, Gäste mit anderen Besuchsgründen anzutreffen (und zu befragen). Insofern dürften die 14 % zu hoch angesetzt sein. Die von Deloitte angeführte Anzahl von 1,2 Mio. kaufkraftrelevanten ZuschauerInnen ist letztlich um ein Drittel zu kürzen, sodass insgesamt von lediglich 800.000 ZuschauerInnen ausgegangen werden kann, die Konsumausgaben tätigen.

5. Die Konsumausgaben mit 82 € für TagesbesucherInnen (vormals mit 54 € angesetzt) sowie 81 € für Übernachtungskosten (vormals 79 €) sind deutlich zu hoch angesetzt. Nach einer Studie der Universität Utrecht gaben beim Grand Départ 2015 in Utrecht die niederländischen Gäste (Anreise außerhalb

Utrechts) 22,50 € pro Tag und 38,10 € pro angefallener Übernachtung sowie die ausländischen Gäste 43 € pro Tag und 69,20 € pro angefallener Übernachtung aus (Bottenburg und Dijk 2015, S. 65). Bei einer Gewichtung der einheimischen und auswärtigen Gäste können daher im Durchschnitt 40 € angesetzt werden.

6. Von den bislang errechneten Werten ist der gewichtete (19 %/7 %) Mehrwertsteueranteil in Abzug zu bringen.

7. Insbesondere im gastronomischen Bereich existiert aufgrund des hohen Bargeldumsatzes sowie durch zahlreiche Manipulationsmöglichkeiten im Kassensystem eine „Sickerrate", sodass ein Teil der erzielten Umsätze nicht gewerbesteuerwirksam werden. Deloitte lässt diesen Faktor vollkommen außer Acht. Ein Abzug von 10 % ist mindestens gerechtfertigt.

8. Die Berechnungen erfolgten bislang lediglich auf der Basis des Primärumsatzes. Nach Abzug des gewichteten Mehrwertsteueranteils sind jedoch indirekte und induzierte Effekte mit einzubeziehen, die mit einem für Düsseldorf großzügigen, gleichwohl aber noch angemessenen Multiplikatoreffekt von $n = 2$ angesetzt werden können. Deloitte berücksichtigen weder indirekte noch induzierte Effekte, was mehr als nur überraschend ist und sich auch nicht als lässliche Petitesse erweist. Waren einige Werte zuvor zu hoch angesetzt, sodass im Endergebnis entsprechend positive Werte für die Gewerbesteuereinnahmen zu erwarten sind, so wird an einer der bedeutsamsten Stellen der Wertschöpfungsberechnung der Multiplikatoreffekt entweder vergessen oder aber aus (damaliger) Unkenntnis nicht einbezogen.

9. Den Primärumsatz vom Betriebsergebnis I ohne anlagebedingte Kosten berechnen zu wollen und nicht vom Betriebsergebnis II, führt zu überzogenen Werten.

10. Die Annahme, dass die getätigten Konsumausgaben durch den Grand Départ zusätzlich und daher ohne Bezug zu anlagebedingten Kosten, Fix- und Gemeinkosten sowie sprungvariablen Kosten (z. B. mehr Personal) für die Gastronomie zu behandeln sind, gälte in dieser Lesart grundsätzlich für alle städtischen und privaten Events die Auswirkungen auf das Tagesgeschäft haben. Aus Sicht eines gastronomischen Betriebes im erweiterten innerstädtischen Bereich ist jede (!) Feierlichkeit mit zusätzlichen 50 oder 100 Personen an einem ohnehin schon gutbesuchten Juni/Juli-Wochenende gleich zu behandeln und fließt dementsprechend in die Gewinn- und Verlustrechnung ein. Daher sind Gewinnquoten/Umsatzrenditen vor Steuern von 12–16 % für die Gastronomie und von 8,8 % (lt. DEHOGA) für die großstädtische Hotellerie als Grundlage zu verwenden, nicht jedoch von 23 % bzw. 40 % als Betriebsergebnis I.

11. Die Berechnung der Gewerbesteuer erfolgt auf Grundlage von 3,5 % vom Gewinn × 4,4 (440 %) Hebesatz, sodass sich die fiskalischen Effekte für die Stadt Düsseldorf ergeben (die niedrigen Anteile an der Mehrwertsteuer einmal vernachlässigt). Deloitte hat insgesamt drei (!) Werte veröffentlicht: 2,28 Mio. €; 1,9 Mio. € und schließlich 1,4 Mio. €. Alle errechneten Werte sind aufgrund der fehlerhaften Berechnung zu hoch angesetzt. Die Primäreffekte (einzige Berechnungsgrundlage von Deloitte) belaufen sich demgegenüber auf 0,475 Mio. €. Werden die direkten und induzierten Effekte miteinbezogen, dann ergibt sich ein Wert für die Stadt Düsseldorf von 0,95 Mio. €.

Einige der methodenkritischen Hinweise wurden am 06.09.2017 in einem Beitrag der Rheinischen Post (Lieb/www.rp-online.de 2017b) publiziert, sodass zur Pressekonferenz am gleichen Tag die Zahlen zu den Steuereffekten von Deloitte anstelle von vormals 2,28 Mio. €, dann 1,9 Mio. nun mit (immer noch überhöhten) 1,4 Mio. € beziffert wurden.[12] Das Gutachten wurde auf Hinweise und Nachfragen zur Berechnungsproblematik daraufhin vom Oberbürgermeister Geisel mit den Worten qualifiziert: „Das ist naturgemäß keine exakte Wissenschaft." (Lieb/www.rp-online.de 2017b)

6.5 Befragung von Sportausschussmitgliedern in Düsseldorf und Mönchengladbach

In Vorfeld zum Grand Départ wurden zehn Sportausschussmitglieder verschiedener Parteien aus den Städten Düsseldorf und Mönchengladbach zu den Themenfeldern Rad(sport), Sportevents und (Sport-)Politik befragt, um deren sportpolitische und -fachliche Einschätzung offenzulegen.[13] Dies vor allem deswegen, weil zumindest auf der öffentlichen Bühne der Kommunalpolitik teilweise

---

[12]Als Argumentation für die erste Absenkung wurden nicht etwa methodisch sinnvolle Anpassungen vorgenommen, sondern der Wegfall des ursprünglich geplanten verkaufsoffenen Sonntags. Keinesfalls kann dieser Aspekt die drastischen Absenkungen begründen, da Kaufkraftverschiebungen und erhöhte Fixkosten die Effekte erheblich mindern.

[13]Die halbstandardisierten Interviews im Rahmen eines studentischen Projektes an der Westfälischen Hochschule im Zeitraum zwischen November 2016 und Januar 2017 durchgeführt, wortgetreu aufgezeichnet, transkribiert und thematisch gegliedert. Auf eine parteipolitische Zuordnung und Namensnennung wurde für diesen Text bewusst verzichtet.

völlig disparate Positionen eingenommen wurden, die sich für Düsseldorf allerdings „hinter der Bühne" als weitaus weniger gegensätzlich darstellten.

6.5.1   Individuelles Verhältnis zum Radsport

Das Thema Radsport hat bei nahezu allen Befragten eine Relevanz, die sich in überwiegend positiv-anerkennenden Äußerungen ausdrückt. Teilweise bestehen eigene Vorerfahrungen, sodass das Thema, anders als bei Randsportarten, emotional unterlegt ist. Insofern werden auch die spitzensportlichen Leistungen der Radprofis thematisiert. Nur vereinzelt fehlt eine Beziehung zu dieser Sportart.

- „Ich habe eine absolute ganz enge Affinität zur Tour. ... Und bin sagen wir mal so 10–15-mal zur Tour gefahren und habe mir da eine Etappe angeguckt und habe auch ein Rennrad dabeigehabt."
- „Gerade bei der Tour de France kenne ich keine Einzelsportveranstaltung, wo der Mensch über eine gewisse Dauer so an seine Grenzen gebracht wird. Zum Sport gehört eben auch eine Qual und die sieht man den Leuten auch im wahrsten Sinne des Wortes an."
- „Der Radsport an sich, wäre jetzt gelogen, wenn ich sagen würde ich wäre ein großer Radsportfan."
- „Ich habe überhaupt gar keinen Bezug. Also wie gesagt, Radsport – Nein!"

6.5.2   Radsport und Doping

Anlässlich der bisher zahlreichen Dopingfälle im Spitzensportbereich des Radsports, die das Ansehen der Sportart beschädigt haben, wurden die Sportausschussmitglieder zu ihrer Position im Kontext des Grand Départ befragt. Die Interviewpersonen nahmen zu diesem Thema überwiegend relativierende, verharmlosende und „hoffende" Positionen ein. Lediglich eine Person stellte den Profiradsport grundlegend infrage und lehnte das Event demzufolge ab. Widersprüchlich und mit einem diskussionswürdigen Standpunkt unterlegt, äußerte sich ein Politiker, der aus taktischen Erwägungen einen Dopingfall im unmittelbaren Umfeld des Grand Départ negativ bewertet, in zeitlicher und räumlicher Entfernung jedoch relativiert.

- „Und da hat sich nichts geändert. Es wird einfach nicht mehr überprüft. Mit so einer Sportart will ich einfach keine Werbung machen."
- „Und dann werden die üblichen Unkenrufe wieder kommen, wie bei jedem Radsportevent, ja Doping. Ich glaube, das ist eine Kritik, die ein stückweit sicherlich berechtigt ist."
- „Also, in unseren Augen würde ich das jetzt auch nicht überbewerten. Leider wird im Sport bzw. in Leistungssportarten auch gedopt."
- „Worst Case wäre, dass die hier in Düsseldorf mit Doping erwischt werden würden. Wenn das drei Wochen später irgendwo in den französischen Alpen passiert, ist das nicht so schlimm, wie wenn es hier passiert."

Wegen des nach wie vor bestehenden Dopingrisikos im Radsport, wurde im Vertrag zwischen der A.S.O. und der Stadt Düsseldorf ein zusätzlicher Passus eingefügt. Insofern die ARD aufgrund von Dopingvergehen ihren Live-Sendevertrag kündigen oder die LiveÜbertragung einstellen würde, stand der Stadt ein außerordentliches Kündigungsrecht zu (lt. Pressedienst Landeshauptstadt Düsseldorf, Amt für Kommunikation vom 16.02.2016).

6.5.3   Fahrradstädte Düsseldorf und Mönchengladbach

Neben den zahlreichen Sideevents rund um den Grand Départ wurde insbesondere für Düsseldorf das Thema „radgerechte Stadt"; „Fahrradstadt" in der Öffentlichkeit diskutiert. Der Grand Départ als Spitzensportveranstaltung des Radsports hatte zwar keinen unmittelbaren Einfluss auf die Debatte, aber aufgrund der erzeugten Sensibilität konnte das Thema Rad, Radfahren sowohl in breitensportlicher als auch alltagspraktischer Sicht aufgeworfen werden.

Städte wie Münster, Freiburg oder Bocholt nehmen in dieser Hinsicht bereits seit Jahren, bzw. Jahrzehnten eine Vorreiterrolle ein, während Düsseldorf und Mönchengladbach noch vor einigen Jahren die autogerechte Stadt propagierten.

Der ADFC-Fahrradklima-Test 2016 weist für Städte oberhalb von 200.000 EinwohnerInnen ein Ranking von 39 Städten auf (www.fahrradklima-test.de). Demnach belegten Düsseldorf mit Platz 28 und Mönchengladbach mit Platz 38 das untere/unterste Ende der Skala. Entgegen der offensichtlich schlechten Ergebnisse des ADFC-Rankings wird von den befragten Sportausschussmitgliedern überwiegend auf bisherige, positive, jedoch „noch nicht ausreichende" Aktivitäten verwiesen, die eines weiteren „langen Atems" bedürfen.

Düsseldorf

- „Gut, ich würde sagen, das wird insgesamt immer besser, aber nur ganz langsam. ... Aber es wird minimal besser. Also insofern sind wir insgesamt auf einem relativ guten Weg, aber noch nicht zufriedenstellend."
- „Ausbaufähig. Also, im Moment ist Fahrrad fahren in Düsseldorf nur bedingt ein Vergnügen."
- „Dazu braucht man eine vernünftige Infrastruktur. Die fehlt Düsseldorf noch. Also wir sind dabei, aber das ist in den letzten 15 Jahren erheblich vernachlässigt worden. ... Wir wollen Interesse wecken am Radfahren. Deswegen machen wir jetzt den Grand Départ ..."

Mönchengladbach

- „Ich glaube, wir sind auf einem guten Weg, aber noch lange nicht am Ziel. Mönchengladbach ist – das ist meine Einschätzung – immer noch relativ autofreundlich."
- „Da ist dann bei uns noch, sagen wir mal, Luft nach oben um dieses Ziel zu erreichen."
- „... weil die Stadt kein richtiges Fahrradkonzept hat. ... Man hat sehr viele Hindernisse. Die Bordsteinkanten sind schlecht und so Sachen. Außerdem muss man fast an jeder Ampel anhalten. Also, das ist teilweise furchtbar."

Mit einem zwischen offensiv und gewagt changierenden Sprachduktus stellt sich die Stadt Düsseldorf auf ihrer Homepage als „Fahrradstadt" dar.

„Düsseldorf ist grün und hat nur wenige Steigungen. Das sind ideale Voraussetzungen für das Radfahren in Alltag und Freizeit. Sehenswürdigkeiten, kulturelle und soziale Einrichtungen lassen sich einfach, schnell und ohne Parkplatzsorgen per Fahrrad erreichen. Das Radfahren in Düsseldorf macht Freude, schont Nerven und Umwelt – und hält zudem noch fit. Die Stadt fördert schon seit vielen Jahren intensiv die Nutzung des Fahrrads als alltägliches Verkehrsmittel. Mit RADschlag tritt die Stadt an, das Radnetz in Düsseldorf noch weiter zu optimieren und das Radfahren angenehmer zu gestalten. Durch ein dickes Bündel von Maßnahmen und Ideen wollen wir noch mehr Bürger dazu bringen, auf das Fahrrad umzusteigen und unsere Stadt neu zu erleben." (www.duesseldorf.de)

Die Ergebnisse des ADFC Fahrradklima Tests kommen zum Zeitpunkt der Grand Départ Vorbereitung derweil zu einem gänzlich anderen Ergebnis. Abgesehen von „Werbung", „Zeitungsberichten" und drei weiteren Indikatoren befindet sich Düsseldorf bei 22 Indikatoren unterhalb des Durchschnitts und damit, wie bereits erwähnt, auf Platz 28 von 39 Großstädten. Man mag sich kaum vorstellen, wie die Texte der Städte im oberen Bereich gestaltet sind, wenn sie eine vergleichbare Fantasie wie in Düsseldorf entwickeln (Tab. 6.8).

Auch für 2018 hat sich am schlechten Durchschnittswert von Düsseldorf nichts geändert. Allerdings wurden die Kategorien vom ADFC neu eingeteilt. Die Städte oberhalb von 500.000 EinwohnerInnen bilden nun ein eigenes Ranking, in dem Bremen den ersten Rang belegt und Düsseldorf mit einem Durchschnittswert von 4,23 den 9. Platz vor dem Schlusslicht Köln auf Platz 14, was aus Sicht der Düsseldorfer vielleicht das erfreulichste Ergebnis ist (www.fahrradklima-test.de). Dennoch verklärt das Ergebnis die Entwicklung der letzten zwei Jahre. In 18 Kategorien verschlechterte sich das Radfahren in Düsseldorf zu 2016. In fünf Kategorien blieben die Ergebnisse unverändert und in lediglich vier Kategorien konnten Verbesserungen erzielt werden. Der bemerkenswerteste Fortschritt wurde im Bereich „Öffentliche Fahrräder" erzielt, sodass über ein Rad zu verfügen zunehmend leichter wurde, jedoch ohne gleichzeitig das Verspechen „macht Freude, schont Nerven" einzulösen.

6.5.4   Sportstädte Düsseldorf und Mönchengladbach

Der Begriff „Sportstadt" ist kein geschützter Begriff und demzufolge basieren die zahlreichen Selbstetikettierungen der Städte sowohl auf zutreffende vielfältige und ausdifferenzierte Sportpraxen als auch auf Marketingideen ohne größere Substanz.[14]

Sowohl Düsseldorf als auch Mönchengladbach bezeichnen sich öffentlich als Sportstädte. Auf den Websites www.sportstadt-duesseldorf.de sowie in kleinerem Rahmen unter www.sportstadt-mg.de werden zahlreiche Aktivitäten aufgeführt. Im Kontext des eigenen Selbstverständnisses wird für das Segment der Sportgroßveranstaltungen deutlich, dass mit der politisch-ökonomischen Ausrichtung auf die unternehmerisch geführte Stadt, Image und Marke im Vordergrund stehen.

> „Im Fokus stehen insbesondere publikumswirksame Sportgroßveranstaltungen mit hoher öffentlicher Strahlkraft, die das Image der Marke Düsseldorf bei ihren Bürgern, in der Region, in Deutschland und im Ausland als Sportstadt prägen sollen." (www.sportstadt-duesseldorf.de/ueber-uns/#markenkernwerte)

---

[14]Detailliertere Ausführungen siehe bei Schulke (2017a, b). Inzwischen steigern sich Städte in ihrer Selbstattribuierung zur „Sporthochburg", während „Sport-El Dorado" und „Sport-Mekka" eher auf Einzelsportarten ausgerichtet sind.

Tab. 6.8 Ausgewählte Ergebnisse der ADFC Fahrradklima Tests 2016 und 2018

	Ø2016	2016	2018
Gesamtbewertung		4,2	4,2
F1 Spaß oder Streß	3,51	4,0	4,2
F2 Akzeptanz als Verkehrsteilnehmer	3,93	4,4	4,5
F3 Alle fahren Fahrrad	3,15	3,5	3,6
F4 Werbung für das Radfahren	3,91	3,5	3,7
F5 Zeitungsberichte	4,02	3,8	4,0
F6 Fahrradförderung in jüngster Zeit	3,84	3,4	3,8
F7 Falschparkerkontrolle auf Radwegen	4,83	5,0	5,2
F8 Reinigung der Radwege	4,18	4,3	4,4
F9 Ampelschaltungen für Radfahrer	4,59	4,9	4,9
F10 Winterdienst auf Radwegen	4,38	4,5	4,4
F11 Sicherheitsgefühl	4,19	4,6	4,8
F12 Konflikte mit Fußgängern	3,81	4,3	4,3
F13 Konflikte mit Kfz	4,41	4,8	4,9
F14 Hindernisse auf Radwegen	4,30	4,7	4,8
F15 Fahrraddiebstahl	4,55	4,7	4,6
F16 Fahren auf Radwegen u. -fahrstreifen	4,33	4,6	4,7
F17 Fahren im Mischverkehr mit Kfz	4,35	4,7	4,9
F18 Breite der Radwege	4,59	4,8	4,9
F19 Oberfläche der Radwege	4,28	4,3	4,5
F20 Abstellanlagen	3,96	4,3	4,3
F21 Führung an Baustellen	4,72	5,1	5,1
F22 Fahrradmitnahme im ÖV	3,93	3,9	4,3
F23 Erreichbarkeit Stadtzentrum	2,88	3,6	3,6
F24 zügiges Radfahren	3,13	3,8	3,9
F25 geöffnete Einbahnstraßen in Gegenricht.	2,75	3,0	2,9
F26 Wegweisung für Radfahrer	3,29	3,5	3,7
F27 Öffentliche Fahrräder	3,20	2,9	2,2

Quelle: Fahrradklima Test ADFC 2016 und 2018 (Im Jahr 2012 belegte Düsseldorf den 33. Platz von 38 und 2014 den 34. Platz von 39)

Die Sportausschussmitglieder geben zur Frage der Sportstadt eher fragmentarische und teilweise beliebige Äußerungen wieder. Vielfach kann davon ausgegangen werden, dass aufgrund unzureichender Kenntnis über die Kriterien einer Sportstadt Unsicherheit besteht und demzufolge lediglich einzelne Aspekte wie Infrastruktur, Organisationsgrad im Breitensport und Sportgroßveranstaltungen angeführt werden.

Düsseldorf

- „Der Organisationsgrad ist so hoch, dass man Düsseldorf schon als Sportstadt definieren kann. Definieren Sie es am Spitzensport, dann gibt es in Düsseldorf eine überragende Mannschaft – das ist TSV Borussia (Tischtennis). Danach wird es dann schon schwierig."
- „Also, wir sind schon eine Sportstadt. Das ist jetzt aber kein geschützter Titel. Das heißt, jeder darf sich Sportstadt nennen. Das tun auch einige. Aber ich glaube auch die Infrastruktur, die wir zur Verfügung stellen für den Sport ist im weiten Umkreis doch in Gänze deutlich besser als anderswo."
- „Wir hatten mal in fünf Sportarten Bundesligavereine."

Mönchengladbach

- „Wenn ich das alles zusammenrechne und sehe diese sportbegeisterte Bevölkerung in unserer Stadt … Wir sind schon Sportstadt und werden noch besser!"
- „Durchaus, ja. Wir haben große Sportveranstaltungen in der Stadt."
- „Ja … doch. Ich habe erst einmal nachgedacht. (lacht) Aber doch …"
- „Ja, würde ich machen … Also, die Stadt bemüht sich das zu fördern."

6.5.5 Ökonomische Effekte des Grand Départs

Die Effekte der Tour de France ordnen die Befragten überwiegend auf der Imageebene ein. Teilweise wird dem Grand Départ eine Wirkung auf den Radsport zugesprochen. Kürzungen in anderen Sport- bzw. Kulturbereichen wegen des Grand Départ werden verneint.

Zu den potenziellen ökonomischen Effekten äußern sich die Sportausschussmitglieder kaum, bzw. in einem Fall dezidiert negativ. Kritisch thematisiert wird jedoch das finanzielle Engagement der städtischen Tochterunternehmen bzw. Beteiligungen (Flughafen, Messe, Abfallwirtschaft, Rheinbahn, Stadtwerke), die mit einer Gesamtsumme von 2,8 Mio. € als „Sponsoren" auftreten. Im Nachgang der Veranstaltung wurde der Eindruck erweckt, dass sich Ausgaben (2,8 Mio. €)

und Einnahmen (2,6 Mio. €) angleichen. Bei näherer Betrachtung ist jedoch zu konstatieren, dass die gezahlten Sponsorengelder keinen direkten (allenfalls schwach indirekten) Nutzen erzeugen, wohingegen mit den städtischen Aufträgen Kosten verbunden sind, sodass die städtischen Unternehmen letztlich mit mindestens 1,5 Mio. € belastet werden.

- „Ich meine das mit den Sponsoren, das ist natürlich so eine Sache. Der größte Teil der Sponsoren sind städtische Töchter. Die Messe, Sparkasse, Stadtwerke. Das sind indirekt wieder Gelder, die Düsseldorf bezahlt."
- „Finanziell ist es ein Desaster ... Wenn ich das nur unter dem Marketingaspekt sehe ist das in Ordnung."
- „Generell städtische Unternehmen unterstützen in aller Regel. ... Man darf da natürlich nicht den Fehler machen und, wenn man ein Budget für dieses Sponsoring hat von bspw. 1 Million Euro pro Jahr, die man sonst auf verschiedene Vereine hier und da aufgeteilt hat ... und das würde jetzt wegfallen, wenn man das gesamte Budget aufbraucht für die Tour de France, dann hätte ich da auch große Bauchschmerzen."

6.5.6   Sportevents und Konzeptionen

Auf ein strategisches Vorgehen und eine Konzeption zur Akquise von Sportevents wird von den befragten Sportausschussmitgliedern nicht hingewiesen und ist, anders als bspw. in Hamburg, nicht ausgeprägt.[15] Vielmehr wird auf das Zufallsprinzip verwiesen und auf lokale Schwerpunkte (Tischtennis in Düsseldorf sowie Hockey in Mönchengladbach).

Lokale Einzelakteure außerhalb der Politik sowie Wirtschaftsunternehmen versuchen inzwischen große Sportevents zu initiieren. In diesem Kontext passt der Hinweis eines Befragten auf die aus der Verwaltung ausgelagerte Marketing und Event GmbH Düsseldorf. Der Sportausschuss ist das politisch (teilweise erst nachträglich) beteiligte, jedoch nicht das agierende Gremium für die Konzeption und Akquise von Sportgroßveranstaltungen.

---

[15]Für Hamburg siehe auch die „Richtlinie für die Förderung von Sportveranstaltungen" sowie die „Dekadenstrategie HAMBURGmachtSPORT".

- „Also die Einmaligkeit von Veranstaltungen bringt in der Regel gar nichts. ... Also, da muss man schon öfter ran ... Da bin ich natürlich nicht im Detail informiert. Auch, weil es eine eigene Sportagentur in dieser Stadt gibt, die Großevents macht...“
- „Also Sportevents auf Zuruf ist rausgeschmissenes Geld. ... Wir müssen hier Vereine haben, wo aktiv die Sportart betrieben wird. Weil man hier weiß, dass man ein Umfeld hat, das mit dieser Sportart etwas anfangen kann.“
- „Also ich glaube es sind am Ende immer so ein bisschen sportverrückte Leute, die als Erste mit so einer Idee zu tun haben. Die versuchen das in die Politik hinein zu kommunizieren. ... Da sind Einzelne unterwegs, versuchen Andere zu begeistern für so eine Idee, ja auch zu überzeugen. Die Menschen müssen ja am Ende auch überzeugt sein, um das auch mit politischem Beschlüssen zu hinterlegen.“
- „Was heißt ein Konzept? Ich meine die finden statt. Die finden alljährlich statt, dass da immer ein Konzept hinter liegt, ist ja an sich logisch. Es gibt eine Marketing und Event GmbH, die organisieren da alles. Die werden dort auch ein Gesamtkonzept haben.“

6.5.7 Politik: Kritik und Konsens

Die Kritik am politischen Gegner konzentriert sich auf zwei Ebenen: Zum einen wird sachbezogen argumentiert, wonach aus der jeweiligen sportpolitischen Sicht frühere Versäumnisse hinsichtlich fehlender und mangelnder Infrastruktur kritisiert werden. Zum anderen bezieht sich die zweite Ebene der Kritik auf die fehlende politische Partizipation, die sowohl den Fraktionszwang moniert als auch die Eigenmächtigkeit der politischen Spitze.

- „Sich in die Gedankenwelt der (...) zu versetzen ist häufig schwierig. Die haben gesagt, dass die Veranstaltung nicht nach Düsseldorf passt, sie keine dopingversuchte Sportart hier möchten, dass sie nichts davon halten und es zu viel kostet. Das war deren Haltung von Anfang an.“
- „Wobei sie mir unter vier Augen sagen: „Es war Scheiße, eigentlich finden wir es schön, dass es so ist.“ Also das nur mal zur Aufrichtigkeit von Politik. Wenn ich in einer Fraktion bin und ich dann sage, ja ich muss mich dem anschließen was die Fraktion sagt, ohne dass ich jetzt vielleicht mal meinen eigenen Kopf benutze ...“

- „Also, in meinen bzw. unseren Augen ist es hauptsächlich schon eher ein Prestigeobjekt. Damit man sagen kann: „Sehen Sie, mit uns kam die Tour de France". Und vielleicht sind die in der nächsten Legislaturperiode nicht mehr dabei, um sich vielleicht ein kleines Denkmal zu setzen."
- „Wir haben nicht im Rat eine Diskussion gehabt, wir wollen die Tour, und hier Bürgermeister, wir beauftragen dich, die Tour de France nach Düsseldorf zu holen. Sondern es ergab sich die Situation, dass im kleineren Kreise hier in der Stadt, wenn man so will in den Führungsgremien, die Idee war: „machen wir"."

Deutlich tritt der Widerspruch der so genannten „Sportfamilie" zutage. Auf der einen Seite fühlen sich die Sportausschussmitglieder der öffentlichen Hand (auch der Länder und des Bundes) „ihrem" bzw. „dem" Sport verpflichtet und bilden quasi eine gemeinsame (sport-)politische Gruppe. Auf der anderen Seite befinden sich die „Sportpolitiker" innerhalb ihrer eigenen Partei und Fraktion häufig in einer marginalisierten Position und sind dort parteipolitischen Zwängen ausgesetzt, die ein gemeinsames Eintreten für ein sportpolitisches Verantworten verhindern.[16]

Die Frage nach einer Sportgroßveranstaltung, die sowohl in der Politik als auch in der Bevölkerung auf (nahezu) allseitige Zustimmung stoßen würde, wird von den befragten Sportausschussmitgliedern über die Parteigrenzen hinweg einhellig mit einem Fußball-Länderspiel beantwortet.

- „Selbstverständlich passt jedes Fußballnationalspiel zu Düsseldorf."
- „Ich habe noch nie jemanden über Länderspiele in der Arena meckern hören."
- „Ich würde z. B. auch sagen für dieses Thema Fußball, das ist etwas das immer geht."
- „Fußball ist in der Hinsicht schon die Nummer 1. Da denke ich mal, dass da alle dafür sind."

In der Tat ist die bisherige Anzahl mit sechs veranstalteten Länderspielen in Mönchengladbach überschaubar, zumal erstmals eine derartige Begegnung im Jahr 2005 ausgetragen werden konnte. In Düsseldorf reicht die Tradition bis auf das Jahr 1926 zurück. Die Stadt war seitdem 26 mal Austragungsort eines Länderspiels.

---

[16]Detaillierter zur „Fraktion Sport" und zur Kritik der sportpolitischen Programme der Bundestags-Parteien siehe Güldenpfennig (2013, S. 83–124).

Tab. 6.9 Ausgetragene Länderspiele der Deutschen Fußballnationalmannschaft (Männer) in Düsseldorf und Mönchengladbach

Position	Stadt	Spiele	Zeitraum
06	Düsseldorf	26	1926–2018
18	Mönchengladbach	6	2005–2018

Quelle: DFB

Die deutliche, fast schon euphorische Zustimmung für ein Fußball-Länderspiel und generell zum Fußball führt nun zu einem zweiten Exkurs. Der Bereich des kommerziellen Fußballs, der eher dem Segment der Unterhaltungsindustrie zuzuordnen ist, offenbart inzwischen auf zweifache Weise die folgenschweren Ergebnisse eines neoliberal erzeugten Verdrängungswettbewerbs. Sie betreffen sowohl die Instabilität und ökonomische Spreizung nach innen, als auch den Entzug an Aufmerksamkeit und Sponsoren gegenüber den meisten anderen Sportarten nach außen (Tab. 6.9).

Exkurs: Vor allem (zu viel) Fußball 7

„Was glaubt ihr eigentlich,
was wir das ganze Jahr machen,
um euch für sieben Euro
ins Stadion zu lassen."
Ulrich Hoeneß

Die Einschätzung der KommunalpolitikerInnen zum Fußball und insbesondere zu
Fußballländerspielen ist aufgrund der historischen Entwicklung dieser Sportart in
Deutschland treffend begründet (Eisenberg 1997, 2004; Jütting 2004). Fußball ist
die einzige Sportart, die sowohl in praktischer Ausübung als auch mit passiv-re-
zipierendem Interesse annähernd ein sozialstrukturelles Abbild der Gesellschaft
repräsentiert. Fußball ist eben nicht („nur") Arbeitersport. Eine Aussage, die
fälschlicherweise lange als populärer Irrtum verbreitet wurde, in journalistischen
und selbst in sportwissenschaftlichen Publikationen Verbreitung fand (z. B. Heinemann 1998, S. 206; Weiß 1999, S. 95).[1]

Das Interesse und die Begeisterung am Fußballsport wird jenseits des konkret
sportkulturellen Handlungsfeldes durch die mediale Berichterstattung zusehends
befördert und weiter erzeugt. Die überhandnehmende Aufmerksamkeit, die dieser Sportart zukommt, ist gleichsam die „Währung" mit der PolitikerInnen (und
Stadtmarketing) ihr Engagement begründen. Kann der Lokalpolitik noch ein
authentisches Interesse am städtischen Profiverein unterstellt werden, so stehen
auf Landesebene zunehmend taktische Überlegungen im Vordergrund, die allenfalls durch eine starke biografische Prägung (Geburtsort etc.) in den Hintergrund

---

[1]Korrigierend dazu Fürtjes (2012): Der Fußball und seine Kontinuität als schichtenübergreifendes Massenphänomen. Für die „Alten Herren" siehe Schwark (2004).

© Springer Fachmedien Wiesbaden GmbH, ein Teil von Springer Nature 2020   225
J. Schwark, *Sportgroßveranstaltungen,*
https://doi.org/10.1007/978-3-658-28303-2_7

Abb. 7.1 Fußball Länderspiel in Berlin: Deutschland – Türkei (08.10.2010). (Quelle: dapd/Oliver Lang (Die Welt))

gedrängt werden können. Burger führt in der FAZ ein zwar unbewiesenes, gleichwohl doch glaubhaftes Narrativ zur höchsten landespolitischen Ebene an:

> „Während man sich von anderen Ministerpräsidenten erzählt, sie hätten im Kofferraum ihrer Dienstlimousinen sämtliche Fan-Schals aller Fußballklubs ihres Landes dabei, um stets opportun gewappnet zu sein…" (Burger/FAZ 2017).

Auf Bundesebene haben sich PolitikerInnen, so der selbst auferlegte Fußballknigge, zumindest negativen Äußerungen gegenüber anderen, als den selbst favorisierten Profivereinen zu enthalten. Gleichwohl gilt bei internationalen Spielen nicht mehr das (scheinbare) Neutralitätsgebot, sondern begleitendes Wohlwollen (… hoffe, dass Bayern München gewinnt …). Mehr noch gilt dies für Spiele der Deutschen Nationalmannschaft, die eine Bühne für eine volksnahe Präsentation geben und für (vermeintlich) gelingende Außenpolitik bieten (Abb. 7.1).

Derartige öffentliche Präsentationen im Umfeld des Sports gehören zum politischen Geschäft. Weitaus ungewöhnlicher ist jedoch, mit einer Entourage in die ansonsten bestens und zu recht abgeschirmte Umkleidekabine der Deutschen Fußball-Nationalmannschaft einzutreten. Zusammen mit dem Bundespräsidenten und seiner damals 17jährigen Tochter (sic!) konnte der Bundespressesprecher und zugleich noch ein Fotograf des Bundespresseamtes in die Kabine, sodass praktischerweise Fotos der (staunenden) Öffentlichkeit präsentiert wurden (Abb. 7.2).

Abb. 7.2 Bundeskanzlerin Merkel in der Kabine der Deutschen Fußball Nationalmannschaft (Männer). (Quelle: dpa/DPA/Guido Bergmann)

Ohne die sonst übliche Contenance, stattdessen mit nahezu eruptiver Freude, setzte sich der französische Präsident Macron bei der FIFA Fußball WM 2018 in Russland vordergründig in Szene (Abb. 7.3).

Nun mag es dem (immer noch) jugendlich wirkenden Emanuel Macron (Jahrgang 1977) „erlaubt" sein, sich derart zu präsentieren. Der öffentliche Auftritt von PolitikerInnen mit all ihrer unterdrückten und inszenierten Sprache, Mimik und Gestik unterliegt immer auch einer medialen Fremdattribuierung. Würden sich Vladimir Putin oder Dr. Angela Merkel an Macrons Stelle derartig in den Vordergrund stellen, nicht nur der Boulevard hätte unabhängig von der Güte der motorischen Ausführung die Attribute „machtbesessen-arrogant" bzw. „peinlich-ungelenk" zugewiesen.

Abb. 7.3 Präsident Macron während der FIFA Fußball WM 2018. (Quelle: picture.alliance/dpa/A. Nikolsky)

Sich soziologisch und ökonomisch zum Thema Fußball zu äußern, ist angesichts einer bestehenden Fülle an Fachliteratur insofern riskant, als dass die Gefahr besteht, auf bereits ähnlich formulierte Erkenntnisse zu stoßen. Kommerzialisierung und Dominanz des Fußballsports sind allenthalben kritisiert worden. Exemplarisch sei auf Helmut Wagner verwiesen, der bereits 1931 in seinem Werk „Sport und Arbeitersport" auf die Ökonomisierung des bürgerlichen Sports hinwies. Die Kritische Sporttheorie der Frankfurter Schule hat sich ebenfalls zu den Vereinnahmungen des Sports durch den Kapitalismus geäußert (u. a. Prokop 1971; Richter 1972; Rigauer 1969; Vinnai 1970, 1972) und die Herausgeber (und Autoren) Schulke, Weinberg, Güldenpfennig setzten mit der 30bändigen Reihe „Sport – Arbeit – Gesellschaft" (1973–1989) teilweise parallel und zeitlich nachgeordnet die Kritik fort.

Unmittelbar auf den Fußballsport eingegangen sind aus gesellschaftswissenschaftlicher (und teilweise journalistischer) Perspektive bspw. Bartlau (2019), Beichelt (2018), Eisenberg (1997), Elias (1983), Emrich (1992), Erb (2018), Fatheuer (1985), Fürtjes (2012), Gmünder und Zeyringer (2018), Hopf (1979), Jütting (2007a, b), Schulze-Marmeling (1992).

Im Vordergrund der hier aufgeworfenen Fragestellung, steht nicht so sehr die Beschreibung der Kapitalisierung, der Kommerzialisierung, des Wettbetrugs und Dopings sowie der einzelnen moralischen und institutionellen Verwerfungen, sondern eher die notwendigen (!) volkswirtschaftlichen Fragen der Strukturlogik, der Grenzen der Kapitalverwertung sowie die Opportunitätskosten innerhalb des Fußballs sowie gegenüber dem „übrigen" Sport samt ihrer damit verbundenen sozialen und kulturellen Auswirkungen.

Der derzeitige Diskurs um den Fußballsport bietet Vorschläge und „Lösungen" an, die sich entweder als sozialromantisch ausweisen, zu (noch) mehr und intensiverem Wettbewerb aufrufen, Nischenlösungen anbieten (Nachwuchsförderung), besseres Marketing vorschlagen oder „Leitplanken" zur Begrenzung der kommerziellen Auswüchse einfordern.

Die „Verbetriebswirtschaftlichung" des Fußballs setzte zuerst in England gezielt in den 1980er Jahren ein, da rückläufige ZuschauerInnenzahlen die kommerzielle Grundlage bedrohten und fortwährende „rustikale" Fanauseinandersetzungen sich als imageschädigend erwiesen. Neben den Vereinen hatten Investoren, Sponsoren, die Sportartikelbranche und (Sport-)medien an einer umfassenden Reorganisation und Einflussnahme des Profifußballs ein vitales Interesse. Die AbsolventInnen der hochschulischen Sportmanagement-Studiengänge setzten die Strategien dann sukzessive um. Mit einer etwa zehnjährigen Verspätung wurden die Maßnahmen dann auch in der Fußball-Bundesliga etabliert (Tab. 7.1).

Die Maßnahmen können und sollen an dieser Stelle nicht einzeln diskutiert werden. Deutlich wird jedoch die gezielte unternehmerische Strategieentwicklung zur Erhöhung der Sozialstruktur bei gleichzeitiger Kaufkraftabschöpfung.

Wie dünnhäutig bisweilen auf Kritik am Unternehmen Fußball reagiert wird, zeigte die berühmt gewordene „Bluthochdruck-Rede" von Ulrich Hoeneß auf der Jahreshauptversammlung des FC Bayern München 2007:

„Was glaubt ihr eigentlich, was wir das ganze Jahr machen, um euch für sieben Euro ins Stadion zu lassen. Euch finanzieren doch die Leute in der Loge. ... Warum glaubt ihr eigentlich, warum wir den Leuten in der Loge das Geld aus der Tasche ziehen? Das Stadion hat 350 Millionen Euro gekostet – das ist nicht mit sieben Euro aus der Südkurve zu finanzieren! ... Wer glaubt ihr eigentlich, wer ihr seid? Dass ihr uns dafür kritisiert, dass wir uns dafür den Arsch aufreißen, dieses Stadion hinzustellen? Das ist mit sieben Euro aus der Südkurve nicht zu refinanzieren."

Gutbetuchten Personen „das Geld aus der Tasche zu ziehen", und nicht nur das, sondern auch sponsernden Unternehmen, verklärt sich hier zu einer Robin-Hood-Attitüde. Die Kommerzialisierung des Fußballs verläuft nicht im Sinne der Versammlung eines ehrbaren Kaufmanns zu Hamburg oder den Fairtrade Grundsätzen.

Tab. 7.1 Maßnahmen und Begründungen zur Kommerzialisierung im Stadionumfeld

Maßnahmen	Öffentliche, stillschweigende und vermeintliche Begründungen
Komplettüberdachung der Stadien	Höhere Preise, höhere Sozialstruktur
Ausbau des Sitzplatzanteils (etwa 75–80 %)	Höhere Preise, höhere Sozialstruktur, Sicherheit, Beruhigung
Familienblöcke	Sicherheitsaspekt für Familien
Erhöhung des Frauenanteils	Beruhigung, Hemmschwelle für Aggressionen
„Käfighaltung"	Sicherheit, Beruhigung, Trennung von Heim- und Gästefans
VIP-Logen	B2B-Kontakte, Längere Verweil- und Konsumdauer, höhere Sozialstruktur, höhere Preise
Showprogramme	Längere Verweil- und Konsumdauer, Ablenkung, Beruhigung
Medieneinsatz, Videoeinwände	Lenkung der Aufmerksamkeit
Stadionsprecher als Moderatoren/ Showmaster	Erhöhung des Unterhaltungswertes, Lenkung der Zuschauer und Einbindung in eine vorgegebene Inszenierung
Sichtbares Ordner- und Polizeiaufgebot	Beruhigung, Hemmschwelle für Aggressionen
Videoüberwachung	Abschreckung, Identifizierung, Mittel zur Exklusion

Quelle: eigene Zusammenstellung

Die hier vertretene Kritik erfolgt nicht am Fußball als kulturelle (aktive wie passiv-zuschauende) Praxis, sondern als Kritik an der Zurichtung, Vereinseitigung des Fußballs durch (überzogene) Kapitalinteressen und der Unterwerfung, mindestens Anbiederung öffentlich-rechtlicher Medien, der öffentlichen Hand und einer dominant-vereinseitigenden Alltagskultur eines Millionenpublikums.

Stallberg (2006) mahnt in diesem Zusammenhang eindringlich zu einer Trennung zwischen subjektiver Sympathie und wissenschaftlich-kritischer Distanz:

„Es wird höchste Zeit, dass inmitten all der planmäßig ausbrechenden Fußballeu-
phorie das Liebesobjekt großer Teile der (männlichen) Bevölkerung und auch der
intellektuellen Elite trotz aller Bedenken und Risiken einmal mit kritisch distan-
ziertem Blick betrachtet wird. Wenigstens ein paar Sozialwissenschaftler sollten
als vielleicht letzte Instanz der aktuellen Überwältigung durch die Weltmacht Fußball widerstehen und sich mit ihren Beiträgen nicht in das allumfassende Kultur-
programm eingliedern lassen." (Stallberg 2006, www.friedrichstallberg.de)

7.1 Ökonomische Studien zum Fußballsport: „Nebelkerzen und Eigentore"

Standen in ihrem Ursprung Soziologie und Nationalökonomie und bis vor wenigen
Jahrzehnten in der sprachlichen Nachfolge die Volkswirtschaftslehre noch in einem
engen verwandtschaftlichen, weil gesellschaftswissenschaftlichen Verhältnis, so
hat sich der überwiegende Teil der VolkswirtInnen nicht nur zunehmend auf mathe-
matisiert-abstrakte Modelle konzentriert, sondern vertritt parallel dazu in beispiels-
loser Einseitigkeit die verschiedenen Spielarten neoliberaler Wirtschaftspolitik.[2]
   In den jüngeren Studien zur Fußballbranche werden unbestritten die ökonomischen Effekte, Zahlen zum Bruttoinlandsprodukt, zur Nettowertschöpfung und
zu Arbeitsplätzen sowie Steuereinnahmen belegt. Nur – was für Schlüsse werden
daraus gezogen? Wem sollen die Ergebnisse und wofür weiterhin dienlich sein?
   Drei Studien können hier auszugsweise für weitere Aufschlüsse sorgen:

a) „Wirtschaftsfaktor Fußball" (2008) erstellt vom privatwirtschaftlichen und von
   der Hamburger Handelskammer finanzierten Hamburgischen WeltWirtschafts-
   Institut (HWWI)
b) „Wachstumsmotor Bundesliga" (2015) erstellt vom privatwirtschaftlichen
   Beratungsunternehmen Mc Kinsey
c) „Wirtschaftsfaktor Fußball" (2015) erstellt aus der Verbindung der privaten
   Managementberatung 2hm & Associates GmbH, dem privaten Wirtschaftsfor-
   schungs-, Unternehmens- und Politikberatungsunternehmen „Gesellschaft für
   wirtschaftliche Strukturforschung mbH" sowie dem Institut für Sportwissenschaft der Universität Mainz als Bildungseinrichtung der öffentlichen Hand.

---

[2]Die historische Entwicklung der Volkswirtschaftslehre, ihre Vertreter, Denkschulen, so
genannte ThinkTanks und vor allem ihre Netzwerke samt Einflussnahme auf die Politik
haben Ötsch; Pühringer; Hirte 2018 mit ihrer Studie zu den „Netzwerken des Marktes"
umfassend und detailliert offengelegt.

Zu a) Vöpel und Steinhardt vom Hamburgischen WeltWirtschaftsInstitut schreiben in ihrer von der HSH Nordbank AG in Auftrag gegebenen Studie zum „Wirtschaftsfaktor Fußball" (2008): „Die „Lebenswelt Fußball" zieht Menschen über Alters-, Geschlechter-, Einkommens- und Landesgrenzen hinweg in ihren Bann." (S. 4). Das ist richtig und zugleich für einen Großteil der Menschen auch entwicklungshemmend!

Fußball als aktive und passive kulturelle Praxis wird nicht in den Alltag integriert, sondern umgekehrt, der Alltag soll sich mit all seinen sozialen, beruflichen und finanziellen Komponenten dem Fußball unterwerfen. Eine derartige Lebensweise kann überdies nicht konfliktfrei gestaltet werden. Schulke hat in Parallele dazu bereits (1988a, b, S. 63 f.) den Typus des „Lauffanatikers" skizziert. Zwischen begründet-reflektiver Entscheidung, Zugriff auf die dargebotene Normalitätsfolie und hegemonialer Vereinnahmung sind die Grenzen bisweilen fließend.

Die Hegemonie des kommerzialisierten Fußballs wird von Vöpel; Steinhardt sprachlich übersetzt mit der Formulierung „der globale Siegeszug setzt sich fort" (S. 5). Opportunitätskosten, sprich Niederlagen und Konsequenzen für andere kulturelle Teilbereiche erfahren in derartigen Auftragsstudien selbstredend keine Aufmerksamkeit. Stattdessen werden China, USA und Indien als die größten „Absatzmärkte" (S. 6) vorgestellt. „Durch die Globalisierung der Märkte sind die Möglichkeiten für Vereine oder Verbände, sich in anderen Ländern und Kontinenten zu engagieren, sprunghaft gestiegen. Die über lange Zeit gewachsene professionelle Struktur der europäischen Vereine und Verbände ist ein klarer Wettbewerbsvorteil im globalen Wettbewerb, der von diesen gezielt eingesetzt wird, um sich auf Märkten außerhalb Europas als Marke zu etablieren." (S. 7).

Fußball in seiner kommerzialisierten Form als hat also inzwischen vergleichbare Vermarktungsstrukturen erreicht wie die Produktion von Automobilen, Mobiltelefonen, Burgern oder Hollywoodfilmen für einen weltweiten Markt.

Zu b) Auch die McKinsey & Company konstatiert in ihrer 2015 publizierten Studie „Wachstumsmotor Bundesliga" ein signifikantes Wachstum des „System(s) Profifußball in Deutschland", verbunden mit einer weiteren positiven Perspektive. Die Zahlen, die den beeindruckten LeserInnen präsentiert werden belaufen sich u. a. auf 7,9 Mrd. € Wertschöpfung, 110.000 Voll-Arbeitsplätzen und 2,3 Mrd. € Steuern sowie Abgaben für die öffentliche Hand (S. 4).

McKinsey & Company verweisen auf ein „kontinuierliches Umsatzwachstum" und ohne den Widerspruch explizit anzusprechen wird gleichzeitig konstatiert, das „andere Industrien ebenso wie die Gesamtwirtschaft durch eine Rezession gegangen sind." (S. 4) Die Frage von Verdrängungseffekten bei gleichhoher Kaufkraft stellt sich den Autoren der Studie (selbstverständlich) nicht, sondern vielmehr die Frage „ob und wie die Vereine in den kommenden Jahren ihr Wachstumstempo werden halten können".

Da Ticketing und (nationales) Sponsoring nach Einschätzung der Autoren zukünftig nicht weiter auszuweiten sind, müssen in der vorherrschenden Logik weitere Expansionsfelder in den Fokus genommen werden. Weitere Ticketerhöhungen oder „radikale Systemänderungen" werden ausgeschlossen. Insofern liegt auch hier wieder die „Lösung" in weiterer Verdrängungskonkurrenz. „Neben einer noch intensiveren nationalen medialen Verwertung wird daher systematische Internationalisierung zur einzigen Option für das Beibehalten der bisherigen Wachstumsgeschwindigkeit im deutschen Profifußball."

VertreterInnen einer anderen Sportart als Fußball bekommen hier in schonungsloser Offenheit dargelegt, dass ihre Anstrengungen um TV-Gelder (u. ä.) vermutlich vergeblich sein werden. Die Konsequenzen zeigen sich vor allem im Bereich der sogenannten Randsportarten, wie aus (sport)ökonomischer Sicht wenig vermarktungsfähige Sportarten etikettiert werden. Das international (!) bekannte und anerkannte Hochsprung-Meeting in Eberstadt fand 2018 zum 40. und gleichzeitig zum letzten Mal statt. Der Organisator Peter Schramm konnte schlussendlich die Finanzierungslücke von 40.000 € nicht mehr schließen und brachte in einem Interview mit der Süddeutschen Zeitung vom 24.08.2018 (Knuth 2018, S. 27) seinen Unmut zum Ausdruck, dass die Probleme eher „vor der eigenen Tür" liegen würden. „Dass Sponsoren zuletzt fernblieben, weil das Fernsehen nicht mehr übertrug, wie früher, sondern lieber Fußball-Regionalliga zeigte. … Manche Sender hätten um 100 Euro hin- und hergefeilscht."

Zu c) Die Studie „Wirtschaftsfaktor Fußball" aus dem Jahr 2015 wurde vom Bundesministerium für Wirtschaft und Energie (BMWi) herausgegeben. Auftraggeber war das Bundesinstitut für Sportwissenschaft (BISp). Beauftragt wurden zur Erstellung die private Managementberatung 2hm & Associates GmbH (Heiden; Meyrahn; Repenning), das private Wirtschaftsforschungs-, Unternehmens- und Politikberatungsunternehmen Gesellschaft für wirtschaftliche Strukturforschung mbH (Ahlert) und das Institut für Sportwissenschaft der Universität Mainz (Preuß).

Die Autoren unterscheiden in ihrer Studie vernünftigerweise zwischen Profifußball und aktivem Fußballbreitensport, dem sie zwar „vergleichbare volkswirtschaftliche Effekte" zuschreiben, jedoch „unterscheiden (sie) sich in der Art ihrer wirtschaftlichen Effekte und stehen nur teilweise in wechselseitiger Beziehung zueinander." (S. 3).

Für den gesamten Fußballsport werden ca. 11 Mrd. € Konsumausgaben der privaten Haushalte ausgewiesen. „5,5 Mrd. € werden von ca. 10 Mio. Fußballspielenden zur Ausübung und 5,5 Mrd. € von ca. 14. Mio. Zuschauern in Zusammenhang mit dem Profifußball ausgegeben." Nun hat der DFB laut Mitgliederstatistik zwar 7 Mio. Mitgliedschaften, die aufgrund der Doppelmitgliedschaften nicht identisch zur Mitgliederzahl sind. Hinzu dürften die Autoren 3 Millionen Nicht-vereins-organisierte SpielerInnen gerechnet haben. Gleichwohl ist diese Zahl eklatant zu hoch gegriffen! In den 157.000 Mannschaften des DFB spielen maximal 2,5 Mio. Aktive, des weiteren zusätzlich eine halbe Million unorganisierte Aktive. Aus 10 Mio. werden also 3 Mio. „Fußballspielende". Unbestritten sind jedoch zusätz-liche Konsumausgaben passiver Mitglieder des DFB.

Und auch mit 14 Mio. ZuschauerInnen haben die Autoren der Studie ihren Abschlag mit einer „Kerze" viel zu hoch angesetzt. Präzise müsste es heißen, 14 Mio. Eintrittskarten (in der Saison 2017/2018 etwa 19,1 Mio. in der 1. und 2. Bundesliga) sind an Dauerkartenkäufer (57 %), Mehrfachbesucher und Einzel-besucher verkauft worden, so das im Durchschnitt max. 2,5 Mio. Menschen die Spiele sehen (Tab. 7.2).

Die im Fußball erfahrene emotionale Qualität wird dabei in nahezu linea-rer Funktion beschrieben: „Die Begeisterung für den Fußballsport in Deutsch-land steigt dabei ungebrochen weiter..." Dass bspw. Länderspiele der deutschen Fußball-Nationalmannschaft in nicht mehr ausverkauften Stadien stattfinden (Hermanns 2017), die Ausweitung der Anstoßzeiten in der Fußball-Bundesliga auf Kritik bei Fans und im Amateur-Fußballbereich sorgt (Gruene 2015) und hohe Ticketpreise ebenfalls auf Proteste (Dreusicke 2017) stoßen, wird geflissent-lich übergangen.

Auch die Beweisführung zu den (wie selbstverständlich) positiven öko-nomischen Effekten mithilfe anderer Studien vermag nicht zu überzeugen. Die u. a. als Beleg zitierte Studie von Preuß et al. (2012) zu den Primäreffekten des 1. FC Kaiserslautern für die Stadt konzentriert sich auf die Differenz zwischen 1. und 2. Bundesliga durch Konsumausgaben der Stadionbesucher und des Ver-eins. In den methodischen Anmerkungen wird deutlich darauf hingewiesen, dass weitere mögliche ökonomischen Wirkungen nicht Gegenstand der Studie sind. In ihrem Fazit erläutern die Autoren daher auch treffend: „Es kann aus diesem Grund vermutet werden, dass die gesamtwirtschaftlichen Effekte in

Tab. 7.2 Besuche und BesucherInnen der 1. und 2. Fußball-Bundesliga

Saison 2017/2018	Besuche (kumuliert)	BesucherInnen (ohne Mehrfachbesuche)
1. Fußball-Bundesliga	13,7 Mio.	1,6–1,8 Mio.
2. Fußball-Bundesliga	5,4 Mio.	0,6–0,7 Mio.
Gesamt:	19,1 Mio.	2,2–2,5 Mio.

Quelle: www.dfb.de; eigene Berechnungen

den betrachteten Zeiträumen größer gewesen sein dürften, wenngleich auch ein gegenläufiger (sic!) Effekt hätte resultieren können." (S. 8).

Über einen längeren Zeitraum hat im übrigen der Journalist Andreas Erb (2018) differenzierte Informationen und Hintergründe zum ökonomischen und sozialen Verhältnis zwischen Verein, Stadt und Fans in Kaiserslautern zusammengetragen und kommentiert. Insbesondere das Thema zur Finanzierung des Stadions (S. 223, 224 ff.) korrigiert eine allzu vorauseilende positive Haltung. Erb verweist in diesem Zusammenhang auch auf die kritisch zu bewertenden Stadionausbauten (auch unterklassiger) Vereine wie etwa FSV Frankfurt, Kickers Offenbach, Carl Zeiss Jena, Rot-Weiss Erfurt sowie auf die wertlos gewordene „Tivoli-Anleihe" von Alemannia Aachen (S. 233).[3]

Abschließend ist auf das Thema Sponsoring einzugehen. Mit der „Faszination" des Fußballsports werden die unverhältnismäßig hohen Sponsoren- und Mediengelder gerechtfertigt, jedoch nicht weiter hinterfragt. „Ca. 53 % des Sportsponsorings und ca. 85 % der sportbezogenen Medienrechte werden für den Fußball gezahlt." (S. 9).

Reichweiten und zielgruppenadäquate Ansprache werden für Sponsoren und Medien als „wirksame Marketingmaßnahmen" aufgeführt, verbunden mit „steigenden Erlösen im Profisport" (S. 9).

In der Tat sind steigende Erlöse für den Profisport zu verzeichnen, jedoch konzentrieren sich die Gelder in Europa lediglich auf wenige Clubs, sodass die Abstände (auch in den nationalen Ligen) zunehmend vergrößert werden.[4] Die Grenze zur Wettbewerbsverzerrung und zum Marktversagen ist mindestens in Sichtweite. Teilweise finden Zweit- und Drittligisten keine Sponsoren und in Folge dann lediglich städtische Unternehmen. Von den 36 Profivereinen der 1. und 2. Fußball-Bundesliga weisen derzeit 11 ein negatives Ergebnis nach Steuern aus (DFL-Report 2018).

Was aber nun die Behauptung angeht, mit Fußball seien wirksame Marketingmaßnahmen zu erzielen, ist auf verschiedene Studien zur (gestützten wie ungestützten) Erinnerung an Sponsoren zu verweisen. Exemplarisch dazu ist auf die Recall-Werte der Sponsoren zur Fußball WM 2006 von Nufer (2008) einzugehen. Die Ergebnisse können aus Sicht der Sponsoren nur zur Nachdenklichkeit anregen. Von fünfzehn betrachteten Marken können zwei bei der

---

[3]Zum Thema Subventionierungen der Öffentlichen Hand mittels Stadionbau siehe Beichelt (2018, S. 140 ff.).

[4]Aktuelle Zahlen liefert die DFL in ihrem Jahresbericht unter www.dfl.de/dfl/files/dfl-report/DFL_Report_2018_M.pdf.

ungestützten Erinnerung Werte von (knapp) über 50 % vorweisen. Bereits Sponsor Nr. 5 erreicht nur noch auf einen Wert von 14 % und an Sponsor Nr. 15 vermögen sich nur noch 1,8 % der Befragten 4000 Jugendlichen zwischen 13 und 18 Jahren erinnern. Daraus resultieren weitere drastische Ergebnisse. „Jeder Proband, der angab, die WM im Fernsehen zu verfolgen, kann sich ungestützt durchschnittlich korrekt an 2,69 der 15 Hauptsponsoren erinnern. Diesmal kreuzten 17,2 % der Rezipienten die im Fragebogen vorhandene Option „ich erinnere mich an gar keine Bandenwerber" an."

Für die kulturelle Praxis des Fußballs ließe sich als wünschenswerte Interpretation zu den Jugendlichen ableiten, dass sie aufmerksam die Spiele und nachlässig die Werbung verfolgt haben. Wie anders ist es zu erklären, dass vier zu Testzwecken aufgenommene Nicht-Sponsoren im Recall-Ranking den deutschen Hauptsponsor „Obi" überholen. Auch zehn Jahre später haben sich die Wahrnehmungsfähigkeiten bzw. -bereitschaften kaum geändert. Voeth (2018) kommt in seiner repräsentativen Befragung zu ähnlichen Ergebnissen wie Nufer: „Von den Sponsoren der WM sind nur Adidas, Coca-Cola und McDonald's mehr als 30 % der Befragten bekannt. Mercedes und Nike werden von mehr als 20 % der Befragten ebenfalls als WM-Sponsoren eingestuft – obwohl sie dies nicht sind." (S. 6).

So viel zu „wirksamen" Marketingmaßnahmen.

Nun sind alle drei ausgewählten Studien nicht von Fußballverbänden, Vereinen oder der Sportartikelindustrie in Auftrag gegeben worden, sondern von einer Bank, aus Eigenwerbung und einem Bundesinstitut.[5] Daher bestünde keine Notwendigkeit eine derart unkritische Position dem kommerziellen Fußball gegenüber einzunehmen, wie es ansonsten bei interessegeleiteten Auftragsarbeiten häufig der Fall ist. Die Studien stellen eine Art Hofberichterstattung für den kommerziellen Fußballsport dar, die überdies Investoren, Medien und Sponsoren dienlich sein sollen sowie als Legitimationsprojekt gegenüber der öffentlichen Hand fungieren. Aufgrund der in den Studien (bewusst oder unbewusst) unkritisch eingenommenen Position überwiegend privatwirtschaftlicher Autoren resultieren demzufolge etliche methodische und inhaltliche Mängel.

Eine ausschließlich ökonomische Sicht, die die volkswirtschaftlichen Effekte des Profifußballs mit Verve in den Mittelpunkt stellt, unterschlägt gleichzeitig

---

[5]Nicht ohne Stolz verweist McKinsey auf seine erzeugte Resonanz: „Mit mehr als 450 Zitaten in regionalen und überregionalen Printmedien allein in den ersten drei Tagen nach der Veröffentlichung und mit unzähligen Beiträgen im Internet trat diese Branche jenseits klassischer Industriezweige erstmals als ökonomische Größe in den öffentlichen Fokus. Heute, fünf Jahre später, legt McKinsey die zweite Studie zu diesem Thema vor." … in Erwartung lukrativer Folgeaufträge.

negative Effekte und vor allem alternativ mögliche Effekte. Mit gleicher Mess-
latte formuliert: Eine geringer kommerzialisierte und dominante Fußballbranche
könnte (!) durch die freigewordenen Potenziale für andere Sportarten, private
Haushalte und Kommunen größeren volkswirtschaftlichen Nutzen stiften!
Die hier zu diskutierenden Themen beziehen sich daher auf vier Bereiche:

a) Konkurrenz innerhalb des Fußballs
b) Dominanz des Fußballs gegenüber anderen Sportarten
c) Entwertung von Kaufkraft privater Haushalte
d) Vielfalt der Sportkultur

7.2   Konkurrenz innerhalb des Fußballsports

Die Kommerzialisierung und damit einhergehende sich festschreibende Oligopolisierung ist für die nachdrängende Ebene (nicht Liga) international orientierter Clubs/Unternehmen ein besonderes Problem. Sie befinden sich inzwischen
vor einem closed shop, da die finanziellen Unterschiede sich zunehmend aus-
weiten und damit ein besonders hohes finanzielles Risiko entsteht, um noch in
die Phallanx der 16 mächtigsten Fußballunternehmen vorzurücken. Innerhalb des
Fußballs führen aufgrund einer ruinösen Konkurrenz hohe Investitionen somit
für einen Teil der Vereine/Unternehmen zu negativen, teils existenzbedrohlichen
Konsequenzen. Die verfestigte Ungleichheit innerhalb des kommerzialisierten
Fußballs sieht inzwischen auch das Kompetenzzentrum der UEFA (!) und stellt in
seinem Jahresbericht 2017 bemerkenswert offen fest:

> „Unsere Analyse weist darauf hin, dass die Polarisierung der Sponsoring- und
> kommerziellen Einnahmen zwischen den Klubs an der Spitze und den übrigen Ver-
> einen anhalten wird. Nur die größten Klubs sind in der Lage, von der zunehmend
> internationalen Medienpräsenz der Topligen umfassend zu profitieren. Bedeutende
> betriebliche Ressourcen sind erforderlich, um weltweit kommerzielle Partnerschaften
> zu bilden und zu unterhalten, und globale Sponsoren sind nur an den Top-Marken des
> Fußballs interessiert."

und weiter heißt es

> „Während diese zwölf Klubs ihre Sponsoring- und kommerziellen Einnahmen um
> EUR 1,53 Mrd. steigerten, wuchsen die entsprechenden Einnahmen der übrigen 700
> europäischen Erstligaklubs aus großen, mittleren und kleinen Ligen insgesamt nur
> um knapp EUR 700 Mio." (UEFA-Kompetenzzentrum 2017, S. 76)

Tab. 7.3 Wettquoten Sieger Fußball-Bundesliga 2018/2019

Sieger ohne FC Bayern München			
Borussia Dortmund	1,87	Bayer Leverkusen	6,00
RB Leipzig	7,50	FC Schalke 04	7,50
1899 Hoffenheim	21,00	Borussia M.gladbach	34,00
VFB Stuttgart	34,00	Werder Bremen	41,00
VFL Wolfsburg	51,00	Eintracht Frankfurt	51,00
Hertha BSC	51,00	FC Augsburg	51,00
SC Freiburg	251,00	FSV Mainz 05	251,00
Hannover 96	251,00	Fortuna Düsseldorf	501,00
1. FC Nürnberg	501,00		

Quelle: www.bwin.de (Zugriff am 16.08.2018)

Innerhalb der Fußball-Bundesliga ist die Schere so weit auseinandergegangen, dass selbst die Wette auf den „Wett"kampfsport nicht mehr möglich ist! Wer im Vorfeld der Bundesliga Saison 2018/2019 auf den späteren Deutschen Fußball Meister im Mai 2019 setzen wollte, konnte keinen Einsatz auf den Tabellenersten der letzten sechs Spielzeiten und haushohen Favoriten FC Bayern München platzieren. Von den nachfolgenden vier Fußballunternehmen einmal abgesehen, drücken alleine die Quoten für die übrigen 13 Fußballunternehmen ein eklatantes Marktversagen aus (Tab. 7.3).

Die Konzentration und Zentralisation des Kapitals ist eine wenig überraschende Konsequenz, die aus einem Wachstumsimperativ bei gleichzeitiger Konkurrenz erwächst. Die Folgen sind für diejenigen Vereine drastisch, die im Ringen um die ersten Plätze aufgrund einer ruinösen Investition nicht (mehr) durch den Flaschenhals kommen. Für die „Gewinner" der vorangegangenen Konkurrenzrunden entsteht jedoch das spezifische Problem, dass anders als in Feldern der Wirtschaft (Lebensmittel-, Technologie-, Energiesektor) eine Oligopolisierung durch den Ligabetrieb zu tendenziell einseitigen, sprich langweiligen Spielen und/oder Ergebnissen führt – zulasten eines weiterhin profitablen Wettbewerbs.

Die einzelnen Unternehmen können zwar versuchen immer wettbewerbsfähiger zu werden, bezogen auf das Ligasystem kann diese Logik nicht für alle funktionieren, weil die Vorteile in Relation gesehen jeweils zulasten eines Anderen gehen müssen. In letzter Konsequenz führt das zu einem Winner-Takes-All-System. Die Folgen wären jedoch Langeweile, Übersättigung, Abwendung. Also ein typisches Marktversagen eines ungehemmten (fälschlicherweise mit dem Begriff „frei" verwechselt) Konkurrenzkampfes.

Durch die Konzerne Bayer, Volkswagen, Audi, Red Bull sowie über das Mäzenatentum des Milliardärs Hopp (SAP) und weiterer mitunter plötzlich auftretender Investoren sind sogenannten Traditionsvereine, auch beschleunigt durch Missmanagement, in die unteren Ligen abgestiegen. Der Journalist und Schriftsteller Axel Hacke führte jüngst in seiner im SZ-Magazin (23.08.2018) erscheinenden Kolumne „Das Beste aus aller Welt" unter dem Thema „Wie der Fußball in Deutschland vielleicht noch zu retten wäre" in gewohnt ironisch-süffisanter Manier aus, dass eine sogenannte Bundesliga-Classic (unter freiwilliger Teilnahme oder Verbleib in der jetzigen Liga) großen Zuspruch zu erwarten hätte. „Alle Spiele samstags um halb vier, live nur im Radio, Ausschnitte im Fernsehen nach 18 Uhr, schwarz-weiß, bitte!" Das Bedienen einer sicherlich nachgefragten Fußballromantik bis hinauf zum Jahrgang 1969 würde vielleicht einige Saisonzeiten gelingen. Gleichwohl könnte unter den jetzigen Rahmenbedingungen nicht das Spielniveau früherer Tage erreicht werden. Dennoch lohnt sich die Auflistung an dieser Stelle insofern, indem verdeutlicht wird, wer die Konsequenzen des Verdrängungswettbewerbs zu tragen hat (Tab. 7.4).

Die UEFA reagierte auf europäischer Ebene 2015 moderat eingreifend mit der Einführung eines so genannten „Financial Fairplay", indem mit der Einhaltung finanzieller Regeln und unter Androhung von Sanktionen, keine Verschuldung oberhalb von 30 Mio. € überschritten werden soll.[6] Der Maßnahmenkatalog des UEFA Financial Fairplay sieht dazu auch widersinnig zu den Schulden Geldstrafen vor.

- Ermahnung;
- Verweis;
- Geldstrafe;
- Punktabzug;
- Einbehaltung von Einnahmen aus einem UEFA-Wettbewerb;
- Verbot der Meldung von neuen Spielern für UEFA-Wettbewerbe;
- Beschränkung der Anzahl der Spieler, die ein Verein zur Teilnahme an UEFA-Wettbewerben registrieren darf, einschließlich einer Beschränkung der Gesamt-Personalausgaben für in der Liste A von UEFA-Klubwettbewerben eingetragene Spieler;
- Ausschluss aus dem laufenden und/oder künftigen Wettbewerben;
- Widerruf von Titeln oder Auszeichnungen

Quelle: www.uefa.com.

---

[6]Siehe dazu auch https://de.uefa.com/community/news/newsid=2065553.html sowie kritisch kommentiert von Teevs (2015).

Tab. 7.4 Traditions-Bundesliga/Bundesliga-Classic 2019/2020

1.	Alemannia Aachen	(RL West)
2.	BFC Dynamo Berlin	(RL Nordost)
3.	Eintracht Braunschweig	(3. Liga)
4.	Energie Cottbus	(3. Liga)
5.	MSV Duisburg	(3. Liga)
6.	Rot-Weiss Erfurt	(RL Nordost)
7.	Rot-Weiss Essen	(RL West)
8.	Carl Zeiss Jena	(3. Liga)
9.	1. FC Kaiserslautern	(3. Liga)
10.	Waldhof Mannheim	(3. Liga)
11.	1860 München	(3. Liga)
12.	Rot-Weiß Oberhausen	(RL West)
13.	Kickers Offenbach	(RL Südwest)
14.	Hansa Rostock	(3. Liga)
15.	1. FC Saarbrücken	(RL Südwest)
16.	KFC Uerdingen	(3. Liga)
17.	SG Wattenscheid 09	(RL West)
18.	Wuppertaler SV	(RL West)

Quelle: eigene Darstellung

Derartige Steuerungselemente haben nicht primär die Funktion zum Wohl der verschuldeten Vereine/Unternehmen, sondern beabsichtigen (vorsorglich) eine sich abzeichnende ruinöse Investitionskonkurrenz zu vermeiden und zur Stabilisierung der Liga-Wettbewerbe beizutragen. Darüber hinaus werden durch eine überproportionale Ausschüttung die ohnehin schon dominierenden Vereine begünstigt, da bei gleichzeitiger Verschuldungsobergrenze der nachfolgenden Vereine/Unternehmen der Status Quo zementiert wird.[7]

Weitergehende Markteingriffe (um Marktversagen zu verhindern) werden in den USA angewendet. In der National Football League (NFL) existiert eine Gehaltsbeschränkung (Salary Cap) für Spielergehälter der Teams, um

---

[7]Siehe dazu auch Vöpel 2013 in www.dw.com/de/champions-league-ist-ein-milliardengesch%C3%A4ft/a-17090824.

vorhersehbar hohe Siege/Niederlagen und damit verbundenes Desinteresse zu vermeiden. Zudem können sich die Teams nach ihrer vorjährigen Tabellenplatzierung, beginnend von unten nach oben, sich die jeweils besten College- und Universitätsspieler (NFL-Draft) aussuchen, um auch hier eine Wettbewerbsverzerrung zu minimieren.

7.3   Dominanz des Fußballsports gegenüber anderen Sportarten

Durch die zunehmende Dominanz des kommerzialisierten Fußballs werden innerhalb des kulturellen Teilbereichs Sports zahlreichen Sportarten Sponsorengelder und Werbeeinnahmen entzogen.

Der Profi-Fußballsport hat sich durch seine zunehmende Kommerzialisierung nicht nur als „Staubsauger" von Sponsoringgeldern und medialer Aufmerksamkeit entwickelt, er tritt zudem (im doppelten Wortsinn) als „Allesfresser" auf, der jede dem Sport gegenüber noch so zweifelhafte Liaison eingeht. Seit den 1970er Jahren war Werbung für alkoholische Getränke und Tabakkonzerne an der Tagesordnung. In jüngster Vergangenheit musste sich Werder Bremen breite öffentliche Kritik am Sponsor „Wiesenhof" gefallen lassen und das Engagement des 1. FC Nürnberg mit dem Atomkraftkonzern „Avera" (2009/2010) zeugte ebenfalls von fragwürdigem Bewusstsein.

Die Kriterien selbstverordneter Glaubwürdigkeit und Vorbildfunktion strapaziert im Sponsoringbereich seit Jahren der Deutsche Fußball Bund mit seiner Nationalmannschaft.[8] Bis 2016 (!) noch aktiver Propagandist für „richtiges" Bier aus dem nördlichen Sauerland und nach einem kurzen selbstreflexiven Aufblitzen ist der DFB seitdem mit der um 4,8 % Alkohol reduzierten Variante vertraglich verbunden. Zum öffentlich beworbenen Getränk gesellt sich ein von einem italienischen Süßwarenkonzern hergestelltes Gemisch aus Zucker (>56 %) und Palmöl (>30 %), welches u. a. durch den Zusatz von kleineren Mengen Kakao und Haselnüssen erst einen essbaren Aufstrich entstehen lässt.

---

[8]Bedauerlicherweise findet sich im DFB auch niemand, der für den Einsatz von Testimonials hilfreich beratend zur Seite steht. Wie anders ist es zu erklären, dass selbst im Jahr 2018 dem sich als Komiker bezeichnenden Oliver Pocher zum Länderspiel am 08.09. gegen Peru nach wie vor eine „Gesangs" plattform geboten wurde.

Sofort nach ihrer Nationalmannschaftskarriere wurden Lukas Podolski und Bastian Schweinsteiger zudem noch sogenannte Markenbotschafter des Kölner Unternehmens Intersnack Knabber-Gebäck GmbH & Co. KG.[9]

Die grundsätzlichen Fragen die sich zum DFB und auch zu vielen anderen Sportverbänden stellen, beziehen sich auf ein offensichtlich fehlendes Bewusstsein darüber, wer mit seinen Produkten zum Sport passt, eine Nähe herstellen kann, neutral bzw. ohne Bezug ist und wer dem Kerngedanken des Sports eher zuwiderläuft. Seit Bestehen von Aufstellgeräten in Schwimmbädern, Turnhallen und Vereinsgaststätten dominiert ein Ernährungs(snack)angebot für SportlerInnen, das aus den Grundsubstanzen Zucker, Fett und Salz sowie mit optischer Unterstützung von Farbstoffen eine Tastenkombinaton von 001 bis 050 erzeugt.

Inzwischen hat Mercedes Benz den seit 1972 bestehenden Sponsorenvertrag zum 31.12.2018 mit dem DFB mit Bedauern aufgekündigt, da der Verband offensichtlich bei geringeren Leistungen eine höhere Geldsumme gefordert hatte. Der Vorstandsvorsitzende Zetsche äußerte sich dazu öffentlich:

> „Das Paket, um das es ging, beinhaltete weniger Leistungen als das bisherige. Um es zu bekommen, hätten wir aber deutlich mehr zahlen müssen." (Rentsch 2017)

Stattdessen schmückt sich nun der Volkswagen Konzern als Sponsor und zahlt von 2019–2024 ca. 30 Mio. € an den DFB. Aufgrund der derzeit laufenden staatsanwaltschaftlichen Verfahren liegt die ironische Formulierung nahe, dass sich hier „die beiden Richtigen" gefunden haben!

In kritischer Weise äußerten sich Hübenthal/Mieth bereits1998 im „Lexikon der Ethik im Sport" zur Thematik: Die „…Auflistung von Problemen, die sich aus einzelnen Sponsoringengagements ergeben können, macht deutlich, warum für den Abschluß von Sponsoringverträgen nicht nur eine strategische, sondern auch eine ethische Kriteriologie entwickelt werden muß." (Hübenthal und Mieth 1998, S. 478).

---

[9]Eine Tüte Chips mit 175 g hat 930 kcal und entspricht 82 % des täglichen Fettbedarfs eines Erwachsenen. Die Schutzargumentation, ihre Produkte seien als Knabberei bloße Ergänzung zur „normalen" Ernährung ist weltfremd. Demzufolge wird eine Portion mit 30 g (sic!) angegeben. Das dürfte realistisch sein – jeweils zwischen den Werbepausen. Zwischen 2010 und 2017 stieg in Deutschland der Umsatz von Kartoffelchips von 597 auf 801 Mio. € (www.Statista.de). Derzeit konsumieren NiederländerInnen pro Person durchschnittlich die doppelte Menge, so dass weitere Steigerungen möglich sind.

Tab. 7.5 Sponsoring an Sportorganisationen 2010 in Deutschland (oberhalb von 2 %)

Fußball	53,1 %
Handball	7,1 %
Motorsport	4,1 %
Reiten	3,3 %
Eishockey	2,6 %
Leichtathletik	2,5 %
Tennis	2,4 %

Quelle: Wirtschaftsfaktor Fußball (2015, S. 9)

Das Ranking zu den Sponsorengeldern an Sportorganisationen (was neben Vereinen auch Verbände mit einschließt) der Studie „Wirtschaftsfaktor Fußball" zeigt die Dominanz des Fußballs zu den übrigen einzelnen Sportarten auf (Tab. 7.5).

Das kommerzielle Marktforschungsinstitut Nielsen-Sports befasst sich in seiner selbstetiketierten „Grundlagenstudie" „Sponsortrend 2017" mit der Gewichtung zugunsten des Fußballsports. Jährlich werden dazu etwa 200 bis 250 sogenannte Sponsoringentscheider befragt.[10] Das Ranking zwischen den Kulturbereichen (i. w. S.) ist von deutlichen Abständen geprägt. Annähernd zwei Drittel der Befragten sind im Sportbereich aktiv, während sich lediglich 15 % im Medien- und 11 % im engeren Kulturbereich engagieren (zzgl. 8 % Public-Sponsoring). Für die weitere Perspektive im Sponsoring äußern sich die Befragten, dass insbesondere E-Sports, Gaming und Fußball die größten Zuwächse erzielen werden. Demgegenüber würden Inlineskating, Schwimmen und Boxen zu den Verlierern zählen (S. 21).

Angesichts derzeit etwa 300 Mio. intensiv spielender E-Sports-Akteure (u. a. FIFA 2018), einem dementsprechend großen Publikum bei weltweit übertragenen Turnieren, mit einer Milliardenkaufkraft, werden die Verbindungen zum kommerzialisiertem Fußball und weitere Sponsoringaktivitäten plausibel. Etliche Fußball-Bundesligisten, Schalke 04 und der VFL Wolfsburg waren die Vorreiter, halten sich eigene Teams, die in der Electronic Sports League (ESL) spielen.[11]

---

[10]Befragt wurden Sponsoringtreibende Unternehmen, Agenturen, Vermarkter, Verbände, Gesponserte Organisationen.

[11]Die ESL ist zu 74 % im Besitz der Nordic Entertainment Group, die wiederum im Besitz der schwedischen Risikokapital-Beteiligungsgesellschaft Investment AB Kinnevik ist.

Die überwiegend junge Zielgruppe wird somit gleichzeitig an die Bundesligisten gebunden.[12]

Auch auf der Ebene der öffentlichen Hand sind die Maßstäbe eindeutig zugunsten des Fußball-Sports ausgerichtet. Ein etwas länger zurückliegendes, jedoch eklatantes Beispiel kann diese Schieflage illustrieren. An der privilegierten Haltung zum Fußball hat sich seitdem nichts geändert. Der damalige Bundesinnenminister Schily ordnete bspw. die World Games, als zweitwichtigste Sportgroßveranstaltung des Jahres 2005 ein:

> „Die World Games sind nach den Olympischen Spielen und der Fußball WM die wohl größte internationale Sportveranstaltung der Welt. Es werden rund 3.500 Sportlerinnen und Sportler aus 100 Nationen in Duisburg und seinen Partnerstädten erwartet. Außerdem werden rund 500.000 Besucherinnen und Besucher ins Ruhrgebiet kommen. Es ist ein toller Erfolg für den Sportstandort Deutschland, dass es gelungen ist, die Spiele hierher zu holen." (Bundesinnenminister Otto Schily 06.05.2005)

Der Bund unterstützte allerdings die World Games mit einem gegenüber den vollmundigen Verlautbarungen völlig unangemessen niedrigen Betrag von 2 Mio. €. Gleichzeitig wurde der Confederations Cup als Vorbereitungsturnier für die ein Jahr später folgende Fußball WM mit dem fast zehnfachen Betrag gefördert.

7.4   Entwertung von Kaufkraft privater Haushalte

Als 2018 der Fußballer Christiano Ronaldo für 112 Mio. € von Madrid nach Turin wechselte, wurden dadurch 9 Mio. Trikots samt Namensbeflockung symbolisch entwertet.[13] Währenddessen startete der Verkauf der „neuen" Trikots mit geschätzten 300.000 Exemplaren für das 2. Halbjahr 2018, sodass Juventus Turin einen Teil der Kaufsumme Dank der Zahlungsbereitschaft der Fans refinanzieren konnte. Stoff, Herstellung und Transport summieren sich dabei auf lediglich ca. 8–10 €! Der Verkaufspreis beträgt jedoch ca. 100 € und für Kindertrikots ca. 70 €.

---

[12]Bei den Asienspielen 2022 in China werden erstmals Medaillen für E-Sports-Wettbewerbe vergeben. Das geht auf einen 2017 erfolgten Beschluss des Asiatische Olympische Komitee (OCA) zurück.

[13]Laut Tacke (Simon-Kucher & Partners) wurden pro Saison 1,5 Mio. Trikots während des 6 Jahre laufenden Vertrags mit Real Madrid verkauft, zit in: Dierig (2016).

Folgt man den Empfehlungen der Taschengeldtabelle der Jugendämter für 2018 und nimmt eine maximale Sparquote von 20 % an, ist eine eigenständige Finanzierung eines Kinder- bzw. Erwachsenentrikots pro Jahr nicht möglich![14] Eine Überschreitung dieses Zeitraums bringt jedoch die Gefahr mit sich, dass der entsprechende Spieler nicht mehr dem favorisierten Verein angehört.

Im Rahmen einer frühzeitigen Kundenbindung, liegt der Fokus im Merchandisingbereich nicht nur auf Jugendlichen, sondern auf Kindern. Jährlich wird ein anderes Design der Trikots vorgestellt. Inzwischen bieten die Merchandisingabteilungen neben den Heim- und Auswärtstrikots noch eine dritte Variante an. Durch den auch zur Winterpause möglichen Wechsel der Fußballsöldner kann sich bereits nach einem halben Jahr der hochpreisige Symbolwert von 70–100 € in einem Jahr in einen einstelligen Material- und unmittelbaren Gebrauchswert pulverisieren. Aufgrund immer kürzer werdender Produktlebenszyklen bei gleichzeitiger symbolischer Obsoleszenz werden Konsumausgaben der privaten Haushalte (Fans) entwertet.

Gaede (2006) hat exemplarisch für den Produktbereich von Fanartikeln beim Hamburger SV verschiedene „Kollektionen" beschrieben. Eine aktuelle und inzwischen erheblich ausgeweitete Übersicht der Merchandisingprodukte des HSV findet sich zum Vergleich unter https://shop.hsv.de/ (Tab. 7.6).[15]

Neben dem hohen Anteil an Werbung, der ursächlich für den hohen Preis für Trikots und weiterer Sportausrüstung ist, sind sowohl die ökologischen und sozialen Standards der Produktion nach wie vor zu kritisieren. „Der Anteil der Lohnkosten an den Kosten für die Produktion von Sportschuhen der Marken Adidas und Nike ist 30 % geringer als Anfang der 90er Jahre." (https://saubere-kleidung.de).[16]

---

[14]Das fußballaffine elterliche und verwandtschaftliche Umfeld gleicht diese Unterfinanzierung zu besonderen sozialen Anlässen bereitwillig aus.

[15]Dabei entbehrt es nicht einer gewissen Tragik, dass nach dem Abstieg in die 2. Liga die Shop-Internetseite als erste Ansprache „jetzt reduzierte Produkte entdecken" wählt (07.09.2018).

[16]Die ehemaligen NationalspielerInnen David Odonkor, Linda Bresonik und Tobias Rau haben öffentlich die Vorstandsvorsitzenden von Adidas, Nike und Puma aufgefordert, sich für existenzsichernde Löhne in den Zulieferbetrieben zu verpflichten. Siehe dazu auch https://saubere-kleidung.de/tag/adidas/.

Tab. 7.6 Zielgruppen-
orientierung bei Fanartikeln

Kollektionen	Themen- und Zielgruppen
Teamkollektion	Ausrüster
Klassikkollektion	Dezenter HSV-Kunde
Fan-Kollektion	Stadionbesucher
Lifestylekollektion	Modebewusste Fans
Dino-Kollektion	Maskottchen, 8- bis 10jährige
Kids-Kollektion	Schulartikel, 8- bis 10jährige
Home-Bereich-Kollektion	Gebrauchsorientierung
Sonder-Kollektion	Saisonale Geschenke

Quelle: Gaede (2006, S. 280); dort ausführlicher

7.5   Beschädigte Vielfalt der Sportkultur

Die Ausgaben der öffentlichen Hand haben sich im Bereich der freiwilligen
Leistungen am Non-Profit-Sektor zu orientieren. Eine direkte oder indirekte
Finanzierung von kommerziellen Fußball-Unternehmen (selbst wenn sie formal noch als Verein geführt werden) ist zugunsten einer vielfältigen Sportkultur
zu unterlassen. „Ein normaler Verein passt überhaupt nicht mehr ins Bild. Rein
wirtschaftlich handelt es sich bei den meisten Fußballklubs um mittelgroße
Unternehmen." (Uhrich 2014 in: www.wiwo.de).

Grundlegend ist die volkswirtschaftliche Frage nach den Opportunitätskosten
zu stellen. Wären die verausgabten Mittel nicht in anderen Bereichen „sinnvoller"
angelegt? Kriterien für „sinnvoll" konzentrieren sich dabei nicht ausschließlich
auf die ökonomische Ebene, sondern auch auf eine kulturelle Ebene, wie bspw.
sportkulturelle Vielfalt. Hübenthal und Mieth (1998) führen dazu aus:

> „Da nur kommerziell interessante Personen und Sportarten gefördert werden,
> kommt es zu einer Verzerrung der Sportlandschaft; von Chancengleichheit kann
> dann kaum mehr geredet werden. Außerdem werden im Sport enorme Kräfte für
> Verteilungskämpfe um die Ressource Sponsorengelder absorbiert." (S. 477)

Selbst für die Niederungen des Profifußballs kann dies exemplarisch am KFC
Uerdingen verdeutlicht werden, der 2018 in die III. Liga aufgestiegen ist und in
Ermangelung anderweitiger Interessenten als Trikotsponsor schlussendlich einen
Vertrag mit den Stadtwerken Krefeld abschließen konnte. Drei Aspekte sind an
diesem Kontrakt bemerkenswert.

Tab. 7.7 Sportligen und Gesamtumsatz

Liga	Gesamtumsatz 2017/2018 in Mio. €
1. Liga Fußball	3375
2. Liga Fußball	635
3. Liga Fußball	155
Deutsche Eishockey Liga	122
Basketball Bundesliga	117
Handball Bundesliga	100

Quellen: DFB, DFL, Deloitte, Sponsors

1. Für das Sponsoring kommerzieller Fußballvereine kommen in erster Linie privatwirtschaftliche Unternehmen in Betracht und erst bei erfolgloser Akquise wären Betriebe der öffentlichen Hand naheliegend.
2. Außerhalb Krefelds dürfte wohl kein/e ZuschauerIn mit dem Akronym SWK vertraut sein und sich darüber hinaus auch nicht zu einem Stromanbieterwechsel veranlasst sehen. Damit treten die Stadtwerke eher als Mäzen und nicht als Sponsor auf.
3. Über die Höhe des gesponserten Betrages haben beide Seiten Stillschweigen vereinbart. Sowohl BürgerInnen der Stadt, als auch die sporttreibenden Vereine sowie der ehrenamtliche Kultur- und Sozialbereich haben ein Interesse und ein (moralisches) Recht an der Offenlegung. Dem Verdacht, dass nun durch den Abfluss eines sechsstelligen Betrages anderweitige Unterstützungen unterbleiben, wird somit Vorschub geleistet.[17]

Die Konsequenzen einer derartigen Fußball-Dominanz bekommen die übrigen Spielsportarten zu spüren. Unter dem Titel „Die erdrückende Dominanz des deutschen Fußballs" kommt Kaweh Niroomands, Manager des Serienmeisters BR Volley Berlin zu Wort: „Sie alle stehen im Schatten des Fußballs. Der dominiert die deutsche Profisportlandschaft in einem Ausmaß, das für den Rest wirtschaftlich ungesund ist. „Der Fußball ist uns allen meilenweit voraus" Den meisten Unternehmen sei es lieber, Sponsor Nummer zwölf bei irgendeinem Fußball-Zweitligisten zu sein als Hauptsponsor beim deutschen Volleyballmeister." (in Dierig und Sommerfeldt 2015; Tab. 7.7).

---

[17]An weiteren Beispielen besteht kein Mangel: u. a. MSV Duisburg und Rheinpower (Online Marke der Stadtwerke Duisburg) Saison 2009/2010, Hallescher FC – Stadtwerke Halle Saison 2016/2017, FSV Zwickau – Zwickauer Energieversorgung Saison 2016/2017 usw.

Tab. 7.8 Umsatzspreizung in der DEL, VBL, HBL, BBL (2017/2018)

Bundesliga:	Vereinsumsatz, höchster in Mio. €	Vereinsumsatz, niedrigster in Mio. €	Verhältnis
Eishockey	18,5	4,5	1:4
Volleyball	2,6	0,39	1:7
Handball	12,0	1,3	1:9
Basketball	20,5	1,9	1:11

Quelle: www.sponsors.de/bbl-del-hbl-13-bis-205-millionen-euro, eigene Darstellung

Allerdings entstehen auch innerhalb der übrigen Profiligen durch die dort zunehmende Kommerzialisierung ähnliche oligopole Strukturen wie im Fußball, nur auf einer wesentlich niedrigeren Basis. In der Deutschen Eishockey Liga (DEL) konzentrieren vier Vereine mehr als die Hälfte des Gesamtumsatzes der Liga auf sich (Deloitte 2015).

Die Fachzeitschrift SPONSRs hat für die vier Profiligen Eishockey, Volleyball, Handball und Basketball die Umsatzspreizung zwischen jeweils stärkstem und schwächsten Verein berechnet, aus der ebenfalls die eklatante finanzielle Ungleichheit hervorgeht (Tab. 7.8).

Als derzeitige Lösung „dem Fußball" in der medialen Aufmerksamkeit etwas entgegenzusetzen werden die European Championships angeführt. „Mehrere Sportarten wollen aus dem Schatten des Fußballs treten – deshalb veranstalten Leichtathleten, Schwimmer, Turner, Golfer, Triathleten, Radfahrer und Ruderer ihre EM als „European Championships" in Glasgow und Berlin." (Kreisel 2018).

Der unbestrittene mediale Erfolg basiert auf der Idee der Fusion, in dem sich die Benachteiligten notwendigerweise zu einer großen Veranstaltung verbünden. Fusionen avancieren hier zu Pyrrhussiegen, weil zum einen unter der resignativ-akzeptierten Dominanz des Fußballs das Format der Einzelwettbewerbe preisgegeben wird und zugleich andere Sportarten, die sich nicht mit anderen zusammenschließen können oder wollen noch weiter an den Rand der Aufmerksamkeit gedrängt werden.[18] In Fortführung dieser Logik, gäbe es Fußballberichterstattung auf Europäischer Ebene bis in die 4. Liga von Montag bis

---

[18]Erinnert sei an die Fusionen der Automobilindustrie in dem sich die Marken Citroën, DS, Opel, Peugeot und Vauxhal zum PSA Konzern mit dem Ziel der Kostensenkung zusammengeschlossen haben, um trotz weltweiter Überproduktion weiter bestehen zu können.

Sonntag und (zugespitzt formuliert) einmal im Jahr die European- und German-Rest-Championships.

Die öffentliche Hand kann über Subventionen und Fördermittel in begrenztem Rahmen und nachvollziehbar begründetet (zumeist Start-up) Unternehmen unterstützen, jedoch gilt dies laut BauGB nicht für Erschließungskosten bei Neuansiedlungen. Auch bei einer Expansion wird kein Hallenausbau bzw. -neubau eines privatwirtschaftlichen Unternehmens mit öffentlichen Geldern finanziert. Im juristischen Kontext existiert die Formulierung, dass keine Gleichbehandlung im Unrecht gewährt werden kann. Weil kommerzielle Fußballvereine/Unternehmen vormals Steuergelder der öffentlichen Hand erhalten haben (Stichwort Stadionbau), muss und sollte diese Praxis – und zwar unabhängig von der konkreten Finanzausstattung einer Kommune – zukünftig nicht fortgeführt werden. Analog zu jeder anderen Branche auch, können die Kunden und Investoren durch entsprechende Nachfrage sowie in Abwägung des finanziellen Risikos mit stillen Teilhaberschaften, Anleihen- und Aktienkäufen für eine adäquate Finanzausstattung sorgen. Befinden sich Fußballstadien im Eigentum der Kommunen, so können, wie in jedem anderen Pachtverhältnis auch, ausstehende Zahlungen zwar gestundet, nicht jedoch erlassen werden.

In eine abhängige Situation versetzte sich die Stadt Aachen, die für den symbolischen Preis von einem Euro das „Tivoli"-Stadion (Neubaukosten 50 Mio. €) vom insolventen Verein Alemannia Aachen übernommen hat. Seit 2015 kommt die Kommune jährlich für 1,6 Mio. € Betriebskosten, Zins und Tilgung auf. Allerdings ist längerfristig nicht zu erwarten, dass durch Aufstiege des derzeitigen Viertligisten nennenswerte Mieteinnahmen zu generieren sind. So stellt sich auch hier die Frage, inwieweit die Zahlungen Auswirkungen auf andere Sport- und Kulturbereiche haben (Spiegel online 28.01.2015).

7.6 Konsequenzen!?[19]

Im Kontext freiwilliger Leistungen der öffentlichen Hand können nicht ein Wirtschaftszweig, oder (einige) seiner Akteure subventioniert werden, die schon seit geraumer Zeit den Non-Profit-Bereich verlassen haben.

---

[19]Innerhalb eines neoliberal ausgerichteten Wirtschaftssystems erwarte bitte kein/e LeserIn ernsthaft „Lösungen". Abmilderungen verlängern eher das Problem. Änderungen sind nur mit einer anderen Art des Wirtschaftens möglich! Dazu mehr im Kap. 8.

Umgang mit Gebühren aus Steuergeldern

Insofern ist auch die langjährige Diskussion um die Millionen-Zahlungen des öffentlich-rechtlichen Fernsehens für die Fußball-Übertragungsrechte inzwischen obsolet. Eine nahezu exponentielle Marktentwicklung hat inzwischen den Grenznutzen für Live-Übertragungen überschritten. Zum einen sind die inzwischen geforderten Summen für die „Öffentlichen" zu hoch, auch weil sie nach dem Rundfunkgesetz Formate (Bildungsauftrag, Informationsauftrag) zu erfüllen haben, die eine höhere Kostenstruktur mit sich bringen als bei den „Privaten".[20] Zum anderen sind inzwischen mit Pay- and Web-TV-Anbietern weitere finanziell potente Akteure in den Bietermarkt gedrängt. Ähnlich wie bei einer Auktion werden die Kosten für die Übertragungsrechte erst dann wieder sinken, oder zusammenbrechen, wenn alle Möglichkeiten der Gewinnerzielung ausgeschöpft sind und sich der Kaufpreis nicht mehr amortisieren lässt. Diese Entwicklung ist nicht seriös einzuschätzen und bleibt daher sogenannten Trend- und Zukunfts"forschungs"büros vorbehalten.

Reichweite der Leistungen für die öffentliche Daseinsvorsorge

Unbestritten sind im Rahmen der öffentlichen Daseinsvorsorge Aufgaben der Kommunen im Bereich der Sicherheit und öffentlichen Ordnung. Verkehrslenkungsmaßnahmen und Polizeipräsenz können, wie für viele andere Veranstaltungen des öffentlichen Lebens auch für die insgesamt ca. 4–5 Mio. stark (aktiv und passiv) am Fußballsport Interessierten erbracht werden. Außergewöhnliche und zusätzliche Kosten durch sogenannte Hochsicherheitsspiele werden seit 2017 durch das Land Bremen an die DFL in Rechnung gestellt. Die daraufhin entbrannte hitzige Debatte zeigt, das große öffentliche Interesse an der grundsätzlichen Fragestellung, wo die Grenzen öffentlicher Daseinsvorsorge für kommerzialisierte Fußballvereine/Unternehmen liegen. Zumindest formal ist die Bremer Argumentation nachvollziehbar, da die Bereitstellung zusätzlich notwendiger Polizeikräfte durch andere Bundesländer erfolgt. Diese wiederum stellen die Einsätze dem Stadtstaat Bremen in Rechnung.

Realistische Einschätzung zur Wettbewerbsfähigkeit

Eine realistische und verantwortungsvolle Einschätzung zur Wettbewerbsfähigkeit in einer nächst höheren Liga kann (selbst bei einem sportlichen Aufstieg) mit Verzicht beantwortet werden. Das gelingt jenseits von Partialinteressen in

---

[20]Was im übrigen die Chance eröffnet, mit den vormals gezahlten Gebühren nunmehr (u. a.) umfassender die Vielfalt des Sports attraktiv zu vermitteln.

Abstimmung zwischen Vereinen, Sponsoren und Kommune. Exemplarisch ist auf den Verzicht des niederrheinischen Dorfvereins und Oberligisten SV Hönnepel-Niedermörmter (ja, es gibt auch ein Obermörmter) in die Regionalliga West 2014 hinzuweisen.

> „Wir sind Meister der Oberliga und obwohl wir die wirtschaftlichen und auch lizenzrechtlichen Auflagen des Verbandes und der Polizei gerade im Bereich der Jugend und der Sicherheit wohl hinbekommen hätten bzw. in den nächsten Wochen auf unserm Acker baulich umsetzen werden, müssen wir unter Abwägung aller Risiken und Chancen für unseren Verein, uns NOCH gegen die Regionalliga entscheiden. Den Schuh, den wir uns da anziehen wollen, wäre momentan einfach zu groß – vor allem die organisatorischen und sportlichen Risiken sind für unseren Verein unkalkulierbar." (Offener Brief, in: https://reviersport.de)

Konsumverzicht privater Haushalte
Ein Rückzug in die sozialromantische Nische kann sich allenfalls in den untersten Ligen verwirklichen, dort wo noch lokal-regionale Akteure für einen Kasten Bier kicken. Fußball als Kunstfertigkeit findet dort jedoch nur sporadisch statt.

Wer tatsächlich am reinen Fußballspiel interessiert ist, dem eröffnet sich in der Oberliga und Regionalliga ein ansehnliches Niveau. Witterungseinflüsse können durch die bauliche Konstruktion der Stadien allerdings noch für Überraschungseffekte sorgen und die erzeugte Stimmung konzentriert sich auf wenige Teilräume. Überdies dürfte eine enge Verbundenheit mit „fremden" Oberligisten kaum gelingen. Die gedanklich-konstruierte Zuneigung zu einem weiter entfernten Bundesligisten wird jedoch durch den permanenten Wechsel der spielenden Söldner ebenfalls erschwert.

Boykottmaßnahmen zur Durchsetzung wie auch immer gearteter Ziele von Fußballfans werden aufgrund des mangelhaften Organisationsgrades und der geringen Verpflichtung allenfalls punktuell durchgeführt und sind eher auf der Ebene des Symbolcharakters angesiedelt. Ein längerfristiger Boykott, insbesondere der (sehr heterogenen) Ultraszene würde allerdings Teilerfolge durch fehlende Stimmung in den Stadien erzeugen können. Mit der Ausweitung durch (weitere) synthetische Stimmungsmache und/oder Claqueure würden diese Aktionen zumindest teilweise substituiert.

Zähmungsversuche
Zähmungsversuche der öffentlichen Hand durch moderate Markteingriffe unterliegen der Illusion, einer zunehmenden Kommerzialisierung mit oligopol herausgebildeten Strukturen und einer weltweit orientierten Ausrichtung samt dementsprechender Verdrängungskonkurrenz gelingende (!) Obergrenzen,

Verteilungsgerechtigkeiten, Quotenregelungen, Zusatzbesteuerungen oder gar Selbstverpflichtungen auferlegen zu können. Im nationalstaatlichen Maßstab würde dies gegenüber der ausländischen Konkurrenz zu Wettbewerbsnachteilen führen und dürfte damit auf hartnäckigen (juristischen) Widerstand der betroffenen Vereine und Verbände stoßen. Überdies gilt auch oberhalb der Vereinsebene für die UEFA und FIFA, unabhängig wie sie damit umgehen, die Autonomie des Sports.

Protest gegen Knebelverträge der Verbände

Der DFB hat sich bekanntermaßen für die Austragung der Fußball Euromeisterschaft 2024 beworben. Die von der UEFA aufgestellten Forderungen und möglichen Ergänzungsforderungen im Bid book sind über den DFB direkt an die Bewerberstädte zur Ausrichtung der Spiele weitergeleitet worden. Allerdings greifen die zu unterschreibenden Verpflichtungserklärungen stark in das Selbstbestimmungsrecht der Kommunen ein, da bspw. die Versammlungs- und Gewerbefreiheit zugunsten der kommerziellen 500 m Zone um die Stadien untersagt bzw. eingeschränkt werden soll.

Während des Bewerbungsverfahrens hatte die Stadt Kaiserslautern ihren Verzicht zur Bewerbung ausgesprochen. Nach Karlsruhe und Freiburg zog damit die dritte Bewerberstadt die Konsequenzen. Oberbürgermeister Klaus Weichel begründete den Rückzug mit einem „unverantwortlichen finanziellen Risiko" (dpa 15.05.2017). In ähnlicher Weise äußerte sich auch der Oberbürgermeister der Stadt Dortmund Ullrich Sierau, der einen Rückzug der Bewerbung erwogen hatte und damit den DFB zu einer Fristverlängerung bewegen/zwingen konnte, um die offenen Finanzfragen zu klären. Zuvor hatte sich Sierau öffentlich geäußert: „Aus dem Forderungskatalog gehe aber nicht hervor, wie hoch die Kosten wirklich seien. „Wir können sie nicht beziffern. Wenn das Geschäftsmodell von DFB und Uefa ist, wir bezahlen und sie kassieren, dann ist das etwas einseitig", wird Sierau in verschiedenen Medien zitiert." (www.faz.net 24.05.2017).

Offensichtlich stoßen die Forderungen der Fußballverbände inzwischen auf eine kommunale Situation, in der nicht mehr fraglos-naiv ein Blanko-Scheck zur Austragung internationaler Fußballspiele ausgestellt wird und angesichts der unter Kommunalaufsicht stehenden hoch verschuldeten Städte auch nicht mehr ausgestellt werden kann.

Insofern stellt sich abschließend die Frage nach welchen Kriterien, konzeptionellen Entwürfen und sportpolitischen Orientierungen eine gelingende Perspektive für Sportgroßveranstaltungen möglich ist.

Konzepte, Handlungsmöglichkeiten, Perspektiven

„Da bin ich natürlich nicht im Detail informiert
Auch, weil es eine eigene Sportagentur
in dieser Stadt gibt, die Großevents macht."
Sportausschussmitglied

8.1 Unterschiedliche Ausprägungen der Ziele und Konzepte

Das öffentlich wahrnehmbare Verhältnis der Städte zu Sportgroßveranstaltungen wird auf unterschiedlichen Ebenen anhand der publizierten Kriterienkataloge, konzeptionellen Entwürfe und formulierten Strategien sichtbar. Exemplarisch soll auf den Kriterienkatalog der kleineren Großstadt Regensburg (145.000 EinwohnerInnen) eingegangen werden und auf die Metropole Hamburg.

Das Amt für Sport und Freizeit der Stadt Regensburg hat jüngst (2016) zahlreiche Kriterien zur Förderung von Sportgroßveranstaltungen formuliert. Mit den detaillierten Richtlinien geht die Stadt über das in anderen, vergleichbaren Kommunen sonst vorzufindende Textmaterial hinaus. Einleitend wird bereits implizit ein ausgeprägt ökonomischer, bzw. ökonomisch verwertbarer Bezug deutlich:

„Auf Antrag können herausragende Sportveranstaltungen für den Breiten- und/oder Leistungssport mit Ereignischarakter, deutlicher Außenwirkung und einer gewissen Medienwirksamkeit im Rahmen der verfügbaren Haushaltsmittel gefördert werden. Internationale Sportbegegnungen sowie Sportliche Begegnungen mit den Partnerstädten der Stadt Regensburg werden besonders gefördert."

© Springer Fachmedien Wiesbaden GmbH, ein Teil von Springer Nature 2020   253
J. Schwark, *Sportgroßveranstaltungen*,
https://doi.org/10.1007/978-3-658-28303-2_8

Das Besondere, das nach außen Wahrnehmbare und Imageträchtige stehen im Vordergrund. Darüber hinaus wird in den Zielen der „Nutzen" des Sports für die Stadtgesellschaft vorangestellt. Insofern ist es nicht weiter verwunderlich, dass mit „Gesundheitsförderung" bereits zu Beginn eine Funktionalisierung vorgenommen wird und erst danach auf „Breitensportentwicklung" verwiesen wird, indem „Menschen für den Sport" gewonnen werden sollen. In der Logik der Nutzenorientierung folgen überwiegend „soziale Integration", Förderung des „Tourismus und seiner Wirtschaftsgewerbe", „Profilierung als Sportstadt" und „Stadtmarketing vor dem Hintergrund wachsender Konkurrenz" sowie „Identifikation" und „Stolz", verbunden mit erhöhter Eigentätigkeit der BürgerInnen.

Die Förderung von Sportgroßveranstaltungen unterliegt bereits in der Einleitung einem „eventorientierten" und „modernen" Verständnis. In der eigenen Aufzählung zu den unterschiedlichen Zielen wird „wirtschaftlich" vor „sozial" und „gesundheitlich" genannt. Sport als kulturell zu fördernder Bereich um seiner selbst willen wird nicht thematisiert. Allerdings wird darauf hingewiesen, dass zwischen Breitensport oder Spitzensport „eine Brücke vom passiven zum aktiven Sport angeboten werden" müsse, zahlreiche Werte gefördert und „negativen Tendenzen ... (Gewalt, Doping)" entgegengesteuert wird. Sportgroßveranstaltungen des Spitzensports sollen nach den Vorstellungen der Stadt Regensburg „spektakulär sein und eine gewisse Medienwirksamkeit erzeugen" sowie „unmittelbare und mittelbare Wirkungen für den Wirtschaftsstandort erzeugen". „Unmittelbar durch Erträge in Hotellerie, Gastronomie, Handel, Dienstleistungsgewerbe infolge des Konsums der Besucherinnen/ Besucher und Teilnehmerinnen/Teilnehmer bzw. der Aufträge durch die Veranstalter, mittelbar durch eine Imagesteigerung für den Standort Regensburg." (www. regensburg.de). Das mag aus ökonomischer Perspektive nachvollziehbar sein, unterliegt aber entweder der kurzschlüssigen Annahme, Veranstaltungen des Spitzensports wären per se einträglich, oder der sportkulturell verkürzten Konzentration auf lukrative und medial verwertbare Veranstaltungen. Setzt sich eine derartige Position in allen Städten durch, würde ein Großteil der internationalen Meisterschaften in Randsportarten ausschließlich über odysseengleiche Kaltakquise angedient.[1]

Auch in den Richtlinien für die Förderung von Sportveranstaltungen der Stadt Hamburg werden ebenfalls ausschließlich mediale und ökonomische Effekte als besonders relevant hervorgehoben:

---

[1]Ergänzend ist anzumerken, dass die Stadt Regensburg exemplarisch für zahlreiche andere Städte mit vergleichbarer Orientierung steht, und demzufolge lediglich ein typischer, nicht jedoch als verantwortlich zu machender Vertreter diskutiert wird.

> „Die Initiierung, Akquise, Realisierung und Unterstützung von nationalen und internationalen Spitzensportveranstaltungen, die eine hohe internationale Strahlkraft haben und zum wirtschaftlichen und touristischen Wachstum der Metropole Hamburg beitragen, wird weiterhin aktiv verfolgt." (www.hamburg.de)

Die Förderwürdigkeit muss anhand weiterer Kriterien dargelegt werden. Sie beziehen sich im Kontext der bereits zitierten Effekte u. a. auf „ausgeprägte Marketing- und Sponsoringaktivitäten", „großes Öffentlichkeits- und Medieninteresse" und die „erhebliche Bedeutung für die Sportstadt Hamburg". Allerdings wird auch hier, ähnlich wie zuvor für Regensburg, auf die Verbindungsfähigkeit von „Leistungs-, Breiten- und Schulsport" verwiesen. Unter Einbezug der Texte weiterer Städte und der praktischen Umsetzung, ist insgesamt mit der Ausrichtung von Sportgroßveranstaltungen des Spitzensports die Einbindung zum Breitensport (und Schulsport) inzwischen zum Standard geworden.

Zu unterscheiden sind zwei Ebenen der Bezuschussung von Sportgroßveranstaltungen. Auf der einen Seite werden i. d. R. jährliche Mittel im Haushalt zur Förderung eher kleinerer Sportgroßveranstaltungen im Breiten- und Leistungssportbereich vorgesehen, die je nach Stadt ein lokal-regionale Ausrichtung haben. Auf der anderen Seite werden für avisierte internationale Großveranstaltungen des Spitzensports zusätzlich Vorlagen in den Rat eingebracht, verbunden mit einer Diskussion über Budgets und Finanzierungsmöglichkeiten. Diese Summen können die jährlich vorgesehenen Mittel für die „kleineren" Sportgroßveranstaltungen im Haushalt deutlich übersteigen.

Franke hat zu ausgewählten Sportgroßveranstaltungen die finanzielle Beteiligung der Städte aufgeführt, deren Förderanteil zwischen 9,4 % für die Tischtennis Mannschafts-WM (2012) in Dortmund und 60,9 % für das Internationale Deutsche Turnfest (2009) in Frankfurt/M. lag (Franke 2015, S. 80). In der Regel formuliert dazu nahezu jede Stadt in ihren Förderrichtlinien von Sportveranstaltungen Ausnahmeregelungen mit der typischen Begründung, Voraussetzung sind Veranstaltungen von besonderem städtischen Interesse. Was darunter zu verstehen ist, hat die Senatsverwaltung für Inneres und Sport der Stadt Berlin exemplarisch dargelegt:

> „...wenn die Sportveranstaltung einen Mehrwert für die Sportmetropole Berlin erbringt. Ziel der Förderung ist es, durch die Veranstaltung eine positive Stadtrendite zu erreichen. Dies wird an Kriterien wie der Image- und Kommunikationswirkung, der sportlichen Wertigkeit, dem wirtschaftlichen Wert, dem Beitrag zur Sportentwicklung in Berlin oder der sozialen Wirkung der Veranstaltung gemessen."

An dieser Stelle kann die Auseinandersetzung mit den publizierten Kriterien (fast) abgebrochen werden. Zahlreichen aufgeführten (und weiteren, hier nicht angesprochenen) Kriterien ist jeweils „für sich genommen" zuzustimmen. In der Gesamtschau

ergibt sich jedoch ein typisches Bild, das die Großveranstaltungen des Sports überwiegend funktionalisiert und unter ökonomischen Gesichtspunkten betrachtet. Gleichwohl existieren Gegenbeispiele, wie die Förderrichtlinien der Stadt Duisburg belegen.
Dort wird explizit auf den Sport selbst Bezug genommen:

> „Die Stadt Duisburg unterstützt deshalb Sportveranstaltungen der Sportvereine und
> Sportfachverbände. Sie geht davon aus, dass neben der Verbesserung des Freizeitwer-
> tes der Stadt auch die Selbstdarstellung der jeweiligen Sportart gefördert wird und hie-
> raus neue Aktivitäten und Initiativen erwachsen." (www.ssb-duisburg.de)

8.2 Strategischen Orientierungen zu Sportgroßveranstaltungen

Die nachfolgend formulierten strategischen Orientierungen konzentrieren sich auf
drei idealtypische Bereiche und stellen damit eine Erweiterung einer lediglich auf
Image und Gewinn ausgerichteten Indienstnahme von Sportgroßveranstaltungen
dar. Als formale, ökonomische und sportkulturelle Orientierungen weisen sie in
ihrer praktischen Anwendung Überschneidungen auf und können miteinander gelin-
gend und misslingend verbunden werden.

8.2.1 Formale Orientierungen

Quotenregelung
Unabhängig von der jeweiligen Finanzausstattung der Kommune können Sportgroßveranstaltungen als „gesetzt" gelten und durchschnittlich mit 0,03 % (0,01
bis 0,05 %) des jährlichen Haushaltsetats bezuschusst werden. Dieses Vorgehen
gilt unabhängig von etwaigen Verlusten, Gewinnen oder Umwegrentabilitäten der
Veranstaltungen und begründet sich damit als formale Quote und als fester sport-
kultureller Bestandteil einer Stadt. Eine über die festgelegte Quote hinausgehende
zusätzliche Verausgabung von finanziellen Mitteln für Sportgroßveranstaltungen,
wäre nur im nachträglichen Ausgleich durch Umwegrentabilitäten legitimiert.

Durch eine Quotenregelung wird die Diskussion zur Durchführung von Sportgroßveranstaltungen von der ständigen Fragestellung um etwaige dafür vorhandene
oder nicht vorhandene finanzielle Mittel entkoppelt. Auch eine übergriffige Diskussion um eine alternative Verwendung der zu verausgabenden Mittel entfällt.

Allerdings sind mit diesem Vorgehen noch keine Aussagen getroffen, welchen (limitierten) Umfang und welche Ausrichtung die potenziell auszurichtenden

Sportgroßveranstaltungen haben. Bliebe es ausschließlich bei einer formalen Orientierung ohne weitere konzeptionelle Entwürfe, basiert der Zuschnitt auf Zufälligkeiten, oder gar auf Beliebigkeiten.

Periodenorientierung
Die Akquise und Durchführung einer Sportgroßveranstaltung erfolgt in (nahezu) regelmäßigen zeitlichen Abständen und eher unabhängig von einer konkreten sportkulturellen Begründung. Die Intention besteht überwiegend darin, sich alle vier oder fünf Jahre mit einer besonderen und mediale Aufmerksamkeit erzeugenden Veranstaltung in Erinnerung zu rufen und den BürgerInnen „mal was Großes" zu bieten. Durch die Addierung vorheriger Mittel sind in der Tat große Veranstaltungen möglich, die jedoch der Gefahr unterliegen, als reines Spektakel umgesetzt zu werden und damit weniger die sportkulturelle Förderung im Blick zu haben. Aufgrund der großen zeitlichen Abstände ist ein konzeptioneller Entwurf eher unwahrscheinlich.[2]

8.2.2 Ökonomische Orientierungen

Profitorientierung
Sportgroßveranstaltungen werden nur bei einem im Vorfeld realistisch zu erwartenden Gewinn, mindestens aber bei einer so genannten „schwarzen Null" durchgeführt. Damit entfallen finanziell risikobehaftete Veranstaltungen und solche, deren Pflichtenhefte zu hohe Forderungen enthalten. Gleichzeitig reduziert sich die mögliche Auswahl der zu akquirierenden Veranstaltungen auf medial weniger verwertbare, mit geringem Zuschauerinteresse wie bspw. bei internationalen Meisterschaften der Ärzte-, Apotheker-, Polizei-, Feuerwehr und generell von SeniorInnenmeisterschaften. Durch hohe Aktivenzahlen samt Begleitung und entsprechend hoher Ausgaben für Übernachtungen und weiterer Konsumtätigkeiten lassen sich diese Sportgroßveranstaltungen für die ausrichtenden Städte über die damit verbundenen Umwegrentabilitäten profitabel gestalten.

Gleichzeitig besteht die Gefahr einer sportkulturellen Reduzierung auf immer ähnliche Veranstaltungen, die allenfalls als „Profilbildung" verklärt werden könnte. Mit einer übermäßigen betriebswirtschaftlichen Herangehensweise ist die Gefahr

---

[2]Für den Kunstbereich ist im positiven Sinn auf die Stadt Münster zu verweisen, die zusätzlich zum laufenden Kunstbetrieb in Abständen von zehn (!) Jahren (bislang 1977, 1987, 1997, 2007, 2017) die inzwischen einer breiten globalen Öffentlichkeit bekannt gewordenen „Skulptur Projekte Münster" umsetzt.

der Beliebigkeit der Veranstaltungsausrichtung verbunden, die den Kerngedanken des Sports als zweitrangig oder uninteressant bewertet, zugunsten der ausschließlich ökonomischen Effekte.

Zuschussorientierung

Bei national und/oder international bedeutsamen Sportgroßveranstaltungen gehen die zu erwartenden Imageeffekte deutlich über den kommunalen Bereich hinaus, sodass das Interesse auch auf Landes- und/oder Bundesebene anzusiedeln ist. Daher ist eine angemessene finanzielle Beteiligung der übergeordneten Ebenen der Öffentlichen Hand begründet. Nachvollziehbar ist insofern eine strategische Orientierung, die im Vorfeld Zuschüsse durch die Landes- und Bundesregierung auszuhandeln sucht und bei marginaler oder fehlender Unterstützung von einer Ausrichtung der Sportgroßveranstaltung absieht. Je nach Anzahl konkurrierender Bewerberstädte verändert sich die allerdings die Basis der Verhandlungsposition.[3] Anzumerken ist eine offensichtlich interne Konkurrenzsituation der öffentlichen Hand, der zufolge keine adäquate Konvertierung zwischen finanzieller Belastung und erzielbaren Imageeffekten stattfindet.[4]

Imageorientierung

Für politische Vertreter und Akteure des Stadtmarketings, die innerhalb des Standortwettbewerbs stark unter Druck und unter kurzfristigem Erfolgszwang stehen, ist die Versuchung groß, sich über so genannte „Leuchtturmprojekte" medial in Szene zu setzen. Imageorientierung fokussiert sich vornehmlich darauf, wie die Außenwahrnehmung der als relevant aufgefassten externen Gruppen und Medien beeinflusst werden kann. Insofern ist eine Konzentration auf Sportgroßveranstaltungen

---

[3]Freiburg, Karlsruhe und Kaiserslautern hatten bspw. ihre Bewerbung um die Austragung von Spielen zur UEFA-Fußball-EM 2024 der Männer zurückgezogen. Auch im Fall der Hamburger Olympia-Werbung konnten gegenüber dem Innenministerium keine zufriedenstellenden Verhandlungsergebnisse erzielt werden.

[4]Die Fördermittel des Bundes für internationale Sportgroßveranstaltungen fallen, gemessen an den medialen Äußerungen öffentlichkeitswirksam auftretender BundespolitikerInnen eher karg aus: „Für Welt- und Europameisterschaften in Olympischen Disziplinen können grundsätzlich bis zu 150.000 Euro, für sonstige Sportveranstaltungen grundsätzlich bis zu 75.000 Euro und für Welt- und Europameisterschaften in Olympischen Disziplinen in Nicht-Olympischen Sportarten nicht mehr als ein Drittel der Beträge für Welt- und Europameisterschaften in Olympischen Disziplinen oder Sportgroßveranstaltungen Fördermittel bewilligt werden." (Wissenschaftliche Dienste des Deutschen Bundestages 2019, S. 5).

naheliegend, die über ihre Symbolik und gesellschaftliche Anerkennung beeindrucken. Damit rücken insbesondere Welt- und Europameisterschaften medial vermittelbarer Sportarten, oder spektakuläre, respektive spektakelgleiche Showevents in den Fokus. Eine konsistente konzeptionelle Perspektive ist mit einer derartigen Ausrichtung eher erschwert. Vielmehr besteht die Gefahr, unabhängig von der unbestrittenen Relevanz der jeweils einzelnen Sportgroßveranstaltungen, einen narzisstisch motivierten, aber strukturlosen „Bauchladen" zu konstruieren. Düsseldorf hatte das in den 2000er Jahren auf bizarre Weise mit dem Skilanglauf-Weltcup am Rheinufer und dem Auftakt zur Deutschen Tourenwagenmeisterschaft auf der „Königsallee" unter Beweis gestellt.

Marken-/Profilorientierung
Markenorientierung verfolgt das Projekt der selbstgesetzten Profilierung. In Unterscheidung zur Imageorientierung wird eine bewusstere Auswahl der zu akquirierenden und auszurichtenden Veranstaltungen getroffen, die sich sowohl an übereinstimmenden als auch vorgeblichen Bezügen zur Stadt orientieren. Im Kontext sektoraler Wandlungsprozesse soll „moderne dienstleistungsorientierte" städtische Profilbildung bspw. durch Großveranstaltungen begleitet werden. Der Regionalverband Ruhr veranstaltet dazu seit 2015 die Ruhr Games als modernes Format der als überholt und intern als „altbacken" bezeichneten Ruhrolympiade. Wie Profilbildung gelingen kann, hat über einen jahrelangen Zeitraum die Stadt Münster mit ihrem Sportamt und in Zusammenarbeit mit den lokalen Vereinen gezeigt. Neben Radfahren wurde u. a. Volleyball der Frauen auf prominente Weise etabliert. Gleichwohl unterliegt Profilbildung der Gefahr der konzeptionellen Verkürzung und praktischen Vernachlässigung unberücksichtigter Sportarten. Und schließlich kann eine besondere Veranstaltung alle weiteren Aktivitäten so weit überstrahlen, dass die Wahrnehmung monothematisch ausgerichtet ist, wie das für die „Reiterstadt" Aachen und dem CHIO gilt.

Marktüberlassung
Die strategische Entscheidung über Akquise und Durchführung von Sportgroßveranstaltungen wird Akteuren des Marktes (Agenturen, kommerzielle Veranstalter) übertragen. Damit entfallen weitgehend finanzielle Belastungen bzw. Risiken bei gleichzeitig weitgehender Preisgabe inhaltlicher Einflussnahme über Umfang und Struktur der Veranstaltungen. Für Städte die sich in einer prekären Finanzlage oder im Haushaltssicherungssystem befinden, ist ein derartig inaktiv-reserviertes Konzept naheliegend, allerdings wird es den Anforderungen an eine gestalterische Daseinsvorsorge kaum mehr gerecht.

Sponsoren- und Mäzenatentum

Obwohl Sponsoren- und Mäzenatenakquise ein allseits angewandtes Vorgehen darstellen, können fehlende finanzielle Mittel für die Akquise und Durchführung von Sportgroßveranstaltungen in weit stärkerem Maße als sonst üblich über lokal-regionale Unternehmen sowie eines Teils der privaten Haushalte eingeworben werden. Während externen Sponsoren kein unmittelbares sport- und stadtbezogenes Interesse an Veranstaltungen unterstellt werden kann, ist mit der Orientierung an unternehmerische Corporate Social Responsibility ein vergemeinschaftender Appell an Identitäts- bzw. Heimatverbundenheit verbunden. Deutlich geworden ist eine derartige Orientierung, die teilweise beschwörenden Charakter annimmt, eher bei sogenannten Fananleihen für insolvenzbedrohte Fußballvereine.[5]

8.2.3 Sportkulturelle Orientierungen

Sportkulturelles Erbe

Die Orientierung fokussiert sich auf einen Teilbereich des Sports, der in der Stadt traditionell über einen langen Zeitraum verankert ist und sowohl als Erbe weiter befördert werden soll, als auch ein spezifisches Image für die Stadt darstellt. Der Begriff „langer Zeitraum" ist vage und nicht durch eine mechanisch-willkürliche Einteilung zu setzen. Zudem existieren Kontinuitätsbrüche mit zeitliche Lücken praktischer Ausübung, an die jedoch wiederum angeschlossen werden kann. Als historisch kürzester Orientierungsmaßstab bietet sich die jüngste Zeitgeschichte nach 1945 an. Für Berlin ist bspw. mit Friedrich Ludwig Jahns Hasenheide der Bezug zum Turnen darstellbar und insofern u. a. die Ausrichtung des Deutschen Turnfestes (1968, 1987, 2005, 2017).[6] Schulke (2017a, b) hat in seinem konzeptionellen Entwurf für Hamburg bereits auf die Tradition des Ruderns hingewiesen.[7] Zudem verfügt die Stadt auch über eine adäquate Infrastruktur für internationale Wettkämpfe. In vergleichbarer Weise trifft diese Situation auch auf Duisburg und die Sportart Kanu (abgeschwächt auch Rudern) zu. Der Deutscher

---

[5]Erb (2018) stellt das sehr anschaulich und aufklärend zur Stadt Kaiserslautern und zum dortigen Profi-Fußballclub dar.

[6]Erstmals hat Berlin das 2. Deutsches Turn- und Jubelfest 1861 ausgetragen.

[7]Bspw. waren an der Gründung des Deutschen Ruderverbandes 1883 von 34 Rudervereinen neun Vereine aus Hamburg beteiligt, die damit die mit Abstand größte Gruppe aus einer Stadt stellten (www.rudern.de).

Kanu Verband hat hier seinen Sitz samt Geschäftsstelle und mit der dortigen Regatta-bahn sind ebenfalls die sportinfrastrukturellen Voraussetzungen vorhanden.

Bestandsschutz
In enger Verzahnung zum sportkulturellen Erbe fokussiert sich die Orientierung auf außergewöhnliche und/oder seltene, gleichwohl aber latent oder offen gefähr-dete Sportarten. Um der sportkulturellen Vielfalt Willen soll die Ausübung weiterhin fortgeführt werden. Gleichzeitig erzeugen auch diese Sportarten, eher nach innen als nach außen, eine spezifische Wirkung für die jeweilige Stadt. Für Wuppertal (Cronenberg) und Remscheid gilt dies bspw. für die Sportart Rollhockey.

Jubiläumsorientierung
Sportgroßveranstaltungen werden anlässlich städtischer Jubiläen akquiriert um die Feierlichkeiten aufzuwerten. Begründungen beziehen sich auf runde Daten zur Stadtgründung, bedeutender Sportvereine (100jahr Feier) oder sportspezifischer In-frastruktur (Sportpark, Stadien etc.). Derartige Anlässe bilden damit eine historische und vergemeinschaftende Klammer, die in dieser Form auch mediale Anschlussfä-higkeiten nach innen und außen besitzen. Anlässlich des 50jährigen Bestehens der Tischtennis Bundesliga (1966–2016) veranstaltete bspw. die Stadt Fulda die „All Star Days". Welche symbolische Wirkung Jubiläen entfalten können, zeigte die kon-troverse Diskussion um das 100jährige Jubiläum der olympischen Spiele der Neu-zeit. Während Athen 1996 als symbolisch „gesetzt" galt, erkaufte sich ein global agierendes Unternehmen, das koffein- und kohlensäurehaltige Limonade produziert, die Spiele an den Hauptsitz in Atlanta (USA).

Trendorientierung
Gleich zu Beginn gilt es auf eine bedeutsame sprachliche Unterscheidung hinzu-weisen. Trendorientierung weist Überschneidungen zu sogenannten Trendsportarten auf, ist jedoch nicht mit ihnen gleichzusetzen. Trends können sich als nach- bzw. aufholende Entwicklung auch auf traditionelle Massensportarten beziehen, wie das für den Fußballsport der Frauen zu konstatieren ist. Auf der anderen Seite sind nicht alle (jugendlichen) Trendsportarten sportkulturell und/oder ökonomisch kompatibel für die Ausrichtung von Sportgroßveranstaltungen. Gemeinsam ist beiden Feldern die symbolische Anziehungskraft der „Modernität", „Innovation", „Dynamik" und „Jugendlichkeit", die gleichzeitig mit dem Image und/oder der Identität der Stadt in Verbindung zu bringen ist.[8] Zahlreiche Veranstaltungen im Olympia Park München

---

[8]Die konzeptionelle Nähe zur marketingorientierten Bewerbung einer so genannten „Krea-tiven Klasse" wird offensichtlich.

können hier als Beispiele angeführt werden und auch das neue Format der „Ruhr Games" des RVR. Allerdings ist darauf hinzuweisen, dass in den Szenen so genannter „Funsportarten" die im traditionellen Sport übliche Trennung zwischen Sportakteuren und ZuschauerInnen weitgehend aufgehoben ist (Schwier 2000). Vor allem für die agenturspezifisch-ökonomische „Eventisierung" derartiger Sportgroßveranstaltungen bestehen Risiken gegenüber dem sich als avantgardistisch verstehenden Teils des Publikums. Fremdinszenierungen werden insofern als Entmündigung vormals eigenproduzierter Veranstaltungen wahrgenommenen.

Sportkulturelle Vielfalt

Im besonderen Fokus steht der Sport als kultureller Teilbereich, seine Vielfalt der Sportarten und jeweilige Spezifik sowie dessen innere Verschränkung zwischen Breite und Spitze in verschiedenen gesellschaftlichen Sphären. Eine derart begründete Ausrichtung trägt einen Teil zu einem inhaltlich gefüllten Label „Sportstadt" bei und eröffnet zahlreiche Möglichkeiten für den Zugang zum kulturellen Teilbereich Sport.[9] Praktisch bedeutet das, im Kontext unterschiedlich ausgeprägter Ressourcen und demokratisch geführter (nicht simulativer) Diskurse, die Einbeziehung von Sportgroßveranstaltungen aller Altersgruppen von den Junioren bis zum Seniorenbereich, für Männer und Frauen, für Behinderte und Nicht-Behinderte sowie aller weiteren relevanten Gruppen. Damit verbunden ist die Berücksichtigung sowohl olympischer als auch nichtolympischer Sportarten, sowohl trendorientierter als auch traditioneller Sportarten.

Als praktischer Hinweis ist auf Marathonstrecken hinzuweisen, diese nicht ausschließlich nach (nachvollziehbaren) topografischen, citynahen, sehenswürdig-ästhetisierten Räumen auszuwählen, sondern zudem einen „differenziert-ambivalenten" Stadt-Zugang für LäuferInnen und einen mindestens räumlich niederschwelligen Sportveranstaltungs-Zugang für bislang unbeteiligte BewohnerInnen zu schaffen. Eine Idee, vor der die Mehrheit der Stadtmarketingakteure in Antizipation der womöglich unvorteilhaft gesendeten Bilder jäh zurückschreckt.[10]

---

[9]Mit Güldenpfennig (2017, S. 92) ist darauf hinzuweisen, dass der Slogan „Sport für alle", im Abgrenzung zum „Zugang für alle", als sportpolitisches Ziel eine „unvertretbare Bevormundung" beinhaltet.

[10]Die Diskussion ist nicht neu, sondern wird an den immer noch „typischen" Stadtrundfahrten bzw. Stadtrundgängen deutlich. Im Gegensatz dazu ist auf die konzeptionell-thematischen Zugänge von „Stattreisen – Forum Neue Städtetouren" hinzuweisen (www. stattreisen.org/staedte.html). Im Übrigen ist mit dem Hinweis auf die Einbeziehung von Räumen mit „differenziert-ambivalenter" Ausrichtung nicht eine Art von Lauf durch deprivierte Stadtteile im Sinn eines soft-slum-tourism intendiert.

8.2.4 Außersportbezogene Orientierungen

Hochkulturorientierung unter Vernachlässigung des „profanen" Sports
Im Kontext einer eindeutigen Image- bzw. Profilbildung ist auch eine weitgehende Vernachlässigung von Sportgroßveranstaltungen möglich. Zugunsten der finanziellen, materiellen und immateriellen Ausrichtung auf Bereiche der Hochkultur treten bspw., gemessen an der Größe der Stadt, die in Dresden ausgerichteten Sportgroßveranstaltungen im Verhältnis zur angebotenen Hochkultur deutlich in den Hintergrund. Bereits für die Jahre 2005 bis 2008 trat Dresden im Vergleich zu anderen Großstädten nicht nennenswert in Erscheinung (siehe Schwark 2009,

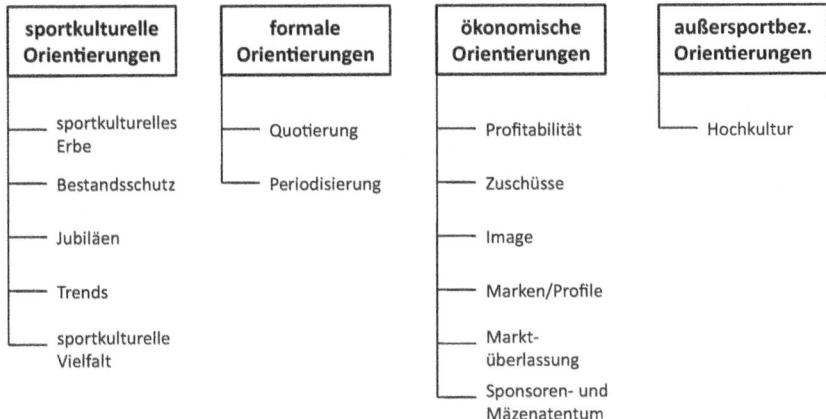

Abb. 8.1 Strategische Orientierungen zu Sportgroßveranstaltungen. (Quelle: eigene Darstellung)

S. 13). Daran hat sich seitdem offensichtlich auch konzeptionell nichts geändert (Abb. 8.1).[11]

8.2.5 Recherche zu Sportgroßveranstaltungen und Aufbau einer Datenbank

Über die kommunale Ebene hinausgehend wurde bereits 2009 ein „Arbeitskreis Sportgroßveranstaltungen" für die Region des Ruhrgebietes vorgeschlagen, mit dem „Ziel der gegenseitigen Information, taktisch-strategischen Abstimmung, Netzwerkbildung und Förderung von Kooperationen und gemeinsamen Bewerbungen." (Schwark 2009, S. 47). In ganz ähnlicher Richtung äußerte sich Stettler (2011, S. 53), hier allerdings für die gesamte Schweiz:

> „Denkbar ist auch die Schaffung einer temporären oder dauerhaften Koordinationsstelle (nationale Förderagentur). BASPO, Kantone und Städte/Gemeinden sollen für Sportgroßevents gemeinsame Datengrundlagen in der Form einer zentralen Datenbank erstellen. Damit könnte Transparenz geschaffen, Synergien genutzt und Erfahrungsaustausche ermöglicht werden. Zudem könnten die Fördermittel effizienter eingesetzt, sowie Grundlagen für eine systematische Wirkungsmessung geschaffen werden. Mittelfristiges Ziel müsste es sein, die Schweizer Sporteventförderung in Zukunft effektiver und zielgerichteter zu gestalten."

An dieser Stelle soll die Empfehlung wiederholt, nun aber forciert und in praktischer Anwendung exemplarisch für das Land NRW aufgegriffen werden. Der finanzielle Aufwand bleibt mit ca. 0,5 Mio. € pro Jahr überschaubar. Gleichzeitig kann das Land mit diesem Service indirekt die Diskussion und Entwicklung von städtischen Konzeptionen und die Akquise bzw. Ausrichtung passender und zusätzlicher Sportgroßveranstaltungen befördern.

---

[11]Grundsätzlich ändert daran auch ein FIS Skilanglauf-Sprint Weltcup (2019, 2020) nichts, der in Anlehnung an die in den 2000er durchgeführten Veranstaltungen am Düsseldorfer Rheinufer nun ebenfalls mit künstlichem Schnee aber geringerer Zuschauerzahl durchgeführt wird. Bevor an dieser Stelle jedoch Missverständnisse auftreten, ist darauf zu verweisen, dass die kultur- und sportpolitische Ausrichtung selbstverständlich innerhalb der Autonomie der (unterschiedlich) agierenden Stadtakteursgruppen liegt. Darüber hinaus sind die Anmerkungen nicht mit einer Kritik an den bestehenden Sport(groß)veranstaltungen verbunden.

Wir suchen kurzfristig zum nächstmöglichen Zeitpunkt:

drei wissenschaftlich Mitarbeitende
(Besoldungsgruppe A 13/A 14 LBesO A NRW oder vergleichbare Tarifbeschäftigte)

für die Abteilung Sport
„Sportgroßveranstaltungen"

Ihre Aufgabenschwerpunkte:

Recherche zu allen Sportgroßveranstaltungen und Aufbau einer umfassenden Datenbank

insbesondere:
- für Deutsche, Europa- und Welt-Meisterschaften sowie sonstige internationale Turniere
- für Männer, Frauen, Junioren, Senioren, Behinderte, Studierende, Berufsverbände
- der Sportfachverbände, sowie relevanter Non-Profit-Organisationen, kommerzieller Sportagenturen und Unternehmen
- länderspezifische Zuordnung der Ausrichtungen vergangener Jahre
- Abschätzung der Chancen deutscher Bewerberstädte anhand kontinentalen bzw. nationalen Proporzes
- Anforderungsprofile der Sportgroßveranstaltungen anhand der Bid Books oder vergleichbarer Informationen
- Abschätzung der zu erwartenden Anzahl an ausländischen, auswärtigen und einheimischen Zuschauern, Aktiven, Staff, Medienvertretern
- Erstellen von Machbarkeitsprofilen anhand der bestehenden und geplanten Sportinfrastruktur der Städte

sowie insbesondere:

- informative und beratende Zusammenarbeit mit den Städten
- Durchführung regelmäßiger, kooperativ zu gestaltender Arbeitskreise mit den Städten
- Vorschläge zur Bewerbung für zukünftige Sportgroßveranstaltungen anhand vorhandener bzw. zu entwickelnder städtischer Konzepte, auch in Kooperation mit lokalen Vereinen und regionalen Fachverbänden

Ihr Anforderungsprofil:

- gute bis sehr gute Kenntnisse zu Sportgroßveranstaltungen
- eigene Erfahrungen in der Planung und Durchführung von Sportgroßveranstaltungen
- gute bis sehr gute Kenntnisse in der Arbeit mit Datenbanken und Statistik-Programmen
- Fähigkeit sowohl zu selbständiger Arbeit als auch Teamfähigkeit
- Moderationsfähigkeit (teilw. Mediationsfähigkeit)
- gute bis sehr gute Englischkenntnisse

Fiktive Stellenausschreibung des Landes NRW – Staatskanzlei, Abt. Sport. (Quelle: eigene Darstellung)

8.3   Handlungsempfehlungen

8.3.1   Begrenzungen und Distanzierungen

Eine normative Annäherung zum Thema Sportgroßveranstaltungen kann zuerst über eine Abgrenzung „nach unten" erfolgen, indem aufgelistet wird, was mit Steuergeldern nicht erfolgen sollte. Die aus einer sportkulturellen Sicht entwickelten Normen sind in ihrer praktischer Formulierung Kriterien der Nachhaltigkeit verpflichtet.[12]

Keine Ausgaben für Luxusgüter
Luxus unterliegt verschiedenen Ausprägungen und soll verstanden werden als überbordende Verwendung begrenzter Mittel, zu der es auch weniger kostspielige, aber dennoch Alternativen gibt. Aus der Forderung erfolgt selbstverständlich nicht der Umkehrschluss, dass lediglich ein Basisniveau abgedeckt wird. Den Erfordernissen der SportlerInnen hinsichtlich der Vor-, Wettkampf- und Nachlaufphase ist selbstverständlich nachzukommen. Und auch dem Sportfest und seiner Beteiligten FunktionärInnen, Staff und ZuschauerInnen ist hinsichtlich einer guten Gastgeberkultur angemessen Rechnung zu tragen. Angemessen würde bspw. bedeuten, dass der Transport von SportlerInnen, Betreuenden, SchiedsrichterInnen und FunktionärInnen zugleich komfortabel (im technischen Sinn beschreibbar durch Federungskomfort und Sitzplatzabstände) erfolgen kann, ohne aus Symbol- und Repräsentationsgründen auf die automobile Oberklasse zugreifen zu müssen.

Keine überzogenen Antrittsgelder oder Prämien für „Sportstars"
Diese Forderung leitet sich u. a. aus der Praxis von Marathon-Läufen ab. Ab wann ein Antrittsgeld „überzogen" ist, kann über den relativen Anteil am

---

[12]Zur weiteren Diskussion um Nachhaltigkeit siehe auch Schwark (2016, S. 273–294). Insbesondere ist auf die gleichzeitige und damit problematische Verwendung des Begriffs durch Akteure mit völlig divergierenden Interessenlagen zu verweisen, sodass dieser „Containerbegriff" mit etlichen Fehlinterpretationen belegt wird: a) Nachhaltigkeit wird mit Langfristigkeit gleichgesetzt; b) Ökologie ist der zähmende Gegenspieler der Ökonomie unter Vernachlässigung des Sozialen; c) Nachhaltigkeit wird als gesellschaftliche Anforderung zu einem überwiegend privat zu lösenden Problem übertragen; d) Nachhaltigkeit könne durch Selbstverpflichtungen der Wirtschaft erreicht werden; e) Nachhaltigkeit sei mit technischen Verbesserungen und Einsparungen möglich; f) Nachhaltigkeit sei mit einem grüneren Kapitalismus möglich (S. 275 ff.).

Gesamtbudget diskutiert werden. Möglich wäre allerdings auch eine legitime Argumentation, die sich auf eine durch Attraktivitätssteigerung mögliche Gegenfinanzierung begründet. Insgesamt sind jedoch angemessene Abstufungen nötig. Hinweise dazu liefern Turniere im Golf und Tennis. Grundsätzlich ist aus sportkultureller Sicht darauf zu verweisen, dass ohne die Beteiligung der Vielen ein Wettkampf in der konzipierten Form nicht oder kaum möglich ist. Zudem beschädigen die überzogenen Antrittsgelder und/oder Prämien die Anerkennung der Leistungsbereitschaft und dargebotene Leistung der am Wettkampf Beteiligten zugunsten eines rekordfixierten und sozial restriktiven Starkults.

Kein Unterwerfen unter sogenannte Knebelverträge
Je bekannter und nachgefragten die Sportart und je größer der Verband, desto unabhängiger kann dieser seinerseits mit sportexternen Vorgaben agieren. Unstrittig sind u. a. begründete Vorgaben zu Wettkampfstätten und deren Qualität (nicht schiere Größe), zu Unterkünften für SportlerInnen, Staff und FunktionärInnen, zu medialen Verbreitungsmöglichkeiten und zu kurzen zeitlich und komfortablen Wegen zwischen Wettkampfstätten und Unterkünften. Derartige sportbezogene Vorgaben dürften, von einzelnen Diskussionen einmal abgesehen, überwiegend unstrittig sein. Das Sponsoren Wettkämpfe zum Teil finanziell ermöglichen und dafür die Sportgroßveranstaltung als Werbeplattform benutzen, ist von Veranstaltern und Ausrichtern, bei angemessener Nutzung, einzuräumen. Unangemessen ist jedoch der Eingriff in den Wettkampf bspw. über zeitliche Verschiebungen zugunsten von kontinental übergreifenden TV-Übertragungen, wenn sie die Leistungsfähigkeit der SportlerInnen beeinträchtigen und damit den Kern des Wettkampfs beschädigen. Ferner ist zu kritisieren die optisch (und ästhetisch) beeinträchtigende Wahrnehmung durch Werbebanner auf Spielfeldflächen (Handball), die in den austragenden Städten willkürlich gezogenen Bannmeilen um Wettkampfstätten und damit verbundene Einschränkungen bürgerlicher Grundrechte sowie Beeinträchtigungen der Gewerbefreiheit. Und schließlich ist die sittenwidrige Knebelung völlig unangemessen, dass nach (!) Abschluss eines Vertrages einseitig Änderungen zulasten eines Vertragspartners möglich sind.

Keine nur einmalig genutzte Infrastruktur („weiße Elefanten")
An Bildern und Berichten über inadäquat genutzte und verfallene Sportstätten herrscht kein Mangel. Bereits vor den Olympischen Winterspielen in Albertville (1992) sind im Nachgang der Sportgroßveranstaltungen Bauruinen entstanden (Kreuzer/www.deutschlandfunk.de 2014). Insbesondere für die größten

internationalen Sportveranstaltungen hält dieser Trend nahezu ungehindert an.[13] Inzwischen sind jedoch Gegenbeispiele anzuführen, sodass vermehrt die Nutzung vorhandener Sportinfrastruktur, wieder abbaubare Tribünen etc. in die Konzeptionen einfließen und für eine weitere Nachnutzung sowohl für den Spitzensport als auch für den Breiten-, Freizeit- und Schulsport zur Verfügung stehen (sollten). Insbesondere für die großen internationalen Sportveranstaltungen hätte das Bid Book zukünftig abzuspecken!

Auch das Bundesministerium des Innern kommt zu dem Schluss: „Kleiner, einfacher und transparenter – und das schon mit der Bewerbung. Spitzensport- und Sportgroßveranstaltungen müssen wieder als das erfahrbar sein, was den Kern des Sports und seine identitätsstiftende Funktion für die Gesellschaft ausmacht." (www. bmi.bund.de).[14]

Keine Überkapazitäten der Infrastruktur (Sport, Beherbergung)
Im Gegensatz zur einmalig genutzten Infrastruktur ist die Frage nach den Überkapazitäten mit Verdrängungs- und/oder Kannibalisierungseffekten insbesondere in der Hotellerie verbunden. Mit dem Ausbau von Vier- und Fünf-Sterne-Hotellerie in den wichtigsten Großstädten vollzog sich in den letzten Jahrzehnten auch ein Verdrängungsprozess im Drei-Sterne-Bereich, der meist zu Lasten des inhabergeführter mittelständischen Beherbergungswesens geführt wurde. Mit dem Bau zusätzlicher Hotelinfrastruktur verschärft sich die Konkurrenzsituation nicht nur innerhalb einer Stadt, sondern auch gegenüber den Nachbarstädten. Einer vorübergehenden Absenkung der Auslastungsquote durch Überkapazitäten kann die Kettenhotellerie durch Quersubventionierung besser entgegentreten, als inhabergeführte Hotels. Im Ergebnis sind danach die oben bereits erwähnten „Marktbereinigungen" zu konstatieren. Zu den Olympischen Spielen in Tokyo 2020 wird das

---

[13]Entgegen des Umweltkonzeptes Green Goal des DFB für die FIFA WM 2006 wurde das Zentralstadion Leipzig, in dem der Fünftligist (!) FC Sachsen Leipzig seine Oberligaspiele austrug, mit 87 Mio. € Steuergeldern und 34 Mio. privaten Mitteln ausgebaut (Weinreich und Hartmann/www.berliner-zeitung.de 2004). Ein Unternehmen, das taurinhaltige Limonade herstellt, unterstützte dann im Jahr 2016 den Stadionkauf in Höhe von insgesamt 70 Mio. € um darin (weiterhin) die Angestellten der RasenBallsport Leipzig GmbH spielen zu lassen (Roth und Schäfer/www.lvz.de 2016).
[14]Siehe dazu auch die so genannte „Berliner Erklärung" die am 30.05.2013 auf der 5. UNESCO-Weltkonferenz der Sportminister (MINEPS V) in Berlin verabschiedet wurde, insbesondere S. 12–13.

Kreuzfahrtschiff (Sun Princes), die fehlende Bettenkapazität mit zumindest 1011 Kabinen für 2010 Gäste ausgleichen.[15]

Keine Gentrifizierung von Stadtquartieren/-teilen
Im Kontext eines neoliberal geprägten Stadtumbaus besteht durch verschiedene Kapital- und Politikfraktionen ein besonderes Interesse an ökonomisch aufwertungsfähigen Stadtteilen die „inwertgesetzt" werden. Durch beschleunigte Genehmigungsverfahren, intransparente Prozesse und beschränkt demokratische Einflussnahme werden Partialinteressen in einem typisch gentrifizierenden Dreischritt umgesetzt: 1) Verdrängung der ursprünglichen BewohnerInnen (Alte, ArbeiterInnen, AusländerInnen, teilw. Studierende) 2) Aufwertung durch „Kreative", KünstlerInnen und Erzeugung eines (bohemienhaften) „Szeneflairs" 3) Verkauf von Eigentumswohnungen an „High Potentials".[16] Je nach demokratischer Verfasstheit werden die Prozesse beschleunigt und robuster umgesetzt, wie anhand einiger Beispiele zu den Olympischen Spielen in Peking, Rio, Atlanta und London zu verdeutlichen ist.[17] Stadtentwicklung, auch auf der Ebene des Quartiers, hat im demokratischen Sinn nur mit den Beteiligten zu erfolgen, nicht jedoch über ihre Köpfe hinweg und auch nicht gegen sie gewendet.

Kein exklusiver Zugang für eine ausschließlich kleine Bevölkerungsgruppe
Eine Preisdifferenzierungsstrategie die sich an Kriterien der Nähe und Einsehbarkeit zum Wettkampf orientiert, sowie an Raum- bzw. Platzgrößen und Komfort der Bestuhlung ist naheliegend und unterliegt ausdrücklich nicht der hier geäußerten Kritik. Sportveranstaltungen, die sich finanziell selber tragen und ohne öffentliche Zuschüsse auskommen wie bspw. Reitturniere oder Golfturniere sind ebenfalls nicht Gegenstand des Interesses. Auch eine Unterstützung von exotischen und/oder Minderheitensportarten (Einradhockey, Kanu-Polo, Unterwasserrugby) ist aus Gründen sportkultureller Vielfalt zu begrüßen, selbst wenn Aktiven- und Zuschauerzahlen „überschaubar" bleiben.

---

[15]Das Schiff wurde 1995 gebaut, verfügt daher über einen Diesel-Antrieb und wird mit Marine Rückstandsöl (Schweröl) betrieben, was die „gute Idee" (siehe bereits Athen 2004) durch An- und Abfahrt ökologisch beschädigt, obwohl seit 2018 bereits einige Schiffe mit Flüssigerdgas in Betrieb genommen worden sind.

[16]Siehe u. a. Selle (2006) und Müller (2015).

[17]Frielinghaus (2016) hat dazu sehr plastisch die „Erweiterung sowie Behinderung von Handlungsmöglichkeiten der Subjekte in Stadtteilkämpfen" offengelegt.

Vielmehr geht es um die Frage, ob innerhalb des öffentlichen Raums ein Zugang zu exklusiven Arealen lediglich einer festgelegten Zielgruppe ermöglicht wird und allen anderen TeilnehmerInnen dieser Zugang in diskriminierender Weise verwehrt wird. Zur besseren Verdeutlichung ist ein Blick auf eine jüngst in Gang gesetzte Diskussion im touristischen Kontext hilfreich. Hotels und Gastronomien, die sich explizit als „kinderfrei" bewerben, unterliegen zwar einer überwiegenden moralischen Kritik, die aktuelle Rechtsprechung argumentiert, dass ein derartiges Angebot die Ausnahme sei und zahlreiche Ausweichalternativen vorliegen würden. Insofern überwiege noch die unternehmerische Freiheit. Im an dieser Stelle zulässigen Umkehrschluss ist also davon auszugehen, dass ein Angebot (z. B. einzige Gastronomie mit Meerblick) ohne weitere Alternativen in nicht-diskriminierender Form gestaltet sein muss. Die von Sportveranstaltern und Ausrichtern entgegengebrachte Wertschätzung (bisweilen auch Servilität) gegenüber Sponsoren kann also nicht dadurch zum Ausdruck gebracht werden, indem bspw. der Start-Zielbereich von Marathons, Radrennen u.ä. ausschließlich mit VIP-Logen belegt wird, sondern lediglich ein Teil dieses besonderen Areals.

Keine ethisch fragwürdigen Veranstaltungen
Der mehrere Tage andauernde „National Run", das Europatreffen des Bandidos Motorcycle Clubs mit ca. 2500 Teilnehmern, dürfte für die Infrastruktur zur Verfügung stellende Kommune ökonomisch lukrativ sein, zumindest aber „sanftes Unbehagen" auslösen. Nun gäbe es zahlreiche weitere Veranstaltungen außerhalb des Sports, die als unterstützens-, duldens- oder ablehnenswert diskutiert werden können. Bezogen auf den Sport sind bereits temporäre Beglückung und Vergnügen als Motiv für Sportgroßveranstaltungen legitim und an sich sinnvoll. Die Frage bezieht sich jedoch vielmehr darauf, wodurch die (intensiven) Erlebnisse und Erfahrungen hervorgerufen und vermittelt werden? Aus sportethischer Sicht sind demnach zahlreiche Veranstaltungen abzulehnen.[18] Die Trennlinie bspw. zum Thema Sport und Tiere verläuft dort, wo es um die Einwilligung oder Ablehnung beider „Partner" in den Wettkampf geht. Stellvertretend ist für Tiere in je gattungsspezifischer Weise dieser Abgleich anzuwenden. Insofern sind Stierkampf, Angeln oder die Jagd kein Sport! Und da auch unterhalb der Tötung kein Einverständnis anzunehmen ist, mit blutender Lunge in höchstem Tempo und unter Zwang weiter zu galoppieren, fallen auch Galopprennen und Military-Reiten unter bestimmten Bedingungen heraus. Die Kritik wird auch durch eine wie auch immer verbrämte „kulturelle" Tradition nicht

---

[18]Die Diskussion kann an dieser Stelle lediglich ansatzweise geführt werden. Umfassender zum Thema Sport und Ethik siehe Grupe und Mieth (1998) und Franke (2011).

getilgt. Vielmehr sind derartige Veranstaltungen eine demonstrative Präsentation und individuelle Befriedigung von Macht auf ungleicher und uneingewilligt anzunehmender Basis.[19]

Aufzugreifen wären des weiteren, neben zahlreichen weiteren Aspekten, Formen brutalen Verhaltens, wie bspw. Vale Tudo, dessen öffentliche Verbreitung sich aufgrund des (nahezu) regelbefreiten und hemmungslosen Ablaufs dieses Kampfsports verbietet.

Grundsätzlich wären evt. zukünftig verschärfte Formen und an den menschlichen Grenzbereich heranreichende Formate der Hindernis-Parcours zu überdenken. Die derzeit ständig verändert und noch moderat weiter „entwickelten" Stationen des „Tough Mudder" lesen sich auszugsweise (n = 3) wie folgt:

> „Bist du nämlich zu schnell unterwegs, so wirbelst du nach den Gesetzen der Physik automatisch Wasser auf und dieses landet zwangsläufig in deinem Gesicht. Die Gefahr ist dann groß, dass du in Panik gerätst und noch zügigere Bewegungen machst – ein Teufelskreis, der dir schnell ein Gefühl vermittelt, wie sich Waterboarding anfühlen muss!" … „Zwar darfst du mit dem Körper aufgrund des Stacheldrahts nicht allzuweit vom Boden abheben, aber dennoch solltest du versuchen durch den Schlamm zu robben und nicht stumpf über den Boden zu schleifen!" … „Je länger du nämlich am Hindernis stehst und die Schreie der anderen Mudder hörst, desto mehr wirst du innerlich verkrampfen! Bringe die Sache so schnell wie möglich hinter dich und schaue lediglich, dass dein Kopf geschützt ist (ein Stromschlag an der Schläfe ist wahrlich nicht schön). Je langsamer du durchrobbst, desto härter werden dich die einzelnen Stromschläge treffen und desto größer ist die Gefahr, dass dich die Panik überfällt!" (https://mudder-guide.de/tough-mudder-hindernisse/)

Der derzeitige Boom von Hindernis Parcours erreicht als TV-Format (z. B. Ninja Warrior) in Deutschland ca. 2,5 Mio. zumeist jüngere ZuschauerInnen. Neben peripheren Arealen finden die Formate weltweit auch im Citybereich und in Stadien statt. Insofern sich aus der Verwertungs- und Aufmerksamkeitslogik zukünftig bspw. „Ultra/Giga/Hyper-Runs" entwickeln, wäre die Verweildauer im Eiswasser verlängert, Stärke und Häufigkeit der Stromschläge erhöht, der Blutverlust durch Stacheldrahtkontakt größer und die Sauerstoffaufnahme beim „Waterboarding" reduziert. Zur psychischen Besänftigung der ZuschauerInnen würden hernach karnevaleske Kostüme und lustig-grimassierende Fotos der TeilnehmerInnen prämiert. Willfährige Ausrichter vorausgesetzt (Abb. 8.2).

---

[19]Das Thema Tiere im Sport greift Müller (1998, S. 562 ff.) bereits auf und unterteilt in die Kategorien „Sport mit Tieren", „Stellvertretersport mit Tieren" sowie „Sport gegen Tiere".

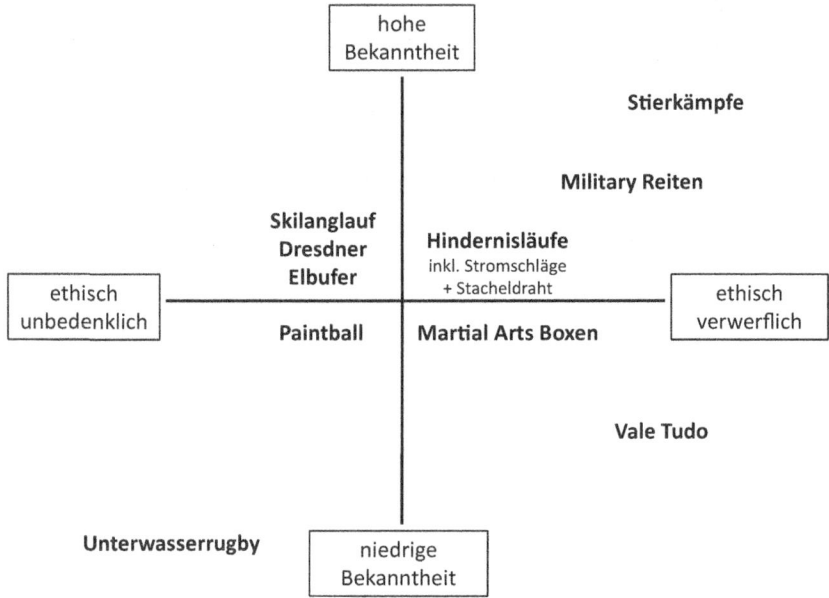

Abb. 8.2 Ethische Positionierung ausgewählter Sportarten und Sportgroßveranstaltungen. (Quelle: eigene Darstellung)

Mit dieser Auflistung ist nun eine Negativabgrenzung gezogen. Eine positive Ausrichtung hat sich genuin auf den jeweiligen (Spitzen-)Sport als Kunstfertigkeit, bereichernde Festkultur sowie seine Präsentationsfähigkeit und Strahlkraft nach außen zu konzentrieren.

8.3.2 Rangfolge zu Begründungen und Funktionalisierungen von Sportgroßveranstaltungen

Sportgroßveranstaltungen sind besonderer Ausdruck des Festes und der Feier als Präsentation auf breitensportlicher (Turnfest) und/oder spitzensportlicher (Meisterschaften) Basis. Es geht also primär um den Sport als kulturelle Praxis und nicht darum eine Großveranstaltung durchzuführen, die „irgendeinen" kulturellen Inhalt beherbergt. Soweit der Sport die Präsentationshoheit behält und nicht zum Nebenschauplatz wird, spricht jedoch nichts gegen die Verbindung mit anderen kulturellen

Bereichen. Das Theater bspw. vereint die schönen Künste ebenso wie Tanz und Musik oder Film und Musik eine Symbiose eingehen können. Daraus leitet sich das oberste Primat ab, den Sport in den Mittelpunkt stellen.

Die Durchführung von Sportgroßveranstaltungen ist eine Darbietung des Sports und für den Sport zur Ermittlung der Besten vor Publikum sowie der Präsentation seiner Eigenart oder Vielfalt vor Publikum. SportlerInnen, samt TrainerInnen, Betreuenden, Schieds- und KampfrichterInnen und, ja, auch FunktionärInnen sind Gäste der Stadt, derentwegen die Veranstaltung ausgerichtet wird und sie wird auch möglichst dorthin vergeben, wo mit einem sportaffinen Publikum zum Gelingen beigetragen wird. Die Stadt veranstaltet für den Sport, für die Gäste des Sports und für sich selbst. Daraus leitet sich unmittelbar das zweite Primat ab, BürgerInnen und Sport-Gäste in den Mittelpunkt stellen.

Insofern der Rahmen für den Sport und seine direkten Akteure geschaffen wurde, können zusätzliche Funktionalisierungen durch die Veranstaltung befriedigt werden. Sie können rein sportbezogen sein, in dem aus eventuellen Überschüssen andere Bereiche, bspw. Bereiche des Kinder- u. Jugendsports quersubventioniert werden. Dies aber nur insoweit die eigentliche Sportgroßveranstaltung nach wie vor die ihr notwendige Unterstützung erfährt. Andernfalls wird die Sportgroßveranstaltung als „cash cow" nicht nur benutzt, sondern missbraucht, die zugrunde liegende Sportidee beschädigt und ihre ZuschauerInnen zum Teil betrogen. Daher sind auf einer dritten Ebene aus den verschiedensten Bereichen der Gesellschaft Funktionalisierungen (Integration, Gesundheit etc.) dann nachvollziehbar, wenn sie einen Beitrag zu einem gelingenden bzw. förderlichen Gemeinwesen beitragen. Sie haben sich jedoch als „Beiboote" dem Kurs des „Mutterschiffs" Sport anzupassen. Alle anderen Veranstaltungsformate sind „Benefizveranstaltungen mit sportähnlichem Charakter", die sich genauso oder ähnlich gut aus einem anderen kulturellen Bereich bedienen können: „Malen, Singen, Tanzen, Musizieren für… den guten Zweck". Sportgroßveranstaltungen können demnach als zusätzlichen und nachrangigen Effekt soziale Funktionalisierungen bedienen.

Alle darüber hinausgehenden Interessenlagen hätten sich daran zu messen, ob sie dem Sport als Mittelpunkt sowie den Verbindungen zu Sport-Gästen und BürgerInnen der ausrichtenden Stadt zumindest nicht widersprechen oder sie beschädigen. Das gilt vor allem für die Orientierung, das Sportgroßveranstaltungen in der Stadt als „weicher Standortfaktor" im Rahmen der Städtekonkurrenz dienen sollen. Immerhin werden ca. 20 % der Sportveranstaltungen durch das Stadtmarketing verantwortet (Bundesvereinigung City- und Stadtmarketing Deutschland 2018, S. 12). Für den Fall, das sich aus vornehmlich ökonomischen Gründen die Ausrichtung von Sportgroßveranstaltungen an externe Zielgruppen wie bspw. TouristInnen, Unternehmen, High-Potenzials und/oder „Kreative" wendet, wäre abzugleichen, ob eine

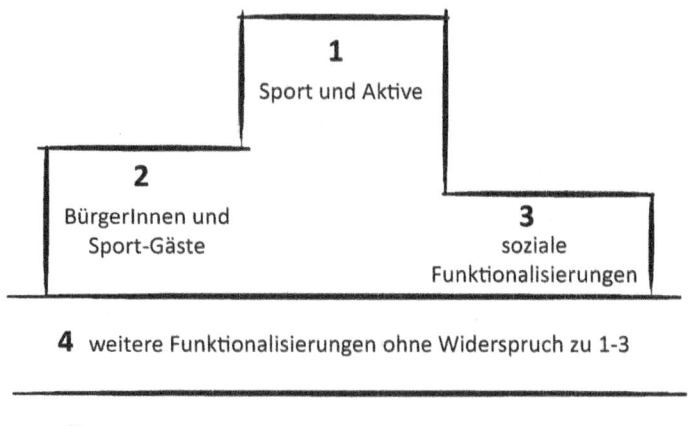

4 weitere Funktionalisierungen ohne Widerspruch zu 1-3

disqualifizierte Funktionalisierungen in Widerspruch zu 1-3

Abb. 8.3 Rangfolge zu Begründungen und Funktionalisierungen von Sportgroßveranstaltungen. (Quelle: eigene Darstellung)

Veranstaltungsmelange aus „Achtung, hier ist was los!" sportkulturellen Ansprüchen noch genügen kann.

Daraus ergibt sich eine vierte Ebene, wonach weitere Funktionalisierungen möglich sind, soweit sie den Ebenen 1–3 nicht widersprechen oder sie beschädigen.

Letztlich existieren sportbeschädigende Funktionalisierungen, mit denen vom Sport gänzlich unabhängige Partialinteressen verfolgt werden (Gentrifizierung) bzw. die einem profanen Narzissmus geschuldet sind. Hier stehen Funktionalisierungen im Widerspruch zu den Ebenen 1–3 (Abb. 8.3).

Eine positive Ausrichtung hätte sich also genuin auf den jeweiligen (Spitzen-) Sport als Kunstfertigkeit, auf seine bereichernde Festkultur sowie seine Präsentationsfähigkeit und Strahlkraft nach außen zu konzentrieren. Für die BewohnerInnen der Stadt ginge es über das Zuschauen hinaus, auch um selbsterzeugte Partizipation, die über Freiwilligenarbeit, ehrenamtliches Engagement sowie über konkrete Breitensport- und verbindende Kulturangebote im Kontext der Sportgroßveranstaltung herzustellen wäre. Diese Formen der Aneignungsmöglichkeiten, samt ihrer emotionalen Bindungen vermögen aus der Veranstaltung „an sich" eine Veranstaltung je „für mich" zu erzeugen, die im Gegensatz zu den häufig marktschreierisch-klamaukigen Mitmachvorgaben von Eventagenturen stehen. So könnte sich auch eine relative (nicht blind-absolute) Identität zur „eigenen" Stadt entwickeln, in der im Feld des Sports sowohl völlig legitime temporäre Beglückung erzeugt wird, als auch

Abb. 8.4 Sportgroßveranstaltungen zwischen Kultivierung und Funktionalisierung. (Quelle: eigene Darstellung)

gemeinwohlorientierte Teilhabe möglich ist. Sie stünde im Gegensatz zu einer institutionellen (Stadtmarketing), abstrakt konstruierten und harmonisierend-vergemeinschaftenden Markenidentität.[20] In diesem Kontext wäre anzuregen, inwieweit es zu einer verstärkten Rückanbindung des Sportausschusses und des Sportamtes zu konzeptionellen Fragestellungen von Sportgroßveranstaltungen kommen kann, wenn dieser Bereich zuvor an eine selbständig handelnde städtische Agentur (in Verbindung mit dem Stadtmarketing) ausgelagert wurde.

Die Rangfolge zu Begründungen und Funktionalisierungen von Sportgroßveranstaltungen wird in Abb. 8.4 detaillierter dargestellt. Sowohl für das Feld des Sports als auch für die Stadt ergeben sich abgestufte Formen der Kultivierung und Funktionalisierung.

---

[20]So erweist sich bspw. der Slogan „Weltstadt mit Herz" im Kontext ökonomischer und sozialer Auseinandersetzungen um das Mietniveau Münchens als geradezu absurd.

An dieser Stelle könnte das Buch abgeschlossen werden. Zur konzeptionellen Entwicklung von Sportgroßveranstaltungen sind zahlreiche Orientierungsmöglichkeiten aufgelistet und begründet worden. In normativer Hinsicht wurden Distanzierungen ausgesprochen und Empfehlungen entwickelt. Damit ließen sich zur Thematik von Sportgroßveranstaltungen erweiterte und tiefer gehende Diskussionen anstoßen und in konkrete Handlungen umsetzen – insofern das anhand der jeweiligen wirtschaftspolitischen Positionen und Interessenlagen überhaupt als opportun oder erstrebenswert bewertet wird. Daher soll abschließend auf vier verschiedene wirtschaftspolitische Ausrichtungen und die damit verbundenen Konsequenzen für eine gelingende kommunale Daseinsvorsorge eingegangen werden.

8.4   Konsequenzen für eine gelingende kommunale Daseinsvorsorge

In der Logik einer neoliberal geprägten Stadt bzw. ihrer neoliberal geprägten politisch-administrativen Akteure fungieren Konkurrenz und Verdrängung sowie privatwirtschaftlich ausgerichtete Verwaltungsstrukturen als zentrale Mittel wirtschaftspolitischen Handelns. Insbesondere erfolgreiche oder sogenannte Schwarmstädte interpretieren ihren Erfolg auf der Grundlage ihrer Wirtschaftsförderung und PR-Maßnahmen ihres Stadtmarketings.[21] Daher dürfte eine Abkehr, (Sport) Großveranstaltungen für externe Zwecke zu funktionalisieren, kaum im Wahrnehmungsbereich und im Interesse dieser handelnden Akteure liegen. Die verlautbarten Effekte ergeben jedoch in Summe eine eher magere Bilanz (Tab. 8.1):

---

[21]Eine derart verkürzte und ahistorische Sicht vernachlässigt u. a. die bedeutenden sektoralen und damit verbundenen räumlichen Verschiebungen. Alleine ein Blick in die Historie des Länderfinanzausgleichs kann das auf drastische Weise verdeutlichen. Nordrhein-Westfalen gehörte mit seiner damals ausgeprägten und florierenden Schwerindustrie bis Anfang der 1980er Jahre zu den Geberländern, während das frühere Agrarland Bayern sich parallel industrialisieren konnte und bis 1987 zu den Nehmerländern zählte (siehe www.bundesfinanzministerium.de). Als Treppenwitz der jüngeren Geschichte der Bundesrepublik erweist sich daher die 2016 eingereichte Klage Bayerns gegen die vormals fütternde Hand des Länderfinanzausgleichs.

Tab. 8.1 Externe Funktionalisierungen von Sportgroßveranstaltungen (SGV)

SGV und Akquise von Unternehmen	Keine Auswirkungen
SGV und Akquise von „High-Potentials"	Keine bis geringe Auswirkungen
SGV und Akquise der „kreativen Klasse"	Keine bis geringe Auswirkungen
SGV als weicher Standortfaktor	Geringe Auswirkungen
SGV als Imagefaktor	Möglich bei stimmigen Konzept
SGV als Identitätsfaktor	Kurzfristig möglich
SGV als Touristen „magnet"	Kurzfristig möglich
SGV als ökonomisch bereichernd	Geringe bis negative Effekte
SGV als Gentrifizierungsmöglichkeit/-gefahr	Bei sehr großen Veranstaltungen
SGV als Stadtumbaumöglichkeit/-gefahr	Bei sehr großen Veranstaltungen

Quelle: eigene Darstellung

Ein Teil der negativ betroffenen und benachteiligten Städte neoliberaler Wirtschaftspolitik reagiert politisch ambivalent durch ein „zähneknirschend" hegemoniales Einverständnis und buhlen um kompensierende staatliche Fördermaßnahmen. Insbesondere durch eine optimierende und effiziente Gestaltung knapper Mittel soll dem (permanenten) äußeren Wettbewerbsdruck begegnet werden. Auf geradezu idealtypische Weise dokumentiert das ein Text für die Jahrestagung 2017 der Arbeitsgemeinschaft Deutscher Sportämter. Ausdrücklich soll an dieser Stelle betont werden, dass es nicht um eine Kritik an Personen geht, die in ihrer jeweiligen Position aufgrund von restriktiven strukturellen Rahmenbedingungen versuchen zu agieren. Vielmehr ist die Positionierung bemerkenswert, die auf engstem textlichen Raum eine Verschlagwortung neoliberaler Begriffe und kurzschlüssiger Konsequenzen wiedergibt:

„Strategiegerechte Sportförderung – Und nur wer seine Zielgruppe kennt, ist imstande, deren Bedürfnisse zu erkennen und diese entsprechend zu befriedigen. Für viele Kommunen ist der Sport mit all seinen Facetten ein wichtiger Standortfaktor, der eine imagefördernde Wirkung besitzt. Systematische Erkenntnisse, welche Mechanismen kommunale Sportförderung beeinflussen, sind kaum vorhanden. Eine effiziente und effektive Verteilung der Sportfördermittel scheint angesichts des starken gesellschaftspolitischen Veränderungsdrucks sowie der damit einhergehenden knappen finanziellen Ressourcen, mit denen Sportvereine, Kommunalpolitik und Sportverwaltung konfrontiert werden, erforderlich zu sein. Das Referat beschreibt einen Weg, wie mit wenigen Ressourcen unter Zuhilfenahme von wichtigen Instrumentarien Sportförderung optimiert und effizienter gestaltet werden kann."[22]

Der Veränderungsdruck und die knappen finanziellen Ressourcen erscheinen wie ein Naturalismus. Insofern sind die Maßnahmen auch nur innerhalb der als bestehend und unveränderlich gedachten Rahmenbedingungen umzusetzen. Und dazu wird auch hier wieder das Narrativ des diesmal nicht „weichen", sondern „wichtigen" Standortfaktors bedient. Kürzungen, Optimierungen und Effizienzmaßnahmen sind in ihrer Perspektive jedoch Grenzen gesetzt, da mit dem kommunalen Verzicht auf die Einflussnahme der Rahmenbedingungen lediglich reaktive Handlungen möglich sind. Selbst die „Protestnoten" der Deutschen Städtetages haben an den eklatanten Disparitäten nichts ändern können.

Aufgrund der weiter voranschreitenden disparaten finanziellen Entwicklung der Städte und des hohen Investitionsstaus auch der Sportinfrastruktur stellt sich nicht nur für zahlreiche negativ betroffene Städte die Forderung nach einer angemessenen Verteilung öffentlicher Mittel, um auch Aufgaben der freiwilligen Daseinsvorsorge eigenständig gestalten zu können. Eine auf den ersten Blick überraschend einsichtige und unterstützende Haltung nimmt inzwischen selbst der Präsident des Bundes der Deutschen Industrie, Dieter Kempf ein. „Es hilft niemandem, einen internationalen Steuerwettlauf nach unten zu beginnen. Besser wäre es, wenn sich die G20 gegen einen ruinösen Steuerwettbewerb aussprechen. Wir in Deutschland – und andere G20-Staaten auch – brauchen die Steuereinnahmen für öffentliche Investitionen." (www.rp-online.de 2017).

Der oberste Vertreter der deutschen Industrie geriert sich jedoch nicht etwa als Mitstreiter der öffentlichen Hand für eine gelingende Daseinsvorsorge, sondern lediglich für selbstwertdienliche Investitionen. Nach jahrzehntelanger Vernachlässigung der öffentlichen Infrastruktur bemerken und berechnen die Protagonisten

---

[22]Jahrestagung 2017 der Arbeitsgemeinschaft Deutscher Sportämter vom 26.–28. April 2017 in der Landeshauptstadt Stuttgart, S. 10. Referentin: Anke Precht, stellvertretende Sportamtsleiterin, Freie Hansestadt Bremen. Wie eine optimierte Preispolitik bspw. der Bremer Bäder aussieht, verdeutlichen die Ermäßigungen für „Schüler, Studenten, Arbeitslose, ALGII-Empfänger, Schwerbehinderte". Deren Bedürfnisse meint man insoweit erkannt zu haben, als dass ihnen ein um 16,38 % reduzierter Preis für die ersten 2,5 h offeriert wird (von 5,50 € auf 4,60 €) und für jede weitere Stunde ein Rabatt von 11,1 % (von 1,80 auf 1,60) (www.bremer-baeder.de).

die Konsequenzen und Beschädigungen ihrer eigenen neoliberalen Wirtschaftspolitik.[23] Die Diskussion entsteht genau zu dem Zeitpunkt, als innerhalb der EU das Ausmaß an Steuervermeidung (und -betrug) öffentlich wird. Mit dem medial verengenden Blick auf die besonders obszöne Steuerpraxis einiger prominenter globaler Konzerne haftet dem vorgängigen Zitat gleichwohl die Taktik des „haltet den Dieb" an.[24]

Als regulative Steuer- und Verteilungsinstrumente wirken zusätzlich zum Länderfinanzausgleich, Reformen wie bspw. aktuell zur Grundsteuer und zusätzliche Investitions- und Förderprogramme. Die Landesregierung Nordrhein-Westfalen hat bspw. auf den jahrzehntelangen Sanierungsbedarf der kommunalen Sportstätten, die zahlreichen Medienberichte und lokalen Proteste inzwischen reagiert. Ministerpräsident Laschet äußert sich dazu in einem an die Sporttreibenden in NRW gerichteten Video-Grußwort in bemerkenswerter Offenheit: „Wir in Nordrhein-Westfalen haben da leider einen enormen Sanierungsbedarf. Viele Jahrzehnte ist zu wenig passiert." (www.land.nrw/de 2019, Grußwort ab 0:38 min).

„Leider" ist dieses Missgeschick offensichtlich Wolfgang Clement, Peer Steinbrück, Jürgen Rüttgers und Hannelore Kraft gleichermaßen unterlaufen. In der am 17.06.2019 verbreiteten Pressemitteilung der Landesregierung NRW wird nun jedenfalls mit einem ausgeprägten Maß an Euphorie auf die zu erwartenden Mittel verwiesen: „Mit einem bisher in Nordrhein-Westfalen einzigartigen Förderprogramm für Sportstätten stärkt das Land seine Stellung als Sportland Nummer Eins. Insgesamt 300 Millionen Euro stehen im Rahmen des Programms „Moderne Sportstätte 2022" zur Verfügung, von denen Sportvereine und -verbände in noch nie da gewesenem Ausmaß profitieren können." (www.land.nrw/de 2019). Die Summe ist, verteilt auf vier Jahre, durch diverse weitere Förderprogramme zu erhöhen und damit unbestritten hilfreich. Bemerkenswert ist allerdings in der Pressemitteilung die wohl unfreiwillige Formulierung „noch nie", die auf die einmalige und eben nicht kontinuierlich angemessene Förderung verweist. Der vom DIfU und der KfW (2019, S. 11) ausgewiesene Investitionsstau von 8,8 Mrd. € für Sportstätten bedeutet für NRW einen Anteil von knapp 2 Mrd. €. Für die nächsten vier Jahre stehen also (inkl. weiterer Fördertöpfe) jährlich ca. 0,15 Mrd. € zur Verfügung. Ministerpräsident Laschet (bzw. Staatssekretärin Andrea Milz) führen angesichts der

---

[23]Dennoch werden nach wie vor permanent Forderungen nach Steuersenkungen in den Raum gestellt (z. B. DIHK).

[24]Der Elitenforscher Hartmann (2018) hat jüngst nicht nur die unternehmerischen, sondern auch die individuellen Praktiken der Steuervermeidung und -hinterziehung thematisiert sowie deren psychische Verarbeitung. Siehe insbesondere S. 154–177.

aufgestauten Diskrepanz aus: „300 Millionen Euro sind das, was der Haushalt des Landes Nordrhein-Westfalen derzeit verkraften kann." (www.land.nrw/de 2019). Innerhalb des als bestehend angenommenen Gesamtvolumens steuerlicher Einnahmen werden im besten Fall zwischen den öffentlichen Trägerschaften grobe Ungleichheiten abgemildert. So nachvollziehbar die Ausrichtung auf mehr Verteilungsgerechtigkeit und speziell aufgelegte Förderprogramme sein mag, verbleibt diese finanz- und wirtschaftspolitische Haltung in vergleichbar innerzirkulärer Struktur wie zuvor die Fokussierung auf die effiziente Verteilung der zugestandenen Sportfördermittel. Durchbrochen werden kann die relative Abhängigkeit bloß zugestandener Mittel durch zusätzliche (!) Elemente einer nach Jahrzehnten wieder rückumverteilenden Steuerpolitik gegenüber steuervermeidenden und -betrügenden Unternehmen sowie ca. 0,1–0,5 % der Bevölkerung, was für ein gelingendes und investierendes Gemeinwesen notwendig wäre.

Darüber hinausgehend wäre zu empfehlen, dass 1967 in Kraft getretene Stabilitätsgesetz einer Wirksamkeit entfaltenden Überarbeitung zuzuführen.[25] In § 1 heißt es dort, dass Bund und Länder ihre Maßnahmen auf ein stetiges und angemessenes Wirtschaftswachstum auszurichten haben. Drängend ist jedoch eine Verständigung („Ordnungsrahmen") über Ausmaß und Charakter der wirtschaftlichen Tätigkeit.[26] Eine Unterscheidung in a) produktiv (wertschöpfend), b) nachhaltig produktiv („sinnvoll" wertschöpfend ohne Wachstumsimperativ), c) extraktiv (auslaugend, Ergebnisse wertschöpfender Arbeit aneignend wie bspw. „filetieren" von Unternehmen durch Kurzfristeigentümer sowie Immobilienspekulation ohne wirtschaftliche Tätigkeit) und d) verzehrende Produktion (z. B. Überrodung, Überfischung) wäre hier hilfreich.

Ebenso ist eine Unterteilung für Dienstleistungen förderlich nach a) produktive Dienstleistungen (wertschöpfungsunterstützend direkt zur Produktion/Verarbeitung; indirekt/nachlaufend z. B. durch [Weiter-]Bildung), b) produktiv nachhaltige Dienstleistungen, c) kulturelle, künstlerische und Bildungs-Dienstleistungen (Reproduktion der Arbeitskraft, soziale Beziehungen, Persönlichkeitsentwicklung, Gestaltung der Umwelt), d) soziale Dienstleistungen (Pflege etc.; Reproduktion der Arbeitskraft, Kultur der Gesellschaft) und e) verzehrende Dienstleistungen (Luxus, Dekadenz). Gehrig (2013, Bd. 1) zeigt für die verschiedenen Ansätze der orthodoxen Volkswirtschaft auf, dass es ihnen nicht möglich ist (und in Gänze auch nicht erwünscht), eine Externalisierung von Umweltkosten vorzunehmen (insbes. S. 34–132). In Überschreitung der „bloßen" Verteilungsfrage steht die – von zahlreichen Autoren bereits

---

[25]Offiziell: Gesetz zur Förderung der Stabilität und des Wachstums der Wirtschaft vom 8. Juni 1967.

[26]Bspw. haben bereits 1990 die Grünen einen Entwurf zur Änderung des Gesetzes mit der „Förderung der umwelt- und sozialverträglichen Entwicklung der Wirtschaft" vorgelegt.

zuvor aufgeworfene – Frage nach einer anderen, alternativen Art des Wirtschaftens, als die sich selbst desavouierende neoliberale Wirtschaftspolitik. An dieser Stelle würde eine intensive Diskussion nach weitergehenden Alternativen den Rahmen des Buches sprengen. Insofern erfolgt ein Hinweis auf untereinander sich ergänzende, in Bezug auf die Frage des Wirtschaftssystems jedoch auch unterschiedliche Publikationen von Adler und Schachtschneider (2016); Altvater (2005); Arbeitsgruppe Alternative Wirtschaftspolitik (seit 1975, jüngst 2019, www.alternative-wirtschaftspolitik. de); Kaufmann und Müller (2009); Notz (2012); Seidl und Zahrnt (2010) u. a. Neben den theoretischen Entwürfen ist auf die Konzepte, die selbstverständlich ebenfalls eine (unterschiedliche) theoretische Basis haben, der Gemeinwohlökonomie (Felber 2010; www.ecogood.org), des Genossenschaftswesen, der Postwachstumsgesellschaft (www.postwachstum.de; www.postwachstumsoekonomie.de) oder der Solidarischen Ökonomie (www.akademie-solidarische-oekonomie.de) zu verweisen.[27] Mit der Frage alternativen Wirtschaftens sind gesellschaftliche Verhältnisse zur Natur, kooperative und solidarische Verhältnisse des Sozialen und begründete bedürfnisrealisierende Verhältnisse des Konsums verbunden. Zum einen betrifft das das thematisierte Problem einer Wirtschaftspolitik mit angemessener und gelingender Daseinsvorsorge freiwilliger Leistungen für den Sport. Zum anderen sind in diesem Kontext auch die Probleme verwoben, in welchem Umfang, mit welcher Ausstattung und mit welcher Intention Sportgroßveranstaltungen überhaupt durchgeführt werden (Abb. 8.5).[28]

Der häufig zu beobachtende parteienübergreifende Schulterschluss sportaffiner Politiker zu einer „Sportfraktion" vermag bereitwilliger zu Einigungen für „den" Sport zu gelangen, als es in anderen, umstritteneren sozialen und kulturellen Feldern der Fall ist. Diese „Fraktion" erweist sich auf dem politischen Parkett jedoch als Chimäre, weil sie mit der rein fachlichen Logik begrenzter Verantwortlichkeit lediglich innerhalb des Bereichs bloß zugestandener, bzw. in Verteilungsauseinandersetzungen anderen Feldern abgerungener Mittel verbleibt.[29] Die parteienübergreifende

---

[27]Weitere Hinweise finden sich bei Butterwegge (2017, S. 284 ff.).

[28]Als drastisches Beispiel kann die Verlagerung des italienischen Ligapokalfinales (16.01.2019) in das saudi-arabische Dschidda nur als weitere ökonomisch motivierte sportkulturelle Entgleisung bezeichnet werden.

[29]Diese parlamentarische Bedeutungs- und Machtarmut führt auch Güldenpfennig (2013, S. 103) an. Demnach ist die „Fraktion Sport" vielmehr eine „Fraktion Wünsch dir was vom Sport". „Ihre fraktionsübergreifende Einmütigkeit gründet somit weniger in dem, was sie dem Sport anbieten, sondern mehr in dem, was sie bei ihm nachfragen, ja ihm abfordern, damit er sich mit außersportlich-gesellschaftlichen Zusatzleistungen die Anerkennung und Förderungswürdigkeit seiner kulturellen Eigenleistung überhaupt verdienen kann." (S. 104).

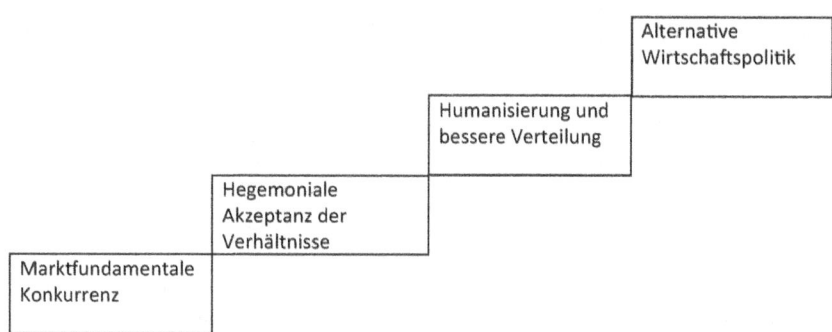

Abb. 8.5 Wirtschaftspolitische Stufenleiter zur gelingenden Daseinsvorsorge. (Quelle: eigene Darstellung)

„Fünferkette" der Sportfraktion löst sich jedoch spätestens in den jeweiligen Parteien zügig auf, wenn es zu grundsätzlichen Fragen um auszustattende und einzufordernde Mittel für eine gelingende freiwillige Daseinsvorsorge der Städte geht.

Das neoliberale Wirtschaftsmodell einer Verdrängungskonkurrenz und Überproduktion hat mit seinen Elementen der Standortpolitik, Wettbewerbsfähigkeit und einer „schlanken" unternehmerisch organisierten Verwaltung zu immer weiter auseinanderlaufenden kommunalen und regionalen Disparitäten sowie zu extremen Investitionsrückständen und sich damit selbst ad absurdum geführt. Alle Formen der Austeritätspolitik und kurzfristig reparativen Verteilungspolitik verlängern jedoch den problematischen Zustand, als das sie ihn zu lösen vermögen.

Dazu bedarf es der Umsetzung alternativer Konzepte der Wirtschaftspolitik, mit denen die zentralen Kategorien der Nachhaltigkeit, Gemeinwohlorientierung, Kooperation und Solidarität umsetzbar sind. Parallel dazu ist einer weiteren Landnahme des Marktes mit Re-Kommunalisierungen zu begegnen, die gleichzeitig der politisch-taktischen Übertragung von Kommunalaufgaben auf substituierende, ehrenamtliche Arbeit Einhalt gebietet und stattdessen gemeinsinnunterstützende, kritische und schöpferischer Aktivität befördert.

Insofern sich Städte als Gemeinwesen und nicht als Unternehmen verstehen, sind Großveranstaltungen des Spitzen- und Breitensports kein instrumentalisierender Standortfaktor, sondern gestaltender Bestandteil für ein zumindest temporär beglückendes Leben – als Präsentation von Kunstfertigkeit und bereichernder Festkultur.

Anhang

Förderliche Rahmenbedingungen zum Schreiben des Textes konnten durch die Gewährung eines Forschungsfreisemesters der Westfälischen Hochschule entstehen. Julius Kind danke ich für akribisches Lesen und Aufspüren von Fehlern während dieser Zeit.

Erste Vorarbeiten erfolgten in einem Projekt zum Grand Départ der Tour de France 2017 in Düsseldorf im Wintersemester 2016/2017. In der Zwischenzeit wurde ein Artikel zum Grand Départ publiziert. (Schwark 2018) Zwei weitere Artikel behandeln u. a. das Thema Sportgroßveranstaltungen und Standortpolitik. (Schwark 2019a, b) In überarbeiteter Form sind einige Textabschnitte der Artikel in das Buch eingeflossen.

© Springer Fachmedien Wiesbaden GmbH, ein Teil von Springer Nature 2020
J. Schwark, *Sportgroßveranstaltungen,*
https://doi.org/10.1007/978-3-658-28303-2

Literatur

2hm & Associates. 2012. *Wirtschaftsfaktor Sport in Deutschland. Die wirtschaftliche Bedeutung des Sportstättenbaus und ihr Anteil an einem zukünftigen Sportsatellitenkonto.* Berlin: BMWi.

2hm & Associates. 2015. *Wirtschaftsfaktor Fußball. Aktuelle Daten zur Sportwirtschaft.* Berlin: BMWi.

Abel, Kerstin. 2002. *Chancen und Risiken von Sport als Bestandteil des Stadtmarketings, unveröffentlichte Diplomarbeit an der FH Koblenz.* Remagen: Eigendruck.

Acker, Sascha, und Uwe Barsch. 2007. Standorte und Angebotstypen. Freizeit und Kommune, ISR, Graue Reihe, 166–198. Heft 1 Berlin.

Adler, Frank, und Ulrich Schachtschneider. 2016. *Green New Deal, Suffizienz oder Ökosozialismus? Konzepte für gesellschaftliche Wege aus der Ökokrise,* 3. Aufl. München: Oekom.

Altvater, Elmar. 2005. *Das Ende des Kapitalismus wie wir ihn kennen.* Münster: Westfälisches Dampfboot.

Andrews, Philipp, und Frank Daumann. 2005. Die Stadtmarathon-Branche in Deutschland. Eine ökonomische Analyse der Marktposition der Veranstalter. *Sport und Gesellschaft* 2 (1): 67–91.

Arbeitsgruppe Alternative Wirtschaftspolitik. 2018. *Memorandum 2018. Preis der „schwarzen Null": Verteilungsdefizite und Versorgungslücken.* Köln: PapyRossa.

Arbeitsgruppe Alternative Wirtschaftspolitik. 2019. *Memorandum 2019. Klimakollaps, Wohnungsnot, kriselnde EU – Alternativen der Wirtschaftspolitik.* Köln: PapyRossa.

Ausschuss für Sport des Berliner Abgeordnetenhauses, Wortprotokoll der 31. Sitzung vom 22.02.2019.

Autorengruppe Bildungsberichterstattung. 2018. *Bildung in Deutschland 2018. Ein indikatorengestützter Bericht mit einer Analyse zu Wirkungen und Erträgen von Bildung.* Berlin: wbv Media.

Barthes, Roland. 2005. *Was ist Sport.* Berlin: Brinkmann und Rose. (Erstveröffentlichung 1957).

Bartlau, Christian. 2019. *Ballverlust. Gegen den marktkonformen Fußball.* Köln: PapyRossa.

Bartmann, Christoph. 2016. *Die Rückkehr der Diener. Das neue Bürgertum und sein Personal.* München: Hanser.

© Springer Fachmedien Wiesbaden GmbH, ein Teil von Springer Nature 2020
J. Schwark, *Sportgroßveranstaltungen,*
https://doi.org/10.1007/978-3-658-28303-2

Baumann, Claudia Erni, et al. 2008. Wirtschaftliche Bedeutung der Sportveranstaltungen in der Schweiz. Kurzfassung, Magglingen (Bundesamt für Sport BASPO).

Baumeister, Klaus. 2015. Rat sagt „nein" zur Tour de France. *Westfälische Nachrichten*, 17. September.

Beichelt, Timm. 2018. *Ersatzspielfelder. Zum Verhältnis von Fußball und Macht*. Berlin: Suhrkamp.

Belina, Bernd. 2011. Disparitäten in der Stadt mittels Strafrecht regieren: Governing through crime through space. In *Urbane Differenzen. Disparitäten innerhalb und zwischen Städten*, Hrsg. Belina Bernd et al., 115–131. Münster: Westfälisches Dampfboot.

Belina, Bernd, et al. 2011. *Urbane Differenzen. Disparitäten innerhalb und zwischen Städten*. Münster: Westfälisches Dampfboot.

Berking, Helmuth, und Martina Löw. 2008. *Die Eigenlogik der Städte. Neue Wege für die Stadtforschung*. Frankfurt a. M.: Campus.

Binder, Sepp. 1971. Sterben unsere Städte? Wachsende Probleme, wachsende Schuldenberge – Die Stadtväter rufen um Hilfe. *Die Zeit*, 21. Mai.

Binder, Sepp. 1972. Nun siegt man schön. Sportpolitik zwischen Milliarden und Medaillen. In *Die vertrimmte Nation oder Sport in rechter Gesellschaft*, Hrsg. J. Richter, 87–100. Reinbek: Rowohlt.

Böckler Impuls 9/2010. Von Humboldt zur unternehmerischen Uni – Hochschulkonzepte im Widerstreit, Düsseldorf.

Bontrup, Heinz-J. 2006. *Arbeit, Kapital und Staat. Plädoyer für eine demokratische Wirtschaft*, 3. Aufl. Köln: PapyRossa.

Bottenburg, van Maarten, Bake Dijk, et al. 2015. *Evaluatie Le Grand Départ Utrecht 2015*. Utrecht: Universiteit Utrecht.

Branchendienst der Sparkassen-Finanzgruppe. 2018a. Branchenreport 2018 Betrieb von Sportanlagen, Berlin.

Branchendienst der Sparkassen-Finanzgruppe. 2018b. Branchenreport 2018 Fitnesscenter, Berlin.

Brandmeyer Stadtmarken-Monitor. 2015. *Deutschlands Städte in der Wahrnehmung der Bevölkerung (Kurzfassung)*. Hamburg: Brandmeyer Stadtmarken-Monitor.

Bund Deutscher Architekten. 2018. *Politische Grundpositionen zu Stadt, Land und Architektur*. Berlin: Bund Deutscher Architekten.

Bundesvereinigung City- und Stadtmarketing Deutschland. 2018. *Stadtmarketing im Profil. Events als Kernkompetenz im Stadtmarketing. Auswertung der bcsd-Umfrage aus 2017*. Berlin: Bundesvereinigung City- und Stadtmarketing Deutschland.

Bundesverwaltungsgericht. Pressemitteilung Nr. 26/2019 vom 29.03.2019.

Bürkner, Hans-Joachim. 2011. Sozialräumliche Disparitäten und soziale Mischung: Aktuelle Diskurslinien in Forschung und gesellschaftlicher Praxis. In *Urbane Differenzen. Disparitäten innerhalb und zwischen Städten*, Hrsg. Belina Bernd, et al., 16–42. Münster: Westfälisches Dampfboot.

Butterwegge, Christoph, Bettina Lösch, und Ralf Ptak. 2017. *Kritik des Neoliberalismus*, 3. Aufl. Wiesbaden: Springer VS.

Deile, Lars. 2004. Feste – Eine Definition. In *Das Fest. Beiträge zu seiner Theorie und Systematik*, Hrsg. Michael Maurer, 1–17. Köln: Böhlau.

Deloitte – Sport Business Group. 2017. *Analyse der Auswirkungen des Grand Départ der Tour de France in Düsseldorf*. Düsseldorf: Deloitte – Sport Business Group.

Der Paritätische Gesamtverband, Hrsg. 2017. *Bericht zur Armutsentwicklung in Deutschland 2017*. Berlin: Der Paritätische Gesamtverband.

Deutsche Post Adress. 2018. *Umzugsstudie 2018 – So zieht Deutschland um*. Gütersloh: Deutsche Post Adress.

Deutscher Olympischer Sportbund, Deutscher Städtetag, Deutschen Städte und Gemeindebund. 2008. *Starker Sport – Starke Städte und Gemeinden. Kooperationsvereinbarung zwischen dem Deutschen Olympischen Sportbund, dem Deutschen Städtetag und dem Deutschen Städte- und Gemeindebund*. Frankfurt a. M.

Deutscher Olympischer Sportbund, Hans-Joachim Neuerburg, und Thomas Wilken, Hrsg. 2010. *Nachhaltige Sportgroßveranstaltungen. Dokumentation des 18. Symposiums zur nachhaltigen Entwicklung des Sports*. Frankfurt a. M.

Deutscher Städtetag. 2012. *Positionspapier zum Städtetourismus. Anforderungen und Voraussetzungen einer nachhaltigen Tourismuspolitik für die Städte*. Köln: Deutscher Städtetag.

Deutscher Tischtennis Bund. 2010. *Checkliste und Pflichtenheft für Ausrichter/Durchführer. Deutsche Tischtennis Individualmeisterschaften Damen/Herren*. Frankfurt a. M.: Deutscher Tischtennis Bund.

Deutsches Krebsforschungszentrum, Hrsg. 2017. *Alkoholatlas Deutschland 2017*. Heidelberg: Deutsches Krebsforschungszentrum.

DIfU, KfW. 2018. *Kommunalpanel 2018*. Frankfurt a. M.: DIfU & KfW.

DIfU, KfW. 2019. *Kommunalpanel 2019*. Frankfurt a. M.: DIfU & KfW.

Digel, Helmut. 2011. Kräfteverhältnisse im internationalen Sport bei der Vergabe internationaler Sportevents. In *Internationale Sportevents im Umbruch?*, Hrsg. Martin-Peter Büch, Wolfgang Maennig, und Hans-Jürgen Schulke, 75–81. Aachen: Meyer & Meyer.

DIHK. 2014. *Investitionsschwäche in Deutschland. DIHK-Schlaglicht Wirtschaftspolitik Sommer 2014*. Berlin: DIHK.

Dincal, Noyan. 2008. Stadien, Sportparks und Musterspielplätze. Großsportanlagen und Publikum in Deutschland, 1900 bis 1930. *Technikgeschichte* 75 (3): 215–232.

Dörre, Klaus. 2011. Landnahme und die Grenzen kapitalistischer Dynamik. Eine Ideenskizze. *Berliner Debatte Initial* 22 (4): 56–72.

Drees, Norbert. 1992. *Sportsponsoring*. Wiesbaden: Deutscher Universitätsverlag.

Dürmeier, Thomas, und Johannes Euler. 2013. Warum in der Wirtschaftswissenschaft keine Pluralität entsteht. Eine Zwischenbilanz nach zehn Jahren Real World Economics in Deutschland. *Kurswechsel* 1:24–40.

Eicker-Wolf, Kai. 2015. Zur Austeritätspolitik der Kommunen in Hessen. Arbeitspapier des DGB Hessen-Thüringen Nr. 10, Frankfurt.

Eisenberg, Christiane, Hrsg. 1997. *Fussball, soccer, calcio. Ein englischer Sport auf seinem Weg um die Welt*. München: dtv.

Elias, Norbert. 1983. Der Fußballsport im Prozeß der Zivilisation. In *Der Satz „Der Ball ist rund" hat eine gewisse philosophische Tiefe*, Hrsg. Rolf Lindner, 12–21. Berlin: Transit.

Emrich, Eike. 1992. Fußball und Gesellschaft. Sozialgeschichtliche und soziologische Aspekte eines Wechselwirkungsverhältnisses. *Sozial- und Zeitgeschichte des Sports* 6:53–66.

Erb, Andreas. 2018. *Betze Leaks. Der 1. FC Kaiserslautern zwischen Tradition und Possenspiel*. Göttingen: Die Werkstatt GmbH.

Erhardt, Ludwig. 1964. *Wohlstand für Alle*, 8. Aufl. Düsseldorf: Econ.

Fahle, Bernd, und Stefanie Burg. 2014. *Unternehmung Innenstadt. Management der Innenstadtentwicklung von Mittelstädten.* Ludwigsburg: Wüstenrot Stiftung.

Falkenau, Jens. 2013. *Sportsponsoring: Wirkung und Erfolgsfaktoren aus neuropsychologischer Sicht.* Freiburg: Haufe.

Fatheuer, Thomas. 1985. *Eigentore. Soziologie und Fußball.* Münster: Westfälisches Dampfboot.

Felber, Christian. 2010. *Die Gemeinwohl-Ökonomie: Das Wirtschaftsmodell der Zukunft.* Wien: Deuticke.

Florida, Richard. 2012. *The rise of the creative class.* New York: Basic Books.

Flyvbjerg, Bent, Mette Skamris Holm, und Søren Buhl. 2002. Underestimating costs in public works projects error or lie? *Journal of the American Planning Association* 68 (3): 279–295.

Flyvbjerg, Bent, Allison Stewart, und Alexander Budzier. 2016. The Oxford Olympics Study 2016: Cost and cost overrun at the games working paper 07/2016.

Forschungsstelle Kommunale Sportpolitik und -entwicklung. Deutsche Sporthochschule Köln. 2015. *Sportentwicklungsplanung Gelsenkirchen. Das Modell Gelsensport: Erfahrungen und Perspektiven für die Zukunft Endbericht.* Köln.

Franke, Elk, Hrsg. 2011. *Ethik im Sport.* Schorndorf: Hofmann.

Franke, Marcus. 2015. *Städtische Bewerbungen um internationale Sportevents. Akteure und Interaktionen aus polit-ökonomischer Sicht.* Wiesbaden: Springer VS.

Freie und Hansestadt Hamburg – Behörde für Inneres und Sport. 2015. *Richtlinie für die Förderung von Sportveranstaltungen.* Hamburg.

Frielinghaus, Franziska. 2016. *Stadtteilkämpfe und die (Un)Möglichkeiten ihrer Erforschung.* Norderstedt: Books on Demand.

Fürtjes, Oliver. 2012. Der Fußball und seine Kontinuität als schichtenübergreifendes Massenphänomen. *SportZeiten* 2:55–72.

Gäb, Hans Wilhelm. 1996. Sport-Sponsoring. Zehn ethische Grundsätze. *Marketing Journal* 26 (2): 121.

Gaede, Nicolas. 2006. *Arena des Profifußballs. Die Gestaltung zentraler Geschäftsprozesse in Theorie und Praxis.* Münster: Waxmann.

Gans, Paul, Michael Horn, und Christian Zemann. 2002. Alternative Konzepte zur Erfassung regionalwirtschaftlicher Wirkungen von Sportgroßveranstaltungen. In *Regional- und sportökonomische Aspekte von Sportgroßveranstaltungen*, Hrsg. M.-P. Büch, W. Maennig, und Hans-Jürgen Schulke, 123–137. Köln: Sport und Buch Strauss.

Gebhardt, Winfried. 2015. Feste, Feiern und Events. Die etwas andere Freizeit. In *Handbuch Freizeitsoziologie*, Hrsg. Renate Freericks und Dieter Brinkmann, 415–430. Wiesbaden: Springer Fachmedien.

Geeraert, Arnout, Hrsg. 2018. *National sports governance observer.* Final report. Aarhus: Play the Game & Danish Institute for Sports Studies.

Gehrig, Thomas. 2013. *Zur Kritik des ökologischen Diskurses. Eine Auseinandersetzung mit Theorien gesellschaftlicher Naturverhältnisse*, Bd. 1. Münster: Monsenstein und Vannerdat.

Gieseler, Karlheinz, Hrsg. 1972. *Der Sport in der Bundesrepublik Deutschland.* Bonn: Boldt.

Gmünder, Stefan. 2018. *Zeyringer Klaus: Das wunde Leder. Wie Kommerz und Korruption den Fußball kaputt machen.* Berlin: Suhrkamp.

Grabka, Markus, und Jan Goebel. 2018. Einkommensverteilung in Deutschland: Realeinkommen sind seit 1991 gestiegen, aber mehr Menschen beziehen Niedrigeinkommen. *DIW Wochenbericht* 21:450–459.

Grünheid, Evelyn. 2011. Wandel und Kontinuität in der Partnerwahl in Deutschland. Analysen zur Homogamie von Paaren. BiB Working Paper 1.

Grupe, Ommo, und Mieth Dietmar, Hrsg. 1998. *Lexikon der Ethik im Sport*, 2. Aufl. Schorndorf: Hofmann.

Güldenpfennig, Sven. 2013. *Rückbesinnung auf ein puristisches Sportverständnis. Neun Anlässe zum Umdenken*. Göttingen: Arete.

Güldenpfennig, Sven. 2017a. Sport als Element kommunaler Kultur. In *Sport in der Kommune als Managementaufgabe*, Hrsg. Gabriele Wach und Ronald Wadsack, 29–55. Frankfurt a. M.: Lang.

Güldenpfennig, Sven. 2017b. Sport für alle – Impulse und Implikationen für eine Sportpolitik jenseits des Spitzensports. In *Sport für alle. Idee und Wirklichkeit*, Hrsg. Dieter H. Jütting und Michael Krüger, 83–110. Münster: Waxmann.

Güldenpfennig, Sven. 2018. *Im Fokus sportpolitischer Aufklärung. Spurensuche von 1968 bis 2018*. Hildesheim: Arete.

Güllner, Manfred. 2013. *Nichtwähler in Deutschland*, 20. Berlin: Friedrich-Ebert-Stiftung, Forum Berlin.

Hacke, Axel. 2018. Wie der Fußball in Deutschland vielleicht noch zu retten wäre. *Süddeutsche Magazin*, 23. August.

Hamm, Rüdiger, et al. 2016. Regionalwirtschaftliche Effekte eines Fußball-Bundesligavereins, Mönchengladbach. *Raumforschung und Raumordnung* 74 (2): 135–150.

Hartmann, Michael. 2018. *Die Abgehobenen. Wie die Eliten die Demokratie gefährden*. Frankfurt a. M.: Campus.

Häußermann, Hartmut, und Walter Siebel. 1993. Die Politik der Festivalisierung und die Festivalisierung der Politik. In *Festivalisierung der Stadtpolitik. Stadtentwicklung durch große Projekte*, Hrsg. Hartmut, Häußermann, und Walter Siebel. Leviathan Sonderheft Bd. 13, 7–31. Opladen: Westdeutscher Verlag.

Haus & Grund Deutschland. 2018. *Grundsteuerranking 2018*. Berlin: Haus & Grund Deutschland.

Haut, Jan, und Eike Emrich. 2011. Sport für alle, Sport für manche. Soziale Ungleichheiten im pluralisierten Sport. *Sportwissenschaft* 4:315–326.

Hebbel-Seeger, Andreas, et al. Hrsg. 2015. *Sport und Stadtmarketing – Ökonomische Risiken, soziale Verantwortung und mediale Lösungen*. Norderstedt: BoD.

Heinemann, Klaus. 1998. *Einführung in die Soziologie des Sports*, 4. Aufl. Schorndorf: Hofmann.

Heinz, Werner. 2015. *(Ohn)Mächtige Städte in Zeiten der neoliberalen Globalisierung*. Münster: Westfälisches Dampfboot.

Heuzeroth, Corinna, und Jürgen Dorbritz. 2009. Gleich und gleich gesellt sich gerne? – Eine deskriptive Analyse der Homogamie von Ehepaaren und nichtehelichen Lebensgemeinschaften im Hinblick auf den Bildungsabschluss der Partner. *BiB-Mitteilungen* 2:13–19.

Hoffmann, Hilmar. 1979. *Kultur für alle. Perspektiven und Modelle*. Frankfurt a. M.: Fischer Taschenbuchverlag.

Holm, Andrej. 2018. Gentrification. In *Handbuch Kritische Stadtgeographie*, 3. Aufl, Hrsg. Bernd Belina et al., 147–152. Münster: Westfälisches Dampfboot.

Hopf, Wilhelm, Hrsg. 1979. *Fussball. Soziologie und Sozialgeschichte einer populären Sportart*. Bensheim: Päd.extra Buchverlag.

Hübenthal, Christoph, und Dietmar Mieth. 1998. Sponsoring. In *Lexikon der Ethik im Sport*, 2. Aufl, Hrsg. Ommo Grupe und Christoph Hübenthal, 474–478. Schorndorf: Hofmann.

Hübner, Horst. 2017. Sportentwicklung und Sportpolitik in den Städten. Zwischen zeitgemäßem Sparen und zukunftsfähiger Förderung. In *Sport für Alle. Idee und Wirklichkeit*, Hrsg. Dieter H. Jütting und Michael Krüger, 48–63. Münster: Waxmann.

Jütting, Dieter H. 1976. *Freizeit und Erwachsenensport. Ein Beitrag zur erziehungswissenschaftlichen Freizeitforschung*. München: Reinhardt.

Jütting, Dieter H. 1983. Freie Zeit – Zum Zeitkonzept und Zeithaushalt in der Industriegesellschaft. In *Sport und Freizeit*, Hrsg. Elk Franke, 27–40. Reinbek bei Hamburg: Rowohlt.

Jütting, Dieter H., Hrsg. 2004. *Die Laufbewegung in Deutschland – Interdisziplinär betrachtet*. Münster: Waxmann.

Jütting, Dieter H., Hrsg. 2007a. *Die Welt ist wieder heimgekehrt. Studien zur Evaluation der FIFA-WM 2006*. Münster: Waxmann.

Jütting, Dieter H., Hrsg. 2007b. *Wer läuft denn da? Studien zur Laufbewegung*. Münster: Waxmann.

Jütting, Dieter H., und Michael Krüger, Hrsg. 2017. *Sport für alle. Idee und Wirklichkeit*. Münster: Waxmann.

Kaiser, Sebastian. 2014. Internationale Sportgroßveranstaltungen und Sportentwicklungsplanung. In *Handbuch Sportentwicklungsplanung*, Hrsg. Alfred Rütten, Siegfried Nagel, und Robin Kähler, 339–346. Schorndorf: Hofmann.

Kaufmann, Stephan, und Tadzio Müller. 2009. *Grüner Kapitalismus. Krise, Klimawandel und kein Ende des Wachstums*. Berlin: Dietz.

Keller, Berndt, Susanne Schulz, und Hartmut Seifert. 2012. *Entwicklungen und Strukturmerkmale der atypisch Beschäftigten in Deutschland bis 2010*. WSI – Diskussionspapier Nr. 182, Düsseldorf.

Kemper, Andreas, und Heike Weinbach. 2016. *Klassismus. Eine Einführung*. Münster: Unrast.

Kemper, Jan, und Anne Vogelpohl. 2011. *Lokalistische Stadtforschung, kulturalisierte Städte: Zur Kritik einer „Eigenlogik der Städte"*. Münster: Westfälisches Dampfboot.

Kist, Luca. 2006. Stadtentwicklungsplanung und Festivalisierung. Die gescheiterte Olympiabewerbung Stuttgarts und ihre Folgen. *PLANERIN*. Fachzeitschrift für Stadt-, Regional- und Landesplanung, Heft 1/2006, 22–24 (Event-Euphorie zwischen Glücksgefühl und Katerstimmung).

Klein, Gabriele. 2008. Urbane Bewegungskulturen. Zum Verhältnis von Sport, Stadt und Kultur. In *Bewegungsraum und Stadtkultur. Sozial- und Kulturwissenschaftliche Perspektiven*, Hrsg. Jürgen Funke-Wieneke und Gabriele Klein, 13–27. Bielefeld: transcript.

Klein, Marie-Luise. 2014. Sportveranstaltungen und kommunale Sportentwicklungsplanung. In *Handbuch Sportentwicklungsplanung*, Hrsg. Alfred Rütten, Siegfried Nagel, und Robin Kähler, 253–260. Schorndorf: Hofmann.

Klose, Dagmar, und Marco Ladewig, Hrsg. 2009. *Freiheit im Mittelalter am Beispiel der Stadt.* Potsdam: Universitätsverlag.

Knuth, Johannes. 2018. Letzter Vorhang. Das Aus des traditionsreichen Hochsprung-Meetings in Eberstadt verdeutlicht die Alltagsprobleme der Leichtathletik. *Süddeutsche Zeitung,* 24. August.

Koller, Gerald. 2002. Das Fest als Rausch- und Risikoraum. In *Feste feiern,* Hrsg. Eva Kreissl, Andrea Scheichl, und Karl Vocelka, 91–99. Linz: Trauner.

Krause, Matthias. 1988. Die Anfänge des Alltagslaufs. In *Alltagslauf als Aufbruch,* Hrsg. Hans-Jürgen Schulke, 43–58. Wuppertal: Hans Putty.

Kreisel, Volker. 2018. European Championships. Das ist die Sammel-EM in Glasgow und Berlin. *Süddeutsche Zeitung,* 2. August.

Landsberg, Gerd. 2017. Deutscher Städte- und Gemeindebund: Statement zur kommunalen Sportpolitik. Starker Sport – Starke Kommunen Städte und Gemeinden als Räume der Bewegung 02.11.2017.

Lebuhn, Henrik. 2007. Sozialräumliche Konflikte in der unternehmerischen Stadt. Eine Berliner Fallstudie. *PROKLA* 37 (149): 529–545 (Globalisierung und Spaltungen in den Städten).

Lindner, Stephan. 2004. Neoliberale Think-Tanks in Deutschland. In *Die Berater. Ihr Wirken in Staat und Gesellschaft,* Hrsg. Werner Rügemer, 47–60. Bielefeld: transcript.

Lorenz, Blume. 2012. Ökonomische Rahmenbedingungen und Herausforderungen des Standortwettbewerbs. In *Städte und Regionen im Standortwettbewerb. Neue Tendenzen, Auswirkungen und Folgerungen für die Politik,* Hrsg. Albrecht Kaufmann und Martin T.W. Rosenfeld, 14–31. Hannover: Akademie für Raumforschung und Landesplanung.

Löw, Martina. 2008. *Soziologie der Städte.* Frankfurt a. M.: Suhrkamp.

Lucas, Rainer. 2005. Der öffentliche Raum als Bühne. Events im Stadt- und Regionalmarketing, Wuppertal Papers Nr. 154, Wuppertal.

Lutz, Ronald. 1988. Laufen als Werkzeug der Umweltaneignung. In *Alltagslauf als Aufbruch,* Hrsg. Hans-Jürgen Schulke, 30–42. Wuppertal: Hans Putty.

Maase, Kaspar. 1997. *Grenzenloses Vergnügen Der Aufstieg der Massenkultur 1850–1970.* Frankfurt a. M.: Fischer Taschenbuch.

Maennig, Wolfgang. 1998. Möglichkeiten und Grenzen von Kosten-/Nutzenanalysen im Sport. *Sportwissenschaft* 3–4:311–327.

Manssen, Gerrit. 2011. *Rechtsgutachten. Die verfassungs- und kommunalrechtliche Zulässigkeit des Abschlusses eines Host-City-Vertrages mit dem Internationalen Olympischen Komitee (IOC) durch die Landeshauptstadt München zur Durchführung der XXIII. Olympischen Winterspiele und der XII. Paralympischen Winterspiele 2018.* Regensburg: Eigendruck.

Matecki, Claus, und Thorsten Schulten, Hrsg. 2013. *Zurück zur öffentlichen Hand? Chancen und Erfahrungen der Rekommunalisierung.* Hamburg: VSA.

Maurer, Michael. 2004. Prolegomena zur einer Theorie des Festes. In *Das Fest. Beiträge zu seiner Theorie und Systematik,* Hrsg. Michael Maurer, 19–31. Wien: Böhlau.

Müller, Albrecht. 1998. Tiere im Sport. In *Lexikon der Ethik im Sport,* 2. Aufl, Hrsg. Ommo Grupe und Dietmar Mieth, 562–566. Schorndorf: Hofmann.

Müller, Martin. 2015. Das Mega-Event-Syndrom. Weshalb Großveranstaltungen so problematisch sind – Und was sich ändern sollte. *Standort – Zeitschrift für angewandte Geografie* 2–3:120–126.

Müller, Wolfgang, und Detlev Sträter. 2011. Wer lenkt die Stadt? Wie die Neo-liberalisierung der Stadt die kommunale Selbstverwaltung aushebelt. In *Urbane Differenzen. Disparitäten innerhalb und zwischen Städten*, Hrsg. Bernd Belina et al., 132–162. Münster: Westfälisches Dampfboot.

Nielsen Sports. 2018. *SPONSOR-TREND 2018. Status und Trends im Sponsoringmarkt in Deutschland, Österreich und der Schweiz*. Köln: Nielsen Sports.

Notz, Gisela. 2012. *Theorien alternativen Wirtschaftens. Fenster in eine andere Welt*. Stuttgart: Schmetterling.

Orfali, Kristina. 1993. Modell der Transparenz. Die schwedische Gesellschaft. In *Geschichte des privaten Lebens*, Hrsg. Antoine Prost und Vincent Gérard. Vom Ersten Weltkrieg zur Gegenwart, Bd. 5, 483–515. Frankfurt a. M.: Fischer.

Osterland, Martin, et al. 1973. *Materialien zur Lebens- und Arbeitssituation der Industrie-arbeiter in der BRD*. Frankfurt a. M.: Europäische Verlagsanstalt.

Ötsch, Walter Otto, Stephan Pühringer, und Katrin Hirte. 2018. *Netzwerke des Marktes. Ordoliberalismus als Politische Ökonomie*. Wiesbaden: Springer VS.

Palm, Jürgen. 1968. Sport für alle – Der zweite Weg des Deutschen Sportbundes 1959–1967. In *Jahrbuch des Sports 1967/68*, Hrsg. DSB. Frankfurt a. M.: Schors.

Palmen, Michael. 2018. Was geschieht mit unseren Sportstätten? Bundesinstitut für Sport-wissenschaft: BISp-Report 2017/18 Bilanz und Perspektiven, Bonn, 28–37.

Pasternack, Peer, und Carsten von Wissel. 2010. Programmatische Konzepte der Hoch-schulentwicklung in Deutschland seit 1945. Arbeitspapier 204 Hans Böckler Stiftung, Düsseldorf.

Pawlowski, Tim, und Christoph Breuer. 2012. *Die Finanzpolitische Bedeutung des Sports in Deutschland*. Wiesbaden: Springer Fachmedien.

Penz, Otto. 2010. *Schönheit als Praxis. Über Klassen- und geschlechtsspezifische Körper-lichkeit*. Frankfurt a. M.: Campus.

Peters, Christian. 2016. *Skateboarding – Ethnographie einer urbanen Praxis*. Münster: Waxmann.

Pieter, Andrea, Michael Fröhlich, und Eike Emrich. 2014. Aktiv – Motiviert – Leistungs-stark? – Empirische Überprüfung der Wirkung eines Betriebssportangebotes. *SCIA-MUS – Sport und Management* 1:1–17

Posch, Waltraud. 2009. *Projekt Körper. Wie der Kult um die Schönheit unser Leben prägt*. Frankfurt a. M.: Campus.

Präsident des Hessischen Rechnungshofs. 2015. *Kommunalbericht 2015*. Wiesbaden

Preuß, Holger. 1999. *Ökonomische Implikationen der Ausrichtung Olympischer Spiele von München 1972 bis Atlanta 1996*. Kassel: AGON Sportverlag.

Preuß, Holger. 2011a. *Kosten und Nutzen Olympischer Winterspiele in Deutschland. Eine Analyse von München 2018*. Wiesbaden: Gabler.

Preuß, Holger. 2011b. Opportunitätskosten und Effizienz von Investitionen in die Olympi-schen Winterspiele München 2018. Mainzer Papers on Sports Economics & Manage-ment, No. 5, Mainz.

Preuß, Holger. 2012. Olympische Spiele der Neuzeit als Wirtschaftsfaktor – Wer profitiert von den Olympischen Spielen? Mainzer Papers on Sports Economics & Management, No. 9, Mainz.

Prigge, Rolf, und Thomas Schwarzer. 2006. *Großstädte zwischen Hierarchie, Wettbewerb und Kooperation*. Wiesbaden: VS Verlag.

Prokop, Ulrike. 1971. *Soziologie der Olympischen Spiele. Sport und Kapitalismus*. München: Hanser.

Pühringer, Stephan, et al. 2017. Was denken (zukünftige) ÖkonomInnen? Einblicke in die politische und gesellschaftliche Wirkmächtigkeit ökonomischen Denkens. *Gesellschaft – Wirtschaft – Politik (GWP)* 4:547–555.

Richter, Jörg, Hrsg. 1972. *Die vertrimmte Nation oder Sport in rechter Gesellschaft*. Reinbek: Rowohlt.

Rigauer, Bero. 1969. *Sport und Arbeit. Soziologische Zusammenhänge und ideologische Implikationen*. Frankfurt a. M.: Suhrkamp.

Rohrer, Tanja, und Max Haller. 2015. Sport und soziale Ungleichheit – Neu Befunde aus dem internationalen Vergleich. *Kölner Zeitschrift für Soziologie und Sozialpsychologie* 1:57–82.

Ronneberger, Klaus, et al. 1999. *Die Stadt als Beute*. Bonn: Dietz.

Rügemer, Werner. 2004. Der Mythos der ökonomischen Effizienz. Berater als Akteure der neoliberalen Globalisierung. In *Die Berater. Ihr Wirken in Staat und Gesellschaft*, Hrsg. Werner Rügemer, 68–108. Bielefeld: transcript.

Rügemer, Werner. 2010. Public Private Partnership: Die Plünderung des Staates. *Blätter für deutsche und internationale Politik* 2:75–84

Rügemer, Werner. 2012. Der Ruin der Kommunen: Ausverkauft und totgespart. *Blätter für deutsche und internationale Politik* 8:93–102.

Rust, Holger, et al. 2008. *Zukunftsillusionen: Kritik der Trendforschung*. Wiesbaden: VS Verlag.

Rütter, Heinz, Jürg Stettler, et al. 2002. *Volkswirtschaftliche Bedeutung von Sportgrossanlässen in der Schweiz – Schlussbericht*. Luzern: Institut für Tourismuswirtschaft.

Rütten, Alfred, Siegfried Nagel, und Robin Kähler, Hrsg. 2014. *Handbuch Sportentwicklungsplanung*. Schorndorf: Hofmann.

Scarsbrook, Sarah. „London nach Olympia. Uncooles Erbe cooler Spiele" Süddeutsche Zeitung vom 12.08.2012.

Schäfer, Armin. 2015. *Der Verlust politischer Gleichheit: Warum die sinkende Wahlbeteiligung der Demokratie schadet*. Frankfurt a. M.: Campus.

Schäfer, Armin, et al. 2013. *Prekäre Wahlen. Milieus und soziale Selektivität der Wahlbeteiligung bei der Bundestagswahl 2013*. Gütersloh: Bertelsmann Stiftung.

Schreiner, Patrick. 2015. *Unterwerfung als Freiheit. Leben im Neoliberalismus*. Köln: PapyRossa.

Schreiner, Patrick. 2017. *Warum Menschen sowas mitmachen. Achtzehn Sichtweisen auf das Leben im Neoliberalismus*. Köln: PapyRossa.

Schubert, Dirk. 2007. Metropole Hamburg – Wachsende Stadt: Aufbruch zu neuen Ufern? Leitbilder, Visionen, Realitäten und neue Planungskulturen. *Raumplanung* 129:237–242.

Schulke, Hans-Jürgen. 1977. *Erwachsenensport als Weiterbildung*. Köln: Pahl-Rugenstein.

Schulke, Hans-Jürgen, Hrsg. 1988a. *Alltagslauf als Aufbruch*. Wuppertal: Hans Putty.

Schulke, Hans-Jürgen. 1988b. Laufbewegung, Breitensport, Alltagskultur. In *Alltagslauf als Aufbruch*, Hrsg. Hans-Jürgen Schulke. Wuppertal: Hans Putty.

Schulke, Hans-Jürgen. 2017a. Sport für alle – Auch für Menschen mit geistiger Behinderung? Das Konzept von Special Olympics und sein Beitrag zum inklusiven Sport. In *Sport für alle. Idee und Wirklichkeit*, Hrsg. Dieter H. Jütting und Michael Krüger, 302–319. Münster: Waxmann.

Schulke, Hans-Jürgen. 2017b. Sportstadt – Status und Schimäre. In *Sport in der Kommune als Managementaufgabe*, Hrsg. Gabriele Wach und Ronald Wadsack, 9–27. Frankfurt a. M.: Lang.

Schulze-Marmeling, Dieter. 1992. *Der gezähmte Fußball. Zur Geschichte eines subversiven Sports*. Göttingen: Werkstatt.

Schwark, Jürgen. 1994. *Die unerfüllten Sportwünsche. Zur Diskrepanz von Sportwunsch und Sportrealität Erwachsener*. Münster: Waxmann.

Schwark, Jürgen. 2004. Die Alten Herren: Fußballspielen als Lebensform. In *Die lokal-globale Fußballkultur – Wissenschaftlich betrachtet*, Hrsg. Dieter H. Jütting, 195–208. Münster: Waxmann.

Schwark, Jürgen. 2005. Sportgroßveranstaltungen und Tourismus Studien zum Champions League Final 2004 und KarstadtRuhrMarathon 2004. In *Sporttourismus und Großveranstaltungen – Praxisbeispiele*, Hrsg. Jürgen Schwark, 9–32. Waxmann: Münster.

Schwark, Jürgen. 2006. Klasse, Lebensstil und Kulturindustrie oder: Warum wir meinen sollen, Golf spielen zu wollen! In *Postmoderne Freizeitstile und Freizeiträume*, Hrsg. Paul Reuber und Peter Schnell, 317–327. Berlin: Erich Schmidt.

Schwark, Jürgen. 2007. „Laufen und Geld mitbringen" – Regionalwirtschaftliche Effekte des KarstadtRuhrMarathons. In *Wer läuft denn da?: Studien zur Laufbewegung*, Hrsg. Dieter H. Jütting, 63–73. Waxmann: Münster.

Schwark, Jürgen. 2009. *Städteranking Sportgroßveranstaltungen – Eine vergleichende Untersuchung*. Bocholter Hochschulschriften, Bd. 11. Bocholt: Bocholter Hochschulschriften.

Schwark, Jürgen. 2016. *Handbuch Sporttourismus*. Konstanz: UVK.

Schwark, Jürgen. 2017. Fitness- und Wellnessangebote – Reparative Gesundheit für marktkonforme Arbeitskraftunternehmer!? In *Gesundheit in der entwickelten Erlebnisgesellschaft*, Hrsg. Renate Freericks und Dieter Brinkmann, 47–66. Bremen: Institut für Freizeitwissenschaft und Kulturarbeit.

Schwark, Jürgen. 2018. Sportpolitik und Sportgroßveranstaltungen – Der Grand Départ der Tour de France 2017. In *(Regional-)Entwicklung des Sports*, Hrsg. Gerhard Nowak et al., 241–258. Schorndorf: Hofmann.

Schwark, Jürgen. 2019a. Sport als Standortpolitik und Selbstoptimierung – Kritik der neoliberal geprägten Stadt. In *Sport für den Menschen – Sozial verantwortliche Interventionen im Raum*, Hrsg. Tim Bindel, und Eckart Balz, 10. Hamburg: Erich Schmidt.

Schwark, Jürgen. 2019b. Wozu Großveranstaltungen? Konzepte und Konflikte um Tourismus, Standortfaktoren, Gentrifizierung und Daseinsvorsorge in der Stadt. In *Tourismus und Gesellschaft: Kontakte, Konflikte, Konzepte*, Hrsg. Julian Reif, und Bernd Eisenstein. Berlin: Erich Schmidt.

Schwier, Jürgen. 2000. *Sport als populäre Kultur. Sport, Medien und Cultural Studies*. Hamburg: Czwalina.

Seidl, Irmi, und Angelika Zahrnt, Hrsg. 2010. *Postwachstumsgesellschaft. Konzepte für die Zukunft*. Marburg: Metropolis.

Selle, Klaus. 2006. Stadtentwicklung durch große Ereignisse? In *Fachzeitschrift für Stadt-, Regional- und Landesplanung*, Hrsg. PLANERIN. Event-Euphorie zwischen Glücksgefühl und Katerstimmung, Bd. 1, 5–7. Berlin: SRL e.V.

Senatsverwaltung für Inneres und Sport Berlin. 10. Sitzung des Ausschusses für Sport vom 15. September 2017, IV A 2 – 07151-1819 – vom 29. September 2017.

Siebel, Walter. 2015. *Die Kultur der Stadt*. Berlin: Suhrkamp.

Simons, Harald, und Lukas Weiden (empirica ag). 2015. Schwarmstädte in Deutschland Ursachen und Nachhaltigkeit der neuen Wanderungsmuster. Endbericht, Berlin.

Smoltczyk, Alexander. 2017. Einschlag ins Kontor. Der Spiegel, 17. Juni.

SPD-Duisburg, Hrsg. 1975. Der Duisburg Plan 1980. Duisburg: SPD-Duisburg.

Sportamt München. Sitzungsvorlage Nr. 14 – 20/V 13807 vom 13.02.2019 „Bewerbung um die Ausrichtung des UEFA Champions League Finales der Herren 2021 in München".

Stark, Christopher. 2014. Neoliberalyse. Über die Ökonomisierung unseres Alltags. Wien: Mandelbaum.

Statistischen Bundesamt. 2019. Außenhandel zur Gesamtentwicklung des deutschen Außenhandels von 1950.

Statistisches Amt für Hamburg und Schleswig-Holstein, Hrsg. 2007. Monitor Wachsende Stadt. Hamburg: Statistisches Amt für Hamburg und Schleswig-Holstein.

Statistisches Bundesamt. 2016. Datenreport 2016. Bonn: Statistisches Bundesamt.

Statistisches Bundesamt. 2018. Unternehmen und Arbeitsstätten. Gewerbeanzeigen in den Ländern. Berlin: Statistisches Bundesamt.

Stettler, Jürg, et al. 2011. Analyse der Sporteventförderung der öffentlichen Hand, Luzern, Rüschlikon, Magglingen (Projektbericht).

Stickdorn, Sarah. 2007. Auf den Spuren Zatopeks – Eine qualitative Studie zum Marathonlauf als Freizeitsport. In Wer läuft denn da? Studien zur Laufbewegung, Hrsg. Dieter H. Jütting, 75–86. Münster: Waxmann.

Strob, Burkhard. 1999. Der vereins- und verbandsorganisierte Sport: Ein Zusammenschluß von (Wahl)Gemeinschaften? Münster: Waxmann.

Thöni, Erich, und Michael Barth. 2012. Öffentliche Förderung von Sportgroßveranstaltungen: Pros und Cons aus sozioökonomischer Sicht. In Sport und Sportgroßveranstaltungen in Europa – Zwischen Zentralstaat und Regionen, Hrsg. Martin-Peter Büch, Wolfgang Maennig, und Hans-Jürgen Schulke, 173–210. Hamburg: University Press.

Tiedemann, Claus. 1976. Die Deutsche Olympische Gesellschaft. In Die Zukunft der Olympischen Spiele, Hrsg. Hans-Jürgen Schulke, 152–171. Köln: Pahl-Rugenstein.

Tørsløv, Thomas Rasmusen, Ludvig Wier, und Gabriel Zucman. 2017. €600 billion and counting: Why high-tax countries let tax. Copenhagen: University of Copenhagen.

Tröger, Walther. 2011. Vergabe von Sportveranstaltungen. In Internationale Sportevents im Umbruch? Hrsg. Martin-Peter Büch, Wolfgang Maennig, und Hans-Jürgen Schulke, 67–74. Aachen: Meyer & Meyer.

UEFA-Kompetenzzentrum. 2017. Die europäische Klubfußballlandschaft. Benchmarking-Bericht zur Klublizenzierung für das Finanzjahr 2016, Genf.

Ulbert, Hans-Jürgen. 2009. Freizeitgroßeinrichtungen im Fokus. trends 03/2009. ILS – Institut für Landes- und Stadtentwicklungsforschung, Dortmund.

Urban, Hans-Jürgen, Hrsg. 2006. ABC zum Neoliberalismus. Von „Agenda 2010" bis „Zumutbarkeit". Hamburg: VSA.

Vinnai, Gerhard. 1970. Fußballsport als Ideologie. Frankfurt a. M.: Europäische Verlagsanstalt.

Vinnai, Gerhard. 1972. Sport in der Klassengesellschaft. Frankfurt a. M.: Fischer.

Vöpel, Henning, und Max Steinhardt. 2008. Wirtschaftsfaktor Fußball. Globale Entwicklungen und die regionalwirtschaftlichen Potenziale des HSV. Hamburg: Hamburgische WeltWirtschaftsInstitut.

Wagner, Helmut. 1973. *Sport und Arbeitersport*. Köln: Büchergilde Gutenberg (Erstveröffentlichung 1931).

Weiß, Otmar. 1999. *Einführung in die Sportsoziologie*. Wien: Waxman.

Wissenschaftliche Dienste des Deutschen Bundestages: Förderung internationaler Sportveranstaltungen durch den Bund. Aktenzeichen: WD 10 – 3000 – 004/19 Abschluss der Arbeit: 6. Februar 2019 Fachbereich: WD 10: Kultur, Medien und Sport.

Zukunftskommission Sport. 2016. *Dekadenstrategie „HAMBURGmachtSPORT"*. Hamburg: Zukunftskommission Sport.

Internetquellen

Berlemann, Michael, und Jane Tilgner. 2006. Determinanten der Standortwahl von Unternehmen – Ein Literaturüberblick, ifo Niederlassung Dresden des ifo Instituts für Wirtschaftsforschung. www.cesifo-group.de/DocDL/ifodb_2006_6_14-24.pdf.

Bertelsmann-Stiftung. Demographietypen 2017. www.wegweiser-kommune.de/demographietypen.

Bertelsmann-Stiftung. Deutschland zwischen Wachstum und Schrumpfung. Wanderungsbewegung in Deutschland. www.bertelsmann-stiftung.de.

Bolz, Pia. 2001. Stadt Frankfurt, Dezernent für Soziales und Jugend: Frankfurter Sozialbericht Teil III: Wohnungsversorgung, Frankfurt a. M. www.frankfurt.de/sixcms/media.php/738/Wohnen%20Gesamtbericht2.pdf.

Borschel, Christoph, et al. Tischtennis-WM. Warum hunderte Millionen nach Düsseldorf schauen. www.express.de/26986990 vom 30.05.2017.

Brändle, Stefan. Tour de France – Wie eine Gelddruckmaschine. www.fr.de/wirtschaft/eine-gelddruckmaschine-11022406.html vom 04.07.2017.

Burger, Franz. 2018. Die Ausgaben der Kommunen zur Sportförderung, Statistisches Monatsheft Baden-Württemberg 8:41–45. www.statistik-bw.de/Service/Veroeff/Monatshefte/20180807.

Burger, Reiner. Fußballfans Kraft und Laschet: Es ist wahre Liebe. www.faz.net/aktuell/gesellschaft/menschen/fussballfans-kraft-und-laschet-es-ist-echte-leidenschaft-15007393.html vom 13.05.2017.

Butterwegge, Christoph. 2008. Ist der „Kasinokapitalismus" am Ende?- Neoliberalismus in der Legitimationskrise. www.nachdenkseiten.de/?p=3520.

Daniels, Jörg. FSV Frankfurt löst Vertrag mit „Saudia" auf. www.faz.net/aktuell/sport/fussball/bundesliga/umstrittener-sponsor-fsv-frankfurt-loest-vertrag-mit-saudia-auf-12693245.html?service=printPreview vom 03.12.2013.

Deutsche Bundesbank. 2016. Struktur und Dynamik der industriellen Fertigungstiefe im Spiegel der Jahresabschlüsse deutscher Unternehmen. *Monatsbericht* 6:55–69. www.bundesbank.de/resource/blob/615628/e4c6f72cae7d82b8bbcbed7c4ad9210f/mL/2016-06-fertigungstiefe-data.pdf.

Deutsche Triathlon Union. Triathlon in Deutschland. Zahlen, Fakten & Hintergründe. www.dtu-info.de/a/dateien/Triathlon%20in%20Zahlen/DTU_Imagebroschuere_2018.pdf.

DFL. Report 2018. Die wirtschaftliche Situation im Lizenzfußball. www.dfl.de/dfl/files/dfl-report/DFL_Report_2018_M.pdf.

Dierig, Carsten. So locker sitzt das Geld im Fußball. www.welt.de/print/die_welt/wirtschaft/article157953054/So-locker-sitzt-das-Geld-im-Fussball.html vom 05.09.2016.

Dierig, Carstem, und Nando Sommerfeldt. Die erdrueckende Dominanz des deutschen Fussballs. www.welt.de/wirtschaft/article142434433/Die-erdrueckende-Dominanz-des-deutschen-Fussballs.html vom 13.06.2015.

Dreusicke, Lorena. Protest gegen hohe Ticketpreise. Bayern-Fans werfen Papiergeld aufs Spielfeld. www.noz.de/deutschland-welt/sport/artikel/983004/bayern-fans-werfen-papiergeld-aufs-spielfeld#gallery&0&0&983004 vom 23.11.2017.

Duroy, Paul. Die Zombies der Demokratie. Der überflüssige Bürger. www.freitag.de/autoren/paul-duroy/die-zombies-der-demokratie vom 10.08.2018.

Farin, Klaus. 2010. Irrtümer. www.bpb.de/geschichte/zeitgeschichte/jugendkulturen-in-deutschland/36237/irrtuemer.

Genscher, Hans-Dietrich. Brief an die Mitglieder der Führungsgremien und an die Mandatsträger der FDP download unter: freie demokratische Korrespondenz 130/81 vom 20.08.1981. www.freiheit.org/sites/default/files/uploads/2016/04/08/genscher-wendebrief.pdf.

Grünberg, Rainer. Brauchen Beachvolleyballer 650.000 Euro? www.abendblatt.de/hamburg/article214943033/Brauchen-Beachvolleyballer-650-000-Euro.html vom 27.07.2018.

Gruene, Hardy. Neue Anstoßzeiten: Eine Ohrfeige für den Amateurfußball. www.zeitspiel-magazin.de/neue-anstosszeiten-eine-ohrfeige-fuer-den-amateurfussball.html vom 10.07.2015.

Heike, Frank. Olympia-Referendum – Auch Hamburg sagt Nein. https://www.faz.net/aktuell/sport/sportpolitik/olympia-referendum-auch-hamburg-sagt-nein-13939799.html vom 29.11.2015.

Heike, Frank. Der große Olympiakater. www.faz.net/aktuell/sport/mehr-sport/in-hamburg-fehlt-es-an-sponsoren-fuer-den-sport-14140125.html?service=printPreview vom 22.03.2016.

Hermanns, Stefan. Neue Anstoßzeiten: Eine Ohrfeige für den Amateurfußball. www.tagesspiegel.de/sport/viele-freie-plaetze-bei-deutschland-frankreich-die-nationalelf-hat-mehr-kunden-als-fans/20586586.html vom 15.11.2017.

http://austria-forum.org/af/Heimatlexikon/Schnee-palast_-_Wien.

http://kommunalwiki.boell.de/index.php/Aufgaben_der_Kommunen#Freiwillige_Aufgaben_und_Haushaltskonsolidierung, 25.11.1997, StGH 14/95.

http://transparenz.hamburg.de/das-hmbtg/.

https://andreaskemper.org/2011/12/07/klassismus-von-deutschen-politikern/.

https://de.statista.com/outlook/40110200/137/kartoffelchips/deutschland#market-revenue.

https://de.uefa.com/community/news/newsid=2065553.html.

https://mudder-guide.de/tough-mudder-hindernisse/.

https://reviersport.de/275403---sv-hoe-nie-dorfklub-verzichtet-aufstieg.html.

https://saubere-kleidung.de.

https://saubere-kleidung.de/tag/adidas/.

https://shop.hsv.de.

https://unique-sportstime.de/firmenlaeufe/.

Hunger, Anton. Politische Metaphern: Die Schwäbische Hausfrau. www.faz.net/aktuell/wirtschaft/wirtschaftspolitik/sparpolitik-merkel-und-die-schwaebische-hausfrau-14333164.html vom 14.07.2016.

Hüther, Michael. Pro und Contra: Soll man die Schuldenbremse abschaffen? https://rp-online.de/wirtschaft/soll-man-die-schuldenbremse-abschaffen_aid-37328627 vom 08.03.2019.

Joisten, Harald. Radsport am Scheideweg. www.fr.de/sport/sport-mix/radsport-scheideweg-12247867.html vom 13.05.2019.

Kreuzer, Heinz Peter. Olympische Winterspiele. Umweltzerstörung hat Tradition. www.deutschlandfunk.de/olympische-winterspiele-umweltzerstoerung-hat-tradition.890.de.html?dram:article_id=276157 vom 20.01.2014.

Landeshauptstadt München – Referat für Bildung und Sport: Sporthighlights 2019 Veranstaltungen in München, München 2018. www.muenchen.de/rathaus/Stadtverwaltung/Referat-fuer-Bildung-und-Sport/Sport/sportveranstaltungen/Sporthighlights.html.

Landeshauptstadt München Referat für Stadtplanung und Bauordnung: Leitmotiv und Leitlinien der Perspektive München, München 2015. www.muenchen.de/rathaus/Stadtverwaltung/Referat-fuer-Stadtplanung-und-Bauordnung/Stadtentwicklung/Perspektive-Muenchen/Strategische-Leitlinien.html.

Lieb, Arne. Steuermehreinnahmen durch Grand Départ. „Das Gutachten zur Tour ist nicht haltbar". www.rp-online.de/nrw/staedte/duesseldorf/tour-de-france-in-duesseldorf-das-gutachten-zur-tour-ist-nicht-haltbar_aid-17938641 vom 06.09.2017a.

Lieb, Arne. Düsseldorf zahlt 7,8 Millionen für Tour: OB Geisel nennt Geld „gut investiert". www.rp-online.de/nrw/staedte/duesseldorf/duesseldorf-zahlt-7-8-millionen-fuer-tour-geisel-nennt-geld-gut-investiert_aid-17941221 vom 06.09.2017b.

Lieb, Arne. Entscheidung im Stadtrat: Düsseldorf darf Tour-Rechnungen zunächst nicht bezahlen. www.rp-online.de/nrw/staedte/duesseldorf/duesseldorf-darf-tour-rechnungen-zunaechst-nicht-bezahlen_aid-18023193 vom 21.09.2017c.

Löw, Martina, und Silke Steets. Umgang mit Gentrifizierung – Ein Vergleich der Städte Berlin, Frankfurt, Hamburg, Leipzig, München und Offenbach, Projektbericht TU Darmstadt 2014. http://raum.soz.tu-berlin.de/aktuelles/Umgang%20mit%20Gentrifizierung-Abschlussbericht.pdf.

Mc Kinsey. 2015. Wachstumsmotor Bundesliga. Die ökonomische Bedeutung des professionellen Fußballs in Deutschland – Ergebnisse 2015. www.dfl.de/de/publikationen/wachstumsmotor-bundesliga/.

Nufer, Gerd. Marken-Recall-Werte bei Fußball-Weltmeisterschaften. www.marktforschung.de/hintergruende/fachartikel/marktforschung/marken-recall-werte-bei-fussball-weltmeisterschaften/ vom 20.03.2008.

Preuß, Holger, Thomas Könecke, und Norbert Schütte. 2012. Primäre ökonomische Auswirkungen des 1. FC Kaiserslautern für Kaiserslautern und Rheinland-Pfalz. In *Ökonomie der Sportspiele*, Hrsg. Gerhard Trosien, 205–222. Schorndorf.

PricewaterhouseCoopers AG (pwc). 2014. Gutachten zur Prüfung der vertikalen Bedarfsermittlung des neuen Kommunalen Finanzausgleichs 2016 in Hessen, Saarbrücken. https://finanzen.hessen.de/sites/default/files/media/hmdf/gutachten_von_pwc_zum_kfa2016.pdf.

PricewaterhouseCoopers AG (pwc). Kosten sparen in der Krise: Der Gang ins Ausland sichert auch den heimischen Standort. www.pwc.de/de/internationalisierung/kostensparen-in-der-krise.html vom 07.12.2011.

Regionalverband Ruhr. Bewilligungsbedingungen. Gewährung von Zuwendungen zur Förderung von Sportveranstaltungen. www.rvr.ruhr/fileadmin/user_upload/01_RVR_ Home/02_Themen/Freizeit_Tourismus/Sport/2017_Bewilligungsbedingungen_Sportfoerderung_RVR.pdf.

Rentzsch, Felix. Zetsche packt aus: Darum hört Mercedes wirklich als DFB-Sponsor auf. www.businessinsider.de/zetsche-packt-aus-darum-hoert-mercedes-wirklich-als-dfb-sponsor-auf-2017-7 vom 18.07.2017.

Retzlaff, Dirk. Duisburg sagt internationale Ruder Regatta 2018 ab. www.waz.de/sport/ lokalsport/duisburg/duisburg-sagt-internationale-ruder-regatta-2018-ab-id210758799. html vom 31.05.2017.

Retzlaff, Rolf. Welche Chancen bieten Olympische Spiele vor der Haustür?: „Nicht für, sondern durch Olympia die Region stärken". www.stadt-kurier.de/neuss/welche-chancen-bieten-olympische-spiele-in-neuss_aid-45639989 vom 07.09.2019.

Rose, Philipp. Zoff wegen Tour de France-Kosten geht in Düsseldorf weiter. www. nrz.de/staedte/duesseldorf/zoff-wegen-tour-de-france-kosten-geht-in-duesseldorf-weiter-id214582619.html vom 14.06.2018.

Rosskopf, Christian. Lieber Bürger als Kunde. www.zeit.de/1995/38/Lieber_Buerger_als_ Kunde vom 15.09.1995.

Roth, Matthias, und Guido Schäfer. RB Leipzig kauft sich für 70 Millionen Euro die Red-Bull-Arena. www.lvz.de/Sportbuzzer/RB-Leipzig/News/RB-Leipzig-kauft-Red-Bull-Arena-und-will-Stadion-auf-57.000-Plaetze-ausbauen vom 23.12.2016.

Rügemer, Werner. Forfaitierung mit Einredeverzicht. Ein Import aus England. Wie der Staat bei „Public Private Partnership" (PPP) heimlich alle Risiken übernimmt und sich zusätzlich verschuldet. www.freitag.de/autoren/der-freitag/forfaitierung-mit-einredeverzicht vom 07.09.2007.

Rust, Holger. Rettet die Kreativität vor der „Kreativen Klasse". Analyse einer folgenreichen Fiktion. www.ish.uni-hannover.de/fileadmin/wisges/pdf/2010_Change_X_Rettet_die_ Kreativitaet.pdf vom 14.10.2010.

Schmitt, Thomas. Bochums Baurat Kratzsch fühlt sich von Politik ausgebremst. www. waz.de/staedte/bochum/bochums-baurat-kratzsch-fuehlt-sich-von-politik-ausgebremst-id9948644.html vom 20.10.2014.

Schneider, Thomas, Michael Gabriel. Hrsg. 2001. „Fußball ohne Grenzen" – Die Euro 2000 in Belgien und den Niederlanden, Frankfurt a. M. www.kos-fanprojekte.de/fileadmin/user_upload/material/kos/kosmos/KOSMOS-04.pdf.

Scholz, Reiner. Unter der öffentlichen Hand. www.zeit.de/1996/36/Unter_der_oeffentlichen_Hand/komplettansicht?print vom 30.08.1996.

Schwark, Jürgen. 2009. Städteranking Sportgroßveranstaltungen – Eine vergleichende Untersuchung, Bocholt. www.sport-tourismus.de/pdf/2009_staedteranking_sportgrossveranstaltungen.pdf.

Seils, Eric, und Helge Baumann. 2019. Verfügbare Haushaltseinkommen im regionalen Vergleich. www.boeckler.de/pdf/wsi_vm_verfuegbare_einkommen.pdf.

Sohr, Tim. Nein zu Olympia. Hamburg hat das Tor zur Welt verriegelt. www.stern.de/ sport/olympia/olympia--hamburg-hat-das-tor-zur-welt-verriegelt-6580758.html vom 30.11.2015.

Stadt Düsseldorf. 2015. Beschlussvorlage 52/70/2015-1 Tour de France. www.duesseldorf. de/fileadmin/Amt13/presseanhang/2015TDFRatsvorlage.pdf.

Stadt Frankfurt am Main – Der Magistrat – Sportamt: Jahresbericht 2018. www.sportamt.frankfurt.de.

Stadt München Referat für Bildung und Sport Sportamt Sitzungsvorlage Nr. 14–20/V 03930, S. 1 vom 16.09.2015. www.muenchen-transparent.de/dokumente/3777793.

Stallberg, Friedrich W. 2006. Schattenseiten des modernisierten Fußballs – Eine problematisierende Perspektive. www.friedrichstallberg.de/downloads/.

Streit, Matthias. Dien Bundesliga GmbH. Fußball-Vereine sind heute Konzerne. www.wiwo.de/unternehmen/dienstleister/die-bundesliga-gmbh-fussball-vereine-sind-heute-konzerne/10348344-all.html vom 22.08.2014.

Teevs, Christian. 2015. Finanzregeln aufgeweicht. Investoren dürfen Fußballklubs mit Geld zuschütten. www.spiegel.de/sport/fussball/financial-fairplay-im-fussball-was-die-aenderungen-der-uefa-bedeuten-a-1041743-druck.html vom 02.07.2015.

Tørsløv, Thomas Rasmusen, Ludvig Wier, und Gabriel Zucman. 2018. The missing profits of nations, Cambridge. www.nber.org/papers/w24701.

Uhrich, Sebastian (Interview). www.wiwo.de/finanzen/boerse/cashcow-fussball-wird-die-bundesliga-zum-spekulationsobjekt/9475834.html vom 15.02.2014.

Vereinigung der Sportsponsoring-Anbieter/Allensbacher Markt-und Werbeträgeranalyse 2018. Triathlon. Die Besonderheiten der Zielgruppe in Deutschland. vsa-ev.de/wp-content/uploads/2018/08/VSA_AWA_EC18_Triathlon.pdf.

Voeth, Markus. FIFA WM 2018 – Was denkt die deutsche Bevölkerung? – Ergebnisse einer repräsentativen Befragung im Mai 2018. www.ls-voeth.de.

Vöpel, Henning (Interview mit Dirk Kaufmann). www.dw.com/de/champions-league-ist-ein-milliardengesch%C3%A4ft/a-17090824 vom 16.09.2013.

Weinreich, Jens, und Grit Hartmann. Das Länderspiel gegen Kamerun gilt als WM-Test für das Zentralstadion – Noch ist die Finanzierung nicht endgültig geklärt: Leipziger Stauerscheinungen. www.berliner-zeitung.de/das-laenderspiel-gegen-kamerun-gilt-als-wm-test-fuer-das-zentralstadion---noch-ist-die-finanzierung-nicht-endgueltig-geklaert-leipziger-stauerscheinungen-15684024 vom 15.11.2004.

wiki.rechtaufstadt.net/index.php/Manifest_Not_In_Our_Name,_Marke_Hamburg!.

www.abgeordnetenwatch.de/bundestag-2005-2009/abstimmungen/schuldenbremse.

www.akademie-solidarische-oekonomie.de.

www.alternative-wirtschaftspolitik.de.

www.b2run.de/run/de/de/infos/was-ist-b2run/index.html.

www.bertelsmann-stiftung.de/de/themen/aktuelle-meldungen/2019/april/armut-ist-in-deutschland-vor-allem-ein-problem-in-den-grosstaedten/.

www.bib.bund.de/DE/Fakten/Fakt/M34-Wanderungen-West-Ost-ab-1991.html?nn=9992182.

www.bmi.bund.de/DE/themen/sport/internationale-sportpolitik/olympische-spiele-sportgroveranstaltungen/olympische-spiele-sportgrossveranstaltungen-node.html.

www.bmi.bund.de/SharedDocs/downloads/DE/veroeffentlichungen/2013/berliner_erklaerung.pdf.

www.boeckler.de/pdf/wsi_vm_verfuegbare_einkommen.pdf.

www.brandmeyer-markenberatung.de/leistungen/stadtmarken.

www.bremer-baeder.de.

www.bundesfinanzministerium.de/Monatsberichte/2018/02/Inhalte/Kapitel-6-Statistiken/6-1-19-staatsquoten-im-internationalen-vergleich.html.

www.bundesfinanzministerium.de/Web/DE/Themen/Oeffentliche_Finanzen/Foederale_Finanzbeziehungen/Laenderfinanzausgleich/laenderfinanzausgleich.html.

www.bundesregierung.de/Content/DE/Bulletin/2009/01/08-2-bk-rheinhessen.html.

www.bwin.de.

www.cyclingnews.com/news/tour-de-france-visit-leaves-welcome-to-yorkshire-1m-out-of-pocket/.

www.dfb.de/bundesliga/statistik/zuschauerzahlen/.

www.dssv.de/eckdaten2019.

www.duesseldorf.de/letour/hospitality-vip-tickets.html.

www.duesseldorf.de/radschlag/fahrradstadt.html.

www.duesseldorf-tourismus.de/fileadmin/epaper/Grand_Départ_VIP_Tickets/epaper/ausgabe.pdf.

www.duisburgsport.eu/index.php/de/sportvereine/zuschuesse/veranstaltungszuschuesse.html.

www.ecogood.org.

www.fahrradklima-test.de.

www.faz.net/aktuell/wirtschaft/schneller-schlau/Grafik-des-tages-fussball-dann-kommt-lange-nichts-14033164.html vom 25.01.2016.

www.faz.net/aktuell/sport/fussball/dfb-aendert-frist-fuer-em-2024-nach-kritik-aus-dortmund-15031737.html vom 24.05.2017.

www.fdp.nrw/privatvorstaat.

www.forschung-und-lehre.de/universitaeten-zu-50-prozent-aus-projekt-und-drittmitteln-finanziert-500/ vom 05.04.2018.

www.giessener-allgemeine.de/regional/stadtgiessen/Stadt-Giessen-RP-genehmigt-Verlaengerung-von-Ausfallbuergschaft-fuer-Giessen-46crs;art71,43238.

www.hamburg.de/sportverwaltung/3066354/sportfoerderung.html.

www.haushaltssteuerung.de/weblog-bip-ranking-der-kreisfreien-staedte-und-landkreise.html.

www.horizont.net/medien/nachrichten/nolympia-Hamburg-2024-Die-Quittung---so-reagieren-Medien-und-Hamburger-Kreativagenturen-137678 vom 30.11.2015.

www.immobilienmanager.de/koeln-rgm-erhaelt-property-management-auftrag-fuer-die-lanxess-arena/150/43351/ vom 31.08.2016.

www.ispo.com/know-how/id_79712008/berater-im-sportbusiness-das-sind-die-fuenf-voraussetzungen.html vom 14.09.2017.

www.iwconsult.de/leistungen-themen/branchen-und-regionen/staedteranking-2018/.

www.jusos-duisburg.de/2008/12/15/ablehnung-der-world-games-2013-war-die-richtige-entscheidung/.

www.krefeld.de/de/veranstaltungen/radrennen-retour-le-tour-2017/.

www.land.nrw/de/moderne-sportstaette-2022-so-funktioniert-das-neue-foerderprogramm.

www.land.nrw/de/pressemitteilung/300-millionen-euro-fuer-sportstaetten-nordrhein-westfalen.

www.landessportbund-hessen.de/presse/aktuelle-pressemitteilungen/2014/04/25/kommunale-sportfoerderung-ist-keine-freiwillige-leistung/.

www.leichtathletik.de/fileadmin/user_upload/08_Laufen/Volks-_und_Strassenlauf/Volkslaufstatistik_1964-2015.pdfwww.moz.de/artikel-ansicht/dg/0/1/1341070/. Deutschland bewirbt sich um Olympia 2024 vom 28.10.2014.

www.lkt-nrw.de/aktuelles-und-presse/alle-meldungen/landkreistag-nrw-alarmiert vom 21.06.2018.

www.lwl.org/LWL/Kultur/Westfalen_Regional/Bildung_Kultur/Giro.

www.manager-magazin.de/fotostrecke/arbeitslosen-bashing-auf-sie-mit-gebruell-fotostre-cke-71536-3.html vom 15.08.2011.

www.moz.de/artikel-ansicht/dg/0/1/1341070/. Deutschland bewirbt sich um Olympia 2024, 28.10.2014.

www.postwachstum.de.

www.postwachstumsoekonomie.de.

www.rechtsprechung.niedersachsen.juris.de/jportal/?quelle=jlink&do-cid=MWRE111530200&psml=bsndprod.psml&max=true.

www.regensburg.de/sixcms/media.php/140/12-1-2%20%282%29.3559093.pdf.

www.rp-online.de/sport/radsport/tour-de-france-2017-alejandro-valverde-hat-kniescheibe-gebrochen_aid-19414117 vom 02.07.2017.

www.rp-online.de/wirtschaft/bdi-praesident-dieter-kempf-weltwirtschaft-ist-ein-mannschaftssport-aid-1.6917550 vom 01.07.2017.

www.rudern.de/sportart-rudern/geschichte.

www.spiegel.de/sport/fussball/alemannia-stadt-aachen-kauft-tivoli-stadion-a-1015531-druck.html vom 28.01.2018.

www.sponsors.de/bbl-del-hbl-13-bis-205-millionen-euro.

www.sportstadt-duesseldorf.de/ueber-uns/.

www.sportstadt-duesseldorf.de/ueber-uns/#markenkernwerte.

www.ssb-duisburg.de/tl_files/ssb-duisburg/ServiceAusleihservice/sportfoerderrichtlinien.pdf.

www.stattreisen.org/staedte.html.

www.sueddeutsche.de/medien/fernsehen-ein-bisschen-fett-ein-bisschen-arm-1.3750962 15.11.2017.

www.tischtennis.de/news/ausrichter-fuer-deutsche-meisterschaften-2018-gesucht.html vom 07.04.2016.

www.tns-infratest.com.

www.top-consultant.de/studie-2017.html.

www.visit-mannheim.de/stadtmarketing.

www.welt.de/wirtschaft/article144541685/Manipulierte-Kassen-kosten-den-Staat-Milliarden-Euro.html vom 28.07.2015.

www.zeit.de/politik/deutschland/2010-02/zitate-hartz vom 16.10.2010.

www.zeit.de/sport/2015-11/hamburg-nein-olympia-reaktionen.

www2.deloitte.com/de/de/pages/consumer-business/solutions/sport-business.html.

www2.deloitte.com/de/de/pages/presse/contents/studie-2015-finanzreport-deutscher-profi-sportligen.html.

Zips, Martin. Werbung soll Düsseldorfer Rosenmontagszug finanzieren. www.sueddeutsche.de/panorama/karneval-werbung-soll-duesseldorfer-rosenmontagszug-finanzieren-1.3705699 vom 12.10.2017.

The manufacturer's authorised representative in the EU is Springer
Nature Customer Service Centre GmbH, Europaplatz 3, 69115 Heidelberg,
Germany. If you have any concerns regarding our products, please
contact ProductSafety@springernature.com

Printed and bound by CPI Group (UK) Ltd, Croydon, CR0 4YY
28/04/2026
02098466-0005